Der Koran für Nichtmuslime

Der *Koran*
für Nichtmuslime

Neu formuliert
und kommentiert

von *Michael Celler*

Zweite, überarbeitete Auflage
2014

VERLAG
H.J. MAURER

Die alte persische Miniatur auf dem Buchcover zeigt den Propheten
Mohammed während seiner „Nachtreise", bei der ihn der Engel
Gabriel zu Allah trug. (Siehe auch Anmerkung 307 auf Seite 176.)

Das Zitat von Prof. Dr. Adel Theodor Khoury stammt aus seiner Rezension, die in der
Zeitschrift „Religionen unterwegs" [18. Jg. (2012) 2, 33],
des Forums für Weltreligionen, Wien (www.weltreligionen.at), erschienen ist.
Der vollständige Text ist auf www.verlaghjmaurer.de nachzulesen.
Verwendung mit freundlicher Genehmigung des Forums für Weltreligionen und
Prof. Dr. Khoury. Vielen Dank!

Bildnachweis:
Seite 8, 17, 73, 187, 299, 305, 348, 392 © 2009 by Michael Celler
Seite 34, 50, 174, 283, 350, 355, 367 © 2009 by fotolia.de
Seite 135, 338 Wikipedia
Seite 145, 205 Topkapı Museum, Istanbul; entnommen aus:
Yaşar Nuri Öztürk, The Eye of the Heart, Redhouse Press, Istanbul 1988

Umschlaggestaltung: Rosi Weiss, Freiburg
Korrektorat: Martina Klose und Sylvia Schaible
Redaktion: Hans-Jürgen Maurer
Innengestaltung und Satz: Hans-Jürgen Maurer

Verlag Hans-Jürgen Maurer
Frankfurt am Main

info@verlaghjmaurer.de
www.verlaghjmaurer.de

Zweite, überarbeitete Auflage 2014

ISBN 978-3-929345-65-0

Inhalt

Erläuterungen

- Die Zählung der Koranverse befindet sich immer am Ende eines Verses.

- In der Reihenfolge fehlende Versnummern bedeuten ausgelassene Koranverse. Zur Begründung siehe „Einführung".

- Eckige Klammern im Korantext sind Hinzufügungen des Autors und sollen den eher knappen Originaltext verständlicher machen.

- Kursiv und in Klammern gestellte Begriffe in den Kommentaren und Artikeln geben jeweils den arabischen Begriff des vorgenannten deutschen Wortes an.

- Einige Hinweise zur Aussprache arabischer Wörter:
  - *dj* wie das „dsch" in Dschungel
  - *gh* wie das nichtgerollte „r" im französischen „rouge"
  - *th* wie im englischen „three"
  - *dh* wie das englische „this"
  - *kh* wie „ch" in „Bach"
  - *sh* wie „sch"
  - *q* wie ein tiefes, in der Kehle gesprochenes „k"
  - *z* wie das stimmhafte „s" in „reisen"
  - *w* wie das „w" im englischen „water"
  - *y* wie das „j" im deutschen „ja"
  - ' Stimmabsatz wie z. B. in „beehren" (be'ehren)

Die Badshahi-Moschee in Lahore/Pakistan, 17. Jahrhundert

EINFÜHRUNG

Als ich mich im Sommer 2004 in der Dreimillionenstadt Lahore in Pakistan aufhielt, fand ich neben meinen geschäftlichen Aktivitäten ausreichend Zeit, mir dort die Bauwerke der Moghul-Herrscher des pakistanisch-indischen Subkontinents anzuschauen. Auf dem Weg von meinem Hotel zur großen Festung am Rand der Altstadt überquerte ich breite Prachtstraßen und durchschritt enge Gassen, die erfüllt waren vom pulsierenden Leben der muslimischen Bevölkerung. Die Frauen, von denen nur ganz wenige einen Gesichtsschleier trugen, zeigten sich in bunten Kleidern und mit fröhlichen Gesichtern schenkten sie auch dem Fremden hin und wieder ein freundliches Lächeln. Die Männer waren schlank und hatten einen braunen Teint; die große Mehrheit von ihnen trug flatternde Kaftane und Beinkleider aus weißen Stoffen. Pakistan ist ein extrem armes Land und doch machten die Menschen in den Straßen einen fröhlichen, lebenslustigen Eindruck. Zweimal wurde ich unterwegs aufgefordert, mich in Gruppen von Einheimischen hineinzustellen, um mich in ihrer Mitte für das Familienalbum fotografieren zu lassen. Positiv eingestimmt, erreichte ich schließlich die riesige Umfassungsmauer der Festung, die ich durch ein zur Altstadt geöffnetes Tor durchschritt. Der Kontrast zwischen dem engen Gassengewirr der Altstadt und dem sich mir nun darbietenden Anblick der großen Festungsanlage mit ihren weiten Plätzen und ihrer monumentalen Architektur hätte kaum grö-ßer ausfallen können. Als ich in der Festung die mächtige Freitreppe der Bad-shahi-Moschee hinaufschritt, war es mir, als würde ich mich ein wenig dem Him-mel nähern. Auf dem weiten Hof vor der mit drei weißen Kuppeln gekrönten Moschee herrschte fromme Stille. An diesem Ort beschloss ich, den Koran[1] zu studieren, um mehr über diese geheimnisvolle Kultur zu erfahren.

Wieder nach Deutschland zurückgekehrt, fand ich in meiner Bibliothek eine deutsche Ausgabe des Korans und vertiefte mich sofort in jene Botschaft des Haschimiten Mohammed, die er seinen engsten Gefährten vor knapp 1400 Jahren in den Städten Mekka und Medina diktiert hat. Als ich die ersten Ko-ransuren gelesen hatte, bemerkte ich die Schwierigkeit der mir selbst gestell-ten Aufgabe. Der aus dem Arabischen übersetzte Text ist für den abendländi-schen Leser alles andere als eine leichte Lektüre. Es muss wohl daran liegen, dass bei einer Übersetzung ins Deutsche die Poesie der arabischen Sprache[2] verloren geht, denn ich hatte sehr schnell den Punkt erreicht, an dem ich den Koran am liebsten wieder beiseite gelegt hätte, um mich verdaulicherer Kost zuzuwenden. Glücklicherweise hielt mich der Gedanke, dass aller Anfang schwer ist, von einem vorschnellen Ausstieg aus der Koranlektüre ab und ich zwang mich dazu weiterzulesen. Ermüdend am Koran sind für den westlichen Leser insbesondere die gebetsmühlenartig wiederholten islamischen Grund-aussagen, wie zum Beispiel der Hinweis darauf, dass es für den Menschen sehr viel mehr auf das Jenseits ankomme als auf das Diesseits, oder die hundert-fach vorgetragene Androhung des Höllenfeuers nach dem Jüngsten Gericht, falls man sich für das Paradies nicht ausreichend qualifiziert hat. Es ist vor al-lem aber diese im Koran vorgetragene frühmittelalterliche Denkweise des 7. Jahrhunderts, die sich wie ein roter Faden durch die insgesamt 114 Suren zieht, mit der man als aufgeklärter Abendländer irgendwie zurechtkommen muss.[3] Aber ich wollte ja nicht Erbauliches lesen, sondern mir vielmehr ein tie-

---

[1] Das Wort „Koran" *(qur'an)* gilt als eine Ableitung des aramäischen Wortes *queryana*, mit dem man in der Antike ein liturgisches Buch mit Zitaten aus der Bibel bezeichnete. Aramäisch war zu Lebzeiten des Propheten Mohammed die Sprache der Gebildeten und der am Fernhandel Beteiligten im Vorderen Orient.

[2] Die Sprachform des arabischen Korans ist die Reimprosa. Arabische Wahrsager und Se-her vorislamischer Zeit haben ihre Prophezeiungen ebenfalls in Reimprosa vorgetragen.

[3] Das Christentum, dessen Evangelien in den beiden ersten Jahrhunderten nach Christi Geburt entstanden sind, hat im Vergleich zum Islam den Vorteil, dass das geistige Um-feld der Urchristen die in gewissem Maße „aufgeklärte" Antike war.

feres Verständnis vom Islam[4] erarbeiten. So zwang ich mich zum Weiterlesen und bin heute froh darüber, denn wie so oft im Leben, wo sich das Gute erst nach harter Arbeit erschließt, bekam ich schließlich Einblicke in eine Kultur, die es allemal wert ist, sich intensiv mit ihr zu beschäftigen.

Viele Menschen in der westlichen Welt haben zwar ein gewisses Interesse am Islam, verspüren aber nicht unbedingt jenen Drang, sich gewissermaßen ringend mit dem Koran auseinanderzusetzen. So entstand bei mir der Gedanke, den Koran umzuschreiben und textlich zu reduzieren, damit er für diejenigen, die vielleicht aus Zeitgründen nicht tiefer in die Materie eindringen können, leichter lesbar wird. Diese Überlegung hat dazu geführt, dass ich beim weiteren Studium des Korans[5] die aus meiner Sicht wichtigsten Verse in den Suren gekennzeichnet und in dem hier vorliegenden Buch zusammengetragen habe. Es handelt sich hierbei um eine Auswahl von Koranversen, die mir persönlich für das Verständnis des Islam aus der Perspektive eines Nichtmuslims wichtig erscheinen. Alle Verse, die ich für bedeutend hielt, habe ich mit eigenen Worten und verkürzt wiedergegeben. Verse, die inhaltlich immer wieder die gleiche Aussage machen, habe ich nur einmal oder wenige Male präsentiert, um den Leser nicht allzu sehr durch Wiederholungen zu ermüden. Überall dort, wo sich aus dem Korantext, der bereits im 7. Jahrhundert kodifiziert worden ist, für den westlichen Leser Verständnisschwierigkeiten ergeben können, habe ich versucht, durch in eckige Klammern gesetzte Ergänzungen oder durch Anmerkungen eine Klärung herbeizuführen.

Was mich beim Studium des Korans außerordentlich verblüffte, war die Tatsache, dass in den 114 Suren immer wieder Geschichten und Personen aus dem Alten und dem Neuen Testament auftauchen. Dabei dient dieser koranische Rückgriff auf jüdische und christliche Glaubensinhalte keineswegs einer Distanzierung von den beiden anderen monotheistischen Religionen, er soll viel mehr ganz im Gegenteil darauf hinweisen, dass der Islam aus muslimischer Sicht nur die letzte Vervollständigung der beiden Vorläufer-Religionen Juden-

---

[4] Das Wort *Islam* bedeutet übersetzt „Ergebung in den Willen Allahs".

[5] Als Textvorlagen dienten die deutschen Übersetzungen von Ludwig Ullmann, Leo Winter, Rudi Paret und Adel Theodor Khoury. Sehr hilfreich waren außerdem im Internet verfügbare Übersetzungen, wie z. B. die von Max Henning im „Projekt Gutenberg" auf *guten berg.spiegel.de/buch/5228/1* oder die von Muhammad Ibn Rassoul auf *www.qibla.app spot.com*.

tum und Urchristentum[6] darstellt. Dieser Umstand kommt ganz deutlich durch eine Feststellung im Koran zum Ausdruck, die den von Allah zum Gesandten[7] auserwählten Mohammed lediglich als „Siegel der [jüdischen und christlichen] Propheten" bezeichnet[8] und nicht als Verkünder einer völlig neuen Heilsreligion. Hieraus ergab sich für mich die Erkenntnis, dass die jüdische, die christliche und die islamische Religion tatsächlich über sehr viel mehr Gemeinsames als Trennendes verfügen. Wodurch sich aus meiner Sicht die drei Kulturen heute in erster Linie unterscheiden, ist die Bedeutung, die der Religion in den jeweiligen Gesellschaften zukommt. Während in der gesamten islamischen Welt, vor allem aber in Saudi-Arabien, Afghanistan und im Iran, die Religion das gesellschaftliche Leben dominiert, spielt sie im Abendland bzw. in großen Teilen der jüdischen Diaspora im täglichen Leben nur noch eine untergeordnete Rolle. Der religiöse Urgrund der jüdischen, der christlichen und der islamischen Gesellschaft ist jedoch, bis auf wenige religiöse Axiome, annähernd der gleiche. Aus diesem Grund stelle ich die folgende These auf: Wenn im Westen die zunehmende moralische Beliebigkeit durch eine neue Wertschätzung moralischer Grundsätze, wie sie unter anderem auch in der Bibel zu finden sind, überwunden wird und im Orient die Erkenntnis um sich greift, dass Religion nicht nur der Vorbereitung auf das Jenseits dient, sondern dem aufgeklärten Menschen vor allem auch im Diesseits Erfolg bescheren kann, dann wird es mit Sicherheit wieder zu einer fruchtbaren Symbiose zwischen Orient und Okzident kommen, so wie sie schon einmal vorübergehend in der Hochkultur von al-Andalus, dem muslimisch beherrschten Spanien, praktiziert wurde.[9]

[6] Jesus von Nazareth wird von den Muslimen als herausragender Prophet anerkannt. Nach Mohammed und Abraham hat er für sie etwa die gleiche Bedeutung wie Moses. Spätestens seit dem Konzil von Nicäa (dem heutigen Iznik in der Türkei) im Jahr 325 n. Chr., in dem das trinitarische Glaubensbekenntnis beschlossen wurde – wodurch sich nach Auffassung der Muslime das ursprünglich streng monotheistische Christentum dem Polytheismus annäherte –, zählten die Christen jedoch aus der Sicht der Muslime nicht mehr zu den „Rechtgläubigen".

[7] „Gesandte" *(rasul)* sind im Koran diejenigen, die eine heilige Schrift empfangen haben. Zu ihnen zählen Moses *(Musa)*, Jesus *(Isa)* und Mohammed. Auch Ismail, den Sohn Abrahams und Hagars, in dem die Araber ihren Stammvater erkennen, nennt der Koran einen „Gesandten" (siehe Sure 19,55). Außerdem gibt es im Islam noch die „Propheten", die inspiriert wurden, den göttlichen Willen zu verkünden. Mohammed wird im Koran als „Siegel der Propheten" bezeichnet, weil er der Letzte gewesen sein soll, dem eine heilige Schrift herabgesandt wurde (siehe Sure 33,40).

[8] Siehe Sure 33,41

[9] Einige zeitgenössische Historiker bestreiten allerdings vehement, dass es jemals solch eine muslimisch-christliche Symbiose auf der Iberischen Halbinsel gegeben hat.

Um die jüdischen und die christlichen Wurzeln des Korans zu begreifen, muss man das kulturelle und das politische Umfeld betrachten, in das der Prophet Mohammed um das Jahr 570 n. Chr. in der Stadt Mekka hineingeboren wurde. Die arabische Halbinsel war und ist bis heute aufgrund der riesigen Wüstengebiete nur spärlich bewohnt. Lediglich in der südlichen Küstenregion, dem heutigen Jemen und dem Oman, die von den Monsunregen des Indischen Ozeans erreicht wird, konnte sich in der Antike eine bevölkerungsreiche Zivilisation mit einer hoch entwickelten Kultur des Ackerbaus und Fernhandels entwickeln. Schon früh gab es rege Handelsbeziehungen zwischen dem indischen Subkontinent und dem „fruchtbaren Halbmond", zu dem Mesopotamien und die Anrainerstaaten des östlichen Mittelmeeres gehörten. Bei diesem frühgeschichtlichen internationalen Handel bildete die südliche Küstenregion der arabischen Halbinsel einen wichtigen Umschlagplatz. Ware, die mit Schiffen das Arabische Meer von Ost nach West überquert hatte, wurde in der arabischen Küstenregion auf Kamele verladen, die dann in Karawanen auf den Landweg parallel zur Küste des Roten Meeres nach Norden zogen. Diese Handelsroute, die an Mekka und Medina vorbeiführte, wurde „Weihrauchstraße" genannt, weil auf ihr auch die wertvollen Harze zur Herstellung von Weihrauch – für deren Produktion die südliche Küstenregion der arabischen Halbinsel ein Monopol besaß – in die Zivilisationen des Zweistromlandes und des Mittelmeeres transportiert wurden. So war zur Zeit Mohammeds der Süden der arabischen Halbinsel Drehscheibe des internationalen Handels zwischen dem indischen Subkontinent und dem Byzantinischen Reich, das sich vom heutigen Maghreb über Ägypten und Palästina bis an die Adria erstreckte, und dem persischen Sassanidenreich, dessen Grenzen die Gebiete des heutigen Iran und Irak einschlossen.

Mohammed, der schon als junger Kaufmann Karawanenführer war, wird auf seinen ausgedehnten Handelsreisen in den nahöstlichen Gebieten des Byzantinischen Reiches immer wieder in Kontakt mit Juden und Christen, aber auch mit jener jüdischen und judenchristlichen Diaspora, die in und um Medina einen nicht unerheblichen Anteil an der Bevölkerung ausmachte, gekommen sein. Diese interkulturellen Berührungen des Handelsreisenden Mohammed haben sich an den Stellen des Korans niedergeschlagen, wo biblische Inhalte zum Teil in Übereinstimmung mit der Bibel, aber auch modifiziert nacherzählt werden. Der hohe Anteil biblischer Geschichten im Koran hat Gegner Mohammeds in Mekka seinerzeit dazu veranlasst zu behaupten, die von Mohammed diktierten Suren stünden zu sehr unter dem Einfluss jüdischer und christlicher Schriften, weshalb in einigen Suren immer wieder die

Schutzbehauptung aufgestellt wird, dass Mohammed ursprünglich weder lesen noch schreiben konnte,[10] wodurch er außerstande gewesen sei, fremde Texte zu kopieren.

Um mich bei meinen Kenntnissen über den Islam nicht nur auf die Lektüre des Korans zu stützen, schloß ich mich im Jahr 2005 in Pakistan für zwei Monate einer Gruppe fundamentalistischer Muslime an, die in der pakistanischen Provinz von Moschee zu Moschee zog, um dort Muslime, die ihren Glauben nur noch in einer verwässerten Form praktizierten, wieder auf den „rechten Weg" einer strengeren Anwendung der islamischen Gebote und Riten zurückzuführen. Bei meinen Gesprächen und teilweise auch harten Diskussionen, die ich bis tief in die Nächte hinein mit meinen muslimischen Begleitern geführt habe, konnte ich tiefe Erkenntnisse über die religiösen Gefühle und die Denkweise orthodoxer Muslime gewinnen. Da es außerdem eine tägliche Übung in der Gruppe war, gemeinsam in den Hadithen[11] zu lesen, konnte ich mein Wissen über den Islam, das ich bis dahin lediglich durch das Studium des Korans gewonnen hatte, ergänzen. Weil ich mich strenggläubigen Islamisten angeschlossen hatte, war es mir zumindest für einen begrenzten Zeitraum gelungen, am Lebensgefühl orthodoxer Muslime intensiv teilzuhaben. Durch meine Erlebnisse und Erkenntnisse in Pakistan konnte ich nach meiner Rückkehr nach Deutschland, als ich den Koran erneut durchlas, für manche Sure ein sehr viel tieferes Verständnis aufbringen.

Da es für Muslime nicht statthaft ist, einen textlich verkürzten Koran zu lesen, wendet sich dieser „Koran", in dem auch Anmerkungen mit islamkritischem Inhalt zu finden sind, ausschließlich an nichtmuslimische Leser. Der westliche Leser wird in vielen Koranversen hin und wieder auf gewisse historische oder auch logische Ungereimtheiten stoßen, doch sollte er sich dadurch nicht vom Weiterlesen abbringen lassen und stets bedenken, dass das heilige Buch des Islam im Mittelalter zum Entstehen einer muslimischen Hochkultur beigetragen hat, die Steigbügel war für die anschließende kulturelle Aufholjagd des Abendlandes. Der abendländische Leser sollte außerdem bedenken, dass

---

[10] Siehe z. B. Sure 29,49

[11] Hadithe sind die gesammelten Aussprüche und Taten des Propheten, die nach muslimischer Überlieferung von den Weggefährten des Propheten *(sahaba)* aufgezeichnet wurden. Siehe auch „Termini *Koran* und *Hadithe*" auf Seite 18 ff.

die vom Koran induzierte moralische Festigkeit vieler Muslime[12] uns Abendländer, die einer überreifen Zivilisation angehören, daran erinnern kann, dass
eine zunehmend zügellose Gesellschaft, die moralische Grundsätze kaum
noch ernst nimmt, auf Dauer nicht überleben kann.

Unter Muslimen ist Konsens, dass nur der arabische Original-Koran der wahre
Koran ist und dass selbst Übersetzungen, die sich so eng wie nur irgend möglich an den Originaltext halten, immer nur Versuche sein können, die Botschaft
des Korans in eine andere Sprache zu übermitteln. In diesem Licht möchten
der Autor und der Verleger auch diese Ausgabe betrachet wissen. Von daher
empfehlen wir unseren Lesern eine Komplettübersetzung des Korans als wei-
terführende Lektüre.

Wenn dieses Buch dem Nichtmuslim einen umfassenden Einblick in die religiöse Gefühlswelt und Denkweise der Muslime gewährt, dann hat es seinen
Zweck erfüllt.

München, August 2008
Michael Celler

---

[12] Die Zahl der Muslime wird heute (2014) auf rund 1,6 Milliarden weltweit geschätzt,
was etwa 23 Prozent der Weltbevölkerung ausmacht (7,1 Milliarden). In Deutschland
leben heute etwas mehr als 4 Millionen Muslime (das entspricht knapp 5 Prozent der
Gesamtbevölkerung), in Frankreich ca. 5 Millionen (8 Prozent der Gesamtbevölkerung), in der gesamten EU leben etwa 16 Millionen Muslime (3 Prozent der Gesamtbevölkerung.

Ausgesuchte Verse des Korans

1. Sure[1]   „Die Eröffnende"[2]   *Mekka*[3]

Im Namen Allahs[4], des Allbarmherzigen.[5] Lob und Preis gebührt Allah, dem Herrn aller Weltbewohner, dem gnädigen Allerbarmer, der am Tag des Gerichts herrscht. Dir allein wollen wir dienen und zu dir allein flehen wir um Beistand. Du führe uns den rechten Weg, den Weg derer, die sich deiner Gnade erfreuen – und nicht den Pfad jener, denen du zürnst oder die in die Irre gehen.

[1] Der Begriff „Sure" bezeichnet einen Abschnitt des Korans. Der Koran umfasst 114 Suren. Die erste Sure, „Die Eröffnende" (*al-Fatiha*) genannt, ist das wichtigste Kurzgebet der Muslime. Sie ist Element des Pflichtgebets und muss in jeder Gebetseinheit (*rak'a;* alle fünf täglichen Pflichtgebete bestehen aus mehreren Gebetseinheiten) zitiert werden. Nach muslimischer Auffassung ist das Rezitieren der ersten Sure eine notwendige Voraussetzung dafür, dass Allah die Gebete annimmt.

[2] Die Titel der Suren waren nicht Bestandteil der eigentlichen Offenbarung; sie wurden später hinzugefügt.

[3] Mekka, die heiligste Stadt des Islam, die von Nichtmuslimen nicht betreten werden darf, liegt im Westen Saudi-Arabiens zwischen zwei Gebirgsketten und hat heute etwa 1,3 Millionen Einwohner. Der Hinweis „Mekka" in der Titelzeile gibt an, dass Mohammed diese Sure zwischen 610 und 622 n. Chr. offenbart wurde, als er seinen Lebensmittelpunkt noch in seiner Geburtsstadt Mekka hatte. Etwa zwei Drittel aller Suren sind in Mekka entstanden, das restliche Drittel in Medina. Die Koranverse der Mekka-Periode stammen aus jener Phase, in der Mohammed noch versuchte, seine monotheistische Lehre in seiner Heimatstadt durch Überzeugungsarbeit durchzusetzen. Vor allem das drohende Endgericht ist ein ständig wiederkehrendes Thema vieler in Mekka entstandenen Koransuren.

[4] Das Wort „Allah" leitet sich ab von dem arabischen Begriff *al-ilah*, was übersetzt „der Gott" heißt. Es entspricht weitgehend dem hebräischen Begriff *eloah*. Später ist aus dem Wort *al-ilah* die Kurzform *al-lah* bzw. *Allah* entstanden. Das arabische Wort „Allah" wird übrigens nicht nur von Muslimen, sondern auch von den arabischsprachigen Christen im Libanon und im Irak verwendet. Die aramäische Urform dieses Begriffs lautet *alaha* und wurde in dieser Form auch von Jesus so verwendet. Die Argumentation von einigen muslimischen Sekten (wie z. B. der *Ahmadiyya*), „Allah" sei ein Eigenname, ist linguistisch nicht zu begründen.

[5] Der erste Satz in dieser Sure ist eine Eröffnungsformel (*basmala*), die im täglichen Leben des gläubigen Muslims eine große Rolle spielt. Die Basmala wird vor den Mahlzeiten, vor dem Antritt einer Reise sowie vor Ansprachen ge-

sprochen. Strenggläubige Muslime sprechen sie vor fast allen Alltagsverrichtungen. Die Basmala hat für sie eine ähnliche Funktion wie das sich Bekreuzigen bei den Christen und ist neben dem islamischen Glaubensbekenntnis *(schahada)* das häufigste Motiv in der arabischen Kalligrafie. Mit der Basmala beginnen alle Koransuren außer der 9. Sure. Da es sich um eine Wiederholung des stets gleichen Textes handelt, wird sie in der hier vorliegenden Koranversion nur in der ersten Sure wiedergegeben.

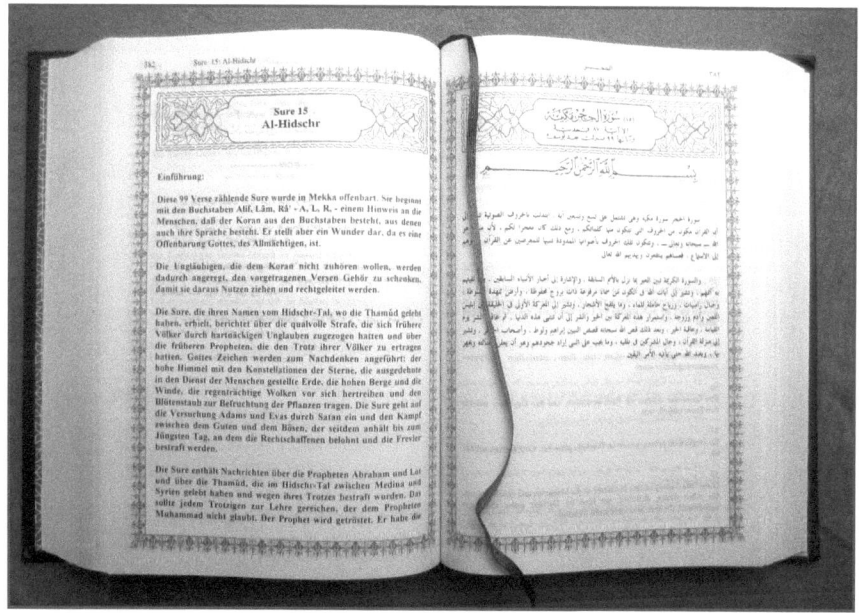

**Koranausgabe der *al-Azhar*-Universität, Kairo,
aus dem Jahr 1420 nach der Hidschra
(nach christlicher Zeitrechnung das Jahr 1999)**

Termini *Koran* und *Hadithe*

Das arabische Wort *qur'an* **bedeutet übersetzt** „Lesung" oder „Rezitation". Der Koran ist nach muslimischer Überzeugung (insbesondere auch in sprachlicher Hinsicht) ein unnachahmliches Werk Allahs und daher nicht wirklich übersetzbar. Er gilt als das nicht mehr zu verändernde Wort* Allahs, das dem Propheten Mohammed im 7. Jahrhundert n. Chr. in Mekka und Medina durch den Engel Gabriel offenbart worden ist. Die Muslime glauben, dass bei Allah ein „Urkoran" aufbewahrt wird (siehe Sure 13,39), der mit dem Mohammed offenbarten Koran textlich identisch ist.

Während die Christen in Jesus von Nazareth den Mensch gewordenen Göttlichen Logos erkennen und die Evangelien lediglich niedergeschriebene Berichte der Apostel vom Leben und Wirken Jesu sind, ist für die Muslime der Koran das Buch gewordene Gotteswort. Demnach gilt für den Muslim, dass die Suren des Korans, so wie Allah selbst, „unerschaffen" sind; sie existieren seit Anbeginn der Zeit und haben somit ewige Gültigkeit. Der „Unerschaffenheit" des Korans entspricht im Christentum die „Unerschaffenheit" des präexistenten Göttlichen Logos.

Die von Mohammed verkündeten Verse des Korans sind etwa seit 610 n. Chr. niedergeschrieben worden. So entstand zunächst eine Sammlung von losen Aufzeichnungen. Während des Kalifats von Abu Bakr (632–634) wurde der erste Koran in Buchform herausgegeben. Diese frühe Version des Korans wurde, weil sie verschiedene Dialekte des Arabischen enthielt, von Kalif Othman (Kalifat von 644–656) wieder eingesammelt, vernichtet und durch eine neue, in koreischitischem Dialekt verfasste Ausgabe ersetzt. Aus dem koreischitischen Dialekt entwickelte sich später das Hocharabische. Bei dieser neuen Ausgabe des Korans mussten mindestens zwei ehemalige Gefährten des Propheten bezeugen, dass sie den Text exakt so aus seinem Mund gehört hatten. Eine Ausnahme wurde lediglich bei sechs Versen gemacht, die einzig und allein der Sekretär des Propheten bezeugen konnte. Von diesem neuen Koran wurden fünf Abschriften gefertigt und nach Medina, Mekka, Kufa, Basra und Damaskus ver-

---

* Ähnliches gilt nach jüdischer und christlicher Auffassung für die Zehn Gebote, die Gott laut Altem Testament Moses persönlich mitgeteilt hat; siehe 2. Mose 32,16 und 34,1.

schickt. Die Behauptung, dass ein heute im Topkapı-Museum in Istanbul aufbewahrter Koran ein Exemplar dieser fünf Originalabschriften sei, ist wissenschaftlich unhaltbar. Die heutige Standardausgabe des Korans mit der aktuellen Festlegung des Konsonantentextes* und der Reihenfolge der Suren wurde erstmals 1924 von der *al-Azhar*-Universität in Kairo, Ägypten, dem heute wohl bedeutendsten geistlichen Zentrum des Islam, herausgegeben. Diesen „Einheitskoran" haben neben den Sunniten (etwa 90 Prozent der Muslime) auch die Schiiten (8 bis 9 Prozent der Muslime) anerkannt.

Zeitgenössische Islamisten fordern zumeist die wörtliche Verwirklichung der Vorschriften des Korans, insbesondere der strafrechtlichen, und bezeichnen den Koran, obwohl er keine Verfassungsnormen im modernen Sinn enthält, als die „Verfassung" des von ihnen angestrebten islamischen Staates.

Von der überwiegenden Mehrheit der muslimischen Geistlichkeit wird heute nach wie vor eine historisch-kritische Exegese des Korans vehement abgelehnt.

Neben dem Koran spielen die Hadithe eine zentrale Rolle im Islam. Hadithe sind gesammelte Aussprüche und Taten des Propheten, die einst von seinen Weggefährten *(sahaba)* weitererzählt und im 9. und 10. Jahrhundert zu sechs Sammlungen kanonisiert wurden. Die Hadithe haben, wie auch der Koran, eine normative Bedeutung für die islamische Rechtsprechung. Für alle Rechtsfragen und Verhaltensnormen, auf die der Koran nicht eingeht, kann der Muslim Antworten in den Hadithen suchen. Die Hadith-Sammlungen, von denen die von al-Buchari (810–870) und Muslim (817–875) wohl die bedeutendsten sind, bilden die Grundlage der Sunna**, die neben dem Koran die Glaubensrichtung

---

*   Ein „Konsonantentext" ist in einer Schrift abgefasst, die nur mit Konsonanten und ohne Vokale geschrieben wird. Ein solcher Text ist aufgrund nicht festgelegter Vokalisierungen oft nicht eindeutig. Das Schreiben nur mit Konsonanten ist für semitische Sprachen typisch. Um das Lesen arabischer Korantexte zu erleichtern, werden heute Textausgaben mit Vokalisierungen herausgegeben, in denen die Vokale durch Punkte unter oder über den Wörtern definiert sind.

** Die Sunna ist eine schriftliche Aufzählung von Aussprüchen und Handlungen des Propheten. Sie gilt den Muslimen als Ergänzung des Korans für jene Fragen des täglichen Lebens, die im Koran nicht erörtert werden. Auf diese Weise hat sich die Sunna im Laufe der Zeit nach dem Koran zur zweiten Quelle des islamischen Rechts herausgebildet

und Rechtsprechung *(scharia)* der sunnitischen Muslime bestimmt. Eine wichtige Rolle bei den Hadithen spielt die Tradenten-Kette *(isnad)*, also die Reihenfolge jener Personen, die ein Hadith aus einer verlässlichen Quelle überliefert bekommen, bewahrt und weitergegeben haben. Dadurch soll nachgewiesen werden, dass ein Hadith auch tatsächlich auf die Beobachtung eines Prophetengefährten zurückgeführt werden kann. Es hat in der Vergangenheit immer wieder Versuche von muslimischen Rechtsgelehrten gegeben, die eigene Rechtsposition durch ein angebliches Hadith zu untermauern. Auf diese Weise sind unzählige Hadithe entstanden, die sich später bei einer genaueren Überprüfung der Tradenten-Kette als unglaubwürdig, wenn nicht sogar gefälscht, herausgestellt haben. Obwohl es immer wieder Anstrengungen gegeben hat, erfundene oder abgewandelte Hadithe aus den Hadith-Sammlungen zu eliminieren, ist es unter Orientalisten heute höchst umstritten, welche Hadithe als authentisch und welche als gefälscht einzustufen sind. Die Schiiten verfügen über eine gesonderte Hadithe-Sammlung, die auch Aussprüche und Handlungen schiitischer Imame und von Fatima, der Tochter des Propheten, enthält.

Alberto Pasini, *Karawane vor dem Roten Meer*, 1864

2. Sure[6]   „Die Kuh"[7]   *Medina*[8]

Der Koran ist vollkommen und nichts von ihm ist in Zweifel zu ziehen 2.[9] Diejenigen, die das Gebet verrichten und die Sozial-abgabe[10] bezahlen, die an das Jenseits und an das glauben, was Allah im Koran und in den Schriften davor (Tora, Psalmen und

[6] Die 2. Sure gilt als eine Art Kurzfassung des gesamten Korans. Die Surenfolge ist nicht chronologisch, sondern durch die Länge der Suren bestimmt, wobei die 2. Sure mit ihren 286 Versen die längste ist. Die kürzesten von den insgesamt 114 Suren stehen also am Ende des Korans. Die Reihenfolge der Suren war stets umstritten; die heute gültige Reihenfolge wurde erst 1924 festgelegt. Goethe, der in der 2. Sure den maßgeblichen Kern des Korans erblickte, äußerte sich wie folgt zum Koran: „Genaue Vorschriften von Dingen, die erlaubt und verboten sind, legendarische Erzählungen von jüdischer und christlicher Religion, Erweiterungen aller Art, endlose Tautologien bilden den Körper dieses geheiligten Buches, das uns, sooft wir uns ihm nähern, von Neuem abstoßend ist, dann uns immer von Neuem anzieht und mit Bewunderung erfüllt und uns endlich zur Verehrung zwingt."

[7] Der Titel dieser Sure bezieht sich auf eine Begebenheit mit einer Kuh, die sich zur Zeit des Moses abgespielt haben soll. Sie wird in den Versen 67 ff. dieser Sure beschrieben.

[8] Der Name „Medina" ist die Abkürzung von *Madinat an-Nabi*, was „Stadt des Propheten" heißt. Die Stadt Medina, die in vorislamischer Zeit „Yathrib" hieß, ist die zweitwichtigste Stadt des Islam (Je-rusalem ist die drittwichtigste). In Medina leben heute über 1 Million Menschen. Alle Suren, in deren Titelzeile der Hinweis „Medina" zu lesen ist, entstanden zwischen 622 und 632 n.Chr., als Mohammed seinen Lebensmittelpunkt dort hatte. Die Suren der Medina-Periode heben den gesetzgeberischen Teil der Offenbarung stärker hervor als die Suren der Mekka-Periode. Der Grund hierfür liegt darin, dass Mohammed in seiner Zeit in Mekka noch einer verfolgten religiösen Minderheit angehörte, während er in der Medina-Periode nicht nur die religiöse, sondern auch die politische Macht im Stadtstaat innehatte. Der sudanesische Islam-Gelehrte und Mystiker Mahmud Mohammed Taha (1911–1985) vertrat die Auffassung, dass nur den in Mekka offenbarten Suren eine überzeitliche Bedeutung zukäme. Die in Medina entstandenen Suren hielt er dagegen für zeitbedingt und nur auf die Muslime des 7. Jahrhunderts anwendbar. Er wurde, nachdem unter Präsident Numayri im Jahr 1983 im Sudan wieder die Scharia eingeführt worden war, wegen „Abfall vom Islam" (Apostasie) verurteilt und am 18. Januar 1985 in Khartum vor etwa 3000 Zuschauern gehängt.

[9] Die Ziffern am Ende der Sätze geben die seit 1924 im Islam übliche Vers-

Evangelien] herabgesandt hat, sind Gläubige, denen Allah[11] zum Erfolg verhelfen wird 3ff. Die Ungläubigen lassen sich nicht zum Islam bekehren, auch wenn man sie [vor dem Jüngsten Gericht und der Strafe Allahs] warnt. Allah hat ihre Herzen, ihr Gehör und ihre Augen versiegelt und wird sie [am Jüngsten Tag] hart bestrafen. Die Ungläubigen sind in ihren Herzen krank und es ist Allahs Wille, dass sie noch kränker werden. Sie sind insgeheim mit den Satanen verbündet und verspotten Allah, wenn sie sich mit ihnen treffen. Allah wird sie [am Jüngsten Tag] in Todesangst versetzen,

nummer der Koransure an. In der Reihenfolge fehlende Zahlen weisen darauf hin, dass Koranverse ausgelassen wurden. Zur Begründung siehe Seite 10.

[10] Die für Muslime obligatorische Sozial- bzw. Armenabgabe *(zakat)* ist eine der fünf Säulen des Islam und besitzt somit zentrale Bedeutung im Islam. Die anderen vier Säulen des Islam sind: das Glaubensbekenntnis, das Pflichtgebet, das Fasten und die Wallfahrt nach Mekka. Die Sozialabgabe wird häufig in Form einer Steuer durch den Staat erhoben, wodurch sie ihres Charakters als freiwillige Abgabe weitgehend beraubt wird; sie beläuft sich auf etwa 2,5 Prozent des Einkommens. Wer jedoch am Existenzminimum lebt und keine Ersparnisse hat, ist von der Pflicht der Sozialabgabe befreit. In der Sunna (der Sammlung von Aussprüchen und Handlungen des Propheten, die vieles regelt, was im Koran nicht eindeutig festgelegt ist) wird die Zahlung der Armensteuer als eine Pflicht der Muslime (und die Kopfsteuer als eine Pflicht der Nichtmuslime) deklariert. Die Abgabe der Armensteuer gilt den Muslimen als ein sichtbarer Ausdruck für die Ernsthaftigkeit ihres Glaubens.

[11] Die Frage, ob der „Allah" des Korans und der „Gott" der Bibel identisch seien, beantwortete die Katholische Kirche in ihrer Schrift „Nostra Aetate" vom Oktober 1965 wie folgt: „Mit Hochachtung betrachtet die Kirche auch die Muslime, die den alleinigen Gott anbeten, den lebendigen und in sich seienden, barmherzigen und allmächtigen, den Schöpfer des Himmels und der Erde, der zu den Menschen gesprochen hat. Sie mühen sich, auch seinen verborgenen Ratschlüssen sich mit ganzer Seele zu unterwerfen, so wie Abraham sich Gott unterworfen hat, auf den der islamische Glaube sich gern beruft. Jesus, den sie allerdings nicht als Gott anerkennen, verehren sie doch als Propheten, und sie ehren seine jungfräuliche Mutter Maria, die sie bisweilen auch in Frömmigkeit anrufen. Überdies erwarten sie den Tag des Gerichtes, an dem Gott alle Menschen auferweckt und ihnen vergilt. Deshalb legen sie Wert auf sittliche Lebenshaltung und verehren Gott besonders durch Gebet, Almosen und Fasten." (Zur Herleitung des Begriffs „Allah" siehe Anmerkung 4 auf Seite 16.)

Terminus *Ungläubige (käfir)*

Unter den islamischen Sammelbegriff „Ungläubige" fallen alle Nichtmuslime. Christen und Juden werden von Muslimen grundsätzlich zu den Ungläubigen gezählt; sie haben jedoch als Besitzer offenbarter Schriften *(ahl al-kitab)* einen Sonderstatus, da sie als Monotheisten den Muslimen in Glaubensdingen näherstehen als die polytheistischen Heiden. Alle Ungläubigen, die außerhalb der von den Muslimen eroberten Gebiete (im *dar al-harb*, dem „Haus des Krieges") leben, werden als *harbi* bezeichnet. Eroberten die Muslime ein neues Gebiet, hatten die dort lebenden *harbi* ihr Recht auf Leben und Eigentum verwirkt, da sie grundsätzlich als Feinde des Islam galten. Sie konnten deshalb getötet, versklavt, vertrieben oder als Schutzbefohlene *(dhimmi)* am Leben gelassen werden. Den Status eines im Gebiet des Islam *(dar al-islam*, „Haus des Islam") geduldeten Schutzbefohlenen konnten jedoch allein die Monotheisten (Juden und Christen) erlangen; Heiden (Polytheisten bzw. Götzenanbeter) hatten nur die Wahl zwischen der Annahme des islamischen Glaubens und dem Tod. Der Begriff „Ungläubige" wird im Koran nicht eindeutig verwendet, was unter anderem dazu geführt hat, dass sich Muslime gegenseitig als „Ungläubige" bezeichnen. So wird beispielsweise die muslimische Reformbewegung der *Ahmadiyya* von der Mehrheit der Muslime nicht als islamisch anerkannt und deshalb in einigen islamischen Ländern politisch verfolgt.

Orientalischer Sklavenmarkt im Mittelalter

denn alle Ungläubigen sind in seiner Gewalt 6 ff. Die Gläubigen sollen neben Allah keine andere Gottheit anerkennen 22. In der Hölle dienen die Ungläubigen als Brennstoff der Feuersbrunst, währenddessen die Gläubigen sich in dem von Bächen durchflossenen Paradies mit unbefleckten Jungfrauen vergnügen 24 f. Allah erweckt den Menschen zum Leben, dann lässt er ihn sterben, um ihn [am Tag der Auferstehung] ins [ewige] Leben zurückzurufen 28.[12] Allah erschuf für die Menschen alles, was auf der Erde ist, und außerdem die sieben Himmel[13] 29. Als Allah beabsichtigte, den Menschen zu erschaffen, warnten ihn die Engel, der Mensch würde auf Erden nur Unheil anrichten und Blut vergießen. Sie schlugen Allah vor, er solle sich auf die Erschaffung der Engel beschränken, die ihn stets preisen und seine Herrlichkeit rühmen würden. Doch Allah, der den Engeln vorwarf, sie verfügten nur über ein beschränktes Wissen, erschuf Adam und machte ihn zu seinem Statthalter[14] auf Erden. Nachdem Allah den Adam erschaffen hatte, befahl er den Engeln, sich vor Adam niederzuwerfen. Alle Engel gehorchten, bis auf Iblis[15], der hochmütig war; seitdem zählt

[12] Ähnlich wie die Urchristen glaubten die muslimischen Zeitgenossen des Propheten Mohammed an die unmittelbare zeitliche Nähe des kommenden Weltgerichts. Einem der Hadithe zufolge soll Mohammed das Folgende prophezeit haben: „Meine Entsendung ist ein Zeichen der baldigen Ankunft der Stunde [des Jüngsten Gerichts]. Beides liegt sehr nah beieinander, wie dies", hierbei umschlang er seinen Zeigefinger mit seinem Mittelfinger und fügte hinzu: „Gewiss ist das beste Wort die Schrift Allahs und die beste Führung ist die von Mohammed gezeigte." (Hadith 170 in Teil 1 der Sammlung von Riyad-as-Salihin, „Gärten der Tugendhaften")

[13] Eine erste Erwähnung fanden die „sieben Himmel" im apokryphen „Testament der zwölf Patriarchen", das um 100 n. Chr. entstanden ist; dort heißt es: „Höre nun von den sieben Himmeln ...". Die Lehre von den sieben Himmeln kommt auch im Talmud vor, von wo sie vermutlich in den Koran einfloß. Im Talmud wird der siebte Himmel als der oberste Himmel beschrieben, in dem sich Gott selbst mit seinen ihm dienenden Engeln aufhält.

[14] Das arabische Wort für Statthalter ist *khalifa*. Dieser Vers zeugt nach muslimischer Auffassung von der herausragenden Bedeutung, die Allah dem Menschen zuerkannt hat.

[15] Iblis ist gleichbedeutend mit dem Satan *(schaitan)*; er gehört zu den gefallenen Engeln. Unter den Satanen gilt er als der „Gelehrteste" und ist eine Art

der Engel Iblis zu den Verdammten 30 ff. Allah setzte Adam und sein Weib in das Paradies und erlaubte ihnen, von allen Früchten, außer von denen eines verbotenen Baumes, zu essen. Doch der Satan verführte Adam und Eva[16] von den verbotenen Früchten zu essen, woraufhin Allah sie aus dem Paradies vertrieb und verfluchte. Durch diesen Fluch Allahs sollten alle Menschen untereinander zu Feinden werden und Wohnung und Nahrung sollte ihnen immer nur für eine beschränkte Dauer zur Verfügung stehen. Doch Allah, der Barmherzige, schränkte anschließend seinen Fluch ein und versprach jenen Menschen, die sich zum Glauben bekennen, dass er sie weder ängstigen noch traurig machen würde.[17] Die Ungläubigen würde er jedoch ins Höllenfeuer werfen, wo sie ewig verweilen müssten 35 ff. Wenn die Kinder Israel ihr Versprechen gegenüber Allah erfüllen und ausschließlich an Allah glauben, dann wird Allah auch sein Versprechen ihnen gegenüber halten. Sie sollen an den Koran glauben, der eine Bestätigung der [vorher offenbarten] Schriften[18] ist, und nicht die allerersten sein, die den Koran verleugnen. Auch sollen sie nicht die Wahrheit verschweigen, die sie [durch das Studium ihrer Schriften] kennen,[19]

Gegenspieler Allahs. Der Legende nach soll Iblis, bevor Allah ihn fallen ließ, der Hüter der Paradiestore gewesen sein. Es existiert eine Mindermeinung unter den Muslimen, nach der Iblis eigentlich recht gehandelt habe, als er sich weigerte, vor Adam den Kotau zu machen. Diese Minderheit meint, seine Weigerung sei eine strikte Befolgung des monotheistischen Glaubens gewesen.

[16] Hier verführt nicht, wie im Alten Testament (1. Mose 3,6) beschrieben, Eva den Mann Adam, sondern Mann und Frau werden gemeinsam vom Satan überlistet.

[17] Aus diesen Versen lässt sich keine „Erbsünde" ableiten, wie sie die Christen kennen. Der Islam geht bei seinem Menschenbild davon aus, dass der Mensch als eine Schöpfung Allahs prinzipiell gut sei. Muslime halten die Erbsünde für eine christliche Erfindung, die aus keiner der göttlichen Offenbarungen abgeleitet werden kann. Auf dem Kirchenkonzil von Trient ist am 17. Juni 1546 durch einen Lehrentscheid die Erbsünde offiziell in die christliche Religion eingeführt worden.

[18] Zu den von Allah offenbarten Schriften, die neben dem Koran existieren, zählen Muslime den Pentateuch (die fünf Bücher Mose), die Psalmen und die christlichen Evangelien.

[19] Den Juden wird von den Muslimen vorgeworfen, dass sie Passagen aus dem Alten Testament, die ursprünglich

und sie sollen sich, wie die Muslime, vor Allah niederwerfen 40 ff. Die Kinder Israel wurden einst von Allah allen anderen Völkern vorgezogen 47. Allah rettete die Juden, indem er das [Rote] Meer teilte und Pharaos Leute ertrinken ließ. Trotz ihrer Anbetung des [goldenen] Kalbs vergab Allah den Juden 49 ff. Moses erhielt von Allah das Buch der Offenbarung [die Tora], in dem Allah die Juden zur Rechtschaffenheit anleitet 53. Obwohl Allah die Juden [in der Wüste] mit Nahrung [Manna und Wachteln] versorgte und, nachdem er Moses aufgefordert hatte, mit einem Stab gegen den Fels zu schlagen, Trinkwasser aus einem Fels sprudeln ließ, töteten die Juden die zu ihnen gesandten Propheten und lehnten sich gegen Allah auf, indem sie seine Gebote missachteten. Durch ihr widerspenstiges Verhalten riefen sie den Zorn Allahs hervor 61.[20] Diejenigen unter den Juden, Christen und [christlichen] Sabäern[21], die an Allah und den Jüngsten Tag glauben, werden von Allah [mit dem Aufenthalt im Paradies] belohnt und brauchen weder Angst [vor der Hölle] zu haben noch müssen sie traurig sein 62. Obwohl Allah mit den Juden am Fuß des Berges [Sinai] einen Bund geschlossen hat, haben sie sich von ihm wieder abgewandt. Nur die Barmherzigkeit Allahs hat sie vor dem Untergang bewahrt 63 f. Allah hat jene Juden verstoßen, die das Sabbat-Gebot gebrochen haben.[22] Sie sind den Gläubigen für alle Zeiten ein warnendes Beispiel 65 f. Moses hatte seinem Volk ausgerichtet, es solle auf Geheiß Allahs eine Kuh opfern. Das Volk [war zögerlich und] bat Moses, bei Allah anzufragen, wie denn diese Kuh beschaffen sein solle. Erst als Moses [bei Allah] die Details über die von Allah gewünschte Kuh er-

auf das Kommen und die herausragende Bedeutung des Propheten Mohammed hingewiesen haben, eliminiert hätten. Als Motiv dafür nennt der Koran, dass die Juden dadurch die Huld Allahs, die sie nicht den Arabern bzw. Muslimen gönnten, allein auf sich ziehen wollten (siehe Vers 89 ff. in dieser Sure). Die Muslime nennen die von ihnen behauptete Verfälschung des jüdischen Offenbarungstextes „Verschreibung" *(tahrif).*

[20] Auch das Neue Testament wirft den Juden vor, sie hätten von Gott gesandte Propheten gesteinigt (siehe Lukas 13,34 und Matthäus 23,29 f.).

[21] Die Sabäer waren eine monotheistische Täufergemeinde im Vorderen Orient, die sich auf Johannes den Täufer berief. Siehe auch Seite 164.

[22] Näheres erläutert Sure 7,163.

fragt hatte, war das Volk bereit, die Kuh gemäß dem Befehl Allahs zu schlachten 67 ff. Die Herzen der Juden haben sich verhärtet, sodass sie hart wie Stein wurden 74. Es hat keinen Sinn, von den Juden zu erwarten, dass sie zum Islam übertreten, da eine Schar von ihnen gezielt die Offenbarung Allahs [die Tora und Psalmen] verfälscht hat [indem sie Hinweise auf den Propheten Mohammed gestrichen und andere Texte hinzugedichtet hat] 75. Wehe denen, die das Buch der Offenbarung verfälschen und hernach behaupten, es stamme alles von Allah. Obwohl sie [die Juden] behaupten, sie würden [wenn überhaupt] nur für ein paar Tage in die Hölle kommen, werden sie für ewig im Höllenfeuer brennen 79 ff. Nachdem Allah mit den Kindern Israel einen Bund geschlossen hatte, durch den sie aufgefordert wurden, wohltätig gegenüber ihren Eltern und Verwandten, den Waisen und Armen zu sein, das Gebet zu verrichten und die Sozialabgabe zu bezahlen, sind sie, bis auf wenige unter ihnen, Allah gegenüber abtrünnig geworden. Auch haben sie, obwohl Allah sie aufgefordert hat, kein jüdisches Blut zu vergießen und keine Juden aus ihrem Haus zu vertreiben, sich gegenseitig getötet und vertrieben.[23] Weil die Juden nur an einen Teil

[23] Um die Muslime zu ermahnen, friedlich miteinander zu leben, werden hier als abschreckendes Beispiel angebliche Kämpfe der Juden untereinander erwähnt. Die rasante Ausbreitung des Islam nach dem Tod Mohammeds lag u.a. darin begründet, dass der Koran unter den Muslimen den friedlichen Umgang miteinander einforderte. Die noch unter der Ägide Mohammeds entstandene „Verfassung von Medina" legte für alle Muslime im islamischen Machtbereich (dar al-islam, dem „Haus des Islam") eine gegenseitige Beistandspflicht sowie das Verbot, mit anderen Muslimen Krieg zu führen, fest. Die in der vorislamischen Zeit beliebten Kriegs- und Beutezüge gegen andere arabische Stämme kamen so zum Erliegen und richteten sich nun in erster Linie gegen Nichtmuslime (am Anfang insbesondere gegen die Byzantiner und die persischen Sassaniden), da der Koran bestimmte, dass nur noch gegen die „Ungläubigen" (käfir) Krieg geführt werden sollte. In atemberaubend erfolgreichen Feldzügen konnten die Muslime in den ersten hundert Jahren nach dem Tod ihres Propheten ein Imperium erobern, das von den Pyrenäen im Westen bis zum Indus im Osten reichte. Ihre Geringschätzung des Diesseits und ihre Hochachtung für das Jenseits verwandelte die muslimischen Krieger in todesverachtende Kampfmaschinen, denen ihre Gegner kaum etwas entgegenzusetzen hatten. Bis zum heutigen Tag (z.B. in Afghanistan) gereicht es den

der ihnen offenbarten Schrift glauben und den anderen Teil verleugnen, wird Allah am Tag der Auferstehung die strengste Strafe über sie verhängen 83 ff. Um Vorteile im Diesseits zu erlangen, haben die Juden ihr jenseitiges Leben verkauft. Allah wird sie dafür hart bestrafen 86. Allah gab dem Propheten Moses die Schrift und entsandte nach Moses zahlreiche weitere Propheten zum jüdischen Volk; darunter Jesus, den Sohn der Maria. Trotzdem blieben die Juden hochmütig und verleumdeten die Propheten Allahs als Lügner, von denen sie sogar einige erschlugen. Weil Allah sie verflucht hat, sind nur wenige Juden gläubig 87 f. Die Juden leugnen Teile des Buches, das ihnen Allah aushändigen ließ; deshalb zählen sie zu den Ungläubigen und der Fluch Allahs lastet auf ihnen. Sie leugnen Teile der Offenbarung Allahs aus Missgunst und weil sie die Huld Allahs mit anderen [den Muslimen] nicht teilen wollen. Sie behaupten zwar, an alles zu glauben, was Allah ihnen einst offenbart hat, aber sie verleugnen die Botschaft [des Korans], die Allah den Menschen [in einer späteren Phase] hinabgesandt hat 89 ff. Die Juden gieren noch mehr als die Götzenanbeter nach dem diesseitigen Leben und manch einer von ihnen würde am liebsten tausend Jahre leben. Aber Allah sieht ihre Untaten und wird sie [im Jenseits] bestrafen 96 f. Allah hat den Engel Gabriel beauftragt, den Koran zur Erde zu bringen, um mit ihm die älteren Offenbarungen zu bestätigen. Wer Allah, seinen Engeln, seinen Propheten und seinen Boten Gabriel und Michael feindlich gesinnt ist, der ist ein Ungläubiger, den auch Allah als seinen Feind betrachtet 97 f. [König] Salomon war ein Gläubiger. Ungläubig waren [zu Lebzeiten Salomons] aber jene, die den Lügen der Teufel glaubten. Jene Ungläubigen lernten auch von den Teufeln, wie man Ehen zerrüttet. Damit haben sie etwas gelernt, was ihnen nichts nützt und nur schadet. Im Jenseits [am Jüngsten Tag] werden sie deshalb mit leeren Händen dastehen 102. Die Schriftbe-

strenggläubigen muslimischen Kämpfern zum Vorteil, dass der Tod auf dem Schlachtfeld, den sie im Kampf für die Sache Allahs sterben, für sie etwas Erstrebenswertes ist, was sie nicht abschreckt. Für andere Kombattanten, die den Willen zum Überleben haben, ist die Todesbereitschaft der muslimischen Kämpfer nach wie vor ein schwerwiegendes Problem.

Der Prophet Jesus

Jesus von Nazareth zählt im Islam zu den herausragenden Propheten. Er gilt den Muslimen, insbesondere den islamischen Mystikern *(Sufis)*, als ein „Prophet der Liebe" zu Allah. Die Zuerkennung eines göttlichen oder gottähnlichen Status an Jesus von Nazareth lehnt der Islam jedoch strikt ab, weil er, wie auch das Judentum, darin eine Aufweichung des Glaubens an den einen Gott sieht.

Die Römische Reichskirche hatte auf dem Konzil von Chalcedon* im November 451 n.Chr. ihren Streit um das Verhältnis von Jesu göttlicher und menschlicher Natur entschieden und die sogenannte Trinität zum heute noch gültigen Dogma erhoben. In dem sehr umständlich formulierten christologischen Bekenntnis des Konzils hieß es unter anderem:

> „In der Nachfolge der heiligen Väter also lehren wir alle übereinstimmend, unseren Herrn Jesus Christus als ein und denselben Sohn zu bekennen: Derselbe ist vollkommen in der Gottheit und derselbe ist vollkommen in der Menschheit; derselbe ist wahrhaft Gott und wahrhaft Mensch aus vernunftbegabter Seele und Leib; derselbe ist der Gottheit nach dem Vater wesensgleich und der Menschheit nach uns wesensgleich, in allem uns gleich außer der Sünde; derselbe wurde einerseits der Gottheit nach vor den Zeiten aus dem Vater gezeugt, andererseits der Menschheit nach in den letzten Tagen unsertwegen und um unseres Heiles willen aus Maria, der Jungfrau [und] Gottesgebärerin, geboren; ein und derselbe ist Christus, der einziggeborene Sohn und Herr, der in zwei Naturen unvermischt, unveränderlich, ungetrennt und unteilbar erkannt wird, wobei nirgends wegen der Einung der Unterschied der Naturen aufgehoben ist, vielmehr die Eigentümlichkeit jeder der beiden Naturen gewahrt bleibt und sich in einer Person und einer Hypostase vereinigt; der einziggeborene Sohn, Gott, das Wort, der Herr Jesus Christus, ist nicht in zwei Personen geteilt oder getrennt, sondern ist ein und derselbe, wie es früher die Propheten über ihn und Jesus Christus selbst es uns gelehrt und das Bekenntnis der Väter es uns überliefert hat."

Nach islamischer Auffassung ist die Behauptung, Jesus sei eine Gottheit, eine fatale Aufweichung der Religion Abrahams. Die Anbetung des „Propheten" Jesus grenzt in den Augen von Muslimen an Götzendienst.

* Das antike Chalcedon ist heute der Istanbuler Stadtteil Kadıköy, der sich auf der asiatischen Seite der Stadt befindet.

Der Professor für Theologie und Religionspädagogik an der Pädagogischen Hochschule des Saarlandes, Karl-Heinz Ohlig, hat in Bezug auf Jesu Bedeutung für den Islam die erstaunliche These aufgestellt, dass Mohammed eigentlich nur ein arabisierter Jesus sei. Gemäß dieser These hätten die Araber im 9. und 10. Jahrhundert das überlieferte Jesusbild der christlichen Arianer übernommen und für ihre politischen Zwecke modifiziert, indem sie durch das Abfassen von Mohammed-Biografien die Biografie des Jesus von Nazareth umgeschrieben und Mohammed sozusagen erfunden hätten.*

Diese These stammt sicherlich von einem wissenschaftlichen Außenseiter, aber man sollte bedenken, dass sich einst auch Christen nicht gescheut haben, für politische Zwecke fromme Biografien zu erfinden. Ein herausragendes Beispiel war die Erfindung der Jakobuslegende, die dazu geführt hat, dass der Märtyrer Jakobus („Santiago") zum Schirmherrn der Reconquista Spaniens ernannt wurde. Der Apostel Jakobus, der bereits im 1. Jahrhundert n. Chr. von Herodes Agrippa I. enthauptet worden war, tauchte der Legende nach plötzlich wieder leiblich und hoch zu Ross in Spanien auf, um die christlichen Heere (insbesondere den ritterlichen Santiago-Orden) gegen die zahlenmäßig überlegenen „Ungläubigen" (Mauren) in die Schlacht zu führen. In Anerkennung seiner „Verdienste" erhielt der heilige Heerführer von seinen christlichen Anhängern seinerzeit den Ehrennamen „Santiago Matamoros" (Sankt Jakob der Maurentöter).

---

* Siehe den Sammelband *Die dunklen Anfänge. Neue Forschungen zur Entstehung und frühen Geschichte des Islam*, herausgegeben von K.-H. Ohlig und G. R. Puin, Hans-Schiler-Verlag, Berlin 2006

sitzer[24] und die Götzenanbeter gönnen den Gläubigen [Muslimen] nicht, dass Allah ihnen seine Huld gewährt 105. Wenn Allah einen Koranvers tilgen oder in Vergessenheit geraten lassen will, dann ersetzt er ihn durch einen besseren.[25] [Nur] Allah hat die Macht dazu 106. Viele der Schriftbesitzer versuchen Muslime, die gläubig geworden sind, wieder zum Unglauben zu verführen. Die Muslime sollen ihnen [den Schriftbesitzern] vergeben und nachsichtig mit ihnen umgehen, denn es ist Allah vorbehalten, diesbezüglich [über die Bestrafung dieser Schriftbesitzer] eine Entscheidung zu treffen 109.[26] Juden und Christen hegen die Wunschvorstellung, dass

[24] Als „Schriftbesitzer" bezeichnet der Koran Juden und Christen, wobei er nicht zwischen „Judenchristen" und „Heidenchristen" unterscheidet. Zu den Juden, die zu Zeiten Mohammeds auf der arabischen Halbinsel lebten, zählten auch die zum Christentum konvertierten Juden (Judenchristen), deren Vorfahren aus Palästina vertrieben worden waren. Man nimmt an, dass sie sich, anders als die Juden mosaischen Glaubens, im Lauf späterer Jahrhunderte so weit im arabischen Umfeld assimiliert hatten, dass ihre jüdisch-christliche Identität verloren gegangen war. Da sich Judentum und Christentum auch nach koranischer Auffassung auf von Allah herabgesandte Offenbarungsbücher gründen, wurde Juden und Christen im muslimischen Machtbereich der Sonderstatus von „Schriftbesitzern" eingeräumt, wodurch sie ihrer Religion unter muslimischer Herrschaft nach Zahlung einer Kopfsteuer treu bleiben konnten. Unter islamischer Herrschaft lebende Juden oder Christen (dimmi) hatten jedoch weniger Rechte als Muslime und wurden dadurch in der muslimischen Gesellschaft zu Menschen zweiter Klasse. Unter anderem durften sie keine Waffen tragen, keine Kamele oder Pferde reiten, vor Gericht nicht als Zeugen gegen Muslime aussagen, keine Muslima heiraten und die Stadt Mekka nicht betreten. Durch ihre Kleidung mussten sie in der Öffentlichkeit ihren Status als dimmi zu erkennen geben und ihre Häuser durften die der Muslime nicht überragen.

[25] Von diesem Vers kann man die Zulässigkeit des Verfahrens der Abrogation in Bezug auf die Koranverse ableiten. „Abrogation" bedeutet, dass Aussagen des Korans, die chronologisch später offenbart wurden, frühere, ihnen widersprechende Aussagen aufheben. Da die Anordnung der 114 Suren im Koran nicht chronologisch ist und die zeitliche Einordnung der Suren nicht mehr exakt ermittelt werden kann, ist die Anwendung der Abrogation im Koran allerdings problematisch.

[26] Dieser Vers mag entscheidend dazu beigetragen haben, dass Juden und Christen, die die Oberherrschaft der Muslime anerkannten, im muslimischen Machtbereich geduldet wurden, wo man ihnen den eingeschränkten Rechtsstatus eines dimmi zubilligte.

außer ihnen niemand ins Paradies eingehen wird, aber es fehlen ihnen schlicht die Beweise dazu 111. Juden und Christen liegen miteinander im theologischen Streit. Am Tag der Auferstehung wird Allah über das richten, worüber sie [theologisch] gestritten haben 113. Wohin der Mensch sich auch wendet, ob nach Osten oder Westen, überall stößt er auf das Antlitz Allahs 115. Sie [die Christen] stellen die Behauptung auf, Allah habe einen Sohn gezeugt 116.[27] Wenn Allah, der Schöpfer, sagt: „Sei!", dann ist es 117. Nur Unwissende verlangen, dass Allah direkt mit ihnen spricht oder ihnen ein Zeichen seiner Allmacht schickt 118. Wer die wahre Rechtleitung kennt und trotzdem zum jüdischen oder christlichen Glauben konvertiert, dem wird, wenn er [am Jüngsten Tag] vor Allah steht, niemand mehr beistehen 120.[28] Dem jüdischen Volk hat Allah einst den Vorrang vor allen anderen Völkern eingeräumt 122. Vor dem Jüngsten Gericht kann niemand die Schuld eines anderen auf sich laden 123.[29] Abraham[30] wurde von Allah zum

---

[27] Die einzige Sünde, die Allah niemals vergibt, ist dem Koran zufolge die Vielgötterei (*schirk*, wörtlich: „Beigesellung"). Die im 4. Jahrhundert n. Chr. entwickelte hellenistische Christologie, die Jesus als göttlichen Sohn Gottes deklariert, ist für Muslime deshalb völlig inakzeptabel.

[28] Nach muslimischer Auffassung können Engel und Propheten, wenn Allah es ihnen zugesteht, für die vor dem Jüngsten Gericht stehenden Menschen Fürbitte leisten.

[29] Dieser Vers richtet sich indirekt gegen die Auffassung der Christen, Jesus habe sein Blut für die Vergebung der Sünden der Menschen vergossen (siehe Matthäus 26,28).

[30] Auch den Muslimen gilt Abraham als jener Ur-Gläubige, der als Erster zu der Erkenntnis gekommen sei, dass es nur einen Gott gibt. Sie preisen ihn, weil er seinen Sohn Ismail (gemäß des Alten Testaments war es sein Sohn Isaak; siehe 1. Mose 22) an jener Stelle, an der später der Felsendom in Jerusalem errichtet wurde, für Allah opfern wollte. Die Wallfahrt nach Mekka geht ebenfalls auf Abraham (und Ismail) zurück, der dort nach Auffassung der Muslime die Kaaba als Gebetshaus errichten ließ („Abrahamlegende"). Wie Juden und Christen besuchen Muslime bis zum heutigen Tag sein angebliches Grab in Hebron/Palästina. Auch die angebliche Geburtshöhle Abrahams in der Stadt Urfa im Südosten der Türkei wird gern von frommen Muslimen aufgesucht.

Imam[31] der Menschen ernannt 124.[32] Allah hat die Kaaba[33] zum zentralen Gebetsort der Muslime bestimmt. Abraham und Ismail[34] wurden von Allah aufgefordert, die Kaaba [von Götzenstandbildern] zu reinigen, damit die Gläubigen sie umkreisen und sich dort zum Gebet vor Allah niederwerfen können 125. Im Diesseits wird auch der Ungläubige von Allah ausreichend versorgt, damit er exis-

[31] Ein Imam ist ein Vorbeter bzw. ein religiöser Führer der Muslime, der über einen vorbildlichen Lebenswandel verfügen muss. Im Gegensatz zum Christentum und zum Judentum kennen die Sunniten keinen eigentlichen Priesterstand und auch kein Zölibat. So gibt es bei den Sunniten auch keine allgemein akzeptierte Bestimmung darüber, wer ein Rechtsgutachten *(fatwa)* ausstellen kann und wer nicht; allerdings besteht Konsens darüber, dass es ein Gelehrter *(mufti)* sein muss. Es kommt immer wieder vor, dass verschiedene islamische Geistliche konkurrierende oder gar widersprüchliche Gutachten verfassen. Eine gewisse Berühmtheit, insbesondere in der westlichen Welt, hat die Fatwa des Ayatollah Khomeini vom 14. Februar 1989 erlangt, die dieser gegen den britischen Schriftsteller Salman Rushdie verhängte, sowie jene Pseudo-Fatwa von Osama bin Laden vom 22. Februar 1998, die sich gegen die Vereinigten Staaten von Amerika und ihre Verbündeten richtete (Wortlaut: „Der Befehl, die Amerikaner und ihre Verbündeten zu töten, ist eine individuelle Verpflichtung für jeden dazu fähigen Muslim in jedem Land, in dem so etwas möglich ist, um die *al-Aksa*-Moschee [in Jerusalem] und die Heiligtümer [in Mekka und Medina] zu befreien und um ihre Armeen dazu zu zwingen, jeglichen muslimischen Boden zu verlassen ...“). Ein aus westlicher Sicht erfreuliches Rechtsgutachten war jene im Jahr 2006 von der *al-Azhar*-Universität in Kairo verkündete Fatwa gegen die Praxis der Genitalverstümmelung an Frauen.

[32] Dieser Vers hat insbesondere für die Schiiten eine herausragende Bedeutung. Die Schiiten glauben, dass die Welt nicht ohne einen Imam existieren kann, der die Wahrheit hütet und vermittelt. Für Schiiten sind der Imam und der Koran zwei Säulen, auf denen alle menschliche Erkenntnis ruht.

[33] Die schon in vorislamischer Zeit als Wallfahrtsort besuchte Kaaba umschließt einen leeren, fensterlosen Raum, dessen Dach von drei Holzsäulen getragen wird. Der Innenraum ist nur an besonderen Tagen zugänglich. An der südöstlichen Ecke neben dem Eingang ist etwa in Augenhöhe der als heilig geltende „Schwarze Stein" eingemauert, bei dem es sich vermutlich um einen Meteoriten handelt.

[34] Ismail ist jener Sohn Abrahams, den die Araber als ihren Stammvater betrachten. (Siehe auch „Der Prophet Ismail" auf Seite 191, wo die Geschichte von Ismail und seiner Mutter Hagar erzählt wird.)

Die Kaaba in Mekka

Terminus *Kaaba*

Die Kaaba (Deutsch: „Kubus") ist ein etwa 12 mal 10 mal 15 Meter großes, ge-
mauertes Gebäude, das im Innenhof der *al-Haram*-Moschee in Mekka steht und
alljährlich mit einem neu gefertigten goldbestickten schwarzen Brokat umhüllt
wird. An einer Außenecke der Kaaba befindet sich etwa in Augenhöhe der
Schwarze Stein *(hajar al-aswad)*, von dem man vermutet, dass er ein Meteorit
ist. Die muslimische Überlieferung besagt, dass die Kaaba ursprünglich von
Adam erbaut worden sei, danach wieder in Vergessenheit geriet und zur Ruine
verfiel. Der Prophet Abraham und sein Sohn Ismail hätten das Gebäude entdeckt
und wieder aufgebaut. Den Schwarzen Stein, der aus dem Paradies stammen
soll, hätte Abraham von Erzengel Gabriel als Geschenk empfangen. Die Kaaba,
die schon in vorislamischer Zeit ein Pilgerort war, wurde immer wieder restauriert. Im Jahr 600 soll sie nach einem Brand, bei dem der Schwarze Stein aus
der Mauer herausgebrochen sei, restauriert worden sein. Als es darum ging, den
Schwarzen Stein erneut in der Mauer zu befestigen, entbrannte unter den am
Wiederaufbau beteiligten arabischen Stämmen ein Streit, welchem Stamm die
Ehre gebühre, das zu tun. Da man sich nicht einigen konnte, wurde beschlos-

tieren kann, aber im Jenseits wird er dem Höllenfeuer ausgeliefert 126. Abraham und Ismail sind die Erbauer der Kaaba 127. Abraham bat Allah, seine Nachkommen zu einer großen Gemeinde der Gläubigen werden zu lassen. Außerdem bat Abraham darum, Allah möge unter den Gläubigen einen Propheten erwecken, der aus dem Buch der Offenbarung vorlesen und es erläutern würde 128.[35] Nur Toren verschmähen den Glauben, dem Abraham anhing 130.[36] Abraham und [sein Enkel] Jakob haben ihren Nachkommen befohlen, nur Allah, dem einzigen Gott, zu dienen 132 f. Die Juden waren einst ein rechtgläubiges Volk 134. Die Juden und die Christen fragen die Muslime, ob sie [die Juden und Christen] auch

[35] Dieser Vers weist darauf hin, dass nach muslimischer Auffassung bereits Abraham Allah um die Entsendung des Propheten Mohammed gebeten haben soll.

[36] Muslime sehen in Abraham den ersten Anhänger des Islam, weil er sich Allah bedingungslos unterworfen hat (das arabische Wort *islam* bedeutet „Unterwerfung"). Eine ganz ähnliche Sichtweise, nur eben auf das Christentum bezogen, hat der römische Theologe und Philosoph Justin (100–165) vertreten. Er bezeichnete den Urvater Abraham als einen „Christen vor Christus".

sen, dass der Nächste, der das Heiligtum *(haram)* betreten würde, den Stamm auswählen solle. Diese Person war der Legende nach der Prophet Mohammed, der das Problem löste, indem er von Angehörigen aller Stämme den Stein in einem Tuch anheben ließ und ihn dann selbst in dem Mauerwerk der Kaaba befestigte. Das Gebäude der Kaaba, das in vorislamischer Zeit als Heiligtum des Hubal (der Hauptgott der vorislamischen Mekkaner; seine Inkarnation war ein Karneol-Stein) und seiner drei göttlichen Töchter al-Uzza, Lat und al-Manat verehrt wurde, ist seit 632 n. Chr. ein rein islamisches Heiligtum. Im Jahr 1630 veranlasste der türkische Sultan Murad IV. einen Neubau der Kaaba.

Während der *Haddsch* (Wallfahrt) gehen die Pilger, an der Außenecke beginnend, wo sich der Schwarze Stein befindet, siebenmal gegen den Uhrzeigersinn um die Kaaba herum und preisen dabei Allah. Die rituelle Umkreisung von Heiligtümern ist schon aus vorislamischer Zeit bekannt, in der eine Vielzahl von unbehauenen Steinen als Gottheiten verehrt wurden, die man umrundete, berührte und küsste.

Rechtgeleitete seien. Der gläubige Muslim soll diesen Juden und Christen erwidern, dass er an Allah und den Koran glaubt und auch an das, was Allah Abraham, Ismail, Isaak, Jakob, den Stämmen Israels, Moses, Jesus und den anderen Propheten als Offenbarung herabgesandt hat.[37] Wenn Juden und Christen das Gleiche glauben wie die Muslime, dann sind auch sie rechtgeleitet. Wenn sie sich jedoch [vom wahren Glauben] abwenden, wird Allah sich ihrer annehmen [und sie bestrafen] 135 f. Juden, Christen und Muslime sollen nicht miteinander über [die ihnen gewährte Huld von] Allah [theologisch] streiten, denn Allah ist der Gott der Muslime, Juden und Christen.[38] Viel wichtiger ist es, wenn man Allah in aufrichtiger Weise zugetan ist und seine Gebote einhält 139. Schon Abraham, Ismail, Isaak, Jakob und [auch einst] die Juden waren Muslime. Auf diese Tatsache hat Allah in seinen früheren Offenbarungen [die er vor dem Koran herabgesandt hat] hingewiesen, aber diese Hinweise werden [von den Juden und Christen] verheimlicht. Allah wird sie dafür bestrafen 140. Nur Toren hinterfragen, warum die traditionelle Gebetsrichtung der Muslime geändert worden ist,[39] denn Allah ist überall, sowohl im Osten als auch im Westen. Die [neue] Gebetsrichtung eines Muslims soll, wo immer er sich auch befindet, stets zur heiligen Moschee [Kaaba] ausgerichtet sein 142 ff. Einige von den Schriftbesitzern [Juden und Christen] verbergen einen Teil der Wahrheit [indem sie in ihren Schriften die Hinweise auf das Kommen des Propheten Mohammed unterschlagen], obwohl sie die ganze Wahrheit genau kennen 146. Wer

---

[37] Mit diesem Vers reiht der Koran den Islam in den Kreis der abrahamischen Religionen (Judentum, Christentum und Islam) ein.

[38] Muslime sind wie die Juden konsequente Anhänger des Monotheismus *(tauhid)*. Christen praktizieren aus muslimischer (und jüdischer) Sicht einen polytheistischen Glauben, da sie neben Gottvater auch seinen „Sohn" Jesus und den Heiligen Geist anbeten.

[39] Mohammed hatte ursprünglich das Gebet in Richtung des jüdischen Tempels in Jerusalem *(al-Quds)* vorgeschrieben. Als der Prophet jedoch feststellen musste, dass die in Medina lebenden Juden sich nicht zum Islam bekehren ließen, gab er im Jahr 624 die Kaaba in Mekka als neue Gebetsrichtung *(qibla)* an.

Allah in seine Gedanken einschließt, den schließt Allah auch in seine Gedanken ein 152. Hilfe findet der Gläubige durch geduldiges Warten [auf die Segnungen Allahs] und im Gebet, denn Allah steht den Gläubigen bei, die geduldig sind 153. Wer für Allah stirbt, wird nicht zum Toten 154. Allah prüft den Glauben der Muslime, indem er sie dosiert der Angst aussetzt, an Hunger leiden lässt und indem er ihr Vermögen mindert 155. Auf der Großen und Kleinen Wallfahrt soll der Gläubige auch zwischen den Hügeln Safa und Marwa hin- und herschreiten 158.[40] Allah verflucht jene, die Teile aus seiner Offenbarung verheimlichen[41] 159. Auf jenen, die als Ungläubige sterben, lastet der Fluch Allahs. Sie werden [im Jenseits] schwer bestraft 161 f. Es gibt keinen Gott außer Allah 163. In der von Allah erschaffenen Welt [Schöpfung] gibt es Zeichen [Hinweise auf Allah als den einzigen Gott und auf seine Allmacht] für jene, die Verstand haben und begreifen[42] 164. Es gibt Menschen, die außer Allah auch andere Gottheiten anbeten. Wenn ihnen [am Tag des Jüngsten Gerichts] ihre Strafe mitgeteilt wird, werden sie erkennen, dass alle

[40] Auf den Hügeln Safa und Marwa standen einst die Standbilder der Götzen Isaf und Naila, die die altarabischen Polytheisten bei ihren Ritualen mehrmals zu umrunden pflegten. An diesem Vers wird beispielhaft deutlich, wie der Koran vorislamische Riten fortbestehen ließ, indem er sie in den Islam aufnahm.

[41] Hiermit sind insbesondere die Juden gemeint, die nach muslimischer Auffassung Hinweise auf den Propheten Mohammed aus dem Alten Testament eliminiert haben sollen.

[42] Dieser Vers hatte eine herausragende Bedeutung für die islamischen Rationalisten (auch „Qadariten" genannt, die im 8. Jahrhundert die „Schule der Mu'tazila" gründeten; siehe Seite 98), die in der Frühzeit des Islam sich bemühten, den Islam mit der menschlichen Vernunft in Einklang zu bringen. Sie waren meist Anhänger der griechischen und insbesondere der aristotelischen (bzw. peripatetischen) Philosophie und Förderer der Naturwissenschaften. Sie glaubten, dass die Welt rational erklärbar sei, und sprachen sich für den freien Willen des Menschen aus, womit sie sich gegen die *Qida-Schule* stellten, die im 8. Jahrhundert von Ibn Safwan gegründet worden war. Die Qida-Schule lehnte jeden Versuch ab, die Welt anders zu erklären als sie im Koran beschrieben wird, und hielt an einem strikten, auf der Prädestination des menschlichen Schicksals beruhenden Fatalismus fest (siehe Sure 7,188; auf diesen Vers beriefen sich die islamischen Fatalisten).

Terminus *Wallfahrt*

Für Muslime gibt es die Kleine Wallfahrt *(umra)*, die fast das ganze Jahr über stattfinden kann, und die Große Wallfahrt *(haddsch)*, die jährlich vom 8. bis spätestens zum 13. Tag des zwölften und letzten Monats *(dhu l-hiddscha)* im islamischen Mondjahr durchgeführt wird. Anders als bei der Umra ist die Teilnahme an der Haddsch für jeden Gläubigen eine religiöse Pflicht, die er einmal in seinem Leben zu erfüllen hat, es sei denn, Krankheit oder Armut hindern ihn daran. Die Riten während der Wallfahrt stammen zum Teil noch aus vorislamischer Zeit.[*] Vor der Ankunft in Mekka muss der Gläubige sich an einem von sechs Orten *(miqat;* die Schiiten akzeptieren nur fünf dieser Orte als *miqat)* außerhalb der Stadt in einen besonderen Weihezustand *(ihram)* versetzen. Hierzu tauschen die Männer ihre Straßenkleidung gegen zwei weiße nahtlose Tücher aus, die sie sich um die Hüften und um den Oberkörper wickeln; die Frauen sind angehalten, weiße Gewänder zu tragen.[**] Der endgültige Weihezustand wird erreicht, wenn der Gläubige in einem Gebet bekennt, dass er von nun an alle religiösen Vorschriften, die bei der Wallfahrt gelten, peinlich genau einhalten wird. Nach seiner Ankunft in Mekka kann der Gläubige, wenn ihm hierfür genügend Zeit zur Verfügung steht, zunächst die Kleine Wallfahrt durchführen, bei der lediglich ein paar rituelle Handlungen in der Stadt Mekka vollzogen werden.

Am 8. Tag des islamischen Wallfahrtsmonats müssen sich alle Pilger in Mekka einfinden, denn dann beginnt die eigentliche Haddsch, die „Große Wallfahrt". Die Riten der Haddsch beginnen mit der siebenmaligen Umrundung *(tawaf)* der Kaaba im Hof der *al-Haram*-Moschee, während der ein schwarzer Stein, der an einer Außenecke der Kaaba befestigt ist (der Legende nach soll er aus dem Paradies stammen, vermutlich ist er aber ein Meteorit), geküsst oder mit der Hand berührt wird – auch Mohammed soll ihn geküsst haben. Diese Umrundung wird „Antrittsumrundung" *(tawaf a-qudum)* genannt. Nach dem Umrundungsritual begibt sich der Gläubige in eine längliche Wandelhalle, die sich an den Hof der Moschee anschließt, in der er siebenmal hin und her geht, um mit diesem Ritual *(sa'i)* dem verzweifelten Umherirren von Hagar (der von Abraham

---

[*] Altarabischen Ursprungs sind beispielsweise das Werfen von Kieselsteinen, das Küssen, Berühren oder Grüßen des Schwarzen Steines an der Kaaba und das Tieropfer.

[**] Flugreisende wechseln ihre Kleider bereits vor Antritt der Flugreise, wodurch man sie einmal im Jahr als Wallfahrer auf vielen Flughäfen in aller Welt, so z.B. auch auf dem Frankfurter Flughafen, entdecken kann.

verstoßenen Ägypterin, mit der er einen Sohn hatte; siehe 1. Mose 21) mit ihrem Sohn Ismail (dem späteren Stammvater der Araber) zwischen den Hügeln Marwa und Safa in der Wüste zu gedenken. Wer möchte, kann noch innerhalb der *al-Haram*-Moschee den *Zamzam*-Brunnen aufsuchen (siehe 1. Mose 21,19), um dort von dem Wasser, dem eine Heilwirkung nachgesagt wird, zu trinken (ein Engel soll die halbverdurstete Hagar mit ihrem Sohn Ismail zu diesem Brunnen geführt haben). Am Abend des 8. Tages des islamischen Wallfahrtsmonats verlassen die Pilger Mekka und begeben sich zu Fuß oder in Bussen und Taxis zur Zeltstadt Mena, die sich in einem südöstlich von Mekka gelegenen Tal, etwa 8 Kilometer von Mekka entfernt, großflächig ausbreitet. Nachdem sie eine Nacht dort verbracht haben, wandern die Pilger am Vormittag des nächsten Tages (dem 9. Tag des Wallfahrtsmonats) zum etwa 15 Kilometer weiter südöstlich gelegenen „Berg" Arafat (ein Granit-Hügel, ca. 70 Meter hoch), wo sie den Nachmittag in stiller Andacht verbringen. Die Zwiesprache mit Allah am Berg Arafat, bei der die Pilger um die Vergebung ihrer Sünden beten, bildet den emotionalen Höhepunkt der Großen Wallfahrt. Der Legende nach soll Allah am Berge Arafat Adam und Eva ihren Sündenfall im Paradies vergeben haben. Hier hat außerdem Mohammed auf seiner Abschiedswallfahrt seine letzte öffentliche Predigt gehalten, die man in einem Hadith nachlesen kann.* Nach Sonnenuntergang marschieren die Pilger zurück in Richtung Mena und kampieren nach einer Wegstrecke von ca. 8 Kilometern unter freiem Himmel in einem Talabschnitt, der *Muzdalifa* genannt wird. Hier nehmen sie am Gebet kurz nach Sonnenuntergang *(maghreb)* und am Nachtgebet *(ischa)* teil. Am nächsten Tag (dem 10. des Wallfahrtsmonats), der „Opfertag" genannt wird, müssen vier Rituale absolviert werden: 1. Am Morgen werden in Muzdalifa sieben Steine *(dschamra)* zum Bewerfen der Teufelsstelen in Mena aufgesammelt und anschließend setzt man die Wanderung nach Mena fort. In Mena erfolgt die Steinigung *(rami al-gamarat)* der großen Teufelsstele, womit man daran erinnert, dass einst an der gleichen Stelle der Satan sich bemüht haben soll, Abraham in Versuchung zu führen. Durch das

---

* Der Predigttext des Propheten Mohammed auf seiner Abschiedswallfahrt am Berg Arafat gemäß einem Hadith:
„Ich habe euch etwas Klares und Deutliches hinterlassen; wenn ihr daran festhaltet, werdet ihr niemals in die Irre gehen: Gottes Buch und die Sunna seines Propheten. Leute, hört meine Worte und begreift sie! Ihr sollt wissen, dass jeder Muslim Bruder des Muslims ist und dass die Muslime untereinander Brüder sind [...], der vorzüglichste unter euch ist bei Gott der frommste von euch. Ein Araber hat nur durch seine Frömmigkeit Vorrang vor dem Nicht-Araber."

Werfen von Steinen habe Abraham jedoch seinerzeit den Satan in die Flucht schlagen können.* 2. An die Steinigung schließt sich in Mena das Opferfest an, bei dem Tiere (in der Regel Schafe) geschlachtet, geopfert und verzehrt werden. Das Opferfest soll an die Ergebenheit Abrahams erinnern, der auf Allahs Wunsch hin bereit war, seinen Sohn Ismail zu opfern. Wer bei dem Opferfest nicht selbst die Schlachtung und Opferung eines Tieres durchführen will, kann diesen Pflichtteil der Haddsch vorher in Mekka an dafür bereitstehendes Personal delegieren, indem er einen Coupon kauft. Seit einigen Jahren wird die Schlachtung deshalb hauptsächlich durch saudi-arabisches Fachpersonal in großen Schlachthäusern in Mena durchgeführt, wobei ein Großteil des Fleisches anschließend an arme muslimische Gemeinden in alle Welt verschickt wird. Das Tieropfer in Mena mit der sich anschließenden Opfermahlzeit ist das größte islamische Fest im Jahreskreis und wird überall in der islamischen Welt am gleichen Tag gefeiert. (Der Islam ist die einzige monotheistische Religion, die das Tieropfer beibehalten hat). 3. Nach Beendigung des Opferfestes rasieren sich die Männer den Kopf und die Frauen kürzen ihre Haare um einige Zentimeter, wodurch sie zum Ausdruck bringen, dass der Weihezustand zum Teil wieder aufgehoben ist. Ab diesen Moment können dann auch wieder normale Straßenkleider getragen werden. 4. Anschließend begeben sich die Pilger zur *al-Haram*-Moschee in Mekka, wo sie die Kaaba noch einmal wie zu Beginn der Wallfahrt umrunden *(tawaf al-ifadah)*. Die Abende und Nächte des 10., 11. und 12. Tages des Wallfahrtsmonats werden wieder in der Zeltstadt Mena zugebracht. Jeweils am 11. und 12. Tag erfolgen in Mena erneut Steinigungen des Teufels, wobei diesmal drei unterschiedlich große Teufelsstelen mit jeweils sieben Steinen pro Person und Stele beworfen werden. Die kleine Teufelsstele symbolisiert jene Stelle, an der Satan Ismail davon abbringen wollte, sich von seinem Vater Abraham opfern zu lassen; die mittlere Teufelsstele jene Stelle, an der Satan auf Hagar einwirken wollte, ihren Sohn zu überreden, sich der Opferung zu widersetzen, und die große Teufelsstele jene Stelle, an der Satan auf Abraham einredete, er solle auf die Opferung seines Sohnes verzichten. Durch das Bewerfen mit Steinen gelang es jedoch allen dreien, den Satan in die Flucht zu schlagen. Nach der Steinigung jeder Stele wird ein Gebet gesprochen, wobei die Pilger Allah um die Vergebung all ihrer Sünden anflehen.

Insbesondere am 12. Tag des Wallfahrtsmonats kommt es gelegentlich unter

---

* Zu dieser Legende gibt es keine Vorlage im Alten Testament.

den Hunderttausenden von Pilgern,* die nach dem Mittagsgebet *(zuhr)* schlagartig zu den Stelen eilen, zu Tumulten, bei denen immer wieder Hunderte von Pilgern einen tragischen Erstickungstod erleiden. Da die Gläubigen jedoch davon ausgehen, dass ein Tod, der sie während der Haddsch ereilt, vor dem Jüngsten Gericht einen Teil ihrer Sünden ausgleicht, wird ein solcher Tod von den Angehörigen der Verstorbenen eher gelassen hingenommen. Nach der letzten Steinigung verlassen die Pilger Mena entweder vor Sonnenuntergang des 12. oder am Morgen des 13. Tages des Wallfahrtsmonats und marschieren wieder zurück gen Mekka. Nach ihrer Ankunft in Mekka absolvieren die Pilger in der *al-Haram*-Moschee die Abschiedsumrundung der Kaaba *(tawaf al-wada')*. Diese Abschiedsumrundung schließt die Große Wallfahrt ab und beendet den Weihezustand, wodurch alle besonderen Verbote und Vorschriften, denen sich die Pilger zu Beginn der Wallfahrt unterworfen haben, wieder aufgehoben sind. Die Pilger halten sich in der Regel danach noch eine gewisse Zeit in der *al-Haram*-Moschee auf, bevor sie nach Hause oder nach Medina reisen, um dort noch in der Moschee des Propheten sein Grab und die Gräber zweier seiner Nachfolger (der Kalifen Abu Bakr und Omar) aufzusuchen.

Muslime, die an einer Haddsch teilgenommen haben, dürfen sich mit dem Ehrentitel „Pilger"** anreden lassen. Die alljährliche Organisation der Großen Wallfahrt und die Instandhaltung der heiligen Stätten obliegt seit dem Jahr 1924 der saudischen Königsfamilie. Wegen dieses religiösen Amtes nennen sich die Könige von Saudi-Arabien „Beschützer der beiden Heiligen Stätten" (gemeint sind Mekka und Medina).

Parallelen zur muslimischen Wallfahrt gibt es auch im Christentum. Alljährlich finden in Lourdes/Südfrankreich Pilgerwanderungen statt (auf dem „Weg der Bernadette"), es gibt dort auch eine Quelle mit „reinigendem" Wasser und man betet gemeinsam an besonderen Orten (z. B. den Rosenkranz in der Grotte von Lourdes). Eine andere alljährlich stattfindende Wallfahrt ist die der Ostkirche, bei der die Pilger, wie es im Mittelalter Brauch war, Jerusalem aufsuchen.

* Pro Haddsch suchen etwa 2 Millionen Pilger Saudi-Arabien auf; Tendenz steigend.
** Der arabische Titel für jene, die an der Haddsch teilgenommen haben ist *al-haddschi.*

Macht allein bei Allah liegt 165. Wer erst in der Hölle seinen Unglauben bereut, der kommt nicht mehr aus dem Feuer heraus 167. Mit den Ungläubigen ist es, wie wenn man das Vieh anschreit. Taub, stumm und blind sind sie 171. Der Gläubige soll auf Erden nur von dem Erlaubten essen. Verboten ist der Verzehr von verendeten Tieren, von Blut und Schweinefleisch.[43] Wer zum Verzehr dieser verbotenen Speisen gezwungen wird, macht sich vor Allah nicht schuldig 173. Wer Teile aus dem von Allah herabgesandten Buch verschweigt, wird dem Feuer der Hölle übergeben, denn die Wahrheit Allahs ist unteilbar 174 ff. Fromm ist, wer an Allah, den Jüngsten Tag, die Engel, die Offenbarung und die Propheten glaubt, wer von seinem Vermögen den Verwandten, den Waisen, den Armen, dem Wanderer [Pilger], den Bettlern und für den Freikauf von Sklaven etwas abgibt, wer das Gebet verrichtet und wer seine Versprechen hält 177. Totschlag[44] soll wie folgt vergolten werden: Tötung des Freien, wenn dieser einen Freien erschlagen hat, Tötung des Sklaven, wenn dieser einen Sklaven erschlagen hat, Tötung der Frau, wenn sie eine Frau getötet hat. Wenn jedoch ein Gläubiger dem anderen Gläubigen seine Vergehen vergibt, dann sollte der Schuldige dem Vergebenden auf geziemende Weise eine Leistung zukommen lassen. Die Vergebung anstelle der Todesstrafe lässt Allah zu, weil er selbst auch barmherzig ist 178. Die Vergeltung ist ein lebenserhaltendes Prinzip [aufgrund ihrer abschreckenden Wirkung] 179. Eltern und Verwandte [des Erblassers] müssen im Testament bei der Aufteilung des Erbes berücksichtigt werden. Wer ein Testament fälscht, macht sich vor Allah schuldig 180 f. Im Monat Ramadan[45] hat Allah den

[43] Im Vergleich zu den Essensgeboten der strenggläubigen Juden sind die Essensgebote der Muslime weit weniger umfangreich.

[44] In diesem Vers befürwortet der Koran die Blutrache, wodurch sie ihre theologische Rechtfertigung erhält (siehe auch Sure 5,44 f. und Sure 17,33). Die vom Gläubigen verübte Blutrache entspricht der strafenden Gerechtigkeit Allahs. Der Koran räumt den Gläubigen jedoch auch die Möglichkeit ein, aus Gründen der Barmherzigkeit (in Anlehnung an Allahs Barmherzigkeit) auf die Blutrache zu verzichten.

[45] Der neunte Monat im muslimischen Mondjahr ist der Fastenmonat Ramadan, in dem die Muslime vom Morgengrauen bis zum Sonnenuntergang dem Essen und Trinken sowie jedem leiblichen Ge-

Koran auf die Erde herabgesandt. Es ist jedem Muslim eine Vorschrift, in diesem Monat zu fasten. Kranke und Reisende, die im Monat Ramadan am Fasten nicht teilnehmen können, müssen das Fasten an anderen Tagen nachholen. Mit dem Fasten demonstriert der Gläubige, dass er Allah fürchtet 183ff. Allah erhört jeden, der nach ihm ruft 186. In der Fastenzeit darf nachts, aber nicht tagsüber Geschlechtsverkehr ausgeübt werden. Tagsüber, wenn es so hell ist, dass man einen weißen von einem schwarzen Faden unterscheiden kann, ist zudem das Gebot des Fastens einzuhalten 187.[46] Man darf sein Vermögen weder verschleudern noch es zur Bestechung von Beamten [bzw. Richtern] einsetzen 188. Der Mensch soll seine Zeiteinteilung nach den Neumonden ausrichten 189.[47] Bewaffnete Ungläubige, die sich den Gläubigen bei der Ausübung ihrer Religion in den Weg stellen, sind zu bekämpfen und zu töten.[48] Jedoch sind auch in einem solchen Kampf die Ge-

nuss wie Rauchen oder Beischlaf entsagen. Während der üblichen nächtlichen Festlichkeiten kann das tagsüber Versäumte allerdings intensiv nachgeholt werden. Einen Höhepunkt erreichen die Festlichkeiten am 27. Ramadan, in jener Nacht (*laylat al-qadr*; die 97. Sure ist ihr gewidmet), in der Mohammed einst die erste Offenbarung empfangen haben soll. Die Fastenzeit wird mit dem dreitägigen Fest des Fastenbrechens, dem nach dem Opferfest (das im Wallfahrtsmonat *dhu l-hiddscha* stattfindet) zweitwichtigsten Fest der Muslime, beendet. Das Fasten *(saum)*, von dem Kranke, Schwangere, Kleinkinder und Reisende befreit sind, ist ein Merkmal des Islam und bildet eine seiner fünf Säulen. Die historische Forschung nimmt an, dass der Prophet Mohammed die Idee des rituellen Fastens von dem Fasten der jüdischen Diaspora in Medina am Versöhnungstag *(Jom Kippur)* übernommen hat.

[46] Dieses Fastengebot gilt nicht während der Teilnahme am Dschihad.

[47] Das muslimische Jahr ist ein Mondjahr. Es hat nur 354 Tage und ist damit um 11 Tage kürzer als das Jahr des von Christen verwendeten gregorianischen Kalenders, der auf dem Lauf der Sonne basiert. Dadurch wandert der Monat Ramadan rückwärts durch das Kalenderjahr und beginnt jedes Jahr 11 Tage früher. Der muslimische Monat beginnt, wenn die Mondsichel nach Neumond wieder am nächtlichen Himmel erscheint.

[48] Unter Berufung auf diesen Vers haben militante Islamisten in Ländern wie z.B. Afghanistan, in denen sich nicht-muslimische Soldaten (d.h. „bewaffnete Ungläubige") aufhalten, ein relativ leichtes Spiel, strenggläubige Muslime zum bewaffneten Widerstand aufzurufen (siehe auch Sure 4,89ff.).

bote Allahs zu beachten. Bekämpft die Feinde in dem gleichen Maß, wie sie euch bekämpfen. Da [auch] Allah allverzeihend und barmherzig ist, sind die Kampfhandlungen zu beenden, wenn die Ungläubigen die Waffen strecken. Ungläubige müssen von dort wieder vertrieben werden, wo sie selbst vorher Gläubige vertrieben haben. Die Verführung der Muslime zum Unglauben ist schlimmer als das Töten. Der Kampf gegen feindselige Ungläubige ist so lange zu führen, bis die Verführung durch die Ungläubigen aufgehört und die Religion Allahs den Sieg davongetragen hat. Gegen Ungläubige, die sich ergeben, darf keine Gewalttätigkeit ausgeübt werden, es sei denn, sie fahren fort, die Gläubigen zu unterdrücken[49] 190 ff. Die Gläubigen sollen sich [beim Kampf gegen die Ungläubigen] nicht mit eigenen Händen ins Verderben stürzen. Beim Kampf gegen die Ungläubigen kann man das gleiche Maß an Gewalt anwenden, wie es auch die Ungläubigen tun. 195.[50] Der Gläubige soll im Dienste Allahs zu den festgelegten Zeiten an der Großen und Kleinen Wallfahrt[51] teilnehmen. Ist er verhindert oder

[49] Letzteres ist ein Aufruf zur Mäßigung im Religionskrieg (siehe auch Sure 9,11). Einerseits hat der Islam zwar vom Ursprung her einen reichlich militanten, „gotteskämpferischen" Charakter und ist in dieser Hinsicht dem Judentum mit seinen „Jahwe-Kriegen" (beschrieben im Buch Josua) nicht unähnlich, andererseits hat der Islam in den eroberten Gebieten dafür gesorgt, dass den dort lebenden „ungläubigen" Juden und Christen ein Existenzrecht (keine Gleichberechtigung, siehe Anmerkung 24 auf Seite 31) zugestanden wurde. Hierdurch unterschied sich der Umgang der Muslime mit „Ungläubigen" deutlich von dem der im Alten Testament beschriebenen Praxis, wie er u. a. im Buch Josua, Kapitel 11, das den Titel „Ausrottung kanaanitischer Stämme" hat, oder in 1. Samuel 15 (Titel: „Sieg Sauls über die Amalekiter") beschrieben wird. Völker, die von den Muslimen jedoch zu den Götzenanbetern gezählt wurden und die nicht davon abzubringen waren, weiterhin Polytheismus zu praktizieren, wurden allerdings von den Muslimen in der Regel kompromisslos ausgerottet.

[50] Dieser Koranvers kann dahingehend interpretiert werden, dass er Selbstmordattentate strikt untersagt.

[51] Die Kleine Wallfahrt *(umra)* beschränkt sich geographisch auf Mekka und seine Umgebung und beinhaltet deutlich weniger Rituale als die Große Wallfahrt *(haddsch)*. Sie kann unmittelbar vor der Großen Wallfahrt oder zu jeder Zeit im Jahr stattfinden, außer an den Tagen der Haddsch. Ein für die Umra allgemein bevorzugter Monat ist

krank, soll er ein Opfertier schlachten lassen und selbst fasten 196 f. Beim heiligen Hügel Arafat[52] hat der Wallfahrer der Tatsache zu gedenken, dass die Gläubigen von Allah die Rechtleitung [Offenbarung] empfangen haben 198. Die Menschen sehnen sich danach, dass Allah und die Engel ihnen erscheinen [und den rechten Weg weisen]. Wenn dieses [am Jüngsten Tag] geschieht, ist das Schicksal der Menschen [im Jenseits] bereits entschieden 210. Die Kinder Israel erhielten von Allah klare Anweisungen [zur Ausübung des rechten Glaubens]. Wer nach der Einweisung durch Allah wieder vom rechten Glauben abfällt [wie ein Teil der Kinder Israel], der wird von Allah streng bestraft 211. Die Ungläubigen verhöhnen im Diesseits[54] die Gläubigen, doch am Tag der Auferstehung wird ihr Hohn verstummen 212. Der Kampf [gegen die Ungläubigen] ist dem Gläubigen vorgeschrieben, auch wenn er ihn widerwärtig findet 216. Im heiligen Monat sollte jeder Krieg möglichst vermieden werden. Jedoch wenn die Gläubigen daran gehindert werden, auf dem Weg Allahs zu wandeln, oder wenn man ihnen verwehrt, zur heiligen Moschee [Kaaba] zu pilgern, so wiegt dies schwerer vor Allah [und der Gläubige ist berechtigt, unter diesen Umständen auch im heiligen Monat zu den Waffen zu greifen].[55] Wer versucht, einen Gläubigen zu verführen, indem er ihn

der siebte Monat *(radschab)* im muslimischen Mondjahr, der zu den vier heiligen muslimischen Monaten zählt.

[52] Der heilige Berg Arafat *(dschabal arafat)*, auch „Berg der Vergebung bzw. Gnade" genannt, ist ein kleiner Hügel, etwa 23 km südöstlich von Mekka. Auf diesem Berg soll Mohammed seine letzte Predigt gehalten haben (siehe auch die Fußnote auf Seite 39). Ohne einen Aufenthalt auf dem Berg Arafat ist die Große Wallfahrt für den muslimischen Pilger ungültig.

[54] Der Islam betrachtet das Diesseits *(dunya)* als Gefahrenherd, dessen Verlockungen den Menschen permanent zur Sünde verleiten, und wertschätzt das Jenseits *(achira)*, in dem die Gläubigen ein ewiges Leben im Paradies erwartet.

[55] Dieser Koranvers erlaubte den Muslimen, einen Krieg unter bestimmten Umständen auch in einem heiligen Monat zu führen, was den Arabern in vorislamischer Zeit als Sakrileg galt. Als die Muslime in der Schlacht von Badr (624 n. Chr.) in einem heiligen Monat eine Karawane der Koreischiten überfallen hatten, bedeutete dies einen eklatanten Bruch mit der arabischen Tradition. Der Raubzug von Nahla im gleichen Jahr fand ebenfalls in einem heiligen Monat statt.

vom rechten Glauben [Islam] abbringt, tut etwas Schlimmeres als Mord.[56] Die Ungläubigen werden so lange gegen die Gläubigen kämpfen, bis sie die Gläubigen von ihrer Religion abgetrennt haben. Wer jedoch vom rechten Glauben abfällt und als Ungläubiger stirbt, wird zu einem ewigen Bewohner der Hölle 217.[57] Wer um der Religion Allahs willen auswandert und für die Sache Allahs kämpft, darf auf die Barmherzigkeit Allahs hoffen 218.[58] Rauschmittel [Wein bzw. Alkohol, Opium][59] und Glücksspiel bringen mehr Schaden als Nutzen [und sind deshalb zu meiden]. Die Höhe der Sozialabgabe soll so bemessen sein, dass man sie sich ohne große Anstrengung leisten kann 219. Waisen sind so zu behandeln, als wären sie die eigenen Geschwister 220. Ein Muslim soll keine Heidin zur Frau, eine Muslima keinen Heiden zum Manne nehmen, es sei denn, die Heiden bekehren sich vorher zum rechten Glauben 221.[60] Die Menstruation ist ein Leiden. Der Beischlaf

Dieser Vers ist deshalb als ein Versuch zu werten, die bewaffneten Überfälle der Muslime, die zu einer Unzeit unternommen worden waren, zu rechtfertigen.

[56] Dieser Vers verbietet den Muslimen jegliche Toleranz gegenüber einer von Nichtmuslimen durchgeführten (religiösen) Mission im islamischen Machtbereich.

[57] Dieser Vers impliziert keinen Hinweis auf die Bestrafung der Apostasie durch irdische Instanzen. Die Todesstrafe für Apostasie, wie sie die Scharia verlangt, ist kein koranisches Gebot.

[58] Man kann diesen Vers als einen imperialistischen Aufruf zur weltweiten Verbreitung des Islam auffassen. In anderen Versen (siehe Sure 16,41 und 110) wird das Wort „auswandern" jedoch in einem mehr defensiven Sinn gebraucht. Dort wird zum Auswandern aufgefordert, wenn der Gläubige an seinem Wohnort Repressionen ausgesetzt

ist und an der Ausübung seines Glaubens gehindert wird. Damit er wieder ungehindert das Leben eines Rechtgläubigen führen kann, wird ihm empfohlen, einen Ort aufzusuchen, an dem ihm die ungehinderte Ausübung seines Glaubens ermöglicht wird. Auch der Prophet Mohammed hatte in diesem Sinne gehandelt, als er im Jahr 622 das ihm feindlich gesinnte Mekka verließ und nach Medina auswanderte.

[59] Da sie Weinanteile enthalten, verzichten strenggläubige Muslime auch auf Essig und Senf.

[60] Unter „Heiden" werden hier Götzenanbeter verstanden, die keiner abrahamischen Religion zugeordnet werden können. Muslime dürfen Angehörige der jüdischen oder christlichen Religion heiraten; der Prophet Mohammed soll eine Koptin in seinen Harem aufgenommen haben. Christinnen und Jüdinnen dürfen, wenn sie dies wünschen, in einer

während der Menstruationsphase der Frau ist dem Gläubigen untersagt 222. Das Weib ist das „Saatfeld" des Mannes. Der Mann soll zu seinem Saatfeld kommen, so oft er will 223.[61] Man soll im Namen Allahs nicht etwas schwören, was Unfrieden zwischen den Menschen hervorrufen könnte 224 f. Bevor ein Mann sich von seiner Frau scheiden lässt, müssen vier Monate Bedenkzeit und sexueller Enthaltsamkeit vergehen.[62] Bevor sich eine geschiedene Frau erneut einem Mann zuwendet, muss sie drei Menstruationsperioden abwarten. Ist sie von ihrem geschiedenen Mann schwan-

Ehe mit einem Muslim ihren Glauben behalten. Die heutige Praxis der Scharia in Bezug auf eine interreligiöse Partnerschaft zeigt ein muslimisches Rechtsgutachten *(fatwa)*, in dem es u. a. heißt: *„Der Islam ... erlaubt den Muslimen die Ehelichung von Christinnen und Jüdinnen. Der muslimische Ehemann hat dabei nicht das Recht, seiner nichtmuslimischen Ehefrau den islamischen Glauben aufzuzwingen. Er hat allerdings das Recht, sie daran zu hindern, eine Kirche aufzusuchen, da sie (laut Koran) verpflichtet ist, ihm zu gehorchen. Der muslimische Ehemann hat außerdem das Recht, seiner nichtmuslimischen Ehefrau zu verbieten, religiöse Statuen oder Glocken ins Haus zu bringen. Er darf sie auch daran hindern, Ostern zu feiern ..., da es ein Irrglaube ist, Jesus, der Friede sei mit ihm, sei gekreuzigt und begraben worden und danach auferstanden. In Wahrheit ist Jesus, der Friede sei mit ihm, weder gekreuzigt noch begraben worden noch ist er lebendig zum Himmel aufgestiegen."*

Die Scharia legt außerdem fest, dass Kinder, die aus einer interreligiösen Partnerschaft hervorgehen, die Religion des muslimischen Elternteils anzuneh-

men haben. Falls eine Christin oder Jüdin beabsichtigt, in einem islamischen Land einen Muslim zu heiraten, sollte sie in einem Ehevertrag unbedingt das Folgende festlegen: die Verpflichtung des Ehemanns, eine monogame Ehe zu führen; das Recht der Ehefrau, zu reisen und stets Verfügungsgewalt über ihren Reisepass und den ihrer Kinder zu haben; das Recht der Ehefrau, einen Beruf auszuüben; das Recht der Ehefrau, in ihrer Wohnung Besuche zu empfangen. Außerdem sollte festgelegt werden, wer bei einer Scheidung das Sorgerecht für die Kinder bekommt.

[61] Dieser Vers sanktioniert letztendlich auch die Vergewaltigung in der Ehe. Eine Muslima kann sich allein wegen einer Vergewaltigung durch ihren Ehemann nicht von diesem scheiden lassen.

[62] Ein sunnitischer Muslim kann, ohne es begründen zu müssen, durch das dreimalige Aussprechen des arabischen Scheidungswortes *anti taliq* („Ich verstoße dich") die Scheidung von seiner Frau vollziehen. Einer Muslima steht nicht das Recht zu, ihren Mann zu verstoßen. Sie kann sich allenfalls von ihrem Mann freikaufen, sofern dieser ein-

ger geworden, darf sie dies [in der neuen Beziehung] nicht verheimlichen. In rechtlicher Hinsicht hat der Mann den Vorrang vor der Frau.[63] Geschiedene Ehepartner dürfen sich, nachdem sie sich versöhnt haben, wieder ehelich vereinen. Nachdem ein Mann sich zum dritten Mal von der gleichen Frau hat scheiden lassen, darf er sie nur dann wieder zur Frau nehmen, wenn sie zwischenzeitlich mit einem anderen Mann verheiratet war und von diesem wieder geschieden wurde. Bei einer Scheidung darf der Mann die Brautgabe[64] nicht zurückfordern 226 ff. Wenn der Mann es wünscht,

willigt. In einigen wenigen muslimischen Ländern, wie z. B. in der Türkei, hat man jedoch das Recht der Frau, sich von ihrem Mann scheiden zu lassen, nach westlichem Muster gestärkt.

[63] Auch das Christentum postulierte den Vorrang des Mannes vor der Frau (siehe 1. Korinther, Vers 11: „Ich lasse euch aber wissen, Christus ist eines jeglichen Mannes Haupt, der Mann aber ist des Weibes Haupt; Gott aber ist Christi Haupt ...“). Anders als im Orient haben jedoch im Abendland seit der Epoche der Aufklärung die Religion und ihre Gebote stetig an Bedeutung verloren, wodurch Freiheitsräume entstanden sind, in denen ab Anfang des 20. Jahrhunderts die Frauen in Europa und Nordamerika ihre Gleichberechtigung erkämpfen konnten. Wer die Bibel und den Koran intensiv studiert, wird bald feststellen, dass sich die Grundaussagen aller drei monotheistischen Religionen nur um Nuancen unterscheiden. Islam, Judentum und Christentum fordern die vollständige Unterwerfung unter einen unsichtbaren Gott, alle verabscheuen die sogenannten Ungläubigen zutiefst und alle gehen von der Vorrangstellung des Mannes aus. Der wesentliche Unterschied zwischen

aufgeklärten Christen und Juden einerseits und Muslimen andererseits ist die Tatsache, dass für die überwiegende Mehrheit der Muslime die Religion heute noch eine Bedeutung hat, wie sie es für die Christen und die Juden vor der Aufklärung im 17. und 18. Jahrhundert hatte. Für die zukünftige Rolle der Muslime in der Welt wird es deshalb von entscheidender Bedeutung sein, ob sie die Epoche der Aufklärung, die sich für ein autonomes Denken neben bzw. außerhalb der religiösen Sphäre eingesetzt hat, nachholen. Erst wenn ihnen das gelingt, wird es auch einen „vernünftigen“ Dialog zwischen aufgeklärten Juden, Christen und Muslimen geben können. Es wäre aus abendländischer Sicht zu begrüßen, wenn sich der Euro-Islam zur Keimzelle der islamischen Aufklärung entwickeln würde. (Siehe „Terminus *Euro-Islam*“ auf Seite 301.)

[64] Die Brautgabe (bzw. Morgengabe) ist in der islamischen Welt bis heute von großer Bedeutung. Die Zahlung einer Brautgabe wird oft erst bei einer Scheidung fällig und dient der materiellen Absicherung der geschiedenen Frau. Für den Ehemann bildet sie eine gewisse (gewollte) Hürde, wenn er beabsichtigt, die Schei-

soll die Frau [auch wenn sie von ihm bereits geschieden ist] das gemeinsame Kind zwei Jahre lang stillen. In der Phase, wo das Kind noch gestillt wird, muss der Mann für Nahrung und Kleidung der [geschiedenen] Frau Sorge tragen 233. Nach dem Tod eines Mannes darf seine Witwe nach einer Wartezeit von vier Monaten und zehn Tagen wieder [von Freiern] umworben werden 234 f. Die Gläubigen sind aufgerufen, ihre täglichen Gebete zu verrichten 238.[65] Bevor ein Mann stirbt, soll er dafür Sorge tragen, dass seinen Ehefrauen nach seinem Tod noch über ein Jahr Unterhalt und Versorgung in seinem Haus gewährt wird 240. Dass man seiner geschiedenen Frau eine Versorgung in gütiger Weise gewährleistet, ist für den Gottesfürchtigen eine Verpflichtung 241. Der Gläubige soll für die Religion Allahs kämpfen 244. Wer Allah ein Darlehen [von seinem Vermögen für den Sieg der wahren Religion] gibt, dem wird es um ein Vielfaches zurück erstattet 245. Die Vornehmen unter den Juden wandten sich einst ab, als sie für Allah kämpfen sollten 246. Allah hat Saul gegen den Willen der jüdischen Oberschicht als König von Israel eingesetzt 247. Die Bundeslade der Juden wurde von Engeln getragen und war ein Zeichen der Herrschaft Allahs. Sie brachte den Juden [durch die Nähe Allahs] den Seelenfrieden 248. David erschlug den Ungläubigen Goliath mit der Hilfe Allahs 251. Mohammed[66] ist ein Gesandter

dung zu vollziehen. Die Brautgabe wird auch an die Ehefrau ausgezahlt, wenn der Ehemann verstirbt. Die Zahlung der Brautgabe hat in diesem Fall Vorrang vor der Verteilung des Erbes. In einem muslimischen Ehevertrag ist in der Regel folgender Absatz zu finden: „Die Brautgabe hat einen Wert von ... Der Bräutigam verpflichtet sich, seiner Ehefrau die Brautgabe in der angegebenen Höhe zu zahlen. Unabhängig von dem Betrag dieser Brautgabe ist im Falle der Auflösung der Ehe durch den Tod des Ehemannes oder durch Scheidung der Ehefrau die Summe von ... zu zahlen."

[65] Wohl in Anlehnung an die Gebetspraxis der Juden hatte Mohammed den Muslimen ursprünglich nur drei tägliche Gebete zur Pflicht gemacht. Später, nachdem es zu einem Zerwürfnis mit den Juden von Medina gekommen war, wurden die täglichen Pflichtgebete der Muslime auf fünf erhöht.

[66] Wenn sie den Namen des Propheten erwähnen, sprechen fromme Muslime stets die Worte „Frieden und Heil sei über ihm" aus. In Texten werden diese Worte abgekürzt in einer Klammer dem Namen des Propheten angefügt.

**Die *Schahada*[67] als kalligrafischer Schriftzug[68]
auf der Flagge Saudi-Arabiens[69]**

[67] Die *Schahada* ist das Glaubensbekenntnis der Muslime. Es lautet: „Es gibt keinen anderen Gott als Allah und Mohammed ist sein Prophet." Die Schiiten fügen diesem Glaubensbekenntnis noch den Satz hinzu: „Ich bezeuge, dass Ali der Freund Allahs ist."

[68] Dem strenggläubigen Muslim ist es verboten, Bilder oder Skulpturen von Lebewesen, also auch von Menschen, anzufertigen. Das hat dazu geführt, dass sich die islamische Kunst im Laufe der Jahrhunderte insbesondere auf dem Gebiet der Kalligrafie und Ornamentik entwickelt hat. Das Verbot von Bildern und Skulpturen entstand aus der religiösen Furcht, man könnte Allah darstellen und dadurch in Versuchung kommen, das Bildnis oder die Skulptur schließlich wie einen Götzen anzubeten. Auch im Alten Testament gibt es das Verbot, sich „ein Bildnis" oder „irgendein Gleichnis" von Gott zu machen (2. Mose 20,4). Die Schiiten nehmen es mit dem Bilderverbot nicht so genau; in der persischen Malerei gibt es zahlreiche Darstellungen von Mohammed und von muslimischen Heiligen.

[69] Weil sich die beiden heiligsten Stätten des Islam, die Kaaba in Mekka und die Propheten-Moschee in Medina, in Saudi-Arabien befinden, wird Saudi-Arabien von den Muslimen auch das „Land der zwei heiligen Stätten und die Heimat des Propheten" genannt. Der saudische König selbst hat den Titel „Majestät" abgelegt und dafür die Bezeichnung „Hüter der heiligen Stätten" angenommen. Die Abbildung eines Schwertes auf der saudi-arabischen Flagge soll die Entschlossenheit der Saudis zum Ausdruck bringen, den Islam und seine heiligen Stätten zu verteidigen. Im Jahr 1993 wurde in Saudi-Arabien eine Verfassung auf Basis der Scharia erlassen. Nach ihr ist das öffentliche Praktizieren einer anderen Religion als der des Islam streng verboten. Für nichtmuslimische Auslän-

Allahs 252. Jesus, der Sohn der Maria, erhielt von Allah eine heilige Eingebung. Die Juden waren trotz des Wirkens vieler Propheten vor dem Erscheinen Mohammeds [in Glaubensfragen] untereinander uneinig, weil Allah es so wollte 253. Es gibt keinen Gott außer Allah, dem Lebendigen und Ewigen. Ihn befällt weder Müdigkeit noch Schlaf[70] und ihm gehört, was im Himmel und was auf Erden ist. Es gibt niemanden, der bei ihm Fürsprache [für andere Menschen] einlegen könnte, außer mit seiner Erlaubnis. Er kennt die Zukunft und die Vergangenheit und teilt den Menschen davon nur mit, was er will. Sein Thron steht über den Himmeln und der Erde und es ist ihm ein Leichtes, Himmel und Erde zu bewahren 255.[71] Zwangsbekehrungen sind dem Gläubigen untersagt

der ist es bei Strafe untersagt, einen Gottesdienst zu feiern oder an einer Taufe teilzunehmen. Kirchen und Synagogen gibt es in Saudi-Arabien nicht und ihre Errichtung ist ebenfalls verboten. Auf den Versuch, Muslime für andere Bekenntnisse zu missionieren, steht in Saudi-Arabien die Todesstrafe. Ein Diebstahl während der Wallfahrt kann mit dem Tod bestraft werden. Um auf privaten Hochzeiten die strikte Trennung der Geschlechter zu überwachen, entsendet das saudische Kultusministerium gelegentlich einen männlichen und einen weiblichen Aufseher zum Fest. Da 90 Prozent aller Saudis Sunniten sind, wird die schiitische Minderheit an der Ausübung ihrer religiösen Riten behindert. Die in Saudi-Arabien vorherrschende Glaubensrichtung des Islam ist der Wahabismus. Ähnlich wie die Taliban in Afghanistan begreifen die Wahabiten den Koran und die Sunna im engsten wörtlichen Sinne; eine Interpretation der Koranaussagen nach modernen Gesichtspunkten oder aufgrund von Analogieschlüssen kommt für sie nicht in

Frage. Das saudische Königreich steht heute in den Industriestaaten des Westens unter dem Verdacht, ein weltweites Zentrum des militanten islamistischen Fundamentalismus zu sein. 15 der 19 Attentäter vom 11. September 2001 stammten aus Saudi-Arabien. Im Jahre 2005 hat allerdings der saudische Mufti gegen den Terrorismus gepredigt, ihn als einen „Angriff auf den Islam" bezeichnet und gesagt, es sei eine Vorgehensweise, die den Islam in Verruf bringe.

[70] Muslime lehnen jene Erzählung im Alten Testament (1. Mose 2,2) ab, nach der Gott am siebenten Schöpfungstag „ruhte". Nach muslimischer Auffassung kennt Allah das menschliche Bedürfnis, sich auszuruhen, nicht.

[71] Dieser Vers ist der sogenannte Thronvers, der wie die Schahada eine Art muslimisches Glaubensbekenntnis beinhaltet. Der Thronvers wird von den Muslimen häufig kalligrafisch dargestellt und ist beliebt als Inschrift auf Schmuckstücken, z.B. auf Anhängern.

Islamische Mission

Ein missionarischer Bekehrungseifer wie bei den Christen hat sich im Mittelalter im Islam nicht entwickelt, unter anderem auch deshalb, weil Konversionen zum Islam den Verlust von Steuereinnahmen durch das Ausbleiben der Kopfsteuer, die Juden und Christen bezahlen mussten, nach sich zogen. Nichtmuslime hatten in der islamischen Welt den Status einer „geschützten Minderheit"; sie genossen als „Schutzbefohlene" *(dhimmi)* eine gewisse Autonomie und ihr Eigentum war geschützt. In der muslimischen Mehrheitsgesellschaft waren sie jedoch eindeutig Bürger zweiter Klasse und meist von den obersten Rängen der Regierung ausgeschlossen, selbst wenn sie die Mehrheit der Bevölkerung stellten. Sie zahlten die Kopfsteuer und waren von der niedrigeren muslimischen Sozialabgabe *(zakat)* und vom Militärdienst befreit. Dieser *dhimmi*-Status gewährte den christlichen und jüdischen Minderheiten in der islamischen Welt durch seine Garantie für Leben und Eigentum ein erträgliches Leben. Auch das Osmanische Reich erwies sich im Mittelalter als relativ tolerant und gastfreundlich. Anhänger christlicher Gruppierungen (z. B. die Monophysiten, Maroniten und Nestorianer) zogen im Mittelalter oft ein Leben unter muslimischer Herrschaft einer Verfolgung durch ihre Mitchristen im Byzantinischen Reich oder im Reich der Habsburger vor. Trotz der koranischen Aussage, dass es bei der Bekehrung zum „wahren" Glauben keinen Zwang geben dürfe, konnten Götzenanbeter (d. h. Polytheisten) nach der Scharia im muslimischen Machtbereich nicht geduldet werden. Für Götzenanbeter galt, dass sie sich entweder zum Islam bekehren ließen oder umgebracht wurden. Trotz des Verbots von Zwangsbekehrungen haben solche im islamischen Herrschaftsbereich hin und wieder stattgefunden. Ein historisch belegtes Beispiel dafür fand im 7. Jahrhundert nach dem Ausscheren *(ridda)* von arabischen Stämmen Zentralarabiens aus dem islamischen Verbund statt, was u. a. durch ihre Weigerung zum Ausdruck kam, die Sozialabgabe (*zakat*) an den ersten Kalifen Abu Bakr (632–634) zu bezahlen. Die abgefallenen Stämme wurden daraufhin von den Muslimen gezwungen, den islamischen Glauben wieder anzunehmen.

Eine heute sehr aktive weltweite muslimische Missionierungsbewegung ist die *Tablighi Jamaat* (Gemeinschaft der Verkündigung und Mission), die 1929 von einem Schüler der sunnitischen Deoband-Hochschule in Indien gegründet wurde und heute ihre Zentren in Raiwind (südlich von Lahore/Pakistan) und in

Neu-Delhi hat. Diese weltweit aktive fundamentalistische Erweckungsbewegung betreibt in erster Linie die „innere Mission" *(da'wa)*, bei der säkularisierte Muslime auf der Straße angesprochen werden, um sie von einem Leben nach den strengen Regeln der islamischen Orthodoxie zu überzeugen. Bei ihrer Missionsarbeit werden stets neue Missionare geworben und eingearbeitet, wobei durch den Schneeballeffekt die Mitgliederzahl der *Tablighi Jamaat* jährlich enorm anwächst. Der europäische Hauptsitz der Bewegung befindet sich in Dewsbury in Großbritannien. Seit den 1960er-Jahren betätigen sich *Tablighi Jamaat*-Missionare auch sehr erfolgreich unter Muslimen in Deutschland. Die Bekehrung von deutschen Christen zum Islam ist jedoch kein vorrangiges Ziel der *Tablighi Jamaat* in Deutschland, da sie in erster Linie verweltlichte Muslime zum strengen Glauben zurückführen wollen.

Eugène Giradet, *Karawane in den Dünen von Bou-Saada*, Nord-Algerien, 1898

256.[72] Allah ist der Beschützer der Gläubigen; er führt sie aus der Finsternis zum Licht 257. Abraham hatte einst ein Streitgespräch mit einem Herrscher.[73] Abraham behauptete, es sei allein Allah, der lebendig mache und sterben lasse. Da antwortete der Herrscher, dass er das auch könne. Abraham erwiderte, Allah lasse die Sonne im Osten aufgehen und er, der Herrscher, möge, wenn er nur könne, sie im Westen aufgehen lassen. Daraufhin schwieg der Herrscher 258. Ein Mann zweifelte daran, dass Allah eine verwüstete [tote] Stadt wieder zum Leben erwecken könne. Da ließ Allah diesen Mann sterben und erweckte ihn nach hundert Jahren wieder zum Leben auf Erden. Auf diese Weise machte Allah ihn zu einem Zeichen seiner Allmacht 259. Wer sein Vermögen für die Religion Allahs ausgibt, dem wird es ergehen wie einem Samen-

[72] Dieser Vers, auch „Toleranzvers" genannt, ist die koranische Absage an die Bekehrung von „Ungläubigen" unter Zwang (siehe auch Sure 10,99 f. und Sure 50,45). Bei einem Übertritt zum Islam sind folgende Kriterien zu berücksichtigen: Es müssen zwei oder vier männliche Zeugen zugegen sein und der Konvertit muss eine Absichtserklärung *(niyat al-islam)* abgeben, die besagt, dass er willens ist, den irreversiblen Schritt zu vollziehen. Ein Konvertit erhält nach seinem Übertritt zum Islam einen muslimischen Namen. Ein Nichtmuslim sollte, bevor er den Übertritt zum Islam vollzieht, bedenken, dass man ihm später bei einer eventuellen Rückkehr zu seinem alten Glauben vorwerfen wird, das „Verbrechen" der Apostasie *(irtidad)* zu begehen. Apostasie (Abfall vom Glauben) ist aus muslimischer Sicht eine Todsünde und wird noch heute in vielen islamischen Staaten (Afghanistan, Iran, Jemen, Pakistan, Qatar, Saudi-Arabien, Somalia, Sudan)

gemäß der Scharia mit der Todesstrafe geahndet. So wurde im Jahr 1985 im Sudan der Gelehrte Mahmud Mohammed Taha wegen Apostasie hingerichtet, was die Zustimmung der Arabischen Liga fand. Im Jahr 2006 wurde in Afghanistan Abdul Rahman, der sich zum Christentum bekannt hatte, wegen seines Abfalls vom islamischen Glauben zum Tod verurteilt. Aufgrund von Verfahrensmängeln und internationalen Protesten ließ man ihn jedoch wieder frei und nach Italien ausreisen. Gemäß dem Koran ist das Abfallen vom Islam ein Vergehen gegen Allah, das dieser am Jüngsten Tag ahnden wird. Im Verlauf des Mittelalters wurde dieses Vergehen jedoch zu einem strafrechtlichen Tatbestand der Scharia, der durch staatliche Autoritäten bereits im Diesseits bestraft werden muss.

[73] Muslimische Exegeten gehen davon aus, dass hier der legendäre Herrscher Nimrod gemeint ist.

korn, aus dem sieben Ähren mit hundert Körnern hervorwachsen 261. Die Sozialabgabe soll gezahlt werden, ohne dem Empfänger Vorhaltungen zu machen und ohne die Absicht, mit der Abgabe in der Öffentlichkeit Aufsehen zu erregen. Die Sozialabgabe soll allein dem Trachten nach Allahs Wohlgefallen dienen. Wer auf diese Weise nach Allahs Wohlgefallen strebt, der gleicht einem Garten, in dem nach einem Platzregen die Früchte zweimal wachsen 262 ff. Wer [den Armen] von den Früchten seines Gartens spendet, soll nicht die schlechten Früchte dafür hernehmen 267. Allah verteilt die Weisheit unter den Menschen. Verstand haben nur jene, die sich [zum rechten Glauben] ermahnen lassen 269. Es ist besser, dem Armen Almosen im Verborgenen zu geben als in aller Öffentlichkeit 271. Allah hat den Handel erlaubt und das Zinsnehmen verboten. Wer Zinsen nimmt, endet im Höllenfeuer 275. Der Gläubige, der Allah fürchtet, soll [beim Verleihen von Geld] auf Zinsen verzichten 278.[74] Einem Schuldner, der in Schwierigkeiten geraten ist, soll man einen Zahlungsaufschub gewähren 280. Schuldverpflichtungen sind nur schriftlich einzugehen. Ist der Schuldner ungebildet oder einfältig, soll ein Vertrauensmann für ihn diktieren. Beim Eingehen einer Schuldverpflichtung sollen zwei Männer als Zeugen zugegen sein. Steht nur ein Mann als Zeuge zur Verfügung, kann der fehlende männliche Zeuge durch zwei weibliche Zeugen ersetzt werden 282.[75] Ein anvertrautes Gut darf nicht einbehalten werden 283. Die Gläubigen glauben an Allah, an seine Engel, an seine Schriften und an seine Gesandten 285. Allah fordert von keinem Menschen, was dieser nicht zu leisten imstande ist 286.

[74] Dieser Vers beinhaltet das koranische Zinsverbot, das ein schweres Handicap für das islamische Bankenwesen bedeutet und heute durch zahlreiche Umgehungsgeschäfte zum Teil ausgehebelt wird. Lediglich im Iran, in Pakistan und im Sudan sind die Banken nach wie vor gesetzlich verpflichtet, ihre Bankgeschäfte in strenger Übereinstimmung mit den religiösen Regeln des Islam und der Scharia zu tätigen. Unter den deutschen Banken bietet z.B. die Dresdner Bank islamkonforme Fonds an. (Siehe auch „Terminus *Islamic Banking*" auf Seite 241)

[75] Wie vor allem in der 4. Sure wird auch hier der Frau nur eine untergeordnete Rolle gegenüber dem Mann eingeräumt.

3. Sure   „Das Haus Imran"[76]   *Medina*

Das Buch der Wahrheit [der Koran] bestätigt die Tora und die Evangelien als göttliche Offenbarungen, die vor dem Buch der Wahrheit von Allah zu den Menschen herabgesandt worden sind[77] 3 f. Manche Verse im Koran sind unklar[78] und können von den Menschen verschieden gedeutet werden. Es gibt [schlechte] Menschen, die nutzen das, um Zwietracht zwischen den Gläubigen zu säen. Die Gläubigen jedoch verfügen über die Gewissheit, dass Allah die Deutung dieser Verse kennt 7. Über das Eintreffen des Jüngsten Gerichts gibt es keinen Zweifel. Allah versäumt keinen [von ihm festgelegten] Termin 9. Die Ungläubigen werden zum Brennstoff des ewigen Höllenfeuers und weder ihr Vermögen noch ihre Kinder [die Allah in ihren Gebeten anflehen, er solle doch ihre Eltern verschonen] können es verhindern 10. Das Volk der Ägypter verwarf die deutlichen Zeichen der Allmacht Allahs als Lüge. Es wurde dafür streng bestraft 11. Die Ungläubigen werden bald besiegt und in der Hölle versammelt sein 12. Als beide Kriegerscharen [in der Schlacht von Badr[79]] aufeinandertrafen, kämpfte die

[76] „Imran" hießen nach der muslimischen Tradition sowohl der Vater von Moses und Aaron als auch der Vater von Maria, der Mutter von Jesus. Letzterer wird in Vers 35 ff. dieser Sure erwähnt.

[77] Die Tora, Psalmen und Evangelien *(indschil)* gelten auch im Islam als Offenbarungen Allahs, die jedoch gemäß koranischer Auffassung im Nachhinein von ihren jüdischen und christlichen Besitzern (bei den Christen angeblich insbesondere vom Apostel Paulus) verfälscht wurden *(tahrif)*. Aus diesem Grund kann für den Muslim nur der „unverfälschte" Koran als maßgebliche Quelle des Glaubens gelten. Da Juden und Christen somit vom Koran immerhin als „Schriftbesitzer" eingeschätzt werden, sind sie aus islamischer Sicht von den Polytheisten bzw. Götzenanbetern zu unterscheiden. Allerdings bringt der Vorwurf, der an anderen Stellen im Koran zu finden ist, dass sowohl Esra im Judentum als auch Jesus im Christentum posthum einen göttlichen Status erhalten hätten (siehe Sure 9,30 ff.), Juden und Christen doch wieder in die Nähe der vom Koran zutiefst verabscheuten Polytheisten.

[78] In diesem Vers wird konstatiert, dass im Koran mehrdeutige Verse enthalten sind. Dem hier gemachten Zugeständnis wird jedoch in Sure 4,82 widersprochen.

[79] In der Nähe des Ortes Badr, der südwestlich von Medina gelegen ist, fand

eine Schar auf dem Weg Allahs und die andere war ungläubig. Allah stärkt mit seinem Beistand [die Gläubigen] – das sei den Einsichtigen eine Lehre 13. Auf Erden erfreuen den Mann Frau und Kinder, Gold und Silber, Rassepferde, Vieh und Saatfelder. Sehr viel mehr Freuden gibt es jedoch für den Gläubigen bei Allah [im Jenseits]. Dort findet der Gläubige gepflegte Frauen, Söhne, Gold und Silber, edle Pferde, von Bächen durchflossene Gärten und ertragreiche Böden vor 14 f. Allah hat bezeugt, dass es keinen Gott außer ihm selbst gibt 18. Die wahre Religion ist der Islam. Diejenigen [Juden und Christen], die vor dem Koran die Schrift erhalten haben, fingen aus gegenseitiger Missgunst an, untereinander [theologisch] zu streiten 19. Wenn Juden und Christen mit dem Propheten über die Offenbarung streiten, soll er sie auffordern, sich dem Islam hinzugeben. Kommen sie dieser Aufforderung nach, dann sind sie rechtgeleitet, tun sie es nicht, so ist das allein ihr Problem [und der Prophet braucht sich um sie nicht weiter zu kümmern] 20. Diejenigen [Schriftbesitzer], die nicht an die Zeichen Allahs glauben und die Propheten und andere Rechtgläubige töten, werden von Allah hart bestraft 21. Die Schriftbesitzer, die einen Teil der Offenbarung Allahs [Tora, Psalmen und Evangelien] erhalten haben, sind vom Glauben abgefallen, weil sie nicht an das ewige Höllenfeuer glaubten. Sie haben zu ihren Schriften von ihnen Erdachtes hinzugefügt 23 f. Gläubige sollen nicht bei Ungläubigen[80] Schutz suchen, es sei denn, sie tun es aus einer großen Not heraus. Wenn Menschen etwas verheimlichen, so ist doch gewiss, dass Allah, der alles zwischen Himmel und Erde kennt, darüber Bescheid weiß 28 f. Allah warnt die Gläubigen [vor seinem Zorn] 30. Allah liebt keine Ungläubigen 32. Allah hat Adam, Noah, die Sippe Abrahams und die Familie der [Jungfrau] Maria [als ihm besonders nahestehend] auserwählt 33. Die Frau des Imran [des

im Jahr 624 die siegreiche Schlacht der Muslime gegen die „ungläubigen" Mekkaner statt (siehe Sure 8,7 ff.). Der ägyptische Präsident Anwar as-Sadat gab dem Oktoberkrieg des Jahres 1973 den offiziellen Code-Namen „Badr" in Erinnerung an diese im Koran erwähnte siegreiche Schlacht der Muslime.

[80] Hier sind mit den „Ungläubigen" vor allem die Juden und Christen gemeint.

Vaters der Jungfrau Maria] hatte die Frucht ihres Leibes Allah geweiht und Allah gebeten, er möge ihre Tochter Maria und deren Nachkommen vor dem „gesteinigten Satan"[81] schützen. Allah nahm sich der Maria an und ließ sie in der Obhut des Zacharias[82] heranwachsen 35 ff. Die Engel verkündeten dem Zacharias die Geburt seines Sohnes Johannes, der als Prophet das Wort Allahs bestätigen würde 39. Die Engel verkündeten der Maria, Allah habe sie vor allen Frauen der Welt auserwählt und befahlen ihr, sich [als Muslima] vor Allah niederzuwerfen 42 f.[83] Die Engel sagten Maria die Geburt ihres Sohnes Jesus voraus. Als Maria fragte, wie sie, die niemals ein Mann berührt habe, ein Kind bekommen solle, wurde ihr geantwortet, dass Allah alles machen könne, was er wolle. Er bräuchte nur zu sagen: „Es sei", und dann wäre es so. Des Weiteren teilten die Engel Maria mit, Allah würde den Messias [Jesus, den Sohn der Maria] auch das Buch [den Ur-Koran], die Tora und das Evangelium lehren 45 ff. Allah hat Jesus als Wunderheiler zu den Kindern Israel gesandt mit dem Auftrag, die Tora als eine Offenbarung Allahs zu bestätigen und einen Teil von dem zu erlauben, was vorher [in der Tora] verboten war 49 f. Die Jünger waren die Helfer von Jesus auf dem Weg zu Allah 52. Die Widersacher [von Jesus] schmiedeten listige Pläne. Aber auch Allah schmiedet Ränke und er kann es am besten 54.[84] Allah hat Jesus [scheinbar am Kreuz] sterben lassen und ihn danach zu sich geholt.[85] Die An-

---

[81] Der islamischen Überlieferung nach wollte der Satan Abraham daran hindern, seinen Sohn Ismail zu opfern. Daraufhin hat Abraham den Satan mit Steinen vertrieben.

[82] In Lukas 1,5–25 wird Zacharias als ein älterer jüdischer Priester zur Zeit des Herodes beschrieben, der mit einer Frau Namens Elisabeth verheiratet war.

[83] Maria, die Mutter des „Propheten" Jesus, wird von den Muslimen ähnlich verehrt wie die „Jungfrau Maria" von den (katholischen) Christen. Sure 19 ist ihr gewidmet und trägt als Titel ihren Namen. Schiitische Frauen verehren neben Maria als Vorbild für Weiblichkeit und Mütterlichkeit insbesondere auch Fatima, die Tochter Mohammeds und Mutter des schiitischen Märtyrers Husain.

[84] Hier wird, ähnlich wie an vielen Stellen im Alten Testament (siehe z. B. Psalm 89,39 ff.), Allah bzw. Gott ein sehr menschliches Verhalten nachgesagt.

[85] Nach muslimischer Auffassung ist der „Prophet" Jesus nicht am Kreuz gestorben. Über sein irdisches Ende existieren

hänger von Jesus werden auf Erden Vorrang vor den Ungläubigen haben. Am Jüngsten Tag wird Allah darüber richten, worüber die Gläubigen untereinander uneinig waren 55.[86] Jesus war ein Mensch[87] wie Adam; er wurde von Allah aus Erde erschaffen 59. Die Gläubigen sollen Allahs Fluch über die Ungläubigen herbeiflehen 61. Die Völker der Schrift [Juden und Christen] und die Muslime sollen sich zusammentun, miteinander sprechen und vereinbaren, dass sie niemanden außer Allah als ihren Herrn anerkennen 64. Die Völker der Schrift sollen nicht [mit den Muslimen] über Abraham streiten. Abraham war weder Jude noch Christ und auch kein Heide, er war ein „Hanif" [ein nach Gott suchender Monotheist] und er betete keinen Gott außer Allah an 65 ff.[88] Ein Teil der

im Islam die folgenden Versionen: 1. Allah habe am Tag der Kreuzigung ein großes Durcheinander heraufbeschworen und in dem allgemeinen Chaos wurde von niemandem bemerkt, was mit Jesus wirklich geschehen sei. 2. Allah habe dafür gesorgt, dass ein anderer, der nur so aussah wie Jesus, gekreuzigt wurde. 3. Als Jesus bereits am Kreuz hing, aber noch lebte, habe Allah ihn zu sich geholt.

[86] In der Spätantike stritten sich Juden mosaischen Glaubens, Judenchristen und nichtjüdische Christen (auch „Heidenchristen" genannt) über den Status von Jesus. Für die Juden mosaischen Glaubens war Jesus kein Prophet, sondern lediglich ein Sektierer, der ihre Gesetzesreligion in unzulässiger Weise modifizieren wollte und der die jüdische Gesellschaft unter der römischen Fremdherrschaft spaltete. Innerhalb der christlichen Gemeinden gab es einen Streit darüber, ob Jesus lediglich ein Mensch mit prophetischen Fähigkeiten gewesen sei oder als „Sohn Gottes" Anteil am göttlichen Wesen habe. Mo-

hammed hat sehr wahrscheinlich über seine Kontakte zu den auf der arabischen Halbinsel lebenden Juden Kenntnis von den theologischen Streitereien zwischen Juden und Christen und innerhalb des Christentums erhalten.

[87] Einer islamischen Überlieferung nach hat Mohammed mit einer christlichen Delegation aus der Oase Nadschran im Inneren Südarabiens einen Streit über Jesu Göttlichkeit geführt. Dabei soll er sich mit seinen engsten Angehörigen – seiner Tochter Fatima, seinem Schwiegersohn Ali und seinen Enkeln Hassan und Husain – einem „Gottesurteil" unterworfen haben, das die Theorie von der Göttlichkeit Jesu verworfen habe. Nadschran war zu Mohammeds Lebenszeit eine christliche Enklave, die sich einige Jahrhunderte lang in Arabien gehalten hat.

[88] Muslime gehen davon aus, dass die von Abraham gegründete „Ur-Religion" zwar Vorläufer sowohl des Islam als auch des Judentums und des Christentums gewesen sei, dass aber Abraham bereits

Schriftbesitzer versucht, die Muslime in die Irre zu führen 69. Mohammed und die Muslime stehen Abraham [durch ihren Glauben] am nächsten 68. Allah gewährt seine Huld, wem er will 73.[89] Es gibt Schriftbesitzer[90], denen kann man wertvollen Besitz anvertrauen, weil sie bereit sind, den Besitz jederzeit wieder zurückzugeben. Ein anderer Teil ist jedoch nicht dazu bereit. Sie halten sich bei ihrem Umgang mit den Muslimen nicht an die üblichen Regeln, weil sie die Muslime für Ungläubige halten, denen gegenüber sie keinerlei Verpflichtungen verspüren 75. Ein Teil der Schriftbesitzer hat die Schrift verfälscht und behauptet, die Korrekturen stammten von Allah 78.[91] Es gibt kein Gebot Allahs, dass

in der Weise eines Muslims nach den Geboten des Korans – der endgültigen Offenbarung aller abrahamischen Religionen – gelebt habe. Der Prophet Mohammed sah sich dazu berufen, den von Abraham praktizierten ursprünglichen und reinen Monotheismus durch die Verkündung des Islam wiederherzustellen.

[89] Hinter diesem Vers verbirgt sich die Überzeugung der Muslime, dass es nicht das exklusive Vorrecht der Juden und Christen sei, von Allah mit einer Offenbarung beschenkt zu werden. Der Koran ist für sie die Bestätigung dafür, dass Allah insbesondere den Muslimen zugetan ist, indem er ihnen eine im Vergleich zur Tora und zum Evangelium endgültige und damit höherwertige Fassung seiner Offenbarung überbringen ließ.

[90] Hier waren in erster Linie wohl Juden aus Medina gemeint.

[91] Der Koran erkennt zwar die Tora, die Psalmen und die Evangelien als Offenbarungen Allahs an (siehe Sure 2,135 f.), aber es wird außerdem behauptet, Juden und Christen hätten ihre Schriften

Jacques-André-Joseph Aved, *Porträt des Pascha Mehmed Said*, 1742[92]

verfälscht und insbesondere die darin ursprünglich enthaltenen Hinweise auf das Kommen des letzten Propheten (Mohammed) getilgt.

[92] Da der Prophet Mohammed in der Öffentlichkeit stets einen Turban getra-

die Menschen sich die Engel und die Propheten zu ihren Herren nehmen sollen 80. Allah hat mit den Propheten [jenen, die vor Mohammed gewirkt haben] einen Bund geschlossen. Er hat ihnen die Schrift unter der Bedingung offenbart, dass sie später einem Gesandten Allahs [Mohammed] Glauben schenken und ihn unterstützen. Die Propheten [vor Mohammed] haben diesem Bündnis zugestimmt 81. Wer sich von dem Bündnis [zwischen Allah und den Propheten] wieder abwendet und nach einer anderen Religion verlangt, handelt frevelhaft.[93] Der gläubige Muslim soll sprechen: Wir glauben an Allah und an das, was uns von Allah herabgesandt worden ist [an die Aussagen des Korans] und an das, was Abraham, Ismail, Isaak, Jakob, die Stämme Israels, Moses, Jesus und die Propheten von Allah empfangen haben [die Tora, Psalmen und Evangelien]. Wer eine andere Religion als den Islam annimmt, der wird am Jüngsten Tag auf der Verliererseite stehen [und in die Hölle kommen] 82 ff.[94] Auf einem Volk, welches, nachdem es geglaubt hat, in den Unglauben zurückfällt, lastet der Fluch Allahs und es wird hart mit dem ewigen Höllenfeuer bestraft 86 ff. Abtrünnigen vom Glauben, die [noch vor Eintritt ihres Todes] Reue zeigen und gute Werke tun, wird Allah jedoch verzeihen 89. Nur wer von dem spendet, was er liebt, wird die Güte Allahs erlangen 92. Der Gläubige soll der Religion Abrahams, in der neben Allah keine anderen Götter anerkannt werden, folgen 95. Das erste Bethaus, das für die Menschheit gegründet wurde, ist die Stätte Abra-

gen haben soll, wird diese Gewohnheit von vielen Muslimen seitdem nachgeahmt.

[93] Wie auch in Sure 4,137, Sure 16,106 und Sure 18,57 ff. gilt hier der Abfall (Apostasie) vom „wahren" Glauben als schwere Sünde.

[94] Dieser Vers warnt zwar vor dem Abfall vom rechten (islamischen) Glauben, weist aber auf eine Bestrafung des Apostaten erst im Jenseits hin. In einem gewissen Widerspruch dazu fordert die Scharia eine harte Bestrafung (Todesstrafe) des Apostaten bereits im Diesseits. Als Leitlinie für den Umgang mit Apostaten gelten fundamentalistischen Muslimen die Ridda-Kriege der Jahre 632 bis 634, in denen Kalif Abu Bakr arabische Beduinenstämme niedergekämpft hat, die sich nach dem Tod des Propheten wieder vom Islam abgewandt hatten und nicht mehr bereit waren, u.a. die Armensteuer (zakat) zu entrichten.

hams [die Kaaba] in Mekka. Für die Gläubigen ist es ein sicherer Ort und es ist für sie eine Pflicht, dorthin zu pilgern 96 f.[95] Wer den Schriftbesitzern[96] gehorcht, macht sich zu einem Ungläubigen 100.[97] Es ist die Pflicht des Menschen, als Muslim zu sterben 102. Die Gemeinde der Muslime, die das Rechte gebietet und das Unrechte verbietet, wird erfolgreich sein 104. Die Muslime sollen sich nicht so streiten wie die Schriftbesitzer [Juden und Christen], die wegen ihrer [theologischen] Streitereien von Allah am Jüngsten Tag hart bestraft werden 105 f. Die Muslime sind die beste Gemeinde[98] unter den Völkern.[99] Sie gebieten [gemäß den Vorschriften des Korans] das, was rechtens ist, und verbieten das, was nicht rechtens ist, und sie glauben an Allah.[100] Auch unter den Schriftbesitzern gibt es eine rechtgläubige Minderheit, aber die Mehrheit von ihnen ist ungläubig 110. Die Ungläubigen [Schriftbesitzer] können den Rechtgläubigen nur geringen Schaden zufügen und wenn es zum Kampf kommt, werden sie vor den Gläubigen fliehen 111. Auf den Ungläubigen [Schriftbesitzern] lastet der Zorn Allahs. Sie

[95] Die Große Wallfahrt nach Mekka *(haddsch)* gilt den Muslimen als eine der fünf Säulen des Islam.

[96] Gemeint sind jene Juden und Christen, die die Schriften über die ihnen zuteil gewordenen göttlichen Offenbarungen angeblich verfälscht haben.

[97] Dies ist einer der vielen Koranverse, die strenggläubige Muslime in Europa daran hindern können, sich in die europäische Mehrheitsgesellschaft einzufügen.

[98] Orthodoxe Muslime bezeichnen jene muslimische Gemeinde im 7. Jahrhundert, die vom Propheten anfangs in Medina und später auch in Mekka religiös und politisch geleitet wurde, als die „beste Gemeinde". Diese „rückwärtsgerichtete Utopie" wird von den Muslimen *salafiyya* genannt.

[99] Vor allem aufgrund dieses Verses betrachten sich Muslime als die beste aller Religionsgemeinschaften.

[100] Der in diesem Koranvers geäußerte Grundsatz ist einer der Grundpfeiler des orthodoxen Islam. Er hat zum Inhalt, dass es dem Menschen ohne die Hilfe Allahs versagt sei, zwischen Gut und Böse zu unterscheiden. Hinter dieser Annahme verbirgt sich die Auffassung, dass der Mensch nicht autonom existieren könne und stets der Einwirkung Allahs bedürfe. Ein Hadith (des Hadithe-Sammlers namens Muslim) besagt in diesem Zusammenhang: „Das Herz weiß nicht, was recht ist, und verbietet nicht, was verwerflich ist." Aus diesem Grund verhält sich eine menschliche Gemeinde aus islamischer Sicht nur dann optimal, wenn sie sich so streng wie möglich an die von Allah offenbarten Gebote hält.

werden von Allah mit dem Elend bestraft 112. Unter den Schrift-besitzern gibt es auch Rechtgläubige, die nachts den Koran lesen, an den Jüngsten Tag glauben und sich zum Gebet niederwerfen. Sie gehören zu den Rechtschaffenen 113f. Weder ihre Kinder noch ihr Vermögen werden die Ungläubigen am Jüngsten Tag davor bewahren können, Bewohner des ewigen Höllenfeuers zu werden 116. Gläubige sollen keine Freundschaften mit den Ungläubigen schließen.[101] Die Ungläubigen täuschen ihren Glauben an Allah nur vor, wenn sie Muslimen begegnen, insgeheim aber hassen sie die Muslime.[102] An ihrem Grimm gegen die Muslime sollen die Un-gläubigen zugrunde gehen 118. In der Schlacht von Uhud war ein Teil der muslimischen Krieger kurz davor zu kapitulieren. Doch dann vertrauten sie auf Allahs Hilfe, auf die man sich stets verlas-sen kann 121f. In der Schlacht von Badr verloren die Muslime an-fangs [angesichts der Übermacht des Feindes] ihren Mut. Da sandte Allah viele tausend Engel und verhalf den Muslimen zum Sieg über die Ungläubigen. Diesen Sieg verdanken die Muslime ausschließlich der Unterstützung durch Allah 123ff. Das Eintrei-ben von Wucherzinsen ist dem Gläubigen verboten 130. Allah liebt die Rechtschaffenen, die gern spenden, die ihren Groll unterdrük-ken und die ihren [gläubigen] Mitmenschen vergeben 134. Wer etwas Schändliches getan hat, kann Allah um Vergebung der Sün-den anflehen.[103] Nur Allah kann Sünden vergeben 135. Alle Men-schen und insbesondere die Rechtgläubigen sollen sich durch das Schicksal der von Allah wegen ihres Unglaubens ausgerotteten Völ-

[101] Da Christen (und Juden) im Islam als „Ungläubige" diskreditiert werden, könnte dieser Vers eine der Ursachen für das Entstehen von muslimischen Parallelgesellschaften in Europa sein. Im Übrigen gibt es auch im Alten Testa-ment (siehe u.a. 2. Mose 34,15ff.) ganz ähnliche Befehle, die Gott den Juden gegeben haben soll und die es ihnen verbieten, mit den „ungläubigen" Völ-kern Bündnisse zu schließen.

[102] Hier sind in erster Linie die „islamre-sistenten" Juden von Medina gemeint.

[103] Der Mensch ist dem Koran zufolge seiner Natur nach keineswegs grund-sätzlich sündig bzw. mit einer „Erb-sünde" vorbelastet. Jeder Mensch ist nach islamischer Auffassung befähigt, sich durch „Rechtleitung" mithilfe des Korans von Sünden fernzuhalten, wo-durch er den Willen Allahs prinzipiell er-füllen kann.

Der Prophet Mohammed

Mohammed ist das arabische Wort für „Der Gepriesene". Der Prophet wurde um das Jahr 570 in Mekka als Angehöriger des verarmten Haschimiten-Clans, der zum Stamm der Koreisch zählte, geboren. Sein Vater starb kurz vor seiner Geburt und im Alter von sechs Jahren verlor Mohammed auch seine Mutter Amina. Anschließend lebte er bei seinem Großvater Abd al-Muttalib und nach dessen Tod (etwa ab dem Jahr 578) bei seinem Onkel Abu Talib. In jungen Jahren musste Mohammed als Schafhirte arbeiten, später soll er Handelskarawanen begleitet haben. Um das Jahr 595 bot ihm seine Arbeitgeberin, die fünfzehn Jahre ältere Kaufmannswitwe Khadidscha bint Khuwailid, die aus einer angesehenen koreischitischen Familie stammte, die Ehe an. Mohammed willigte ein und erlangte dadurch seine finanzielle Unabhängigkeit, die ihm Freiräume für sein religiöses Anliegen erschloss. Seine Ehefrau Khadidscha soll die erste Person gewesen sein, die Mohammed als einen Propheten anerkannt hat. (Die zweite Person war der angebliche Judenchrist Waraqa ibn Naufal.) Khadidscha gebar Mohammed eine Tochter: Fatima, die spätere Ehefrau des vierten Kalifen Ali. Sie war der einzige Nachkomme des Propheten, der ihm Enkel schenkte. Mohammed lebte als Kaufmann in guten Verhältnissen und bildete sich auf Handelsreisen, die ihn wahrscheinlich bis nach Syrien führten. Unterwegs kam er mit den monotheistischen Lehren der Juden und der Christen in Berührung. Zunehmend begannen ihn Fragen nach der Sünde und dem göttlichen Gericht zu beschäftigen. Nachdem er Eingebungen hatte und Stimmen vernahm, war er seit ca. dem Jahr 610 davon überzeugt, ein Gesandter Allahs zu sein. Von nun an war sich Mohammed sicher, vom Erzengel Gabriel göttliche Mitteilungen überbracht zu bekommen. Diese wurden größtenteils zu seinen Lebzeiten von seinem Sekretär niedergeschrieben, später als *Koran* (Lesung) zusammengefasst und um das Jahr 653 unter Kalif Othman zu einem verbindlichen Einheitstext kodifiziert. Mohammed verstand sich selbst als letzten Propheten bzw. als „Siegel der Propheten", der die Religion des „Ur-Muslim" Abraham wiederherzustellen hatte, wie es vor ihm bereits die „Propheten" Moses und Jesus versucht hätten. Anfänglich rekrutierten sich seine Anhänger vor allem aus sozial Benachteiligten und Sklaven. Eine rein soziale Deutung seines Wirkens wird jedoch seinem primär religiösen Streben nicht gerecht. Nachdem sein in Mekka einflussreicher Onkel Abu Talib, der stets seine schützende Hand über den Prediger des Monotheismus gehalten hatte, gestorben war, wurde das Leben für Mohammed in seiner Heimatstadt Mekka – einem Zentrum des polytheistischen Glaubens – zu gefährlich und er beschloss, nach Medina zu fliehen. Er folgte dabei wohl einer Einladung der dortigen jüdischen Gemeinde, die sich durch das Wirken des monotheistischen Predigers Vorteile bei ihren Auseinandersetzungen mit den polytheistischen Arabern von Medina erhoffte. In Medina festigte Mohammed sein religiöses und staatsmännisches Ansehen, indem er Stadtoberhaupt wurde und (vorerst) die dort ansässigen arabischen und jüdischen Stämme miteinander versöhnte. Nach dem Tod seiner ersten Frau Khadidscha heiratete er noch mehrere andere Frauen; Mohammed soll insgesamt 13 Frauen geehelicht haben, darunter Aischa, seine Lieblingsfrau, die erst sechs Jahre alt war, als er sie heiratete und neun Jahre alt, als er die Ehe mit ihr vollzog. Im Jahr 630 konnte Mohammed mit einer Streitmacht nach mehreren Anläufen Mekka besetzen und die dortige Kaaba als Mittelpunkt und Wallfahrtsziel seiner Religion in Besitz nehmen. Da die Mehrheit der Juden in Medina ihn nicht als Propheten anerkennen wollte, begann Mohammed, sich vom Judentum klar abzugrenzen und machte den Islam bewusst zu einer eigenständigen, vom Judentum getrennten Religion. Er erhob den Freitag zum wichtigsten Tag der Woche – an ihm findet das Freitagsgebet statt –, er änderte die Ausrichtung *(qibla)*, die Muslime beim Gebet einzunehmen haben, von Jerusalem nach Mekka und er führte anstelle der (vermutlich vom Judentum übernommenen) Fastentage den Fastenmonat Ramadan ein. Die in Medina ansässigen Juden wurden entweder hingerichtet oder vertrieben. Als Herr über weite Teile Arabiens starb Mohammed im Jahr 632 n. Chr. nach kurzer Krankheit in seiner Wahlheimat Medina, wo er heute begraben liegt.

Mohammed lehnte es ab, als Wundertäter oder Übermensch zu gelten; in seiner Funktion als Prophet bezeichnete er sich stets nur als „einen Knecht Allahs". Trotzdem wurde Mohammed schon früh Gegenstand zahlreicher religlöser Legenden, in denen ihm Wundertaten und Freiheit von Sünde zugeschrieben wurden. Auch wenn Mohammed im Islam keinen göttlichen Status hat – wie etwa Jesus bei den Christen –, so treiben strenggläubige Muslime doch einen recht ausgeprägten Personenkult um ihn. Dieser „Kult", bei dem orthodoxe Muslime bis ins kleinste Detail versuchen, die Lebensführung des Propheten im 7. Jahrhundert nachzuahmen, führt letztendlich doch dazu, dass er das Etikett eines Übermenschen erhält.

In Pakistan und in der Türkei werden Barthaare des Propheten als Reliquien ausgestellt. Im *Topkapı*-Museum in Istanbul kann man außerdem einen angeblichen Zahn des Propheten bewundern.

ker ermahnen lassen 137. Die Muslime werden siegen, wenn sie wirklich gläubig sind 139. Allah wird im Jenseits diejenigen besonders beachten, die Kämpfer für den rechten Glauben waren. Der Gläubige wünscht sich [im Kampf] den Tod, damit er danach [ohne Zwischenaufenthalt im Grab] ins Paradies kommt 142 f.[104] Mohammed ist nur ein Gesandter Allahs, der wie alle Menschen sterben muss 144.[105] Der Zeitpunkt des Todes ist von Allah vorherbestimmt. Der Gläubige kann um die Aushändigung von Allahs Lohn im Diesseits und im Jenseits bitten 145. Wer den Ungläubigen gehorcht, zählt vor Allah zu den Verlierern 149.[106] Die Ungläubigen haben Allah Götter an die Seite gesetzt; sie kommen dafür in das ewige Feuer 151. In der Schlacht [von Uhud][107] wandte Allah das Kriegsglück, um die Gläubigen zu prüfen, denn einige von den muslimischen Kriegern strebten mehr nach einem [langen] Leben im Diesseits als nach dem ewigen Leben im Paradies. Diejenigen, die die Flucht ergriffen, wurden vom Satan dazu verführt. Doch Allah hat ihnen schließlich vergeben 152 ff. Alle, die im Kampf

[104] Diese Koranverse wurden von Mohammed Atta, dem Selbstmordattentäter des 11. September 2001, in seiner „Geistlichen Anleitung" zitiert.

[105] Diesen Vers soll der Nachfolger Mohammeds, der erste Kalif Abu Bakr, in der Öffentlichkeit rezitiert haben, kurz nachdem er vom Tod des Propheten erfahren hatte.

[106] Auch in der Aussage dieses Verses kann eine der Ursachen für das Entstehen von muslimischen Parallelgesellschaften in Europa liegen.

[107] Gemeint ist die Schlacht am Fuß des Berges Uhud bei Medina, die im März des Jahres 624 zwischen dem von Mohammed geführten Heer und dem Heer der Koreischiten ausgefochten wurde. Die Schlacht fand im Rahmen eines Feldzugs der Koreischiten statt, die sich an den Muslimen für ihre Niederlage in der Schlacht von Badr rächen wollten. Nach anfänglichen Erfolgen der Muslime wendete sich das Kriegsglück jedoch zugunsten der Koreischiten. Die Muslime, die mit ca. 700 Mann gegen eine Übermacht von 3000 Mann angetreten waren, kamen in arge Bedrängnis, in der sogar der Prophet Mohammed verwundet worden sein soll. Obwohl ihnen der Sieg sicher war, zogen sich die Koreischiten voreilig zurück und verzichteten außerdem auf die Eroberung der militärisch kaum gesicherten Stadt Medina. Vor der Schlacht von Uhud war es im muslimischen Heer zu einem Zwist gekommen: Ein Teil der Krieger (die im Koran als „Heuchler" bezeichnet werden) war nicht bereit, sich dem zahlenmäßig überlegenen Feind in einer offenen Feldschlacht zu stellen.

gegen die Ungläubigen erschlagen werden, erfahren die Barmherzigkeit und [vollständige] Vergebung Allahs und werden [sofort] nach ihrem Tod bei ihm versammelt 157 f.[108] Wenn der Gläubige einen Beschluss fasst, dann soll er auf Allah vertrauen, weil Allah jene liebt, die sich auf ihn verlassen 159. Wem Allah im Kampf beisteht, den kann niemand besiegen. Wen Allah im Stich lässt, dessen Niederlage ist gewiss 160.[109] Eine Kriegsbeute muss gerecht verteilt werden. Auch ein Prophet darf keine Beute unterschlagen 161. Die Niederlage in der Schlacht [von Uhud] war von Allah gewollt. Er wollte dadurch die Heuchler[110] und Zweifler von den Gläubigen trennen 166 f. Wer im Kampf für die Religion Allahs gefallen ist, der ist nicht tot, denn er lebt bei Allah [im Paradies], der ihn bestens versorgen lässt 169. Wer nach einer [militärischen] Niederlage trotzdem zu Allah und seinem Gesandten hält, dem ist großer Lohn [im Jenseits] sicher 172. Der Gläubige soll Allah fürchten 175. Allah gewährt den Ungläubigen nur deshalb ein langes Leben [auf Erden], damit sie weiter sündigen und sich dadurch ihr Strafmaß im Jenseits erhöhen 178. Allah verkündet seine Offenbarung nicht direkt, sondern mittels Gesandter 179. Die Geizigen sollen am Tag der Auferstehung ein Joch tragen, an dem das hängt, womit sie gegeizt haben 180. Allah hat die Worte jener [wohlhabenden Juden aus Medina] gehört, die da sprachen: „Allah ist arm und wir sind reich!" Was sie gesagt haben, wurde aufgezeichnet. Sie, die ihre Propheten ermordet haben, werden die Strafe des Höllenfeuers schmecken 181. Schon vor Mohammed kamen Ge-

---

[108] Hier, wie auch in Vers 169 dieser Sure, wird das für die Dschihad-Kämpfer so wichtige Versprechen gegeben, dass ihnen, wenn sie im Kampf gegen die „Ungläubigen" fallen, der Aufenthalt im Paradies in unmittelbarer Nähe Allahs sicher sei.

[109] Auch dieser Koranvers fand in der „Geistlichen Anleitung" des Selbstmordattentäters Mohammed Atta Erwähnung.

[110] Hinter den hier erwähnten „Heuchlern" *(munafiqun)* verbirgt sich jene Gruppe von Arabern, die vor der Schlacht von Uhud gegen Mohammed opponiert haben soll. Außerdem sollen diese „Heuchler" die Juden von Medina aufgewiegelt haben, ihr Bündnis mit den Muslimen zu brechen.

sandte mit dem erleuchteten Buch Allahs zu den Menschen; doch sie wurden von den Ungläubigen der Lüge bezichtigt und ermordet 183 f. Das irdische Leben ist nur ein vergänglicher Trug. Der Tod eines jeden Menschen ist jedoch gewiss 185. Die Gläubigen müssen sich von denjenigen, die vor ihnen die Schrift erhalten haben, und von denen, die Allah einen göttlichen Gefährten zur Seite stellen, viele verletzende Schmähungen anhören. Diese Schmähungen sind jedoch nur eine Prüfung der Gläubigen durch Allah 186. Die Schriftbesitzer haben die ihnen von Allah offenbarte Schrift für einen geringen Preis verschleudert [und Teile davon den Menschen vorenthalten]. Sie werden ihrer Strafe nicht entrinnen 187 f. Die Schöpfung und der Wechsel von Tag und Nacht sind für den Vernunftbegabten Zeichen dafür, dass Allah der einzige Gott ist 190. Allah hat die Welt nicht ohne einen Sinn erschaffen 191. Allah wird sein Versprechen, die Gläubigen am Tag der Auferstehung ins Paradies zu führen, nicht brechen 194. Wer als Rechtgläubiger [aus seiner Heimat] vertrieben wurde oder im Kampf gefallen ist, dem werden alle Sünden vergeben und er erhält Einlass in die paradiesischen Gärten 195. Der Gläubige soll sich durch den Lebenswandel der Ungläubigen nicht [zum Unglauben] verführen lassen 196.[111] Es gibt auch unter den Schriftbesitzern welche, die an Allah glauben. Allahs Lohn ist ihnen sicher 199.[112]

[111] Dieser Vers kann ebenfalls dazu beitragen, dass sich muslimische Parallelgesellschaften in Europa bilden.

[112] Dieser Vers soll sich auf einen gewissen Abdallah Ibn Salam, einen in Medina ansässigen Juden beziehen. Als Einzelgänger unter den Juden ist er angeblich zum Islam übergetreten.

Darstellung eines paradiesähnlichen Palmenhains, Iran, 15. Jahrhundert

4. Sure   „Die Frauen"[113]   *Medina*

Die Menschen, die sich alle vor Allah fürchten sollen, wurden von Allah aus einem einzigen Wesen [Adam] erschaffen. Aus diesem einen [männlichen] Wesen heraus schuf Allah das andere [weibliche] Wesen, damit beide sich fortpflanzen können 1. Sich an dem Vermögen der Waisen zu bereichern ist vor Allah ein Verbrechen 2. Dem Muslim steht es zu, insgesamt vier Frauen zu heiraten.[114] Wenn er jedoch befürchten muss, dass er nicht allen gerecht werden kann, dann soll er sich nur eine Frau nehmen und darüber hinaus sich jenen Sklavinnen zuwenden, die in seinem Besitz sind 3. Der Ehemann ist verpflichtet, seiner Frau eine Brautgabe [für ihre materielle Absicherung] zu schenken. Wenn die Ehefrau einwilligt, kann diese Brautgabe in der Ehe von beiden verbraucht werden 4. Schwachsinnige müssen versorgt und freundlich behandelt werden 5. Das Vermögen der Waisen ist zu verwahren und an sie auszuhändigen, wenn sie vernünftig und geschlechtsreif geworden sind. Ist der Vormund des Waisen unvermögend, kann er das Vermögen des Waisen zu dessen Unterhalt antasten 6. Söhnen und Töchtern steht ein Erbe aus der Hinterlassenschaft ihrer Eltern zu. Söhne erben doppelt so viel wie Töchter. Ist nur eine Tochter als einzige Erbin vorhanden, erhält sie lediglich die Hälfte des hinterlassenen Vermögens. Sind mehrere Töchter als Erben vorhanden [und keine Söhne], stehen ihnen zwei Drittel des hinterlassenen Vermögens zu. Die Eltern des Erblassers bekommen je ein Sechstel, wenn der Erblasser Kinder hinterlässt. Hinterlässt der Erblasser keine Kinder, bekommt seine

[113] In dieser Sure werden die Rechte der Männer in Bezug auf Frauen und die Rechte der Frauen dargelegt.

[114] Aufgrund dieses Verses ist in den meisten muslimisch geprägten Ländern die Polygamie gesetzlich erlaubt; nur in der Türkei und in Tunesien nicht. Heutzutage wird jedoch die Monogamie in der islamischen Welt (abgesehen von den westlichen Maghreb-Staaten) allgemein bevorzugt. Für den Propheten Mohammed, der mit weit mehr als vier Frauen verheiratet war, galten, wie in manchen anderen Angelegenheiten auch (z. B. beim Verteilen der Kriegsbeute), koranische Sonderregeln. Der Ehestand ist im Übrigen für den Muslim eine Verpflichtung.

Termini *Zwangsehe* und *Ehrenmord*

Zwangsehen sind im Islam eigentlich verboten, weil bei der Eheschließung die Zustimmung beider Partner erforderlich ist. In einem Hadith von Ibn Madscha und Abi Daud heißt es: „Eine Frau ohne Ehemann darf nicht verheiratet werden, ehe sie zugestimmt hat, und eine Jungfrau darf nicht verheiratet werden, bevor sie ihre Erlaubnis dazu gegeben hat." In muslimischen Staaten, in denen ein fundamentalistisch geprägter Islam praktiziert wird (wie etwa in Saudi-Arabien und in Afghanistan), haben jedoch Vater oder Großvater das Recht, die Tochter bzw. die Enkelin in die Ehe mit einem heiratsfähigen Muslim zu zwingen. Das arabische Wort für dieses patriarchalische Recht ist *wali mudschbir* (Heiratsvormund mit der Berechtigung zum Zwang). Untersuchungen von Necla Kelek[*] und Ahmet Toprak[**] haben ergeben, dass 10 bis 20 Prozent aller in Deutschland geschlossenen Ehen unter türkischstämmigen Muslimen Zwangsehen sind. Diese Untersuchungen geben als Hauptgrund für Zwangsehen die Angst der Familien vor „Ehrverlust" an. Ein solcher „Ehrverlust" bei der muslimischen Familie tritt beispielsweise ein, wenn einer Tochter voreheliche sexuelle Kontakte nachgewiesen werden können.

Zwangsehen sind im Islam nicht nur ein Dilemma für Frauen, sondern auch für junge Männer. Der familiäre Druck treibt viele muslimische Jungesellen in eine ungewollte Ehe.

Der „Ehrverlust" einer Familie durch das Verhalten einer Tochter kann im islamischen Kulturkreis zu einem „Ehrenmord" an dem Mädchen durch männliche Familienangehörige führen. Solche Morde finden insbesondere im Iran, in Afghanistan und in der Türkei, aber auch in Deutschland statt. In den Jahren 1996 bis 2006 sind der Polizei in Deutschland knapp 50 Morde dieser Art bekannt geworden; die Dunkelziffer dürfte jedoch weit höher liegen. Die Täter erhalten in muslimischen Ländern meist nur eine milde Strafe, obwohl der „Ehrenmord" in der Scharia nicht als strafmildernde Ausnahme erwähnt wird und somit als „gewöhnlicher" Mord gilt, der mit der Todesstrafe geahndet werden müsste. Der „Ehrenmord" ist im Übrigen strikt von der koranisch legitimierten Blutrache zu unterscheiden.

[*] Necla Kelek: *Die fremde Braut. Ein Bericht aus dem Inneren des türkischen Lebens in Deutschland*, Kiepenheuer & Witsch, Köln 2005

[**] Ahmet Toprak: *Das schwache Geschlecht – die türkischen Männer. Zwangsheirat, häusliche Gewalt, Doppelmoral der Ehre*, Lambertus-Verlag, Freiburg 2007

Mutter ein Drittel und sein Vater zwei Drittel seines Erbes. Die Verteilung des Erbes muss stets ein eventuell vorhandenes Testament berücksichtigen und darf erst dann erfolgen, wenn vorher alle Schulden des Verstorbenen beglichen worden sind 7 ff. Stirbt eine Ehefrau, die keine Kinder hinterlässt, erbt der Ehemann die Hälfte ihres Vermögens. Stirbt ein Ehemann, ohne Kinder zu hinterlassen, erbt seine Ehefrau ein Viertel des von ihm hinterlassenen Vermögens 12. Eine Ehefrau darf nur dann des Ehebruchs bezichtigt werden, wenn vier Männer es bezeugen können. Gibt die Ehebrecherin ihr Verbrechen zu, ist sie so lange in einem Haus einzuschließen, bis der Tod sie ereilt, es sei denn, Allah gewährt ihr einen „Ausweg" [aus ihrer Situation] 15.[115] Unzucht, die zwei Männer miteinander verüben, ist zu bestrafen.[116] Wenn die beiden Männer jedoch von ihrer [homosexuellen] Neigung ablassen, soll man sie nicht weiter bestrafen, denn auch Allah ist barmherzig und vergebend 16. Wer unwissentlich Böses tut und es bereut, der kann auf Allahs Vergebung hoffen 17. Bei einer Scheidung darf die Frau ihre Brautgabe behalten, es sei denn, sie ist der Hurerei überführt worden 19 f. Nicht geheiratet werden dürfen Frauen, die mit dem Vater verheiratet waren, die eigene Mutter und Tochter; die

[115] Dieser Vers dient der traditionellen islamischen Rechtsprechung (Scharia) als Vorlage für die Bestrafung einer Ehebrecherin mit dem Tod.

[116] Auch dieser Vers bildet die koranische Grundlage für eine *hadd*-Strafe. Homosexualität zwischen Männern kann, muss aber nicht, gemäß der Scharia mit dem Tod bestraft werden. In den folgenden islamischen Staaten kann Homosexualität noch heute mit dem Tod bestraft werden: Iran, Jemen, Mauretanien, Nigeria, Saudi-Arabien und Sudan. Die Todesstrafe wird dabei in der Regel durch Steinigung oder Enthaupten mit dem Schwert vollstreckt. Während die Steinigung nirgendwo im Koran erwähnt wird, ist sie im Alten Testament eine gängige Praxis (siehe 3. Mose 20,27 und 5. Mose 22,23 f.) Bei einer muslimischen Steinigung wird das Opfer, nachdem ihm über Kopf und Oberkörper ein weißes Leinentuch gezogen wurde, in die Erde (Männer bis zur Hüfte, Frauen bis zu den Achseln) eingegraben und anschließend durch Steinwürfe der Herumstehenden getötet. In Saudi-Arabien gab es in der Zeit von 1976 bis 2006 mindestens 13 Todesurteile wegen Unzucht, wobei die männlichen Verurteilten öffentlich durch Enthaupten mit dem Schwert hingerichtet wurden.

Terminus *hadd-Strafen*

Schwere Verbrechen werden in traditionellen islamischen Gesellschaften mit den in der Scharia festgelegten *hadd*-Strafen[*] geahndet. Diese Strafen können Stockhiebe, Gefängnis, Amputation von Händen und Füßen, Steinigung bzw. Hinrichtung durch das Schwert oder den Strang sein. Zu den *hadd*-Vergehen zählen Unzucht (inklusive Homosexualität, Päderastie und Sodomie), Verleumdung (insbesondere die Verleumdung, dass jemand Unzucht getrieben habe), Alkoholgenuss, Diebstahl, Straßenraub und Apostasie (Abfall vom Glauben). Die drakonischen *hadd*-Strafen kommen heute noch in folgenden muslimischen Staaten zur Anwendung: in Afghanistan (insbesondere in den von den Taliban beherrschten Gebieten), in Bahrain, Bangladesch, Indonesien (hier nur in der Provinz Aceh), im Iran (noch im Juli 2007 ist in der nordiranischen Stadt Takestan ein Mann gesteinigt worden, der unter dem Verdacht stand, Ehebruch begangen zu haben), im Jemen, in Katar, Kuwait, auf den Malediven, in Mauretanien, im nördlichen Nigeria, in Pakistan, Saudi-Arabien, Somalia, im Sudan und in den Vereinigten Arabischen Emiraten (ohne Dubai und Abu Dhabi). Die Gesetzesvorschriften der Scharia sind noch nie richtig kodifiziert worden; lediglich ein türkisches Zivilgesetzbuch wurde 1869 auf der Grundlage des islamischen Rechts im Osmanischen Reich in Kraft gesetzt. Seit der *Kairoer Deklaration* aus dem Jahr 1990, die von 45 Außenministern der Organisation der Islamischen Konferenz (OIC) unterschrieben wurde, ist die Scharia zumindest theoretisch die Grundlage der Gesetzgebung in fast allen islamischen Ländern. Indem die Deklaration die Scharia auch als Grundlage für Menschenrechte definiert, weicht sie von der „Allgemeinen Erklärung der Menschenrechte" (verkündet von der Generalversammlung der Vereinten Nationen am 10. Dezember 1948) in vieler Hinsicht ab. Die *Kairoer Deklaration* macht bei fast allen Hinweisen auf die allgemeinen Menschenrechte die Einschränkung, dass sie nur im Einklang mit der Scharia gelten können. So wird beispielsweise die Unumstößlichkeit der Religionsfreiheit von der Kairoer Deklaration nicht anerkannt und sie hält außerdem an der rechtlichen Vorrangstellung des Mannes gegenüber der Frau fest.

Als Beispiel dafür, wie hart Scharia-Urteile ausfallen können, sei hier das Scharia-

---

[*] Das arabische Wort *al-hadd* heißt „Strafe"; eine *hadd*-Strafe wird verhängt, wenn ein Muslim die vom Koran gesetzten Grenzen überschritten hat.

Urteil aus dem Jahr 2002 über die Nigerianerin Amina Lawal erwähnt. Frau Lawal, die mit vierzehn Jahren verheiratet worden war und sich später wieder scheiden ließ, wurde 2002 von einem nigerianischen Scharia-Gericht zum Tod durch Steinigung verurteilt, weil sie als geschiedene Frau ein Kind erwartete. Während dieses Prozesses bekam die Angeklagte keinen Rechtsvertreter zur Seite gestellt. Der von Frau Lawal angegebene Vater bestritt den Geschlechtsverkehr, worauf die Anklage gegen ihn fallen gelassen wurde. Im Juni 2002 setzte das Gericht die Vollstreckung des Urteils bis Januar 2004 aus, damit sich die Mutter in den ersten Lebensjahren des Kindes um ihr Kind kümmern konnte. Das Todesurteil wurde im August 2002 allerdings von einem Berufungsgericht bestätigt. Eine Anfechtung des Urteils war dann nach monatelangen Verschiebungen im September 2003 allein deshalb erfolgreich, weil die Scharia erst nach dem von Frau Lawal durchgeführten unehelichen Geschlechtsverkehr in Nordnigeria eingeführt worden war.

Das Thema „Steinigung" war auch den antiken Juden nicht fremd. In 3. Mose 24,16 heißt es: „Welcher des Herren Namen lästert, der soll des Todes sterben; die ganze Gemeinde soll ihn steinigen."

Altstadt von Lahore/Pakistan

Schwestern; Tanten und Nichten; die Schwiegermutter und Schwiegertochter; die Stieftöchter; Waisen, deren Vormund man ist; die Amme, von der man gestillt wurde; Frauen, die schon mit anderen Männern verheiratet sind; die Ehefrauen von leiblichen Söhnen und auch nicht zwei Geschwister zur gleichen Zeit. Für Frauen, die man begehrt, darf Geld ausgegeben werden; dieses Geld darf jedoch nur für die Einrichtung der Ehe und nicht zur Hurerei ausgegeben werden. Eine Frau, mit der man geschlafen hat, hat Anrecht auf eine Brautgabe. Wenn man mit einer solchen Frau eine weitere Übereinkunft trifft, soll das [vor Allah] keine Sünde sein 22 ff.[117] Wer sich die Brautgabe für eine freie Frau nicht leisten kann, dem ist es erlaubt, eine gläubige Sklavin zu heiraten, vorausgesetzt, ihre Familie willigt ein und sie ist keusch und hat keinen Liebhaber. In diesem Fall kann der Umfang der Brautgabe den eigenen Vermögensverhältnissen angepasst werden, sollte aber trotzdem nicht zu gering ausfallen 25. Die Ungläubigen folgen ihren niederen Gelüsten und sie wollen die Gläubigen dazu verleiten, vom rechten Weg abzuirren 27. Es ist verboten, Gläubige zu töten[118] oder um ihr Vermögen zu bringen. Handel, der die Zustimmung beider Handeltreibender findet, ist erlaubt 29. Wer sich von schweren Sünden[119] fernhält, kommt, auch wenn er leichtere

[117] Von diesem Vers leiten die Schiiten die Institution der „Zeitehe" ab, die von einer Stunde bis zu mehreren Jahren dauern kann. Sunniten, insbesondere die Wahabiten, lehnen die Zeitehe ab, weil sie der Prostitution nahekommen kann bzw. durchaus von Prostituierten und ihren Freiern in Anspruch genommen wird. In Saudi-Arabien wird sie als ein Verbrechen eingestuft und mit der Todesstrafe geahndet.

[118] Diese Aussage impliziert auch das Verbot der Selbsttötung. Eine Selbsttötung zu politischen oder religiösen Zwecken wird von der islamischen Tradition strikt abgelehnt, da nur Allah über das Leben verfügen darf. Die Selbsttötung wird weder im Koran erwähnt noch wird sie in ihm propagiert. Einige extremistische islamische Organisationen rekrutieren heute Selbstmordattentäter mit dem (falschen) Hinweis darauf, dass ein Suizid, bei dem „Ungläubige" mit in den Tod gerissen werden, den muslimischen „Märtyrer" *(schahid)* auf direktem Weg ins Paradies führen würde.

[119] Zu den Hauptsünden im Islam zählen: Apostasie, Götzendienst, Mord, falsches Zeugnis, Betrug an Waisen, Flucht im Religionskrieg, Ungehorsam gegenüber den Eltern und Wucher. Diese Aufzählung ist jedoch umstritten,

Sünden begangen hat, ins Paradies 31. Enge Freundschaft begründet einen gegenseitigen Anspruch auf Anteil am Erbe 33. Männer haben mehr Rechte und tragen mehr Verantwortung als Frauen, weil Allah die Männer [rechtlich] höher gestellt hat und weil sie von ihrem Vermögen[120] abgeben. Tugendhafte Ehefrauen sollen ihrem Ehemann gehorsam sein und [in der Öffentlichkeit] keine [ehelichen] Geheimnisse ausplaudern. Der Ehemann soll eine widerspenstige Ehefrau ermahnen, im Ehebett meiden und zur Züchtigung schlagen.[121] Wenn sie dann gehorcht, soll es gut sein 34.[122] Bevor es in einer Ehe zu einem Zerwürfnis kommt, soll ein Schiedsrichter bestellt werden. Wenn beide Eheleute sich wieder aussöhnen, wird Allah ihnen Eintracht schenken 35. Allah liebt nicht die Hochmütigen, sondern jene, die gütig zu den Eltern, Verwandten, Waisen, Armen, Nachbarn, Reisenden und Sklaven[123]

da der Koran nicht genau definiert, was unter dem Begriff „schwere Sünden" zu verstehen ist (siehe auch Sure 53,32). Einen Katalog, wie die christlichen „sieben Todsünden", gibt es im Islam nicht.

[120] Hier ist vermutlich die Brautgabe gemeint, die ein Ehemann bei der Hochzeit zugunsten seiner Braut hinterlegen muss.

[121] In den Hadithen heißt es ergänzend (Hadith-Sammlung „Gärten der Tugendhaften", Teil 1): „Amru Ibn al-Ahwas al-Dschulhami berichtet, dass er den Propheten ... sagen hörte: ‚Hört zu! Seid gut zu den Frauen, sie sind wie Gefangene in euren Händen! Darüber hinaus seid ihr ihnen nichts schuldig. Sollten sie schuldig werden aufgrund offensichtlichen Fehlverhaltens, könnt ihr sie von euern Betten fernhalten und sie leicht schlagen, sodass ihr sie nicht verletzt. Wenn sie euch daraufhin gehorchen, dürft ihr nichts weiter gegen sie

unternehmen'" (Hadith 276). „Umm Salama überliefert, dass der Gesandte Allahs [Mohammed] sagte: ‚Jede Frau, die stirbt, und ihr Mann war mit ihr zufrieden, kommt ins Paradies'" (Hadith 286).

[122] Dies ist der berühmt-berüchtigte Vers, der nach abendländischer Auffassung die Diskriminierung der Frau im Koran festschreibt. Wenn auch nicht ganz so rabiat wie im Koran, so wird im Neuen Testament ebenfalls die Dominanz des Mannes über die Frau propagiert. Im Epheserbrief des Paulus heißt es in Kapitel 5,22–23: „Die Frauen seien untertan ihren Männern als dem Herrn. Denn der Mann ist des Weibes Haupt, gleichwie auch Christus ist das Haupt der Gemeinde, die er als seinen Leib erlöst hat."

[123] In Saudi-Arabien wurde die Sklaverei erst 1963 abgeschafft. Die aus Asien (vorwiegend aus Pakistan und Indien)

sind 36. Allah verabscheut jene, die geizig sind oder nur spenden, um dabei gesehen zu werden 37f. Allah tut kein Unrecht; auch dann nicht, wenn es nur das Gewicht eines Stäubchens hätte 40. Das Gebet ist stets im nüchternen Zustand [ohne Alkohol im Blut] und nach Vollzug einer Körperreinigung[124] zu verrichten. Ist für die Reinigung kein Wasser vorhanden, zum Beispiel wenn man auf Reisen ist, dann kann man für die Säuberung von Gesicht und Händen auch Sand hernehmen 43. Die Schriftbesitzer haben die Offenbarung verfälscht, um die Gläubigen in die Irre zu führen 44. Ein Teil der Juden hat die Worte der Schrift verdreht und lästert über den wahren Glauben. Allah hat sie wegen ihres Unglaubens verflucht 46. Die „Sabbatleute" [Juden] sollen an die Schriften [Tora und Psalmen] glauben, die Allah zu ihnen herabgesandt hat und die vom Koran bestätigt werden. Tun sie es nicht, wird Allah sie ganz sicher vernichten oder verfluchen 47. Es ist die schwerste Sünde, andere Götter neben Allah anzubeten.[125] Diese Sünde wird

stammenden Gastarbeiter in Saudi-Arabien leben allerdings bis heute unter rechtlichen und sozialen Bedingungen, die dem ehemaligen Sklavendasein nahekommen.

[124] Vor dem Gebet, zu dem der Muezzin mittels Gebetsruf *(adhan)* aufruft, muss die rituelle Waschung *(wudu)* durchgeführt werden. Der Zustand der „rituellen Reinheit" *(tahara)* ist nach muslimischer Auffassung eine Voraussetzung dafür, dass Allah das Gebet „anerkennt". Zur rituellen Reinheit gehört auch, dass man sich beim Gebet an einem sauberen Ort befindet, wofür ein Gebetsteppich benötigt wird, der für nichts anderes verwendet werden darf. Auch die Beschneidung von Knaben gilt im Islam als ein Akt der rituellen Reinigung. Sie wird zwar im Koran nicht erwähnt, ist aber in der Sunna (z.B. im Hadith 377 von Muslim) be-schrieben und wird auch heute noch als ein wichtiges Symbol der religiösen Reinheit und der Zugehörigkeit zum Islam betrachtet. Im Christentum wurde die Beschneidung durch die Taufe ersetzt.

[125] Wie auch im 116. Vers dieser Sure wird hier die Vielgötterei als eine schwere Sünde bezeichnet. Dieser Sünde machen sich nach muslimischer Auffassung auch die Christen schuldig, die seit dem 4. Jahrhundert Jesus und dem Heiligen Geist einen göttlichen Status zuerkennen. Den Juden werfen die Muslime vor, dass sie neben Allah auch den Propheten Esra als Gott anbeten würden. Der Koran geht vehement gegen die Vielgötterei vor; die religiöse Problematik, die mit dem Atheismus verbunden ist, kennt er nicht.

Terminus *Muslima*

Während im Islam Ehe und Familie eine außerordentlich hohe Stellung haben, ist die muslimische Frau bei politischer Mitwirkung, Ausübung öffentlicher Ämter und Rechtsprechung ebenso Einschränkungen unterworfen wie im Ehe- und Kindschaftsrecht und im Bereich der Berufstätigkeit. Außerhalb des häuslichen Bereichs werden Kontakte zwischen Männern und Frauen nicht gebilligt, da der öffentliche Raum den Männern vorbehalten ist. Nach sunnitischer Lehre darf die Frau das Gebet in der Moschee nicht in Gemeinschaft mit Männern verrichten. Während ihrer Menstruation und 40 Tage nach einer Geburt gelten muslimische Frauen als „unrein"; sie dürfen dann keinen Koran berühren.

Während ein Muslim bis zu vier Frauen gleichzeitig ehelichen kann, gilt dieses Recht umgekehrt für Frauen in Bezug auf mehrere Ehemänner nicht. Eine Scheidung ist für den Muslim durch die Praxis der „Verstoßung" der Frau relativ leicht möglich; für die Frau ist die Scheidung vom Mann ein eher schwieriges Unterfangen. Sie darf die Scheidung nur aus zwei Gründen verlangen: wenn der Ehemann seiner Verpflichtung zum Unterhalt oder seiner Verpflichtung zum Geschlechtsverkehr über eine längere Zeit nicht nachgekommen ist. Falls die Ehe auf Wunsch der Frau geschieden wird, verliert sie einen Teil ihres Anspruches auf die vom Ehemann bei der Hochzeit hinterlegte Brautgabe, auf die sie einen vollen Anspruch hätte, wenn die Scheidung vom Mann ausgehen würde.

Das islamische Strafrecht (Scharia) schreibt vor, dass Ehebrecherinnen zu schlagen oder zu steinigen sind. Aus dem Koran und der Sunna lassen sich folgende, Frauen diskriminierende Verhaltensnormen und Regelungen ableiten: die unbedingte Gehorsamspflicht der Frau gegenüber dem Mann; das Recht des Mannes, bis zu vier Frauen zu heiraten und dazu noch eine unbegrenzte Zahl von Konkubinen zu halten; das Recht des Mannes, seine Ehefrau jederzeit auch ohne Nennung von Gründen zu verstoßen und sein Recht, sie bei dem Tatbestand der Untreue sogar zu töten. Zudem werden Frauen im Erbrecht* und vor Gericht benachteiligt. So dürfen Frauen nur in Zivilprozessen, aber nicht in schwerwiegenden Kriminalfällen als Zeugen aussagen. Das gilt jedoch nur

---

* Die Bevorzugung des Sohnes vor der Tochter beim Erbrecht muss vor dem Hintergrund betrachtet werden, dass man in der islamischen Gesellschaft davon ausgeht, dass der Mann sein Erbe für die Versorgung seiner Familie einsetzt. Dem gegenüber kann eine Muslima über ihr Erbe allein verfügen.

dann, wenn kein zweiter Mann als Zeuge zur Verfügung steht (siehe hierzu Sure 2,282). In Saudi-Arabien, wo die Lehre des Ibn Abd al-Wahab Staatsdoktrin ist, existiert ein allgemeines Fahrverbot (am Steuer) für Frauen, für das es allerdings keine koranische Rechtfertigung gibt. Weitere saudische Gesetze schreiben den Frauen bei nahezu allen Handlungen im öffentlichen Raum (bei Reisen, Bankgeschäften, Geschäftstransaktionen) einen männlichen Begleiter im ersten Verwandtschaftsgrad vor. Über die Einhaltung dieser „sittlichen" Normen wachen in Saudi-Arabien die *mutawwi*, eine Art „Sittenpolizei", die neben der regulären Polizei operiert.

Bei der immer noch in einem Teil der islamischen Gesellschaften in Schwarzafrika ausgeübten Praxis der weiblichen Genitalverstümmelung handelt es sich um einen vorislamischen Volksbrauch, der in Afrika von der islamischen Tradition übernommen wurde und der „Vorbereitung" des Mädchens auf die Ehe dienen soll. Da die „Beschneidung" von Mädchen im Koran nicht erwähnt wird, gilt die Beschneidungspraxis in einigen muslimischen Staaten Afrikas auch nur als empfohlen, nicht jedoch als obligatorisch. Bis heute wird die Verstümmelung der Genitalien in 28 islamischen Ländern noch als Volksbrauch täglich an mehreren tausend Mädchen praktiziert, obwohl sie in manchen dieser Länder, wie in Ägypten, verboten ist. Selbst in den westlichen Industriestaaten kommt es unter den aus Afrika stammenden muslimischen Einwanderern hin und wieder zu heimlich durchgeführten Genitalbeschneidungen.

Die Unterordnung der Frau unter den Mann wird nicht allein von der islamischen Religion propagiert. So heißt es zum Beispiel in 1. Korinther 11,2: „Ich lasse euch aber wissen, dass Christus ist eines jeglichen Mannes Haupt; der Mann aber ist des Weibes Haupt." Des Weiteren äußert sich Paulus im gleichen Brief in Kapitel 14,34 wie folgt zum Status der christlichen Frauen: „Wie in allen Gemeinden der Heiligen lasset die Frauen schweigen in der Gemeinde; denn es soll ihnen nicht zugelassen werden, dass sie reden, sondern sie sollen sich unterordnen, wie auch das Gesetz sagt." Auch das Alte Testament klassifiziert die Frau lediglich als „Gehilfin" des Mannes (2. Mose 18) und deklariert diesen zum „Herren" des Weibes (3. Mose 16).

von Allah, im Gegensatz zu anderen Sünden, nie vergeben 48. Nur Allah kann die Menschen von Sünden freisprechen 49. Wer eine Lüge über Allah erdichtet, versündigt sich 50. Jene [Juden], denen ein Teil der Schrift offenbart worden ist, glauben an Zauberei und Götzen[126] und meinen, dass sie den besseren Glauben hätten als die Muslime. Allah hat sie verflucht. Hätten sie die Weltherrschaft, würden sie den anderen Menschen nicht den Bruchteil eines Dattelkerns abgeben 51 ff.[127] Allah gab dem Geschlecht Abrahams die Schrift und Weisheit und ein mächtiges Reich. Jedoch nur ein Teil von Abrahams Nachkommen [jene, die von seinem Sohn Ismail abstammen] blieb rechtgläubig, während der andere Teil sich vom rechten Glauben abwandte. Letztere werden im Flammenfeuer schmachten. Sobald ihre Haut verbrannt ist, wächst ihnen eine neue nach, damit sie erneut [unter größten Schmerzen] wegbrennen kann 54 ff. Leihgaben sind an die Eigentümer zurückzugeben. Urteilssprüche über Menschen müssen gerecht sein 58. Der Gläubige hat die Verpflichtung, Allah, dem Gesandten, und denjenigen, die unter den Menschen die Befehlsgewalt ausüben, zu gehorchen 59. Man kann nur dem Gesandten gehorchen [und an Allah glauben], wenn Allah dem zuvor zugestimmt hat 64. Wer für die Sache Allahs kämpft, bevorzugt das jenseitige vor dem irdischen Leben und erhält von Allah, egal, ob er dabei fällt oder den Sieg davonträgt, großen Lohn 74. Der Gläubige soll für die Sache Allahs und für jene schwachen Männer, Frauen und Kinder kämpfen, die von den [ungläubigen] Bewohnern ihrer Stadt unterdrückt werden 75.[128] Die Ungläubigen sind Streiter des Teufels und müssen des-

[126] Der Koran wirft den Juden vor, dass sie den Propheten Esra als (göttlichen) Sohn Gottes verehren würden (siehe Sure 9,30 ff.).

[127] Dieser Koranvers soll vor dem Grabenkrieg (siehe Sure 33,9 ff.) entstanden sein, als sich jüdische Stämme mit den Koreischiten aus Mekka verbündet hatten, um an der Belagerung von Medina im Jahr 627 teilzunehmen. Des

Weiteren bezeugt dieser Vers, dass die im Europa des 19. und 20. Jahrhunderts kursierenden antijüdischen Klischees bereits vor 1400 Jahren im Orient existierten.

[128] Dieser Vers birgt einen gewissen revolutionären „Sprengstoff", weil ihn Muslime dahingehend interpretieren können, dass sie die religiöse Pflicht hätten, sich gegen korrupte und „unisla-

halb von den Gläubigen niedergekämpft werden 76. Diese Welt hat nur einen geringen Wert im Vergleich zu den Wonnen des Jenseits, die den Gottesfürchtigen vorbehalten sind.[129] Angesichts der Belohnung im Jenseits soll der Gläubige sich vor dem Tod im Kampf [für Allahs Sache] nicht fürchten. Außerdem soll er bedenken, dass alle Menschen einmal vom Tod heimgesucht werden 77 f. Das Gute, das einen trifft, kommt von Allah, das Schlimme kommt von einem selbst 79. Wer dem Gesandten Allahs gehorcht, der gehorcht auch Allah 80.[130] Da der Koran von Allah stammt, enthält er keine Widersprüche 82.[131] Der Prophet soll die Gläubi-

misch" regierende Despoten in der islamischen Welt aufzulehnen. Das Neue Testament äußert sich zum gleichen Thema eher zugunsten der Tyrannis. Im Römerbrief des Paulus heißt es zu Anfang des 13. Kapitels: „Jedermann sei untertan der Obrigkeit, die Gewalt über ihn hat. Denn es ist keine Obrigkeit ohne von Gott; wo aber die Obrigkeit ist, die ist von Gott verordnet. Wer sich nun der Obrigkeit widersetzt, der widerstrebt Gottes Ordnung; die aber widerstreben, werden über sich ein Urteil empfangen."

[129] In den Hadithen heißt es hierzu ergänzend (Hadith-Sammlung „Gärten der Tugendhaften", Teil 1): „Es überliefert Anas, dass der Prophet sagte: ‚Oh Allah! Es gibt kein wirkliches Leben außer dem Leben im Jenseits'" (Hadith 460). „Es überliefert Abu Huraira, dass der Gesandte Allahs sagte: ‚Das Diesseits ist ein Gefängnis für den Gläubigen und ein Paradies für den Ungläubigen'" (Hadith 470). „Ibn Omar berichtet: ‚Der Gesandte Allahs packte mich an der Schulter und sagte: *Sei im Diesseits wie ein Fremder oder ein Durchreisender*. ... Das heißt, dass man sich nicht ans Diesseits klammern und es nicht zur Heimat nehmen

sollte; niemand soll sich dazu verleiten lassen, einen längeren Aufenthalt darin zu erstreben, man sollte sich nicht allzu sehr darum kümmern und sich nicht zu sehr daran binden, nur so, wie dies ein Fremder täte, und man soll im Diesseits arbeiten, wie ein Fremder, der zu seiner Familie zurückkehren wird'" (Hadith 471). „Der Prophet sagte: ‚Entsage dem Diesseits und Allah wird dich lieben ...'" (Hadith 472). „Abu Huraira sagte: ‚Ich hörte den Gesandten Allahs sagen: Verdammt ist die diesseitige Welt und alles Vergängliche außer dem Gedanken an Allah, den Erhabenen ...'" (Hadith 478).

[130] Dieser Vers legitimiert die herausragende Stellung, die dem Propheten Mohammed im Islam eingeräumt wird. Und er stützt indirekt die unter modernen islamischen Theologen umstrittene These der orthodoxen Sunniten, dass die Sunna (die gesammelten Worte, Handlungen und Biografien des Propheten) annähernd den gleichen theologischen Rang habe wie der Koran.

[131] Er kann aber, wie der Koran in Sure 3,7 zugibt, „unklare" Stellen enthalten, die sich dem Menschen nicht erschließen.

gen zum Kampf [gegen die Ungläubigen] anfeuern 84. Wer einen Streit schlichtet, hat Anspruch auf eine Belohnung 85. Ein Gruß soll freundlich erwidert werden 86. Allah hat die Heuchler [Apostaten] verstoßen. Da Allah sie in die Irre geführt hat, sollen sich auch die Gläubigen klar von ihnen distanzieren. Die Heuchler, die vom Glauben abgefallen sind, wollen auch die Gläubigen vom Glauben abbringen. Die Gläubigen sollen sich nicht mit den Heuchlern verbünden, es sei denn, diese sind bereit, für die Religion Allahs zu kämpfen. Lehnen sie das jedoch ab, dann ist das der endgültige Beweis, dass sie Heuchler sind. Die Gläubigen sollen sie dann als Feinde betrachten und sie töten, wo immer sie welche

Jean-Étienne Liotard (1702–1789),
Muslimisches Paar auf einem Diwan

antreffen.[132] Ausgenommen davon sind jene, die sich bei den Verbündeten der Gläubigen aufhalten oder in friedlicher Absicht kommen, ohne vorher an kriegerischen Handlungen gegen die Gläubigen beteiligt gewesen zu sein. Halten sie sich von den Gläubigen fern, kämpfen sie nicht gegen die Gläubigen und bieten sie den Frieden an, dann soll man sie in Ruhe lassen 88ff. Gläubige dürfen andere Gläubige nicht töten, es sei denn, es geschieht aus Versehen. Wer einen Gläubigen ohne Vorsatz tötet, soll einen gläubigen Sklaven freilassen und an die Hinterbliebenen des Getöteten ein Sühnegeld zahlen 92. Wer einen Gläubigen mit Vorsatz tötet, wird von Allah mit dem ewigen Aufenthalt in der Hölle bestraft 93. Wenn die Gläubigen bei einem Feldzug auf einen Fremden stoßen, der ihnen den Friedensgruß *as-salaam* entbietet, darf nicht in der Absicht, Kriegsbeute zu machen, der voreilige Schluss gezogen werden, dass es sich bei ihm um einen Ungläubigen handelt. Es ist die Pflicht der Gläubigen, vorher genau zu prüfen, ob der Fremde ein Gläubiger oder ein Ungläubiger ist. Was das Beutemachen betrifft, so wird Allah den Gläubigen genug Gelegenheit dazu geben 94. Wer mit seinem Vermögen und mit seiner eigenen Person[133] um Allahs Sache Krieg führt, ist vor Allah mehr wert als jemand, der zu Hause bleibt, es sei denn, der Zuhausegebliebene konnte nicht mit in den Krieg ziehen, weil er gebrechlich war. Derjenige,

[132] Aus diesem Vers kann man eine koranische Aufforderung zum Töten von Apostaten herauslesen.

[133] Der islamische Sufi-Gelehrte al-Ghazali (1058–1111) interpretierte die Koranworte „mit seiner eigenen Person" in der Weise, dass hier der Kampf jedes Einzelnen mit seiner eigenen Seele (*nafs*) und insbesondere mit dem zur Sünde neigenden eigenen Selbst gemeint ist. Mit dieser Interpretation begründete er die Theorie vom großen Dschihad, der nicht gegen Ungläubige, sondern gegen das Schlechte in der eigenen Person gerichtet ist. Diese Auslegung wird vor allem von den muslimischen Mystikern vertreten. In ihren Augen wird die schwache menschliche Seele durch die materielle Welt *(dunya)* von der Einhaltung der Gebote Allahs abgelenkt. Nach Auffassung der Mystiker kann sich jedoch der sündige Mensch durch spirituelle Versenkung *(dhikr)* von seinem sündigen Ego befreien, um dann am Ende dieses Prozesses zu einer vollständigen Übereinstimmung mit Allahs Geboten zu gelangen. Diese mystische „Entwerdung in Gott" nennen die Araber *fanaa*.

der in den Krieg [um Allahs Sache] gezogen ist, wird im Jenseits weit mehr belohnt und erhält einen höheren Rang als derjenige, der es vorgezogen hat, daheim zu bleiben 95 f. Wer als unterdrückte Minderheit unter den Ungläubigen lebt und deshalb den Glauben nicht praktizieren kann, ist verpflichtet auszuwandern. Bleibt er im Land der Ungläubigen, wird er mit der Hölle bestraft.[134] Ausgenommen von dieser Bestrafung sind jene, die auswandern

Ludwig Deutsch, *al-Azhar*[135], die arabische Universität in Kairo, 1890

[134] Jene der in Deutschland lebenden strenggläubigen Muslime, die die Auffassung vertreten, das Grundgesetz sei nicht mit dem Koran und der Scharia in Übereinstimmung zu bringen, wären nach diesem Vers eigentlich verpflichtet, Deutschland zu verlassen.

[135] Die *al-Azhar*-Universität in Kairo ist nach der *al-Qarawiyyin* in Fès, Marokko, die älteste Universität der Welt, an der heute noch gelehrt wird. Sie soll im Jahr 988 von einem zum Islam konvertierten Juden gegründet worden sein. Die Universität, die nur Muslimen offensteht, beansprucht für sich die höchste Autorität in Rechtsfragen der Scharia innerhalb der sunnitischen Glaubensrichtung. Dieser Anspruch wird allerdings nicht von allen Sunniten anerkannt. Die Universität hat heute u. a. eine theologisch-juristische, aber auch eine technische, eine pädagogische und eine medizinische Fakultät und wird von muslimischen Studenten aus aller Welt besucht. Im Jahr 2004 waren an der *al-Azhar* 375.000 Studenten eingeschrieben, etwa die Hälfte waren Frauen. Der Lehrkörper besteht aus rund 16.000 Lehrenden. Die zweitwichtigste theologische Hochschule im sunnitischen Is-

wollen, aber über keine Mittel verfügen, um es zu realisieren. Wer auswandert, wird Stätten der Zuflucht in Fülle finden. Wer bei der Auswanderung zu Tode kommt, wird von Allah im Jenseits belohnt 97 ff. Im Feindesland soll man beim Gebet die Waffen nicht ablegen und es darf verkürzt gebetet werden 101 f. Das Gebet zu bestimmten Zeiten ist dem Gläubigen eine Pflicht 103. Die gläubigen Krieger sollen nicht nachlassen, die Ungläubigen aufzuspüren 104. Der Koran wurde zu Mohammed herabgesandt, damit zwischen den Menschen gemäß den Geboten Allahs Recht gesprochen werden kann 105. Der Gläubige soll Allah um Vergebung [seiner Sünden] bitten, denn Allah ist barmherzig und verzeiht 106. Es hat keinen Sinn, sich für die Sünder auf Erden einzusetzen, denn im Jenseits werden sie auch keinen Fürsprecher haben 107 ff. Allah vergibt dem reuigen Sünder 110. Wer eine Sünde begeht, der begeht sie gegen sich selbst 111. Wer einen Fehler oder eine Sünde begeht und sie einem Unschuldigen verleumderisch zur Last legt, der lädt ein schweres Verbrechen auf sich 112. Wer sich vom Gesandten abwendet, nachdem ihm der rechte Weg gewiesen worden ist, den lässt Allah auf Erden gewähren, aber im Jenseits wird er ihn in der Hölle brennen lassen 115. Wer Allah Götter zur Seite stellt, begeht die größte Sünde, die von Allah niemals verziehen wird 116. Die Ungläubigen beten statt Allah weibliche Wesen[136] an. Sie dienen dadurch dem Satan, der, nachdem Allah ihn verflucht hatte, Allah zurief, er werde einen Teil der Menschen irreleiten und ihnen befehlen, die Schöpfung Allahs zu verändern.[137] Wer den Täuschungen des Satans auf den Leim geht, wird zum Bewohner der

lam ist die *Dar ul-Ulum*-Universität in der nordindischen Stadt Deoband. Sie wurde im Jahr 1866 zur Unterstützung einer muslimischen Erweckungsbewegung gegründet, die Stimmung gegen die britische Kolonialherrschaft machte. Heute werden dort Geistliche ausgebildet, die nach einem mindestens achtjährigen Studium als Lehrer bzw. Mullah *(maula)* vor allem in den Madrasen Afghanistans, Indiens und Pakistans eingesetzt werden.

[136] Hier sind wahrscheinlich insbesondere jene drei weiblichen Gottheiten al-Lat, al-Uzza und Manat gemeint, die in vorislamischer Zeit in Mekka verehrt wurden.

[137] In diesem Vers wird der menschliche Eingriff in die Natur als Sünde deklariert.

Hölle, aus der es keinen Ausweg gibt 117 ff. Das Leben im Paradies währt ewiglich 122. Allah nahm sich Abraham zum Freund. Wer dem Glauben Abrahams anhängt, wandelt auf dem Weg Allahs 125. Allah umfasst alle Dinge 126. Man kann es den Frauen nicht gleichzeitig vollständig recht machen, so sehr man sich auch bemüht.[138] Ein Ehemann darf sich nicht nur einer von seinen Frauen zuwenden 129. Wenn Allah will, kann er die Menschheit ausrotten und durch eine neue ersetzen 133. Allah belohnt in dieser und in jener Welt 134. Der Gläubige soll für Wahrheit und Gerechtigkeit einstehen, auch wenn ihm und seinen Verwandten dadurch Nachteile entstehen. Einen Reichen soll man nicht gerechter behandeln als einen Armen, denn beide stehen Allah gleich nah 135. Man soll an Allah, an seinen Gesandten [Mohammed], an seine Engel,[139] an den Koran und an die Schriften [Tora, Psalmen und Evangelien], die Allah vor dem Koran herabgesandt hat, und an das Jüngste Gericht glauben. Wer dies nicht befolgt, geht in die Irre [und endet in der Hölle] 136. Denen, die zweimal vom wahren Glauben abgefallen sind, wird Allah niemals vergeben 137. Die Heuchler [die nur vorgeben zu glauben], die sich in die Obhut der Ungläubigen begeben, werden von Allah hart bestraft 138 f.[140] Wenn die Schriftbesitzer Allah verspotten, sollen die Gläubigen nicht bei ihnen sitzen bleiben 140. Allah wird niemals den Ungläubigen die Oberhand über die Gläubigen geben 141. Die Heuchler [in Medina] wollen Allah betrügen, indem sie sich zwar als Betende aufstellen, aber insgeheim dabei keinen Gedanken an Allah verschwenden 142. Wer im Diesseits den Glauben nur heuchelt und es danach nicht bereut, kommt im Jenseits in den tiefsten Grund der Hölle 145. Nur in dem Fall, wenn einem Unrecht geschieht, darf man böse Worte laut aussprechen 148. Diejenigen,

[138] Einige Muslime leiten aus diesem Vers die Empfehlung ab, es sei besser, nur eine einzige Frau zu ehelichen.

[139] Nach diesem Vers ist für Muslime auch der Glaube an Engel verpflichtend.

[140] Gemeint sind hier jene Araber in Medina, die ihre Zugehörigkeit zur muslimischen Gemeinde nur heuchelten und insgeheim mit jenen jüdischen Stämmen in und um Medina paktierten, die sich offen gegen den Propheten gestellt hatten.

Terminus *Fatwa*

Eine Fatwa (Meinung zu einer Rechtsfrage) ist ein islamisches Rechtsgutachten, das von einem Mufti (Rechtsgelehrten) oder von einem geistlichen Gremium auf Anfrage erstellt wird. Da der sunnitische Islam keinen Klerus im westlichen Sinne kennt, gibt es bei den Sunniten keine eindeutige Regel, wer berechtigt ist, eine Fatwa auszustellen. Durch die im Islam miteinander konkurrierenden Rechtsschulen der Hanafiten, Malikiten, Hanbaliten, Schafiiten und der Schiiten kann es vorkommen, dass islamische Geistliche, die aus unterschiedlichen Rechtsschulen stammen, Fatwas ausstellen, die einander widersprechen. Alle Rechtsfragen, die der Koran und die Hadithe unbeantwortet lassen, können von islamischen Geistlichen in Form einer Fatwa beantwortet werden. Eine Fatwa muss mit den Aussagen und dem Geist des Korans und der Hadithe übereinstimmen. Eine Fatwa ist nur bindend für denjenigen sunnitischen Muslim, der den Urheber der Fatwa als geistliche Autorität anerkennt. Im schiitischen Islam besteht dagegen ein stärkeres Autoritätsverhältnis zwischen dem Mufti und dem Ratfragenden, wodurch der Ratfragende sehr viel mehr dazu verpflichtet ist, dem Rat seines Muftis zu folgen. Berühmtheit konnten im Abendland folgende Fatwas erlangen: Die Fatwa des Ayatollah Khomeini aus dem Jahr 1989, in der zur Tötung des Schriftstellers Salman Rushdie aufgerufen wurde; die Fatwas Osama bin Ladens aus den Jahren 1969 und 1998, die zum Töten von Angehörigen jener nichtmuslimischen Staaten aufforderten, die bewaffnete Soldaten in muslimische Länder entsendet hatten, und eine Fatwa von Geistlichen der *al-Azhar*-Universität in Kairo aus dem Jahr 2006, die sich gegen die Praxis der Genitalverstümmelung von Frauen wandte.

die nur einen Teil des Glaubens übernehmen und nicht allen Gesandten Allahs folgen, sind auch Ungläubige 150 f. Die Juden verlangten von Moses [zum Nachweis, dass der Glaube an Allah der wahre Glaube sei] das persönliche Erscheinen Allahs. Wegen dieses Frevels traf sie der Blitzstrahl. Danach beteten sie das Kalb an, was ihnen Allah aber [noch] verzieh. Allah schloss mit den Juden einen Bund und gemahnte sie an das Sabbatgebot. Aber die Juden brachen den Bund mit Allah, töteten die zu ihnen von Allah entsandten Propheten und verbreiteten Lügen über Maria [die Mutter von Jesus]. Die Juden sind der Überzeugung, dass sie Jesus, den Sohn der Maria, gekreuzigt und getötet hätten. Dies wurde ihnen jedoch nur vorgetäuscht, denn Allah, der Allmächtige, hat ihn [in Wirklichkeit] zu sich emporgehoben.[141] Bis zu ihrem Tod werden die Juden an ihrem Irrtum festhalten. Am Tag des Jüngsten Gerichts wird Jesus ihre Sünden bezeugen 153 ff. Ihrer Sünden wegen, weil sie zum Beispiel Zins nahmen und widerrechtlich das Vermögen anderer Leute aufzehrten, hat Allah den Juden Dinge

[141] Das hier dargestellte Schicksal von Jesus am Kreuz lässt den Schluss zu, dass Mohammed in Arabien nicht mit Vertretern der byzantinischen Reichskirche in Verbindung stand (die den Standpunkt vertrat, Jesus sei tatsächlich am Kreuz gestorben und erst danach wieder auferstanden), sondern eher mit christlichen Sektierern, die eine von der christlichen Orthodoxie abweichende Auffassung von Jesu Tod hatten. Zu Lebzeiten des Propheten Mohammed existierte weder in Mekka noch in Medina eine christliche Gemeinde. Christliche Minderheiten lebten seinerzeit verstreut als Beduinen in den Oasen Arabiens. Das von ihnen vertretene Christentum hatte sich in der Abgeschiedenheit ihres Beduinendaseins verselbstständigt und wich in manchen Punkten von den Überzeugungen des christlichen Mainstreams ab. Auch nach dem Glauben der *Ahmadiyya*-Gemeinde, einer muslimischen Reformbewegung, die 1975 aus der islamischen Gemeinschaft *(umma)* ausgeschlossen wurde und in Pakistan ca. 1 Million Anhänger hat, ist Jesus in einem nur ohnmächtigen Zustand vom Kreuz abgenommen und wieder gesund gepflegt worden. Später habe er die verlorenen zehn Stämme Israels in Indien aufgesucht und sei schließlich in hohem Alter in Srinagar, der Hauptstadt Kashmirs, gestorben, wo man heute noch sein angebliches Grab besuchen kann. Im Übrigen hat der christliche Gnostiker Basilides aus Alexandria im 2. Jahrhundert behauptet, es wäre ein Simon von Kyrene gewesen, der an Jesu statt hingerichtet worden sei.

verboten, die ihnen vorher erlaubt waren 160 f. Diejenigen Juden, die ein tiefes Wissen haben und an Allah, den Jüngsten Tag, den Koran und die davor von Allah offenbarten Schriften glauben, werden von Allah [im Jenseits] reichlich belohnt 162. Allah hat den wahren Glauben Mohammed, Noah, Abraham, Ismail, Isaak, Jakob, Moses, Jesus, Hiob, Jona, Aaron und Salomon offenbart [wobei er Engel eingesetzt hat, die mit den Menschen gesprochen haben]; dem [jüdischen König] David ließ er das Buch der Psalmen aushändigen. Mit Moses hat Allah wirklich [direkt] gesprochen.[142] Alle Propheten Allahs hatten den Auftrag, die Menschen [vor dem Jüngsten Gericht] zu warnen 163 f. Allah ist Zeuge dafür, dass er Mohammed den Koran offenbart hat und Allah genügt sich als Zeuge 166. Die Ungläubigen müssen in der Hölle in alle Ewigkeit verharren 169. Die Schriftbesitzer [Christen] sollen damit aufhören, es mit ihrer Religion zu weit zu treiben. Jesus, der Sohn der Maria, war nur ein Prophet Allahs [und nicht sein Sohn]. Die Schriftbesitzer [Christen] behaupten, es gebe drei Gottheiten, aber Allah ist der einzige Gott. Ihm gehören Himmel und Erde und es gibt keinen Sachwalter außer ihm 171.[143] Jesus und die Engel ver-

---

[142] Dieser Vers spielte im 9. Jahrhundert eine bedeutende Rolle in dem Konflikt zwischen der muslimischen Theologenschule der Mu'tazila und der von Ibn Hanbal (780–855) gegründeten Theologenschule (bzw. Rechtsschule) der Hanbaliten. Die Lehre der Mu'tazila, die zu Ibn Hanbals Lebzeiten Staatsdoktrin war, ging aufgrund der von ihr postulierten absoluten Transzendenz Allahs davon aus, dass Gott nie von einem Menschen geschaut werden könne. Die Hanbaliten vertraten dagegen die Auffassung, dass Allah sich vor von ihm ausgesuchten Gläubigen zeige. Als Beleg dafür galt für sie der oben erwähnte Vers, nach dem Allah mit Moses direkt gesprochen habe. Da es zur Zeit der Meinungsführerschaft der Mu'tazila eine islamische Inquisition gab *(mihna)*, wurde Ibn Hanbal im Jahr 834 als Ketzer ausgepeitscht und eingekerkert. Langfristig setzte sich jedoch die Schule der Hanbaliten im Islam durch und jene, die die Befähigung des Menschen zur „Gottesschau" leugneten, liefen später Gefahr, als Apostaten hingerichtet zu werden.

[143] Die unter hellenistischem Einfluss stehenden Christen in den oströmischen Metropolen Konstantinopel, Antiochia (im Gebiet des heutigen Syrien gelegen, das im 7. Jahrhundert zu den am stärksten christianisierten Ländern zählte) und Alexandria (in Ägypten) hatten Jesus durch spekulative Glaubenstheorien über seine „göttliche" Natur

schmähen es nicht, Allahs Diener zu sein. Diejenigen, die es aus Hochmut verschmähen, Allahs Diener zu sein, werden am Jüngsten Tag zur Rechenschaft gezogen 172. Stirbt ein Mann, ohne Kinder zu hinterlassen, erben seine Brüder und Schwestern einen Teil seines Vermögens, wobei die Brüder doppelt so viel erben wie die Schwestern 176.

den göttlichen Status zuerkannt. Die Monophysiten in Syrien und Ägypten behaupteten, er habe eine einzige gottmenschliche Natur, während die letztendlich maßgebliche byzantinische Reichskirche der Auffassung war, dass Jesus über zwei Naturen, eine göttliche und eine menschliche, verfüge. Im 4. Jahrhundert n.Chr. ist daraufhin auf den Konzilen von Nicäa (325) und Konstantinopel (381) von der damals maßgeblichen Christenheit das heute noch geltende Trinitätsdogma, nach dem Gottvater, Jesus Christus und der Heilige Geist eine göttliche Wesenseinheit bilden, durch Mehrheitsentscheidung beschlossen worden. Die christliche Lehre von der Trinität wird im Koran so verstanden, als handle es sich dabei um drei voneinander getrennte und völlig autonome Gottheiten. Die Araber nennen diese aus ihrer Sicht verwerfliche Aufstellung von Gottheiten neben Allah *schirk*, „Beigesellung".

Jean Léon Gérôme, *Ausflug des Harems* (Ausschnitt), **1869**

5. Sure   „Der Tisch"[144]   *Medina*

Während der Pilgerreise ist den Gläubigen, die sich in einem Weihezustand befinden, das Jagen nicht erlaubt 1 f. Es ist dem Gläubigen verboten, Blut[145], Schweinefleisch, verendete, zu Tod gestürzte, von Raubtieren gerissene oder anderen Göttern geweihte Tiere zu verzehren. Es ist eine schwere Sünde, durch das Werfen des Loses das Schicksal erkunden zu wollen. Die Ungläubigen haben wegen des [starken] Glaubens der Muslime resigniert, darum sollen die Muslime nicht die Ungläubigen, sondern Allah fürchten. Allah hat die Religion vervollkommnet und die Muslime für die [vollkommene] islamische Religion auserwählt 3.[146] Den Muslimen sind die Speisen der Schriftbesitzer [Juden und Christen] erlaubt,[147] so wie den Schriftbesitzern auch die Speisen der Muslime erlaubt sind. Muslime dürfen tugendhafte gläubige Frauen und auch tugendhafte Frauen unter den Schriftbesitzern ehelichen, sofern sie keine Unzucht mit ihnen treiben oder sie als heimliche Geliebte halten 5. Vor dem Gebet sind das Gesicht, die Hände bis zum Ellbogen, das Haupt sowie die Füße bis zum Knöchel mit Wasser oder, in Ermangelung des Wassers, mit Sand zu reinigen 6. Als Allah mit den Menschen einen Bund geschlossen hat, gelobten sie: Wir hören und gehorchen 7. Ein Muslim setzt

[144] In Vers 112 ff. dieser Sure wird ein gedeckter Tisch erwähnt, den Allah den Jüngern Jesu herabgesandt haben soll.

[145] Strenggläubige Muslime behaupten, dass ein Tier nur dann vollständig ausblutet, wenn man es ohne Betäubung schächtet. Über die Methode, wie ein Tier geschlachtet werden soll, gibt es im Koran jedoch keine Vorschrift.

[146] Diesen Vers soll Mohammed der islamischen Überlieferung zufolge kurz vor seinem Tod während der Abschiedswallfahrt auf dem Berg Arafat rezitiert haben. Diese Predigt war sein letztes öffentliches Auftreten und gilt als Vermächtnis an seine Anhänger. (Siehe Anmerkung auf Seite 39.) Auch 5. Mose 33 und Jesu Bergpredigt (Matthäus 5,1 ff. und Lukas 6,20 ff.) haben den Charakter eines religiösen Vermächtnisses.

[147] Dies gilt allerdings nicht für den Verzehr des von Christen geschätzten Schweinefleisches. Alles, was nach dem Koran erlaubt ist, nennen Muslime *halal* (Fleisch von einem geschächteten Hammel ist z. B. *halal*); alles Verbotene ist *haram*.

sich für Gerechtigkeit ein und sein Hass gegen andere verleitet ihn nicht dazu, anders als gerecht zu handeln. Der Gottesfürchtige ist gerecht[148] 8. Allah hat einen Bund mit den Kindern Israel geschlossen, aber die Kinder Israel brachen diesen Bund, indem sie die Schrift verfälschten und einen Teil der Schrift vergaßen. Allah hat sie deshalb verflucht. Bis auf einige wenige von ihnen haben die Juden die Sache Allahs verraten. Der Muslim soll ihnen zwar vergeben, aber sich von ihnen abwenden 12 f. Auch mit den Christen hat Allah einen Bund geschlossen und auch sie haben einen Teil der Schrift vergessen. Zur Strafe hat Allah Feindschaft und Hass unter ihnen gesät, was bis zum Tag der Auferstehung währen wird 14. Mohammed wurde von Allah zu den Schriftbesitzern gesandt, um sie darüber aufzuklären, was man in den ihnen offenbarten Schriften geheim gehalten hat. Allah hat [auch] den Schriftbesitzern [durch den Propheten Mohammed] ein Licht und das unmissverständliche Buch [den Koran] herabgesandt 15. Wer sagt: „Der Messias, der Sohn der Maria, ist Gott", ist ein Ungläubiger 17. Die Juden und Christen behaupten, Allah hätte sie zu seinen Lieblingen auserwählt. Warum bestraft er sie dann? 18. Allah hat Mohammed zu den Schriftbesitzern gesandt, um sie über den wahren Glauben aufzuklären und um sie [vor dem Jüngsten Gericht] zu warnen 19. Allah hat aus dem jüdischen Volk Propheten und Könige erweckt und ihnen das Gelobte Land versprochen[149] 20 f. Als Moses sein Volk aufforderte, in das Gelobte Land einzudringen, weigerten sich die Kinder Israel, denn sie fürchteten sich vor dem Volk, das in dem Land wohnte. Da wandte Moses sich an Allah und bat darum, dass er ihn und seinen Bruder von der Führung der Kinder Israel entbinden möge. Allah antwortete Moses:

[148] Für die Ethik des Korans ist die Gerechtigkeit ein zentraler Begriff. Nur eine gerechte Person kann rechtgläubig sein. Eine ungerechte Gesellschaftsordnung kann deshalb nach islamischer Auffassung keine islamische Ordnung sein.

[149] Dieser Koranvers bestätigt die biblische Verheißung des Gelobten Landes an das jüdische Volk (siehe 1. Mose 12,7 und 13,14 f. sowie 2. Mose 6,4), wodurch jenen Islamisten die religiöse Rechtfertigung entzogen wird, die heute das Existenzrecht Israels bestreiten (siehe Sure 17,104).

„Das Land soll ihnen [zur Strafe] vierzig Jahre lang verwehrt bleiben und so lange sollen sie auf Erden herumirren" 22 ff. Kain hat seinen Bruder Abel, der fest an Allah glaubte, erschlagen und es später bereut 27 ff. Wegen des von Kain verübten Brudermordes hat Allah den Kindern Israel erklärt: Wenn jemand einen Menschen tötet, ohne dass dieser vorher einen Mord begangen oder im Land ein Unheil angerichtet hat, soll es so sein, als hätte er die ganze Menschheit getötet; und wenn jemand einem Menschen das Leben rettet, soll es so sein, als hätte er der ganzen Menschheit das Leben gerettet 32.[150] Wer gegen Allah und seinen Gesandten Krieg führt oder im Land Unheil stiftet, soll mit dem Tod, mit der Kreuzigung, mit dem Abhacken von Händen und Füßen[151] oder mit der Vertreibung aus dem Land bestraft werden. Allah wird diese Personen außerdem zusätzlich hart im Jenseits bestrafen. Ausgenommen sind jene, die ihre Taten bereuen, bevor sie in die Hände der Gläubigen fallen, denn Allah ist barmherzig und vergebend 33 f. Die Gläubigen sollen die Nähe Allahs suchen und für die Religion Allahs kämpfen. Die Ungläubigen werden am Tag der Auferstehung ins Höllenfeuer verbannt, woraus es für sie kein Entrinnen mehr gibt 35. Dem Dieb und der Diebin sind zur Strafe und Abschreckung die Hände abzuhacken. Wer seine Freveltat bereut und sich bessert, dem wird Allah verzeihen 38 f. Die Juden[152] glau-

[150] Dieser Koranvers bezeugt einen hohen Respekt vor dem menschlichen Leben, der tief in der islamischen Ethik verwurzelt ist. Es darf hierbei jedoch nicht übersehen werden, dass der Islam, wie schon aus den nachfolgenden Versen hervorgeht, einen deutlichen Wertunterschied macht zwischen dem Leben eines Gläubigen und dem eines „Ungläubigen". Die Geringschätzung der „Ungläubigen" ist eine Praxis, die ursprünglich allen monotheistischen Religionen zu eigen war.

[151] Heutzutage wird in Ländern, in denen die Scharia geltendes Recht ist, zuerst die rechte Hand und anschließend der linke Fuß eines Delinquenten amputiert. Begeht die gleiche Person weitere Straftaten, verliert sie auch noch ihre linke Hand und ihren rechten Fuß. Im heutigen Iran werden bei einem Ersttäter nach einem Diebstahl „lediglich" die Finger der rechten Hand amputiert.

[152] Gemeint sind hier die Juden vom Stamm der Banu Nadir und Banu Quraiza, die zur Zeit Mohammeds in Medina und Umgebung ansässig waren und später von den Muslimen vertrieben oder umgebracht wurden.

ben den Lügen der Ungläubigen und verdrehen selbst die Wahrheit [ihrer Schrift]. Wenn Allah es will, dass sie der Versuchung anheimfallen, kann ihnen niemand mehr helfen. Weil Allah ihre Herzen nicht läutern will, wird auf Erden Schmach und Schande über sie hereinbrechen und im Jenseits wird ihnen eine gewaltige Strafe zuteil. Wenn die Juden [wegen eines Rechtsstreites in Medina] zum Propheten kommen, soll er sie entweder nach den Maßstäben der Gerechtigkeit richten, oder sich von ihnen abwenden. Der Prophet hat keine Nachteile zu befürchten, sollte er nicht bereit sein, ein Urteil für sie zu sprechen 41 f. Die Juden [Medinas] wollen den Propheten zu ihrem Richter berufen, obwohl sie die Tora besitzen, in der Allahs Richtspruch bereits geschrieben steht. Aber sie beachten nicht die in der Tora beschriebenen Gebote und deshalb muss man sie zu den Ungläubigen zählen 43. Allah hat den Juden die Tora [deren Gebote auch für die Muslime gelten] hinabgesandt und die jüdischen Propheten, Rabbiner und Gelehrten beauftragt, Recht zu sprechen und die Tora zu verwahren. In der Tora wird den Juden das Folgende vorgeschrieben: Leben um Leben, Auge um Auge, Nase um Nase, Ohr um Ohr, Zahn um Zahn und für Körperverletzungen eine angemessene Vergeltung.[153] Wer auf eine

[153] Hier wird die sogenannte Talionsformel aus 2. Mose 21,24 zitiert, nach der bei Körperverletzungsdelikten eine der Straftat angemessene Vergeltung gefordert wird. Durch die Einhaltung der Verhältnismäßigkeit bei einer Vergeltung sollte u. a. die im alten Orient weit verbreitete Blutrache eingedämmt werden. Dem gleichen Zweck diente der Umstand, dass das Opfer oder die Angehörigen des Opfers auf das Vergeltungsrecht verzichten konnten, wenn stattdessen ein angemessener Schadenersatz vom Täter oder den Angehörigen des Täters geleistet wurde (siehe Sure 2,178 und Sure 17,22 ff.). Das Recht des Opfers oder seiner Angehöri-gen auf Vergeltung wird in der Scharia an zahlreiche Bedingungen geknüpft: Kommt es zu einer Gerichtsverhandlung, muss das islamische Gericht die Schuld des Täters feststellen, wobei zur Verurteilung des Täters die Aussage des Opfers und eines anderen Zeugen oder ein Indizienbeweis notwendig ist. Bei Tötungsdelikten wird nur dann ein Prozess angestrengt, wenn der nächste männliche Verwandte des Opfers einen solchen einfordert. Falls nach einem Tötungsdelikt die Todesstrafe verhängt wird, müssen Täter und Opfer von der gleichen Art sein: für einen Mann darf nur ein anderer Mann, für eine Frau nur eine andere Frau getötet werden (dies

Vergeltung verzichtet, der entsühnt damit eigene Untaten, und wer sich nicht nach dem richtet, was Allah hinabgesandt hat, der tut Unrecht 44 f. Allah ließ durch Jesus, den Sohn der Maria, bestätigen, was in der Tora geschrieben steht und offenbarte ihm das Evangelium zur Rechtleitung der Gottesfürchtigen 46. Die Christen sollen sich nach dem richten, was Allah im Evangelium offenbart hat; tun sie es nicht, versündigen sie sich 47. Der Prophet Mohammed soll gemäß den Richtlinien des Korans, der die Tora, die Psalmen und die Evangelien bestätigt, über die Schriftbesitzer [die zu ihm wegen eines Rechtsstreites kommen] richten. Er soll sich dabei nicht von der Neigung der Schriftbesitzer, die Wahrheit zu verdrehen, beeinflussen lassen. Allah will ganz bewusst die Verschiedenheit der Religionen, deren Gemeinden miteinander wetteifern sollen.[154] Am Jüngsten Tag wird Allah über das richten, worüber man [Juden, Christen und Muslime] sich [in Glaubensfragen] gestritten hat 48. Der Prophet soll auf der Hut sein und sich nicht von den Schriftbesitzern anleiten lassen, von dem, was Allah den Gläubigen herabgesandt hat, abzuweichen. Wer sich von Allah abwendet, wird bestraft 49.[155] Juden und Christen beschützen sich gegenseitig. Muslime sollen sich nicht unter den Schutz von Juden oder Christen begeben, weil sie sonst [ungläubig] wie jene werden 51.[156] Gläubig ist, wer sein Gebet verrichtet, die Sozialabgabe zahlt

gilt allerdings nicht bei einem Muslim, der einen „Ungläubigen" umgebracht hat). Ein Gerichtsverfahren muss abgebrochen werden, wenn das Opfer oder seine Angehörigen dem Täter vergeben.

[154] Dieser Vers weist auf eine von Allah gewünschte Koexistenz der drei abrahamischen Religionen im Diesseits hin.

[155] Dieser Vers kann von Muslimen, die in der Diaspora leben und eine Unterordnung der Muslime unter die Gesetze der nichtmuslimischen Mehrheitsgesellschaft ablehnen, zitiert werden, um

eine Assimilation ihrer Glaubensgefährten im jeweiligen Gastland zu verhindern. In Deutschland könnte dieser Vers missbraucht werden, um integrationswilligen Muslimen den Vorwurf zu machen, sie würden gegen die Gebote des Korans verstoßen, indem sie den Vorrang des Grundgesetzes vor dem Koran und der Sunna akzeptierten.

[156] Eine enge Auslegung dieses Verses verbietet strenggläubigen Muslimen, sich in nichtmuslimische Mehrheitsgesellschaften einzugliedern.

und sich vor Allah verneigt 55. Der Gläubige soll sich weder unter den Schutz der Schriftbesitzer noch der Ungläubigen [Götzenanbeter, Heiden] begeben 57.[157] Jene, die Allah verflucht hat, degradiert er zu Affen und Schweinen und lässt sie Götzen anbeten 60. Die Rabbiner und jüdischen Schriftgelehrten versäumen es, die Juden von ihren sündigen Reden und vom Verzehr des Verbotenen abzuhalten 63. Die Juden behaupten, „die Hand Allahs sei gefesselt"[158]; sie sollen deshalb verflucht sein. Allah hat unter ihnen Hass und Zwietracht bis zum Tag der Auferstehung gesät. Sie trachten nach Unheil auf Erden und versuchen, das vernichtende Feuer des Krieges gegen die Gläubigen zu entfachen, doch Allah löscht es immer wieder aus. Da sie Unheil anstiften, liebt Allah sie nicht 64. Wenn die Schriftbesitzer die Vorschriften der Tora und des Evangeliums einhalten würden, würde Allah auch sie ins Paradies führen. Es gibt unter ihnen nur Wenige, die sich mäßigen [und die Gebote ihrer Schriften einhalten] 65f. Allah ist nicht bereit, den Ungläubigen den [richtigen] Weg zu weisen 67. Die Verse des Korans werden viele Schriftbesitzer in ihrem Unglauben bestärken und sie zum Aufruhr anstacheln 68. Wer von den Juden und Christen und von den Sabäern[159] an Allah glaubt, der braucht sich vor nichts zu fürchten 69. Die Juden haben, trotz ihres Bundes mit Allah, die Propheten Allahs als Lügner bezeichnet und sie getötet 70. Die Ungläubigen [Christen] behaupten, der Messias, der Sohn der Maria, sei Gott, obwohl doch der Messias die Juden einst aufgefordert hat, [nur] Allah, seinen Herrn, anzubeten. Wer Allah Götter zur Seite stellt, der ist ein Frevler und kommt in das Höllenfeuer 72. Wer [wie die Christen] sagt, Allah sei der Dritte von dreien, der ist ein Ungläubiger, denn es gibt keinen Gott außer Allah allein 73.

---

[157] In diesem Vers differenziert der Koran zwischen den „Schriftbesitzern" und den „Ungläubigen", was er an anderen Stellen nicht tut.

[158] Hier wird unterstellt, die Juden würden Gott vorwerfen, er sei ihnen gegenüber zu geizig.

[159] Eine monotheistische Täufergemeinde. Siehe Anmerkung 21 auf Seite 26 sowie Seite 164.

Die Schriftbesitzer sollen sich wieder reumütig Allah zuwenden und ihn [für ihren Unglauben] um Verzeihung bitten, denn Allah ist allverzeihend 74. Jesus und seine Mutter Maria waren wahrhaftige Menschen, die wie alle anderen Speisen zu sich genommen haben 75.[160] [König] David und Jesus, der Sohn der Maria, haben die Ungläubigen unter den Juden verflucht 78. Die Juden und Götzenanbeter sind die erbittertsten Feinde der Gläubigen. Die Christen dagegen sind den gläubigen Muslimen gegenüber eher freundlich gesinnt, weil es Gelehrte und Mönche unter ihnen gibt, die nicht hochmütig sind 82.[161] Wenn die Christen vom Koran hören, fließen ihre Augen wegen der in ihm verkündeten Wahrheit vor Tränen über. Sie werden an Allah glauben und sich wünschen, von Allah zu den Rechtschaffenen gezählt zu werden. Dafür wird Allah sie mit den Gärten des Paradieses belohnen 83ff. Wer mit Vorbedacht einen Eid schwört, wird von Allah bei einem Bruch des Eides zur Rechenschaft gezogen. Wird ein Eid gebrochen, müssen Sühneleistungen wie die Speisung und Einkleidung von Armen oder die Freilassung von Sklaven geleistet werden. Wer dazu [aus materiellen Gründen] nicht in der Lage ist, soll drei Tage lang fasten 89. Berauschende Getränke[162], Glücksspiel, Götzenstandbilder und die Vorhersage durch das Werfen eines Loses sind ein Werk des Satans und Allah ein Gräuel. Durch berauschende Getränke[163] und das Werfen des Loses will der Satan nur Feindschaft

[160] Die Notwendigkeit, Nahrung aufzunehmen, ist nach muslimischer Auffassung ein sicheres Indiz dafür, dass es sich bei dem Betreffenden um ein irdisches Wesen handelt.

[161] Im Vergleich zu den Juden werden die Christen an dieser Stelle günstiger beurteilt. Hierbei mag eine Rolle gespielt haben, dass der christliche Herrscher des Reiches von Aksum, das sich in Afrika im Norden des heutigen Äthiopien befand, den in Mekka verfolgten Anhängern Mohammeds Asyl gewährt hatte.

[162] Obwohl an dieser Koranstelle die Einnahme von berauschenden Getränken als ein schweres Vergehen deklariert wird, beurteilen andere Koranverse den Alkoholkonsum milder (siehe die Sure 16,65ff. und Sure 2,219).

[163] Nach der hanafitischen Rechtsschule (der am weitesten verbreiteten islamischen Rechtsschule, der etwa 50 Prozent der Sunniten folgen) gilt der Genuss alkoholischer Getränke nur dann als verboten (*haram*), wenn er zur Trunkenheit führt.

und Hass zwischen den Menschen hervorrufen und sie vom Gedenken und Gebet an Allah ablenken 90f. Der Gläubige soll nicht nur Allah, sondern auch dem Propheten [Mohammed] gehorchen 92. Während der Wallfahrt ist das Fischen erlaubt, aber nicht die Jagd von Wild 95f. Allah hat die Kaaba zur Gebetstätte bestimmt und den heiligen Monat[164] für alle Menschen als verbindlich erklärt 97. Der Gläubige soll das Schlechte nicht für gut halten, auch wenn das Überhandnehmen des Schlechten ihn zur Verzweiflung bringen mag 100. Die Ungläubigen klammern sich an den [falschen] Glauben ihrer Väter 104. Vor dem Sterben ist es dem Gläubigen eine Pflicht, ein Testament in Gegenwart von zwei [männlichen] Zeugen festzulegen. Die Zeugen müssen im Namen Allahs schwören, dass sie selbst keinen Nutzen aus dem Testament ziehen und es den Begünstigten gegenüber nicht verheimlichen werden 106. Allah stärkte Jesus, den Sohn der Maria, mit einer heiligen Eingebung. Er lehrte ihn die Weisheit, die Tora, die Psalmen und das Evangelium und schenkte ihm die Gabe, aus Ton einen lebendigen Vogel zu formen,[165] Blinde und Aussätzige zu hei-

---

[164] Es ist nicht klar, welcher von den heiligen Monaten im islamischen Mondjahr hier gemeint ist.

[165] Von dieser Fähigkeit Jesu, einen Vogel erschaffen zu können, berichtet auch die apokryphe christliche Literatur.

Wolfram von Eschenbach versöhnt einen Muslim, einen Juden und einen Kreuzfahrer; abendländische Darstellung aus dem 13. Jahrhundert

Die Theologenschule der Mu'tazila

In der ersten Hälfte des 9. Jahrhunderts, als das Kalifenreich unter der Regentschaft der Abbasiden (750–1258) in Bagdad eine kulturelle Blütezeit erlebte, kam es zu einer Allianz zwischen den Anhängern der Theologenschule der Mu'tazila und dem Kalifat. Die Mu'taziliten, die sich intensiv mit griechischer Philosophie und den griechischen Wissenschaften auseinandergesetzt hatten, gingen davon aus, dass die in der Natur geltenden Gesetze von Allah vernünftig angelegt worden seien und deshalb auch von der menschlichen Vernunft nachvollzogen werden könnten. Angeregt durch das Studium des griechischen Schrifttums, diskutierten Vertreter der Mu'tazila über Themen wie Atomismus, Anthropologie und Koranexegese. Die Verse des Korans wurden von ihnen als Metaphern interpretiert, die nicht die eigentlichen Worte Allahs und die lediglich die menschliche Nacherzählung von Allahs Offenbarung seien. Sie vertraten die Auffassung, dass der Mensch für sich selbst Verantwortung trage und dass die weitestgehend vorhersehbaren Folgen seines Handelns ihm selbst anzulasten seien. Sie verbanden das von Aristoteles formulierte Kausalgesetz über Ursache und Wirkung mit der dem Menschen von Allah gewährten Freiheit zur Selbstbestimmung und folgerten daraus, dass der Mensch sein Schicksal weitestgehend selbst beeinflussen könne. Die Mu'taziliten vertraten außerdem die These von der „Erschaffenheit des Korans". Dabei argumentierten sie, dass aufgrund der radikalen Transzendenz Allahs, zu der die menschliche Erkenntnis keinerlei Zugang habe, nichts (auch nicht der Koran) Allah gleich sein könne. Was aber nicht mit Allah gleich sei, müsse demnach erschaffen worden sein; so eben auch der Koran. Aus diesem Grunde könnten auch die Verse des Korans, so wie alles Erschaffene, nicht unfehlbar sein. Auf Veranlassung der Mu'taziliten ließ der Abbasiden-Kalif al-Ma'mun im Jahr 827 die Erschaffenheit des Korans *(khalq al-qur'an)* proklamieren, was jedoch der Abbasiden-Kalif al-Mutawakkil (847–861) wieder rückgängig machte. Letzterer förderte die islamischen Traditionalisten und verwarf die Vernunfttheologie der Mutaliziliten.

Die Abkehr von der Theologie der Mu'taziliten, die heute noch in Ländern wie Saudi-Arabien verboten ist, geht vor allem auf das Wirken des in Basra geborenen Theologen Abu l-Hasan al-Asch'ari (873–935) zurück. Während die Schule der Mu'tazila noch davon ausgegangen war, dass in der Welt alles Schöpfung sei, sah der muslimische Theologe al-Asch'ari in dem offenbarten

len und Tote aufzuerwecken. Allah schützte Jesus vor den ungläubigen Juden, die sein Wirken für Zauberei hielten 110. Zum Beweis für seine Allmacht und um ihren Glauben zu stärken, sandte Allah auf Bitten Jesu den Jüngern einen gedeckten Tisch hernieder 112 ff. Jesus würde die Frage Allahs, ob er den Menschen gepredigt habe und ob er selbst [Jesus] und seine Mutter Maria Götter neben Allah seien, wie folgt beantworten: „Nie könnte ich das sagen, wozu ich kein Recht habe. Nichts anderes sage ich zu den Menschen, als das, was Allah mich geheißen hast: Betet Allah an, der mein und euer Herr ist" 116 f.[166]

[166] Da hier die Frage nach der Göttlichkeit der Maria gestellt wird, ist zu vermuten, dass Mohammed in irrtümlicher Weise angenommen hat, der dritte Teilnehmer an der Trinität sei nicht der „Heilige Geist", sondern Maria, die Mutter des „Propheten" Jesus.

Koran ein (unerschaffenes) Attribut Allahs. Mit der Theologie al-Asch'aris setzte sich im Islam die Auffassung von der Unfehlbarkeit des göttlichen Korans durch. Seither galt im Islam als Häretiker, wer die Ewigkeit des Korans leugnete und die Koranverse nicht wörtlich auffasste. Al-Asch'aris Einfluss führte im Islam zum Sieg der Metaphysik über eine auf den Erkenntnissen der Naturwissenschaften beruhende Weltsicht. Während die Mu'taziliten der Auffassung waren, dass der Mensch über Freiräume für autonome Entscheidungen verfüge, legte al-Asch'ari das Gewicht einseitig auf die Allmacht Allahs, durch die sowohl das gute als auch das böse menschliche Verhalten vorherbestimmt sei. Die von al-Asch'ari begründete traditionalistische Form der sunnitischen Theologie wurde fortan in der islamischen Theologie richtungsweisend. Der muslimische Geistliche al-Ghazali (1058–1111) hat die Theologie al-Asch'aris später weiterentwickelt und sie zur bis heute führenden dogmatischen Schulrichtung im sunnitischen Islam erhoben.

6. Sure   „Das Vieh"[167]   *Mekka*

Die Ungläubigen setzen Götter an die Seite Allahs 1. Allah hat den Menschen aus Lehm geschaffen und gewährt ihm einen [endlichen] Aufenthalt auf Erden und einen [ewigen] Aufenthalt im Jenseits 2. Ganze Völker wurden ihrer Sünden wegen von Allah vernichtet 6. Auch wenn Allah den Koran als ein vollständiges Buch [statt als einzelne Verkündigungen] herabgesandt hätte, wäre es von den Ungläubigen als Zauberei abgelehnt worden 7. Mohammed wurde der Koran offenbart, damit er die Menschen [vor dem Jüngsten Gericht] warnen kann 19. Derjenige, der über Allah Lügen verbreitet oder seine Offenbarung für Betrug hält, begeht ein großes Verbrechen 21. Unter den Götzendienern sind manche, die den Worten Mohammeds Gehör schenken. Doch Allah hat ihre Herzen verhärtet und sie mit Taubheit geschlagen, damit sie nicht gläubig werden.[168] Alle Götzenanbeter werden ins Höllenfeuer geworfen. Wenn sie erst am Tag des Jüngsten Gerichts bereuen, ist es für sie zu spät 25 ff. Die Götzenanbeter behaupten, es gäbe kein anderes Leben außer dem irdischen. Aber das irdische Leben ist nur Spiel und Tand im Vergleich zum zukünftigen Leben. Für die Gottesfürchtigen ist das Leben im Jenseits sehr viel erstrebenswerter als das im Diesseits 29 ff. Schon vor dem Auftreten von Mohammed wurden Propheten Allahs von den Völkern verleugnet und verfolgt. Die Worte Allahs kann jedoch kein Mensch abändern 34. Es ist nicht Allahs Wille, alle Menschen auf den rechten Weg zu führen 35. Der Koran hat nichts [Wissenswertes] ausgelassen 38.[169] Allah führt in die Irre, wen er will, so wie er auch ganz nach eigenem Gutdünken auf den richtigen Weg führt, wen er will 39. Allah sucht die Völker mit Not und Drangsal heim, damit sie sich ihm zuwenden 42. Völkern, die sich nicht vor Allah demütigen, hat

[167] Im Zusammenhang mit Essensgeboten werden in Vers 145 f. dieser Sure Tiere erwähnt.

[168] Hier ist die Abneigung Allahs gegen die Götzenanbeter so groß, dass er sie sogar daran hindert, sich durch die Annahme des muslimischen Glaubens auf die Seite seiner Anhänger zu schlagen.

[169] Aus diesem Koranvers können Muslime schließen, dass die Ermahnungen und Gebote im Koran alle Lebensbereiche des Menschen abdecken.

der Satan die Herzen verstockt 43. Frevlerische Völker, die sich nicht ermahnen ließen, wurden vorübergehend von Allah mit allem, was die Welt aufzuweisen hat, beschenkt [damit sie sich weiter versündigen], aber dann ganz plötzlich bestraft, indem er sie ausrottete 44 f. Mohammed ist kein von Allah gesandter Engel und er ist auch nicht allwissend. Er verkündet nur das, was ihm von Allah offenbart worden ist 50. Wer aus Unwissenheit sündigt und danach bereut und sich bessert, dem wird die Barmherzigkeit Allahs zuteil 54. Die Rechtgeleiteten beten nur zu Allah 56. Nicht ein einziges Blatt fällt vom Baum nieder, ohne dass Allah es weiß, und kein Sandkörnchen schlummert verborgen in der Erde, ohne dass es im Buch, das bei Allah aufbewahrt wird, verzeichnet wäre 59. Von Allah gesandte Wächter [Engel] begleiten den Menschen durchs Leben und seine Boten [Todesengel] holen die vom Tod Auferstandenen [zum Jüngsten Gericht] 61. Den Gläubigen obliegt es, die Ungläubigen zum Glauben zu ermahnen. Sie laden jedoch keine Schuld auf sich, wenn es ihnen nicht gelingt, die Ungläubigen vom rechten Glauben zu überzeugen. Für den Unglauben in der Welt tragen sie keine Verantwortung 69. Der Gläubige soll den-

Gustavo Simoni, *Damespieler*, 1902

jenigen, die die Religion verspotten, aus dem Wege gehen. Die Spötter, die vom irdischen Leben betört sind und mit dem Glauben ihr Spiel treiben, werden von Allah hart bestraft und müssen [in der Hölle] siedendes Wasser trinken 70. Allah befal den Menschen zu beten und ihn zu fürchten und er ist es, vor dem alle Menschen [nach ihrem Tod] versammelt werden 72. Allah sprach: „Es sei", und Himmel und Erde waren da. Sein Wort ist die Wahrheit 73. Als Abraham sah, dass die Sonne abends untergeht und die Sterne und der Mond am Himmel nicht immer zu sehen sind, wandte er sich von dem Götzenglauben seines Vaters Azar [an das Himmelsgestirn] ab und bekannte sich zu Allah, der Himmel und Erde geschaffen hat 74 ff. Ein Beweis [für die Allgegenwart und Allmacht] Allahs war die von ihm veranlasste Rangerhöhung Abrahams. Allah schenkte Abraham den [Sohn] Isaak und den [Enkel] Jakob. Beide wurden von Allah rechtgeleitet, wie vor ihnen Noah und nach ihnen David, Salomon, Hiob, Joseph, Moses, Aaron, Zacharias, Johannes, Jesus, Elias, Ismail, Elisa, Jona und Lot. Er gab ihnen, wie auch ihren Nachkommen, die [offenbarte] Schrift, Urteilskraft und die Gabe der Prophetie. Wenn jene, die Allah auserwählt hat, ihn jedoch leugnen, dann wird er diese Gaben jenen geben, die an ihn glauben[170] 83 ff. Der Prophet soll für seine Mahnungen, die sich an alle Menschen richten, keinen Lohn verlangen 90. Moses wurden die Gebote Allahs [die Tora] offenbart. Juden haben das von Allah Offenbarte auf Papyrusblättern niedergeschrieben, aber viel von dem Offenbarten dabei verheimlicht 91.[171] Der Koran, der zur Mahnung der Bewohner der Mutter aller Städte [Mekka] und der ringsherum wohnenden Araber herabgesandt wurde, bestätigt die früheren Offenbarungen [Tora, Psalmen und Evangelien] Allahs 92. Es ist eine schwere Sünde zu behaupten,

[170] In diesem Vers wird unterstellt, dass die Juden vom Glauben abfallen und dass Allah ein verlässlicheres Volk an ihre Stelle setzen wird. Es liegt auf der Hand, dass die arabischen Muslime sich für Angehörige jenes Volkes hielten, das das Erbe des „auserwählten" jüdischen Volkes antreten würde.

[171] Insbesondere sollen die Juden nach Auffassung der Muslime Mitteilungen vom Kommen Mohammeds aus ihren Schriften eliminiert haben.

man hätte von Allah eine Offenbarung erhalten, wenn dies nicht stimmt 93. Es ist Allah, der die Samenkörner und Dattelkerne zum Keimen bringt. Er allein macht aus dem Lebendigen das Tote und aus dem Toten [durch die Schöpfung und die Auferstehung] das Lebendige. Er lässt den Tag anbrechen und er schuf die Nachtruhe. Sonne und Mond hat er gemacht, damit die Menschen die Zeit messen können 95. Allah hat die Sterne geschaffen, damit sich die Menschen in der Finsternis zu Land und auf dem Meer orientieren können 97. Allah hat die Menschheit aus einem einzigen Wesen [Adam] entstehen lassen 98. Die Menschen haben neben Allah Geister[172] angebetet, obwohl diese ein Teil von der Schöpfung sind, und sie haben Allah Söhne und Töchter angedichtet 100. Allah hat weder einen Sohn noch eine Gefährtin. Es gibt keinen Gott außer Allah 101f. Kein irdischer Mensch wird Allah je erblicken 103. Allah hat auf Erden keine Wächter über die Menschen eingesetzt 104.[173] Der Prophet soll sich von den Götzendienern [die verdammt sind] abwenden. Es ist nicht Allahs Wille, dass sie die Vielgötterei aufgeben. Allah hat den Propheten nicht beauftragt, sich um die Götzendiener zu kümmern. Am Jüngsten

---

[172] Geister *(dschinn)* sind von Allah geschaffene Wesen, die im Diesseits leben. Sie sind für die Menschen unsichtbar und bilden eine Art „Parallelgesellschaft" auf Erden. Die 72. Sure ist den Dschinnen gewidmet.

[173] Nach diesem Vers muss jeder Mensch selbst darauf achten, dass er die Gebote Allahs einhält. Die Entscheidung, ob ein Mensch an Allah glaubt oder nicht, trifft nach koranischer Auffassung jedoch allein Allah (siehe auch die Sure 10,99). Der Koran betont an mehreren Stellen, dass Allah kein Interesse daran hat, alle Menschen gläubig werden zu lassen, und bestimmte Gruppen, wie z.B. die Götzenanbeter, sogar aktiv daran hindert, den muslimischen Glauben anzunehmen (siehe Vers 25 ff. dieser Sure). Die Überzeugung, dass der Mensch bei seiner Entscheidung für den Glauben nicht frei sei, impliziert die Auffassung von der Prädestination des menschlichen Schicksals. Im 9. Jahrhundert hat die rationale Theologenschule der Mu'taziliten, die bemüht war, den Koran mit der griechischen Philosophie in Übereinstimmung zu bringen, die im Islam vorherrschende Vorstellung von der göttlichen Prädestination bekämpft. Sie konnte sich jedoch auf Dauer nicht gegen die Orthodoxie durchsetzen, die seit dem 12. Jahrhundert die unangefochtene Meinungsführerschaft in der islamischen Theologie übernommen hat.

Tag werden alle Menschen für ihre Taten zur Rechenschaft gezogen 106 ff. Allah kann seine Allmacht durch Zeichen beweisen, aber die Ungläubigen lassen sich auch davon nicht überzeugen 109. Die Satane hat Allah zu Feinden der Propheten bestimmt. Mit ihren trügerischen Reden verführen sie die Menschen und Geister 112. Allah hat den Koran herabgesandt. In ihm wird die Wahrheit verkündet und er darf deshalb nicht angezweifelt werden 114. Niemand vermag das Wort Allahs, das Wahrheit und Gerechtigkeit verkörpert, zu verändern 115. Nur das von Allah Gebotene darf gegessen werden, es sei denn, der Gläubige wird gezwungen, Verbotenes zu essen. Wer die Essensgebote missachtet, weil andere, die unter dem Einfluss des Satans stehen, ihm dazu raten, macht sich selbst zum Götzendiener 118 ff. Die Ungläubigen fordern für sich selbst auch eine Offenbarung Allahs, so wie sie die Propheten erhalten haben. Doch Allah allein bestimmt diejenigen, denen er seine Botschaft anvertraut 124. Allah legt fest, wer an ihn glaubt und wer es ablehnt, an ihn zu glauben. Diejenigen, die nicht an ihn glauben, werden von ihm bestraft 125. Beim Jüngsten Gericht werden die Ungläubigen gemäß der Schwere ihrer Taten unterschiedlich bestraft 129. Die ungläubigen Menschen und Geister[174] werden vom irdischen Leben betört. Vor dem Jüngsten Gericht werden sie selbst Zeugnis darüber ablegen müssen, dass sie Ungläubige waren 130. Allah verabscheut die Götzenanbeter, weil sie ihre Kinder töten[175] und sich an Essensgebote halten, die nicht von Allah stammen 137 ff. Am Tag der Ernte soll man den Armen von den geernteten Früchten einen maßvollen Anteil abgeben 141. Das Verzehren von verendeten Tieren, von ausgeflossenem Blut und von Schweinefleisch ist Allah ein Gräuel. Nur in der allergrößten Not darf Verbotenes gegessen werden 145. Den Juden wurden strengere Essensgebote auferlegt als den Muslimen, weil sie sich

[174] Auch unter den Dschinnen gibt es nach muslimischer Auffassung Gläubige und Ungläubige.

[175] Der Koran setzt sich mit Nachdruck für ein Verbot der in vorislamischer Zeit üblichen Kindstötung ein (siehe auch Vers 151 f. dieser Sure sowie Sure 17,22). Opfer von Kindstötungen waren vorwiegend neugeborene Mädchen, die man grundsätzlich als minderwertig betrachtete.

gegen Allah aufgelehnt haben. Sie dürfen zusätzlich keine Tiere essen, die Krallen haben, und kein Tierfett, außer jenem Fett, das mit dem Rückenfleisch, mit den Eingeweiden und den Knochen der Tiere verwachsen ist 146. Allah ist zwar barmherzig, aber ein gottloses Volk wird von ihm unerbittlich bestraft 147. Die Götzenanbeter werden am Jüngsten Tag argumentieren, dass sie keine Götter hätten neben Allah stellen können, wenn Allah es nicht so gewollt hätte. Doch mit diesem Argument werden sie ihrer Strafe nicht entgehen 148. Es ist nicht Allahs Wille, alle Menschen auf den rechten Weg zu führen 149. Allah hat den Gläubigen das Folgende vorgeschrieben: keine Anbetung von Götzen; die Ehrung der Eltern; keine Tötung von Kindern, um der Armut zu entgehen; das Töten von Menschen nur in Übereinstimmung mit den Rechtsnormen;[176] das Bewahren des Vermögens der Waisen bis zu ihrer Volljährigkeit; die Verwendung korrekter Maße und Gewichte; das Fällen gerechter Urteile, auch gegenüber Verwandten, und das Festhalten am Bündnis mit Allah 151f. Allah hatte schon Moses eine Schrift [die Tora] offenbart 154. Der Koran wurde von Allah den Arabern offenbart, damit sie nicht behaupten können, nur die Juden und Christen hätten die Schrift erhalten und sie selbst hätten keine Kunde davon. Wer sich von den Geboten der offenbarten Schrift wieder abwendet, wird hart bestraft 155 ff. Mit denjenigen, die zur Spaltung der Religion beigetragen haben, wird Allah [am Jüngsten Tag] hart ins Gericht gehen 159. Wer eine gute Tat vollbringt, dem wird es von Allah zehnfach vergolten. Wer eine böse Tat verübt, dessen Strafe wird genau bemessen und nicht unverhältnismäßig sein 160. Abraham war rechtgläubig und kein Götzendiener 161. Allah hat kein [göttliches] Wesen neben sich zum Gefährten 163. Am Tag des Jüngsten Gerichts wird Allah die [theologischen] Streitfragen der Gläubigen klären 164. Allah hat einige Menschen auf Erden rangmäßig über die anderen gestellt 165.

---

[176] Der Koran enthält insbesondere Regelungen des Familien-, Erb- und Strafrechts.

Terminus *Scharia*

Unter den Abbasiden-Kalifen (750–1258) bildete sich ein umfassendes islamisches Recht *(scharia)* heraus, das in fundamentalistisch ausgerichteten islamischen Staaten bis heute weitestgehend unverändert in Kraft geblieben bzw. wieder eingeführt worden ist. Die Scharia ist eine Zusammenfassung kanonischer Gesetzesvorschriften, die in den führenden Juristenschulen von Kufa, Basra und Bagdad festgelegt worden sind. Der eigentliche Begründer der muslimischen Jurisprudenz *(fiqh)* war der Palästinenser Muhamad ibn Idris al-Schafii (767–820), der mit seiner schafiitischen Rechtslehre der Sunna – bestehend aus den Hadithen und der Mohammed-Biografie, as-*siratu 'n-nabawiyya* – die gleiche religiöse Bedeutung wie dem Koran zugestanden hat. Für den Fall, dass in einer rechtlichen Streitfrage weder eine eindeutige Aussage in der Sunna noch im Koran zu finden sei, ließ er eine Argumentation mithilfe des Analogieschlusses *(qiyas)* zu. Er postulierte, dass die überlieferten Hadithe als göttlich inspiriert anzusehen seien und dadurch wörtlich genommen werden müssten, wodurch er der Sunna als Vorlage für die Rechtsprechung eine herausragende Bedeutung verschaffte. Was immer im Koran unbestimmt geblieben war, konnte nun auf Grundlage der Hadithe entschieden werden.[*] Eine Konsequenz daraus war, dass die islamische Rechtsprechung zunehmend unter den Einfluss der Sunna geriet, wodurch der Koran in Rechtsfragen letztendlich der Sunna untergeordnet wurde.

Um das Jahr 900 setzte sich im sunnitischen Islam die von al-Schafii geprägte Auffassung durch, dass die rechtlichen Regelungen für alle wichtigen Fragen von den führenden Autoritäten der Rechtsschulen gefunden und abgeschlossen seien und fortan dem einzelnen Rechtsgelehrten das Bemühen um eine eigenständige Normenfindung mittels der Vernunft *(idschtihad)* nicht mehr zu gestatten sei. An die Stelle der eigenständigen Rechtsfindung auf der Grundlage des Korans und der Sunna trat nun die Pflicht der strikten Nachahmung fixierter Sätze *(taqlid)* der herrschenden Rechtsschule, ohne dass dabei auf die Situation des jeweiligen Falles eingegangen werden sollte. Auf diese Weise hat

---

[*]   Die Sunniten kennen sechs kanonische Hadith-Sammlungen, die im 10. Jahrhundert erst nach heftigem Gelehrtenstreit und nach dem Aussieben von Tausenden von Hadithen, die man lediglich als „fromme Erfindungen" einstufte, festgelegt wurden. Siehe auch „Termini Koran und Hadith" auf Seite 18.

die Etablierung der schafiitischen Rechtsschule zur Erstarrung der sunnitischen Rechtswissenschaft beigetragen. Das von al-Schafii begründete geschlossene Rechtssystem blockiert bis in die Gegenwart eine Weiterentwicklung der islamischen Rechtslehre nach modernen Gesichtspunkten.

Die *Hanbalitische Rechtsschule* des Ahmad ibn Hanbal (780–855), der ein Schüler von al-Schafii war, ging noch über die schafiitische Rechtslehre hinaus und postulierte, dass man sich bei der Rechtsprechung vom wortwörtlichen Sinn der Hadithe nur so wenig wie möglich entfernen dürfe. Die hanbalitische Rechtslehre hatte starken Einfluss auf die wahabitische Reformbewegung und wird heute noch in Saudi-Arabien und in den Vereinigten Emiraten angewandt. Neben der schafiitischen und der hanbalitischen Rechtsschule existieren noch die sunnitischen Rechtsschulen der Malikiten (vorherrschend in den Maghreb-Staaten) und der Hanafiten. Die Schiiten verfügen über ihre eigene dschafaritische Rechtsschule, die erst 1959 von der sunnitischen *al-Azhar*-Universität als eine im Islam gültige Rechtsschule anerkannt worden ist.

Im Zuge eines allgemeinen Säkularisierungsprozesses wurden seit Mitte des 19. Jahrhunderts in fast allen Staaten der islamischen Welt allmählich weite Bereiche der Rechtspflege (z. B. das Strafrecht) der Normierung durch die Scharia entzogen und durch Rechtsnormen nach modernen europäischen Vorbildern geregelt. Infolge dieser Entwicklung gilt das islamische Recht heute in der Mehrzahl der Staaten der islamischen Welt hauptsächlich nur noch auf dem Gebiet des Familien- und Erbrechts; in der Türkei ist es 1926 sogar gänzlich abgeschafft worden. Das islamische Familienrecht (Eheschließung, Scheidung, Vormundschaft für die Kinder) ist weitestgehend zugunsten des Mannes ausgerichtet. Das Erbrecht bevorrechtigt nach sunnitischer Tradition die männliche Verwandtschaft des Verstorbenen, wohingegen es bei den Schiiten für die weiblichen Verwandten etwas günstiger geregelt ist. Die Anwendung des in der Scharia geltenden Strafrechts wurde in den meisten islamischen Ländern abgeschafft. Das traditionelle islamische Strafrecht kennt drei Strafkategorien: 1. Die *hadd*-Strafen (z. B. Handabhacken bei Diebstahl, Steinigung bei Ehebruch) für im Koran erwähnte Kapitalverbrechen (Unzucht, Verleumdung, Sodomie und Päderastie, Weinkonsum, Raub); 2. Strafen für Tötungs- und Körperverletzungsdelikte, bei denen das Prinzip der Vergeltung angewendet wurde, wonach dem Schuldigen dieselbe Verletzung zuzufügen ist, wie sie sein Opfer zu erleiden hatte; 3. Züchtigungs- (z. B. öffentliches Auspeitschen) und Ermahnungsstrafen für alle nicht eindeutig in der Scharia geregelten Delikte (u.a. Eigentums- und Betrugsdelikte), die nach dem freien Ermessen des Rechtsprechenden festgelegt werden konnten. Die traditionelle islamische Rechtsprechung lag in der Hand eines dem islamischen Recht verpflichteten Kadi, der jedoch in schwierigen Rechtsfragen einen Rechtsberater, den Mufti, konsultieren konnte.

Die Einführung der Scharia in einem nicht-islamischen Land würde zu schweren Konflikten insbesondere mit folgenden Menschenrechten führen: mit der Gleichberechtigung der Frau, der Glaubensfreiheit (inklusive der Freiheit, sich von einer Religion loszusagen oder zum Atheisten zu werden), der rechtlichen Gleichbehandlung von Andersgläubigen, der körperlichen Unversehrtheit.

Die Wiedereinführung der Scharia gehört zu den Hauptforderungen der muslimischen Fundamentalisten, die man auch als „Islamisten" bezeichnet. Das Phänomen des Islamismus entstand im 20. Jahrhundert in Ägypten, wo Hasan al-Banna im Jahr 1928 die Gemeinschaft der „Muslimbrüder" gegründet hat, die den als dekadent empfundenen Einfluss des Westens durch Rückbesinnung auf die traditionellen Werte des Islam und durch die Einführung islamischer sozialer Einrichtungen zurückzudrängen versuchte. Die sich ausweitende Hinwendung der Muslime zum Islamismus erlebte einen Schub durch die von Ayatollah Khomeini ausgelöste Revolution im Iran im Jahr 1979, bei der der Nachweis erbracht wurde, dass ein auf der Scharia begründeter Staat nicht nur lebensfähig, sondern auch wehrhaft sein könne, wobei das Letztere vom Iran 1980 bis 1988 im Ersten Golfkrieg gegen den massiv vom Westen unterstützten Irak überzeugend demonstriert werden konnte. Dem iranischen Vorbild folgend, verkündete der pakistanische Präsident Zia Ul-Haqq noch im Jahr der iranischen Revolution die Wiedereinführung des islamischen Rechts in Pakistan; auch im Sudan wurde es 1983 unter Präsident Numayri wieder eingeführt. In Ägypten wurde die Scharia 1980 durch eine Verfassungsänderung zur Hauptquelle der Gesetzgebung erklärt, was aber bisher nicht zu einer Reislamisierung der vorwiegend säkularen ägyptischen Gesetze geführt hat.

7. Sure   „Die Trennmauer"[177]   *Mekka*

Allah hat viele Städte zur Bestrafung [der Ungläubigen] zerstört 4. Am Tag des Jüngsten Gerichts werden die Taten der Menschen gewogen. Diejenigen, deren Waagschale [durch das Gewicht guter Taten] schwer ist, werden Erfolg haben [und kommen ins Paradies]. Jene, deren Waagschale zu leicht ist, sind verloren [weil sie in das Höllenfeuer geschickt werden] 8f. Nachdem Allah Adam erschaffen hatte, befahl er den Engeln, sich vor Adam niederzuwerfen. Alle Engel folgten dieser Aufforderung Allahs, nur nicht Iblis, der Satan. Als Allah ihn zur Rede stellte, argumentierte Iblis, er stehe im Rang höher als Adam, denn Allah habe ihn [Iblis] aus [höherwertigem] Feuer und den Adam nur aus Lehm erschaffen. Da ward Allah zornig über den Hochmut des Iblis und er verstieß ihn. Bevor Iblis sich entfernte, bat er Allah darum, er möge ihm auf Erden freie Hand lassen, um den Menschen aufzulauern und sie anschließend vom rechten Wege abzubringen. Allah gewährte ihm zwar diese Bitte, aber er sprach: „Hinweg mit dir, sei verachtet und verstoßen! Mit allen, die dir folgen, werde ich die Hölle füllen" 11ff. Adam und seinem Weib wurde im Garten [Eden] verboten, die Früchte eines von Allah bestimmten Baumes zu essen. Der Satan verführte sie zum Verzehr der verbotenen Baumesfrucht, indem er ihnen versprach, sie würden durch den Genuss der Frucht zu Engeln, die das ewige Leben hätten. Nachdem sie gekostet hatten, wurde ihnen ihre Nacktheit offenbar und sie begannen, sich mit den Blättern des Gartens zu bedecken. Zur Strafe wies Allah sie an, den Garten zu verlassen.[178] Ihr Leben auf der Erde sollte

[177] Der Titel weist auf eine Mauer hin, die im Jenseits das Paradies von der Hölle trennen soll (siehe Vers 44ff. in dieser Sure).

[178] Obwohl im Koran die alttestamentarische Geschichte vom Sündenfall und der anschließenden Vertreibung von Adam und Eva aus dem Paradies (1. Mose 3) nacherzählt wird, kennt der Islam keine Erbsünde im Sinne des Paulus (siehe Römerbrief 5,12). Der Koran vertritt die Auffassung, dass jeder einzelne Mensch nur für seine eigenen Sünden verantwortlich sei und dass man darauf hoffen dürfe, dass Allah demjenigen Absolution erteile, der noch vor seinem Tod aufrichtig seine Sünden bereut und um Vergebung bittet (siehe Sure 25,70).

von nun ab mit dem Tod enden und nach dem Tod sollten sie [im Jenseits] wieder auferstehen. Für ihr irdisches Leben legte Allah fest: Ein Mensch sei des anderen Menschen Feind 19ff. Allah gab den Menschen die Kleider, damit sie sich schmücken und ihre Scham bedecken können. Die Menschen sollen jedoch stets bedenken, dass das „Kleid der Frömmigkeit" sie am besten kleidet 26.[179] Der Satan verführte die Menschen [Adam und Eva] im Garten [Eden] und vertrieb sie dadurch von dort. Er entriss ihnen die Kleider [wodurch er ihnen ihre Nacktheit bewusst machte], um ihnen ihre Scham zu zeigen. Der Satan und seine Schar sind unsichtbar und die Freunde der Ungläubigen 27. Wer sich den Teufeln anschließt, wird von Allah in seinem Irrtum belassen 30. Die Gläubigen sollen beim Essen und Trinken Maß halten und nur gepflegt [rituell gewaschen] zum Gebet erscheinen 31. Es ist dem Gläubi-

[179] Dies ist einer jener Verse, die nach orthodoxer muslimischer Auslegung zur Verschleierung der Frau in der Öffentlichkeit aufrufen (siehe Sure 24,31 und 60 sowie Sure 33,53 ff. und 50).

Gustave Guillaumet, *Die Stadt Laghouat am Rand der algerischen Sahara*, 1879

gen verboten, über Allah etwas Selbsterdachtes auszusagen 33. Jedes Volk kommt vor Allahs Gericht 34. Wer die Gesandten Allahs verhöhnt und ihre Worte für Betrug hält, kommt für ewig ins Höllenfeuer. Das gilt auch für die Geister 36 ff. Den Ungläubigen werden die Pforten des Himmels nicht geöffnet werden und sie werden genauso wenig ins Paradies eingehen wie ein Kamel durch ein Nadelöhr hindurchschreiten kann 40. Zwischen dem Paradies und der Hölle befindet sich eine Trennmauer, über die die Bewohner des Paradieses und der Hölle miteinander kommunizieren können. Die Bewohner der Hölle rufen denen im Paradies zu, sie sollen [kühlendes] Wasser in die Hölle gießen. Doch die im Paradies antworten, Allah habe ihnen das verwehrt 44 ff. Jene Menschen, die auf Erden als Ungläubige gestorben sind, können am Jüngsten Tag nicht mehr zurück ins irdische Leben, um gläubig zu werden. Sie können sich, da sie sich [durch ihren Unglauben auf Erden] selbst zugrunde gerichtet haben, dann nicht mehr retten 53. Allah hat den Himmel mit seinen Gestirnen und die Erde in sechs Tagen erschaffen 54. Die Gläubigen sollen voller Demut im Verborgenen zu Allah beten und kein Unheil in jener Welt anstiften, die Allah einst zum Besten der Menschheit geschaffen hat 55 f. So, wie der Regen in der Wüste die Pflanzen sprießen lässt, so wird Allah einst die Toten auferwecken 57. Noah, der Prophet Allahs, sprach zu seinem Volk: „Verehrt nur Allah!" Weil Noah lediglich ein [gewöhnlicher] Mann aus ihrer Mitte war, glaubte ihm das Volk nicht und meinte, er würde sich [mit seinem Glauben an Allah] irren. Da das Volk der Aufforderung Noahs nicht folgte, ließ Allah es ertrinken. Noah und die Seinen aber wurden auf einem Schiff gerettet 59 ff. Der Gesandte Hud forderte das Volk 'Ad[180] auf, von den Götzen der Väter abzulassen und stattdessen nur noch Allah zu verehren. Die

---

[180] Die 'Ad waren vermutlich ein altarabisches Volk im heutigen Oman. Ihre Hauptstadt soll eine Stadt namens Iram gewesen sein, deren Ruinen in der Wüste Rub' al-Khali zu finden sind. Diese fast menschenleere Wüste ist die größte Sandwüste der Welt, die sich auf einer Fläche von über 500.000 Quadratkilometern im südlichen Drittel der arabischen Halbinsel erstreckt. Vor ihrer totalen Desertifikation, die vor etwa 1000 Jahren einsetzte, war sie von Menschen besiedelt.

Stammesangehörigen, insbesondere die Vornehmen unter ihnen, beschimpften den Propheten Hud, der ein Mann aus ihrer Mitte war, als Lügner und hielten am Götzenglauben ihrer Väter fest. Zur Strafe rottete Allah das Volk 'Ad aus, während Hud und die Seinen von ihm gerettet wurden 65 ff. Der Prophet Salih[181] wurde von Allah zum [altarabischen] Stamm der Thamudäer[182] geschickt, um ihn vom Götzendienst abzubringen. Zur Prüfung der Thamudäer wies Salih auf eine Kamelstute hin, von der Allah befohlen hatte, dass man sie nicht verletzen dürfe. Während die Unterprivilegierten unter den Thamudäern dem Propheten Salih Glauben schenkten, blieben die Vornehmen hochmütig und schnitten der Kamelstute die Sehnen durch. Daraufhin erschütterte ein Beben das Stammesgebiet der Thamud und vernichtete das ganze Volk 73 ff. Lot wurde zu seinem Volk [in die Städte Sodom und Gomorra] gesandt, um es von seinen Schandtaten und insbesondere von seinen homosexuellen Ausschweifungen[183] abzubringen. Da das Volk nicht auf Lot hörte und ihn vertreiben wollte, vernichtete Allah es mit einem gewaltigen Regen [brennender Steine]. Nur Lot und seine Sippe, mit Ausnahme seiner Frau, wurden gerettet 80 ff. Der Prophet Schu'aib wurde zu den Midianitern[184] geschickt, welches, indem es falsche Maße und Gewichte verwendete, ein betrüge-

---

[181] Auf diesen Propheten gibt es keinerlei Hinweis im Alten Testament.

[182] Die Thamudäer waren ein altarabischer Stamm, von dem man annimmt, dass er vom 6. Jahrhundert v. Chr. bis zum 4. Jahrhundert n. Chr. auf der arabischen Halbinsel siedelte. Die Thamudäer hinterließen zahlreiche Felszeichnungen in der Nähe einiger Oasen im westlichen und zentralen Nordarabien und im Jemen. Manche Historiker nehmen an, dass es sich bei dem Volk der Thamudäer um die Nabatäer gehandelt haben könnte.

[183] Der Koran thematisiert lediglich die männliche Homosexualität; lesbische Handlungen bleiben unerwähnt (siehe die Sure 27,54 ff.). In Saudi-Arabien und im Iran werden Homosexuelle heute noch mit dem Tod bestraft. Der russische Großmufti hat im Jahr 2006 die russischen Muslime aufgefordert, Homosexuelle zu drangsalieren. Er argumentierte damit, dass schon Mohammed dies von den Gläubigen gefordert habe.

[184] Die Midianiter stammen von „Midian" ab, dem in 1. Mose 25 erwähnten Sohn Abrahams, den dieser mit seiner zweiten Ehefrau Ketura gezeugt hat. Er wurde von Abraham, ähnlich wie sein Halbbruder Ismail, aus seiner Heimat vertrieben. Die islamische Tradition geht davon aus,

risches Volk war und das außerdem noch die Gläubigen, die auf seinem Gebiet lebten, drangsalierte. Angeführt von seinen Vornehmen blieb das Volk der Midianiter hochmütig und versuchte den Propheten Allahs zu vertreiben. Da erfasste ein Beben das Land der Midianiter und alle, die dem Schu'aib nicht gefolgt waren, wurden von Allah vernichtet 85 ff. Nie hat Allah die Bevölkerung einer Stadt, die sich einem seiner Gesandten widersetzte, von einer Bestrafung verschont 94. Die ungläubigen Bewohner einer Stadt können sich vor dem Strafgericht Allahs nie sicher fühlen. Das Strafgericht kann zu jeder Tages- und Nachtzeit über sie hereinbrechen 97 f. Moses forderte im Namen Allahs den Pharao auf, die Kinder Israel aus Ägypten ziehen zu lassen. Zum Beweis seiner göttlichen Vollmacht warf Moses seinen Stab zu Boden, der sich in eine Schlange verwandelte und er streckte seine Hand vor, die sich plötzlich weiß färbte. Daraufhin rief der Pharao seine Zauberer, die ebenfalls Stäbe präsentierten, die sich in Schlangen verwandelten. Jedoch die Schlange von Moses tötete all die anderen Schlangen. Als sie das sahen, fielen die Zauberer des Pharao vor Moses nieder und erkannten seinen Gott als den ihrigen an. Als der Pharao daraufhin den Zauberern drohte, er würde ihre Hände und Füße abschlagen und sie ans Kreuz nagen lassen, erwiderten sie: „Dann werden wir als Muslime sterben und zu Allah zurückkehren." Da der Pharao das Volk Israel auf Anraten der vornehmen Ägypter nicht ziehen lassen wollte und befahl, die Söhne der Juden umzubringen,[185] überzog Allah das Land Ägypten mit Dürre, Miss-

dass sich die Nachkommen Midians mit den Ismailiten vermischt haben, woraus die Araber hervorgegangen sind. Man nimmt an, dass sich das Siedlungsgebiet der Midianiter östlich des Golfes von Akaba im nordwestlichen Teil Saudi-Arabiens befand. Die Bibel erwähnt das Volk der Midianiter in 2. Mose 2,15 ff.

[185] Hier weicht der Koran vom Text des Alten Testaments ab. Der göttliche Befehl, Söhne zu töten, richtete sich, laut 2. Mose 12,29 ff., in dieser Phase der Auseinandersetzung zwischen Moses und dem Pharao gegen die Ägypter und war die zehnte und letzte von Gott gesandte Plage, die schließlich den Pharao veranlasste, die Juden ziehen zu lassen. Ein Befehl des Pharao, nach dem alle neugeborenen hebräischen Söhne in Ägypten getötet werden sollten, war laut dem Alten Testament zur Zeit der Geburt des Mose ergangen (siehe 2. Mose 1,15 ff.) und hatte dazu geführt, dass Moses als drei Monate al-

ernten, Flut, Heuschrecken, Läusen, Fröschen und Blut,[186] doch der Pharao und sein Volk blieben hochmütig und versündigten sich. Schließlich ließ Allah die Ägypter im Meer ertrinken und zerstörte alle hohen Bauten, die die Ägypter errichtet hatten. Allah gab den Juden Land zum Erbe und segnete ihr Land. Damit erfüllte Allah seine Verheißung [des Gelobten Landes]. Die Kinder Israel führte er durchs [Schilf-]Meer 103 ff. Bei ihrer Wanderung stießen die Kinder Israel auf ein Volk, das Götzen verehrte. Sie baten Moses, er möge ihnen erlauben, auch solche Götzen anzubeten. Moses erwiderte: „Soll ich für euch einen anderen Gott fordern als Allah, obwohl er euch von allen Völkern auserwählt hat? Gedenkt der Zeit, da Allah euch vor den Leuten Pharaos rettete, die eure Söhne hinmordeten." Daraufhin verließ Moses sein Volk für vierzig Tage, weil Allah ihn zu sich gerufen hatte. Aaron, seinen Bruder, ließ Moses als seinen Vertreter zurück. Bei dem vereinbarten Treffpunkt sprach Moses zu Allah: „Herr, zeige dich mir, auf dass ich dich sehen kann." Allah erwiderte: „Du wirst mich niemals erblicken. Nur wenn jener Berg dort unverrückt an seiner Stelle bliebe, würdest du mich sehen können." Da ließ Allah den Berg in sich zusammenfallen und Moses fiel ohnmächtig nieder [ohne Allah erblickt zu haben]. Als Moses wieder zu sich kam, rief er aus: „Gepriesen seiest Du!" Allah übergab Moses die Tafeln mit den Geboten und versprach ihm, er werde die Kinder Israel ihr [Gelobtes] Land bald erblicken lassen. Während der Abwesenheit des Mose nahm sich das zurückgelassene Volk ein leibhaftiges, muhendes Kalb und betete es an. Als Moses zurückkehrte, wurde er ob des Frevels seines Volkes zornig und warf die Tafeln zu Boden. Dann packte er seinen Bruder Aaron [und stellte ihn zur Rede]. Aaron verteidigte sich, indem er Moses berichtete, dass das Volk ihn [wegen seiner Einwände] beinahe umgebracht hätte. Als die Kinder Israel ihren Frevel bereuten, wich der Zorn von Moses und er

ter Säugling von seiner Mutter in einem Korb auf dem Nil ausgesetzt wurde.

[186] Die koranische Aufzählung der Plagen über Ägypten stimmt nur zum Teil mit den im Alten Testament beschriebenen zehn Plagen überein (siehe 2. Mose 7–12).

hob die Tafeln wieder auf,[187] denn sie waren die Rechtleitung für jene, die ihren Herren fürchten 138ff. Die Tora und das Evangelium berichteten davon, dass der Prophet [Mohammed], der weder lesen noch schreiben kann, dazu aufrufen würde, das Gute [was Allah gebietet] zu tun und das Böse [was Allah verbietet] zu unterlassen[188] und dass diejenigen, die dem Licht [der Offenbarung] Allahs folgen, erfolgreich wären.[189] Mohammed, der Gesandte Allahs, konnte weder schreiben noch lesen 158.[190] Allah teilte das Volk Israel in zwölf Stämme auf. Als sie dürsteten, befahl Allah Moses, mit seinem Stab an einen Felsen zu schlagen. Da sprudelte aus zwölf Öffnungen des Felsens Wasser hervor, sodass jeder Stamm über seine eigene Quelle verfügte. Auch ließ Allah die Kinder Israel durch Wolken beschatten und sandte ihnen Manna und Wachteln vom Himmel herab 160. Die Bewohner einer israelischen Siedlung am Meer hatten den Sabbat entweiht. Allah strafte sie, indem er am Sabbat alle Fischschwärme vor ihrer Küste vertrieb 163. Weil sie [die Juden] sich über die von Allah verordneten Gebote hinweggesetzt haben, hat Allah sie mit verabscheuungswürdigen Affen verglichen 166. Allah hat die Juden

[187] Nach dem Alten Testament zerbrach Moses in seinem Zorn die ersten Gesetzestafeln (2. Mose 32,19) und musste später auf Geheiß Gottes zwei neue anfertigen (2. Mose 34,4).

[188] Zu dem hier geäußerten Grundsatz, der letztendlich besagt, dass der Mensch zur Unterscheidung von Gut und Böse der Anleitung Allahs bzw. seines Gesandten Mohammeds bedürfe, siehe auch Anmerkung 100 auf Seite 62.

[189] Die Bibelstellen: „Einen Propheten wie mich wird der Herr, dein Gott, dir erwecken aus dir und aus deinen Brüdern; dem sollt ihr gehorchen" (5. Mose 18,15) und „Ich will ihnen einen Propheten, wie du bist, erwecken aus ihren Brüdern und meine Worte in seinen Mund geben; der soll zu ihnen reden alles, was ich ihm gebieten werde" (ebd., Vers 18), interpretieren Muslime als biblische Hinweise auf das Kommen des Gesandten Mohammed, die von den „Fälschern" des Bibeltextes übersehen und deshalb nicht getilgt wurden.

[190] Hierbei könnte es sich um eine Schutzbehauptung handeln, die „beweisen" soll, dass der Prophet, bevor ihm der Engel Gabriel erschien, weder die Tora noch die Evangelien kannte und deshalb ausschließlich über die ihm gewährte göttliche Offenbarung Kenntnis von der Schriften der Juden und Christen erhalten habe (siehe auch Sure 29,48 und Sure 62,2).

Terminus *Verfälschung* (*tahrif*)

Die Tora und die Evangelien *(indschil)* gelten auch im Islam als Offenbarungen Allahs, die jedoch gemäß koranischer Auffassung im Nachhinein von ihren jüdischen und christlichen Besitzern verfälscht worden sind. Den Juden und Christen wird von den Muslimen vorgeworfen, sie hätten aufgrund böswilliger und eifersüchtiger Motive göttliche Hinweise auf das Kommen des Propheten Mohammed aus ihren Offenbarungstexten herausgestrichen. Aus diesem Grund kann für den Muslim nur der „unverfälschte" Koran als maßgebliche Quelle des Glaubens gelten. Da Juden und Christen vom Koran immerhin als „Schriftbesitzer" eingeschätzt werden, sind sie aus islamischer Sicht von den Polytheisten bzw. Götzenanbetern zu unterscheiden. Allerdings rückt der Vorwurf an anderer Stelle des Korans, dass sowohl Esra im Judentum als auch Jesus im Christentum posthum einen quasi göttlichen Status erhalten hätten (siehe Sure 9,30 ff.), Juden und Christen aus muslimischer Sicht doch wieder in die Nähe der vom Koran zutiefst verabscheuten Polytheisten.

Ähnlich wie die Muslime in Bezug auf den Propheten Mohammed sind Christen davon überzeugt, dass man aus dem Alten Testament Hinweise auf das Kommen von Jesus Christus herauslesen könne. Die Prophezeiung eines „neuen Bundes" in Jeremia 31,31 ff., der den alten Bund, wie er „gewesen ist", ablösen würde, interpretieren Christen als alttestamentarischen Hinweis auf die Erneuerung der jüdischen Religion durch das Wirken des Jesus von Nazareth.

Théodore Chassériau,
Reiterbildnis des Kalifen
von Constantine, **1845**

unter die Völker der Erde zerstreut. Im jüdischen Volk gibt es [wenige] Rechtschaffene und solche, die nicht rechtschaffen sind 168. Obwohl die Juden die offenbarte Schrift besitzen, greifen sie immer wieder nur nach den Gütern dieser Welt und behaupten, Allah würde es ihnen verzeihen. Der einst zwischen ihnen und Allah geschlossene Bund hält sie nicht davon ab, solche Unwahrheiten über Allah zu verbreiten 169. Denjenigen, die sich an die offenbarte Schrift halten und das Gebet verrichten, wird der göttliche Lohn, welcher den Frommen gebührt, nicht entzogen 170. Allah hat den Kindern Adams [den Menschen] verkündet, dass er ihr Herr sei. Die Kinder Adams haben das [den Anspruch Allahs] bestätigt [und akzeptiert]. Sie können deshalb am Tag der Auferstehung nicht ihrer Bestrafung entgehen, indem sie behaupten, dass sie von all dem nichts gewusst hätten 172.[191] Wer seinen Begierden folgt, gleicht einem Hund, der die Zunge heraus hängen lässt, egal ob man ihm etwas zuwirft oder ihn gar nicht beachtet 176. Wen Allah in die Irre führt, der ist verloren 178. Allah hat viele Menschen und Geister erschaffen, die wegen ihres Unglaubens in die Hölle kommen. Ihre Herzen begreifen nichts, ihre Augen sehen nichts und ihre Ohren hören nichts; sie sind wie das Vieh 179. Allah besitzt die schönsten Namen und mit diesen Namen soll man ihn anrufen 180.[192] Die Ungläubigen wird Allah Schritt für Schritt erniedrigen, ohne dass sie begreifen, wie das geschieht. Er gewährt ihnen ein langes Leben auf Erden, damit [sie lange sündigen und] er sie dann gemäß seinem Plan hart bestrafen kann 182 f. Sie [die Mekkaner] haben Mohammed gefragt, wann der Jüngste Tag einträfe, worauf er antwortete, dass allein Allah das Wissen darüber habe 187. Mohammed ist nur ein Überbringer der Bot-

[191] Die Muslime, insbesondere die Mystiker (Sufis), sind der Ansicht, dass dieser Vers auf eine Art Urvertrag zwischen Allah und der Menschheit hinweise. Auch im Alten Testament gibt es einen Urvertrag zwischen Gott und der Menschheit, den Gott mit Noah abgeschlossen hat (1. Mose 9,8 ff.).

[192] Muslime kennen insgesamt 99 Namen, mit denen sie Allah anrufen. Beispiele solcher Namen sind: der Erbarmer, der Gnädige, der Allmächtige, der Schöpfer, der Versammler (vor dem Jüngsten Gericht), der Verborgene, der Tötende.

schaft Allahs und nicht mehr. Er hat [als Mensch] keine Kenntnis vom Verborgenen 188.[193] Allah hat die Menschheit aus einem einzigen Wesen [Adam] erschaffen und das Weib aus dem Manne 189. Götzen sind keine Schöpfer, sondern nur Erschaffenes. Sie können für sich selbst und für denjenigen, der sie anbetet, nichts bewirken 191 ff. Allah offenbarte den Koran und ist der Beschützer der Gläubigen 196. Der Gläubige soll sich von den Götzen abwenden, denn sie hören und sehen nicht und können den Menschen nicht helfen. 199. Wenn die Ungläubigen [Mekkaner] vom Propheten [Mohammed] als Beweis dafür, dass er die Wahrheit spricht, Zeichen [Wunder] fordern, soll er ihnen auf Geheiß Allahs entgegnen, dass er von Allah die Offenbarung erhalten habe und sein Leben nach Allahs Worten ausrichtet – das sei Beweis genug 203. Wenn aus dem Koran vorgelesen wird, hat man zu schweigen.[195]

[193] Dieser Vers hatte eine herausragende Bedeutung für die islamischen Fatalisten (insbesondere für die im 8. Jahrhundert von Ibn Safwan gegründete Qida-Schule), die die Welt für nicht rational erklärbar hielten und das menschliche Schicksal als völlig von Allah vorherbestimmt betrachteten (siehe auch die Gegenposition in Sure 2,164, auf die sich die islamischen Rationalisten, die von der Willensfreiheit des Menschen ausgingen, beriefen). Auch das Christentum kannte den Gedanken von der Prädestination des menschlichen Schicksals. Christliche Verfechter dieser These waren der Kirchenvater Augustinus und die Reformatoren Martin Luther, Johannes Calvin und Ulrich Zwingli.

[195] Nach Auffassung orthodoxer Muslime sollten theologische Diskussionen ausschließlich den Gelehrten vorbehalten bleiben.

8. Sure   „Die Kriegsbeute"[196]   *Medina*

Die Verteilung der Kriegsbeute ist Sache Allahs und des Propheten 1. Die wahren Gläubigen lassen sich durch das Vorlesen der Koranverse in ihrem Glauben stärken, sie verrichten das Gebet und bezahlen die Sozialabgabe 2 f. Ein Teil der gläubigen Krieger hatte Todesangst und wollte [in der Schlacht von Badr] nur gegen diejenigen Feinde kämpfen, die schwach bewaffnet waren. Doch es war Allahs Wille, dass die Wurzel der Ungläubigen ausgerottet werde, und deshalb sandte er eintausend Engel, um den Muslimen im Kampfe gegen die Ungläubigen beizustehen. Allah befahl seinen Engeln, dass sie den Ungläubigen, die gegen Allah und den Gesandten in die Schlacht gezogen waren, die Köpfe und Finger abschlagen sollten 7 f.[197] Für die Ungläubigen ist das Höllenfeuer bestimmt 14. Wer vor den muslimischen Kriegern die Flucht ergreift, den trifft der Zorn Allahs und er wird ein schlimmes Ende in der Hölle haben 16. In der Schlacht [von Badr] haben nicht die Muslime den Feind geschlagen, sondern Allah hat es [mit seinen Engeln] getan 17. Allah macht die Kriegslist der Ungläubigen unwirksam 18. Wie groß auch immer die Streitmacht der Ungläubigen ist, Allah steht beim Kampf auf der Seite der [siegreichen] Gläubigen 19. Die Gläubigen sind aufgerufen, Allah und seinem Propheten [Mohammed] zu gehorchen 20.[198] Wer den Glauben

[196] Der Titel bezieht sich auf eine Auseinandersetzung nach der Schlacht von Badr, bei der die Muslime um die Verteilung der Kriegsbeute stritten (siehe Vers 41 dieser Sure).

[197] Dies ist einer der Verse, die von militanten Islamisten bevorzugt für die religiöse Begründung ihres Handelns herangezogen werden (siehe auch Sure 47,4 ff.). Das Ziel dieser Islamisten, die aus der 1928 in Ägypten gegründeten *Muslimbrüderschaft* hervorgegangen sind, ist die „Entwestlichung" (Zitat von Bassam Tibi)

der islamischen Zivilisation, die Wiedereinführung und konsequente Anwendung der Scharia und die Besinnung der islamischen Gemeinschaft *(umma)* auf jene Normen, die zu der Zeit galten, als der Prophet Mohammed die religiöse und politische Führung in Medina und Mekka innehatte („rückwärtsgerichtete Utopie"). Ein anderes erklärtes Ziel der Islamisten ist die Herrschaft des Islam über den gesamten von Allah erschaffenen Globus.

[198] In diesem Vers wird nicht nur die Unterwerfung des Gläubigen unter Al-

nicht annimmt, ist vor Allah wie das dumme Vieh. Allah hätte die Ungläubigen zu Gläubigen werden lassen, wenn er zuvor etwas Gutes an ihnen entdeckt hätte 22f. Ein Aufruhr unter den Gläubigen [Kriegern] ist zu vermeiden, denn es schadet allen. Allah wird die Aufrührer streng bestrafen 25. Vermögen und Kinder sind für den Gläubigen eine Versuchung [weil sie vom Glauben an Allah ablenken] 28. Den Gläubigen, die Allah fürchten, verleiht Allah Entscheidungskraft und er vergibt ihnen ihre [kleinen] Sünden 29. Die Ungläubigen [Mekkaner] gingen gegen den Propheten [als er noch als junger Mann in seiner Heimatstadt Mekka predigte] vor, indem sie versuchten, ihn einzukerkern, zu vertreiben oder gar zu töten. Zudem behaupteten sie von den Koranversen, es seien nur Legenden aus alten Zeiten. Als Nachweis für den Wahrheitsgehalt der Verse forderten sie, dass [gemäß dem von Mohammed prophezeiten Strafgericht] Steine vom Himmel auf sie herabfallen oder sie auf andere Weise [für ihren Unglauben] bestraft werden sollten. Doch Allah wollte sie nicht bestrafen, denn der Prophet weilte [noch] unter ihnen 30ff. Die Ungläubigen [Mekkaner] hielten die Gläubigen vom Gebet in der heiligen Moschee ab 34. Das Gebet der Ungläubigen [Mekkaner] vor dem Haus der Kaaba war nichts anderes als [unwirksames] Pfeifen und Händeklatschen 35. Die Ungläubigen geben ein Vermögen dafür aus,[199] um die Muslime von ihrem Glauben abzuhalten. Wenn sie jedoch alles ausgegeben haben, werden sie von den Gläubigen besiegt. Die Ungläubigen werden [am Jüngsten Tag] zu einem Haufen versammelt und in die Hölle geworfen 36f. Den Ungläubigen [Kämpfern] wird das Vergangene [ihr Unglauben] von Allah verziehen, wenn sie sich von

lahs Autorität, sondern auch seine Unterwerfung unter die Autorität Mohammeds gefordert. Dieser Vers hat bei der Ausgestaltung der islamischen Jurisprudenz *(fiqh)* eine gewisse Rolle gespielt, weil muslimische Rechtsgelehrte aus ihm gefolgert haben, dass die Hadithe der Sunna (die Aussprüche und Handlungen Mohammeds enthalten) neben dem Koran als zweite Rechtsquelle herangezogen werden können (siehe Sure 33,21).

[199] Dieser Vers soll sich auf eine Begebenheit beziehen, als die Koreischiten von Mekka nach ihrer Niederlage in der Schlacht von Badr auf Rache sannen und Geld für einen Rachefeldzug gegen die in Medina verschanzten Muslime sammelten.

ihrem Unglauben abwenden [und zum Islam konvertieren] 38.[200] Die Ungläubigen [Mekkaner] sollen bekämpft werden, bis alle Verehrung allein auf Allah ausgerichtet ist 39. Der fünfte Teil einer Kriegsbeute gebührt Allah, dem Propheten, den Verwandten des Propheten, den Waisen, Armen und den Pilgern 41. Allah täuschte [vor der Schlacht von Badr] dem Propheten im Traum eine geringere Zahl von Gegnern vor, um ihm und seinen Streitern Mut einzuflößen. Auch beim Aufeinandertreffen der feindlichen Heere ließ Allah die Feinde der Gläubigen zahlenmäßig gering erscheinen und verhalf dadurch den [unverzagt gebliebenen] Gläubigen zum Sieg 43 f.[201] Wer im Kampf eifrig an Allah denkt, wird siegen 45. Im Krieg ist der Zwist unter den Gläubigen zu vermeiden, um ihre Kampfkraft nicht zu schwächen 46. Vor der Schlacht flüsterte der Satan den Ungläubigen[202] ein, er würde ihnen beistehen und sie hätten nichts zu befürchten. Als sich jedoch die Heerscharen gegenüberstanden, wandte sich der Satan auf den Fersen um und rief, er fürchte sich vor der Strafe Allahs 48. Während des Kampfes sammelten unsichtbare Engel die [sterbenden] Ungläubigen ein, schlugen ihnen ins Gesicht und auf den Rücken und verkündeten ihnen die Bestrafung mit dem Höllenfeuer 50. Den ungläubigen Kriegern wird es ergehen wie der Streitmacht des Pharaos, die von Allah wegen ihres Unglaubens ertränkt wurde 52 ff. Allah hat die Leute des Pharaos ertränkt, weil sie den Zeichen Allahs nicht geglaubt haben 54. Diejenigen, mit denen der Prophet ein Bündnis geschlossen hat und die das Bündnis danach brechen, werden von Allah niedriger eingestuft als das Vieh. Sie sollen vom Propheten niedergekämpft werden 55 ff. Wenn der Prophet von einem mit ihm verbündeten Volk einen Verrat fürchtet, soll er den Bündnisver-

---

[200] Mohammed hat nach der Eroberung seiner Heimatstadt Mekka im Jahr 630 von einem allgemeinen Strafgericht mit Massentötungen abgesehen. Es genügte ihm, dass sich die Mehrzahl der Mekkaner öffentlich zum neuen islamischen Glauben bekannte.

[201] Während des Fastenmonats Ramadan gedenken die Muslime u. a. auch der siegreichen Schlacht von Badr.

[202] Gemeint sind hier die „Ungläubigen" vom Stamm der Koreischiten aus Mekka.

trag[203] verwerfen 58. Es ist eine von Allah verkündete Wahrheit, dass die Ungläubigen die Gläubigen nicht besiegen können 59. Die Gläubigen sollen zur Abschreckung ihrer Feinde so weit aufrüsten, wie es ihre Ressourcen gerade noch erlauben 60. Wenn Ungläubige den Frieden anbieten, dann sollen die Gläubigen jedoch das Friedensangebot akzeptieren 61. Der Prophet soll die Gläubigen zum Kampf anfeuern. Mit Allahs Hilfe können gläubige Kämpfer eine zehnfache Übermacht der Ungläubigen besiegen 65. In der Schlacht [von Badr] mussten die Gläubigen, weil Allah ihnen die Bürde erleichtern wollte, nur eine Streitmacht überwältigen, die doppelt so groß war als die ihrige 66. Ein Prophet darf nur dann Gefangene machen [und für sie später Lösegeld einfordern], wenn er sie als bewaffnete Feinde niedergekämpft hat. Die Menschen streben nach den Gütern dieser Welt [zum Beispiel nach Kriegsbeute], während Allah doch das zukünftige Leben [im Jenseits] zum Endzweck [der menschlichen Existenz] gesetzt hat 67. Den Kriegsgefangenen wird von Allah verziehen, wenn er Gutes in ihrem Herzen erkennt [weil sie zum Islam übertreten wollen] 70. Wenn aus einem Land, das von Ungläubigen bewohnt wird, Menschen des wahren Glaubens wegen auswandern und für Allah kämpfen, dann gebührt ihnen der Schutz der Gläubigen. Das gilt nicht für diejenigen, die trotz ihres Glaubens an Allah nicht auswandern. Wenn sie aber wegen ihres Glaubens um Hilfe rufen, dann ist der Beistand durch die Gläubigen eine Pflicht, es sei denn, der Hilferuf kommt aus der Mitte eines [ungläubigen] Volkes, das ein Bündnis mit den Muslimen abgeschlossen hat. Wer des Glaubens wegen auswandert und für die Sache Allahs kämpft und wer diesen Auswanderern Aufnahme und Beistand gewährt, zählt zu den wahrhaft Gläubigen 72ff.

[203] Mohammed, der in Medina von den dort ansässigen Stämmen mit der Funktion eines Streitschlichters betraut worden war, hatte mit den jüdischen Stämmen Bündnisse geschlossen, die dann später angeblich von den Juden gebrochen wurden, indem sie sich mit den „ungläubigen" Mekkanern verbündeten. Das in diesem Vers erwähnte „verbündete Volk", dem man die Neigung zu einem Verrat nachsagte, war vermutlich der in Medina ansässige jüdische Stamm der Banu Quraiza, der im Jahr 627 von den Muslimen in einem Präventivkrieg niedergemetzelt und versklavt worden ist.

Die Schlacht von Badr

Die Schlacht in der Nähe des nordwestlich von Medina gelegenen Ortes Badr fand im März des Jahres 624 statt und war der erste größere Zusammenstoß von Muslimen aus Medina mit einem Heer des Stammes der Koreischiten aus Mekka. Mekka war seinerzeit die reichste und mächtigste Stadt in der Region und aufgrund ihres vorislamischen Heiligtums, der Kaaba, in der neben Allah viele andere Götter verehrt wurden, auch von herausragender religiöser Bedeutung. Der Sieg der Muslime in der Schlacht von Badr war der Wendepunkt im Kampf Mohammeds gegen den in seiner Heimatstadt Mekka herrschenden Stamm der Koreischiten. Bereits im Jahr 623 hatten die Muslime damit begonnen, die Karawanen der Mekkaner zu überfallen. Da Medina an der Handelsroute der Mekkaner lag, waren die Muslime dort in einer idealen Position für solche Überfälle.

Durch den Sieg von Badr gegen die zahlenmäßig überlegene Armee der Koreischiten – es kämpften ca. 300 Muslime gegen eine dreifache Übermacht – wurde auch die am Anfang nicht unumstrittene Stellung der Muslime in Medina gestärkt. Sie waren nun in der Lage, die jüdischen Stämme in Medina, mit denen die Muslime ursprünglich ein Schutzbündnis abgeschlossen hatten, aus der Stadt zu vertreiben bzw. sie auszurotten (Letzteres geschah mit dem jüdischen Stamm der Banu Quraiza).

Mohammed und sein Schwiegersohn Ali säubern die Kaaba von Götzenbildern. Miniatur, Iran 16. Jahrhundert[204]

[204] Nachdem im 4. Jahrhundert das Christentum im Römischen Reich als Religion anerkannt worden war, fanden im römischen Imperium ähnliche Säuberungen von heidnischen Relikten statt wie später durch die Muslime in Mekka. Im Jahr 347

9. Sure[205]   „Die Reue"[206]   *Medina*

Diese Sure ist eine Ansage Allahs und seines Gesandten Mohammed an die Götzendiener [bzw. die polytheistischen Araber], mit denen die Muslime bisher ein Abkommen[207] hatten. Den Götzendienern wird noch eine Frist von vier Monaten eingeräumt, in der sie sich im Land [Arabien] unbehelligt bewegen können. Sie sollen sich dabei aber dessen bewusst sein, dass Allah ihnen ihre Bestrafung [im Jenseits] nicht erlässt. Es wird bei der Großen Wallfahrt[208] verkündet, dass jenes Abkommen zwischen den Gläubigen und den Götzendienern, das die Götzendiener gebrochen haben, [nach Ablauf der oben erwähnten First] nicht mehr gilt. Falls die Götzendiener sich jedoch zum Islam bekennen, bleiben sie [auch nach Ablauf der Frist] unbehelligt. Tun sie es nicht, wird Allah sie hart bestrafen 1 f. Wenn die Frist abgelaufen ist, sollen die Gläubigen den Götzenanbetern auflauern, sie ergreifen und töten, wo immer sie welche antreffen.[209] Falls die Ergriffenen sich jedoch

rief der römische Senator Firmicus Maternus die Kaiser Konstantius II. und Konstans zur Ausrottung des Heidentums auf, „damit der grässliche Irrtum der heidnischen Vermessenheit die römische Welt nicht länger beflecke". Dieser Aufruf führte insbesondere in Kleinasien und Syrien dazu, dass fanatische Christen die heidnischen Tempel stürmten und mitsamt der in ihnen aufgestellten Götterstatuen zerstörten. Auch das Verbot der Olympischen Spiele ab dem Jahr 394 galt der Abwehr des Heidentums.

[205] In der „Geistlichen Anleitung" des Selbstmordattentäters Mohammed Atta war unter Punkt 2 zu lesen: „Die Suren at-Tauba (Nr. 9) und al-Anfal (Nr. 8) lesen und über ihre Bedeutung nachdenken und darüber, was Allah den Gläubigen an ewiger Gnade für die Märtyrer bereitet hat."

[206] Der Titel dieser Sure nimmt Bezug auf jene Frist, die man den „ungläubigen" Koreischiten der Stadt Mekka bis zu ihrer „freiwilligen" Bekehrung zum Islam einräumte, nachdem die Stadt von den Truppen Mohammeds eingenommen worden war. Die Verse 1 bis 37 dieser Sure soll der Schwiegersohn Mohammeds und spätere Kalif Ali in Mekka während der Großen Wallfahrt im Jahr 631 öffentlich vorgetragen haben.

[207] Gemeint ist das Waffenstillstandsabkommen von al-Hudaibya, das im Jahr 628 zwischen den Muslimen und den Mekkanern vereinbart worden war.

[208] Gemeint ist die Wallfahrt des Jahres 631.

[209] Dieser Koranvers wird auch „Schwertvers" genannt. Er gilt zusammen mit

zum Islam bekehren, das rituelle Gebet verrichten und die Sozialabgabe bezahlen, soll man sie wieder ziehen lassen, denn auch
Allah ist barmherzig und bereit zu vergeben 3 ff. Wenn einzelne
Götzendiener die Gläubigen um Schutz [Asyl] bitten, soll man
ihnen den Schutz gewähren und ihnen dabei Gelegenheit geben,
sich mit der Offenbarung Allahs vertraut zu machen. Es sind näm-
lich Menschen, die von der Offenbarung bisher nichts wussten. Die
Gläubigen sollten jedoch stets bedenken, dass die meisten Götzenanbeter hinterhältig sind und sich um vereinbarte Verpflichtungen, falls es ihnen einmal gelingen würde, wieder die Oberhand
über die Gläubigen zu erlangen, nicht kümmern würden. Deshalb
sind Götzenanbeter mit wenigen Ausnahmen grundsätzlich nicht
geeignet, ein Bündnis mit Allah und den Gläubigen aus innerer
Überzeugung einzugehen. So lange sie sich jedoch an ihre Bündnisverpflichtungen halten, so lange müssen es im Gegenzug die
Muslime auch tun 6 ff. Die Götzendiener haben andere Menschen
vom Wege Allahs abgehalten und sich dadurch schwer versündigt.
Auch neigen sie dazu, ihre Bündnisverpflichtungen nicht einzuhalten. Wenn sie jedoch reuevoll ihrem Unglauben abschwören,
das rituelle Gebet verrichten und die Sozialabgabe bezahlen, dann
sollen die Gläubigen sie als ihre Glaubensbrüder akzeptieren.
Wenn sie jedoch ihren Verpflichtungen gegenüber den Gläubigen
nicht nachkommen, dann soll man sie, insbesondere ihre Anführer, so lange bekämpfen, bis sie ihren Unglauben aufgeben. Allah

Vers 29 dieser Sure als Aufruf an die Muslime, alle Anstrengungen auf sich zu nehmen *(dschihad)*, um Nichtmuslime zu bekämpfen. Die Teilnahme an diesem Kampf („kleiner Dschihad" genannt; der „große Dschihad" bedeutet eine An-strengung, um den „inneren Schweine-hund" zu überwinden) gilt für den streng religiösen Muslim als eine religiöse Pflicht *(fard)*. Muslime beschränken die Geltungsdauer dieses Verses nicht auf die historische Situation bei Mekka zur Zeit des Propheten; der Vers hat für sie ewige Geltung. Insbesondere seit der Proklamation des jüdischen Staates Is-rael im Jahr 1948 hat der Dschihad im Sinne eines „heiligen" Krieges im Den-ken vieler Muslime wieder einen festen Platz gefunden. Auch im Neuen Testa-ment gibt es einen Vers, der „Schwert-vers" genannt wird. In Matthäus 10,34 spricht Jesus: „Ihr sollt nicht wähnen, dass ich gekommen sei, Frieden zu brin-gen auf die Erde. Ich bin nicht gekom-men, Frieden zu bringen, sondern das Schwert." Sowohl im Koran (siehe 2,139

wird die Götzendiener durch die Hand der Muslime bestrafen und demütigen. Allah wird den Gläubigen zum Sieg verhelfen. Aber er wird auch prüfen, wer von den Gläubigen bereit ist, für ihn zu kämpfen. Allah erfährt stets, was die Gläubigen bereit sind [für ihn] zu tun 9 ff. Götzendiener dürfen keine Gotteshäuser unterhalten, so lange sie sich zum Unglauben bekennen. Nur diejenigen dürfen ein Gotteshaus unterhalten, die an Allah und den Jüngsten Tag glauben, das Gebet verrichten, die Sozialabgabe bezahlen und außer Allah niemanden fürchten[210] 17 f. Gläubige, die hinausziehen und ihr Vermögen und Leben im Kampf für Allah aufs Spiel setzen, nehmen bei Allah den höchsten Rang ein. Sie werden in den Gärten des Paradieses ewige Wonnen genießen 20 ff. Die Gläubigen sollen sich nicht von ihren Vätern und Brüdern beschützen lassen, wenn diese ungläubig sind. Wer es trotzdem tut, begeht eine Sünde 23. Für die Gläubigen geziemt es sich nicht, ihre Väter, Söhne[211], Brüder, Frauen, ihr Vermögen, ihren Beruf und ihr Heim mehr zu lieben als Allah, seine Propheten und den Kampf für den Islam. Wer solches tut, den erwartet ein hartes Urteil 24. In der Schlacht von Hunayn[212] wandten sich die Muslime, obwohl sie in der Überzahl waren, zur Flucht. Da erfüllte Allah die Gläubigen mit Zuversicht und Seelenfrieden und sandte unsichtbare Engel in der Schlacht, die das Kriegsglück zugunsten der Gläubigen wendeten 25 f. Die Götzendiener sind unrein und dürfen sich der hei-

als auch in der Bibel (siehe Matthäus 26,52) gibt es auch mildere Töne in Bezug auf den Umgang mit den „Ungläubigen" bzw. „Andersgläubigen".

[210] Bei einer engen Auslegung kann dieser Vers zu einem Verbot für den Bau und den Betrieb von Synagogen und Kirchen im islamischen Machtbereich führen. In Saudi-Arabien sucht man auch heute noch vergeblich nach Synagogen oder Kirchen.

[211] Töchter, die im Vergleich zu Söhnen im Koran als minderwertig betrachtet werden, finden in dieser Aufzählung keine Erwähnung.

[212] In der Schlacht von Hunayn, die kurz nach der Eroberung Mekkas durch die Muslime stattfand, kämpfte im Jahr 630 eine etwa dreifache Übermacht von muslimischen Streitern gegen die arabischen Stämme Hawazin und Thaqif in einem Tal nahe Mekka. Trotz ihrer zahlenmäßigen Unterlegenheit konnten die „Ungläubigen" den Großteil der muslimischen Kämpfer zu Beginn der Schlacht in die Flucht schlagen und nur

ligen Moschee [in Mekka] nach diesem Jahr [631 n. Chr.] nicht mehr nähern.[213] Einnahmenausfälle, die [in Mekka] durch das Wegbleiben der Götzendiener entstehen, wird Allah gewiss großzügig ausgleichen 28.[214] Die Gläubigen sind verpflichtet, jene Schriftbesitzer zu bekämpfen, die nicht an Allah und den Jüngsten Tag glauben; weiterhin jene, die sich nicht an die von Allah und seinem Propheten verkündeten Gebote halten, und jene, die nicht den wahren Glauben praktizieren, obwohl sie [von Allah] die Schrift erhalten haben.[215] Dies gilt so lange, bis jene Schriftbesitzer unterworfen sind und ihren Tribut[216] an die Muslime in Demut entrichten 29. Die Juden behaupten, Esra sei ein Sohn Allahs[217], und die Christen behaupten, Jesus, der Sohn der Maria, sei ein Sohn Allahs.[218] Allahs

ein kleiner Kreis von Kriegern um Mohammed harrte auf dem Schlachtfeld aus. Mit „Allahs Hilfe" gelang es den Muslimen schließlich, die Schlacht zu ihren Gunsten zu wenden.

[213] Aufgrund dieses Verses ist „Ungläubigen" der Besuch der heiligen Städte Mekka und Medina verboten; Kontrollen an Straßensperren sorgen dafür, dass kein „Ungläubiger" die heiligen Stätten aufsuchen kann.

[214] Die Mekkaner lehnten anfangs die von Mohammed verkündete monotheistische Religion ab, weil sie einen drastischen Rückgang der polytheistischen Pilger zur Kaaba befürchteten, was für sie erhebliche Einnahmenausfälle bedeutet hätte. Die Stadt Mekka war schon in vorislamischer Zeit eine wichtige religiöse Pilgerstätte in der Region.

[215] Dieser Kampfaufruf soll erfolgt sein, als das muslimische Heer nach der Eroberung von Mekka nach Norden gezogen war, um gegen die Streitmacht der Byzantiner zu kämpfen.

[216] Gemeint ist hier die Kopfsteuer (dschizya), die von Juden und Christen im islamischen Machtbereich zu zahlen war.

[217] Wegen seiner Verdienste um die Wiederherstellung der jüdischen Theokratie in Israel nach der Babylonischen Gefangenschaft wird der Prophet Esra von den Juden hoch verehrt. Diese Verehrung ging jedoch nie so weit, dass ihm von den Juden ein göttlicher Status bzw. eine Gottessohnschaft zugeschrieben worden wäre, wie es in diesem Koranvers behauptet wird. Eventuell hat das im jüdischen Kulturkreis entstandene Buch Henoch aus dem 3. Jh. v. Chr., in dem von gefallenen Engeln als den „Söhnen Gottes" berichtet wird, bei dieser koranischen Behauptung Pate gestanden.

[218] Nach den in diesem Vers festgelegten Definitionen würden Juden und Christen aus islamischer Sicht eigentlich zu den Polytheisten (Götzenanbetern) zählen. Andere Koranverse weisen jedoch darauf hin, dass auch den Juden und Christen Offenbarungen Allahs (die Tora, die Psalmen und die Evangelien) zuteil ge-

Fluch sei über sie! Sie verehren neben Allah ihre Schriftgelehrten, Mönche und Jesus als Herren, obwohl ihnen doch geboten worden ist, nur Allah allein anzubeten, denn außer ihm gibt es keinen Gott. Fern von Allah ist das, was sie ihm zugesellen. Sie wollen das Licht Allahs ausblasen, doch Allah wird sein Licht vollkommen machen, sosehr das auch den Ungläubigen zuwider ist 30 ff. Allah war es, der seinen Propheten [Mohammed] zum Führer der Gläubigen ernannt hat, um die wahre Religion über alle anderen Religionen siegen zu lassen.[219] Das ist eine Tatsache, auch wenn sie den Götzenanbetern zuwider ist 33. Wer sich, wie die Schriftgelehrten und Mönche, auf Kosten der anderen bereichert und Gold und Silber hortet und dieses nicht für die Sache Allahs verwendet, wird hart bestraft. In der Hölle wird ihnen zur Strafe siedendes Gold und Silber über Kopf und Körper gegossen 34 f. Allah hat, als er Erde und Himmel erschuf, festgelegt, dass das Jahr zwölf Monate hat. Vier von diesen Monaten sind heilig, in ihnen sollen die Gläubigen miteinander besonders friedlich umgehen.[220] Alle Götzendiener sind zu bekämpfen, genauso wie auch sie alle Gläubigen bekämpfen 36. Ein heiliger Monat darf nicht verschoben werden 37.[221] Was denken sich die gläubigen Krieger, wenn man sie auf-

worden sind (siehe Sure 3,3 f.), wodurch sie aus muslimischer Sicht zu den „Schriftbesitzern" zählen und als „Ungläubige" von Muslimen weniger verabscheut werden als die „ungläubigen" Polytheisten.

[219] Der Islam ist nach dem Christentum die Religion mit der weltweit zweitgrößten Anhängerschaft und kann insofern tatsächlich als „siegreich" bezeichnet werden. Man schätzt die Zahl der Muslime heute auf etwa 1,6 Milliarden Menschen (die der Christen auf ca. 2 Milliarden). Der Anteil der Muslime in Deutschland liegt bei 5 Prozent, in Österreich liegt er bei 4,2 Prozent und in der Schweiz bei 4,3 Prozent. Durch die relativ hohen Ge-

burtenraten bei den in Europa lebenden Muslimen steigen die Anteile der muslimischen Bevölkerung an der jeweiligen Gesamtbevölkerung beständig.

[220] Folgende der insgesamt 12 Monate des islamischen Mondjahres gelten den Muslimen als heilig: Der erste Monat *muharram*, in dem das für Schiiten wichtige Aschurafest zelebriert wird; der siebte Monat *radschab*, in dem gefastet werden kann, der neunte Monat *ramadan*, in dem das Fasten Pflicht ist, und der zwölfte Monat *dhu l-hiddscha*, in dem die Haddsch, die Große Wallfahrt, stattfindet.

[221] Bei diesem Vers handelt es sich vermutlich um ein Verbot der Bemühun-

ruft, in den Kampf für die Religion Allahs zu ziehen, und sie sich träge nicht bewegen wollen?[222] Ziehen sie das diesseitige dem jenseitigen Leben vor? Dabei bietet doch das diesseitige Leben nur wenige Freuden im Vergleich zum Leben im Jenseits 38. Wenn die Gläubigen nicht zum Kampf ausziehen, wird Allah sie bestrafen und sich ein anderes Volk erwählen 39. Wenn die Muslime dem Propheten nicht helfen wollen, wird Allah ihm beistehen, wie zu jener Zeit, als Mohammed vor den Ungläubigen [aus Mekka] fliehen musste und sich mit einem Begleiter in einer Höhle versteckt hielt. Allah half den Versteckten in der Höhle, indem er sie mit Zuversicht und Seelenfrieden[223] erfüllte und indem er unsichtbare Heerscharen [von Engeln] sandte, um sie vor den Ungläubigen zu schützen 40.[224] Allah befiehlt den Gläubigen: Ziehet aus und

gen, das islamische Mondjahr mit dem Sonnenjahr, in dem die Monate stabil in den jeweiligen Jahreszeiten verankert sind, in Einklang bringen zu wollen.

[222] Dieser Vers nimmt wahrscheinlich Bezug auf ein Ereignis während des Vormarsches muslimischer Verbände nach Norden, als es dem byzantinischen Heer unter dem Kaiser und Feldherrn Herakleios im Jahr 629 ein letztes Mal gelang, das Eindringen der Muslime in die reiche byzantinische Provinz Syrien zu verhindern. Im Jahr 634 fielen die Muslime dann erneut in Syrien ein und schlugen das byzantinische Heer. Im Herbst 636 kam es zu einer letzten Schlacht am Fluss Jarmuk im heutigen Jordanien, die mit einer vernichtenden Niederlage der Byzantiner endete. Byzanz verlor dadurch nicht nur Syrien, sondern wenige Jahre danach auch die wichtigen Provinzen Palästina und Ägypten (Jerusalem fiel im Jahr 638 an die Muslime; Alexandria, die Hauptstadt des Hellenismus, fiel im Jahr 642). Bei der Zerschlagung des nahöstlichen Teils

des Byzantinischen Reiches kam den Muslimen sehr zupass, dass die dort lebenden Juden und christlichen Monophysiten die arabische Expansion insgeheim begrüßten und aktiv unterstützten, weil sie sich (später nicht erfüllte) Vorteile von ihr versprachen. Die Eroberungen der Muslime im 7. Jahrhundert läuteten das eigentliche Ende der römisch-hellenistischen Antike ein. Im Jahr 1453 wurde mit der Einnahme Konstantinopels durch die muslimischen Osmanen auch das mittelalterliche Byzantinische Reich ausgelöscht.

[223] Zuversicht und Seelenfrieden (sakina) kann der Gläubige durch das konsequente Einhalten der Gebote Allahs erlangen. Das Streben nach sakina spielt besonders in der islamischen Mystik eine große Rolle.

[224] Dieser Vers weist auf ein Ereignis hin, das stattgefunden haben soll, als Mohammed im Jahr 622 zusammen mit seinem späteren Schwiegervater Abu Bakr aus Mekka flüchtete, um in

kämpft mit eurem Gut und mit eurem Blut für Allahs Sache 41. Wer an Allah und den Jüngsten Tag glaubt, zögert nicht, für die Sache Allahs in den Kampf zu ziehen 44. Die im Glauben schwankend sind, sollen dem Kampf fernbleiben, weil sie sonst Zwietracht unter den Kämpfenden säen. Allah will sie am Kampf nicht teilnehmen lassen und deshalb lässt er sie bei den daheimgebliebenen Weibern, Kindern und Schwachen ausharren. Als Ungläubige werden sie in der Hölle enden 45 ff. Nichts [kein Schicksalsschlag] kann die Gläubigen treffen, außer jenem, was Allah, ihr Beschützer, ihnen vorausbestimmt hat. Auf Allah sollen die Gläubigen deshalb vertrauen 51.[225] Die daheimgebliebenen Zauderer rechnen damit, dass der Tod die gläubigen Kämpfer ereilt, während die Kämpfer davon ausgehen, dass die Zauderer von Allah oder von ihnen selbst [den Kämpfern] bestraft werden 52. Der Gläubige [Krieger] soll sich nicht über das Vermögen und den Kinderreichtum der Zauderer wundern. Allah wird sie [die Zauderer] im Diesseits bestrafen und als Ungläubige sterben lassen [wodurch sie unabwendbar der Hölle anheimfallen] 55. Die Zauderer schwören bei Allah, dass sie gläubig seien, doch sie gehören nicht zu den Gläubigen, weil sie ängstlich sind 56. Die Sozialabgabe ist bestimmt für die Armen und Bedürftigen; für jene, die die Sozialabgabe verwalten; für jene, deren Herzen für den Islam gewonnen werden sollen[226]; für jene,

Medina Asyl zu suchen. In Mekka war die Opposition der Polytheisten gegen den Prediger des Monotheismus so stark geworden, dass Mohammed und seine engsten Getreuen um ihr Leben bangen mussten.

[225] Im Islam existiert das Ideal des unbedingten Gottvertrauens, was im Extremfall zu einer totalen Schicksalsergebenheit führen kann. Der aus dem Türkischen stammende Begriff „Kismet" (abgeleitet von dem arabischen *qisma*, „das von Allah Zugeteilte") weist auf ein dem Menschen von Allah zugeteiltes unabänderliches Los hin.

[226] Ein Teil der Sozialabgabe soll demnach für die islamische Mission *(da'wa)* verwendet werden. Islamische Mission betreiben heute vor allem die von Saudi-Arabien finanzierte *Weltmuslimliga*, die *Federation of Islamic Organizations in Europe*, die ihren Sitz in London hat und von den *Muslimbrüdern* organisiert wird, und die weltweit sehr erfolgreich agierende Gruppe *Tablighi Jamaat*, die, dem Sufitum nahestehend, vorwiegend innere Mission betreibt und deren Zentren sich in Indien (Deoband und Neu-Delhi) und Pakistan (Raiwind) befinden. Durch ihre aktive

die Sklaven freilassen; für [hoch] Verschuldete; für Wanderer [Pilger und Obdachlose] und für die Finanzierung der Sache Allahs[227] 60. Wer die Worte des Propheten anzweifelt und ihn kränkt, wird hart von Allah bestraft 61. Wer Allah und seinem Gesandten zuwiderhandelt, der kommt auf ewig in das Höllenfeuer 63. Heuchler, die an Allah geglaubt haben, aber insgeheim vom Glauben wieder abgefallen sind und [dadurch] die Religion verspotten, werden von Allah entdeckt. Allah hat sie verflucht und sie kommen für ewig in die Hölle. Auch wenn sie im Diesseits über Vermögen und Kinderreichtum verfügen, zählen sie sowohl im Diesseits als auch im Jenseits zu den Verlierern. Die Schicksale jener Völker, von denen Noah und Abraham sich getrennt haben, und die Schicksale der Stämme 'Ad und Thamud, der Bewohner von Midian und von Sodom und Gomorra sollen den Heuchlern eine Warnung sein 64 ff. Gläubige Männer und Frauen tun das Gute und meiden das Böse,[228] sie verrichten das Gebet, bezahlen die Sozialabgabe und gehorchen Allah und dem Propheten. Ihnen hat Allah das ewige Verweilen in von Bächen durchflossenen Gärten des Paradieses versprochen 71 f. Allah fordert vom Propheten: „Kämpfe gegen die Ungläubigen und die Heuchler.[229] Ihr Ende wird in der Hölle sein." Wer den Islam angenommen hat und wieder in den Unglauben zurückfällt, der wird von Allah im Diesseits und im Jenseits hart bestraft 73 f. Wer mit Almosen geizt und nicht mehr auf dem Pfad der Rechtschaffenheit wandelt, in dessen Herz pflanzt Allah zur Vergeltung die Heuchelei. Diese wird den Betroffenen bis zu jenem [jüngsten] Tag beherrschen, an dem er vor Allah treten muss 75 ff.

Mitarbeit an der islamischen Mission fühlen sich viele Islamisten legitimiert, ein Leben in der Welt der „Ungläubigen" (dar al-harb, „Haus des Krieges") zu führen, obwohl der Koran die Muslime immer wieder dazu aufruft, aus solchen Gebieten auszuwandern (siehe z. B. Sure 16,41).

[227] Gemeint ist die Verbreitung des Islam.

[228] Zu dem hier geäußerten Grundsatz siehe die Anmerkung zu Sure 3,110

[229] Als „Heuchler" wurden jene Araber Medinas beschimpft, die nur zum Schein den islamischen Glauben angenommen hatten, aber insgeheim ihren alten Göttern anhingen und mit den „ungläubigen" Koreischiten in Mekka paktierten.

Denjenigen, die Gläubige verspotten, weil sie Almosen freigiebig austeilen, und die jene verhöhnen, die, weil ihre Mittel beschränkt sind, nur geringfügig Almosen spenden, wird Allah ihren Hohn mit schmerzhafter Strafe vergelten. Allah wird ihnen niemals verzeihen 79 f. Für die daheimgebliebene Krieger, die wegen der [sommerlichen] Hitze nicht bereit waren, für Allah in den Kampf zu ziehen, gilt: Das Feuer der Hölle ist heißer! Weil sie nicht an Allah und seinen Gesandten glauben, sterben sie als Frevler [die in der Hölle enden]. Der Gläubige soll sich nicht darüber wundern, wenn Allah es zulässt, dass diese Verweigerer Vermögen und Kinder besitzen, denn Allah wird sie als Ungläubige sterben lassen 81 ff. Die Wohlhabenden unter den Muslimen neigen dazu, wenn eine Sure herabgesandt wird, die die Gläubigen zum Kampf auffordert, den Propheten zu bitten, sie bei den Daheimgebliebenen ausharren zu lassen. Sie begreifen nicht, was es bedeutet, wirklich gläubig zu sein 86 f. Für den Gesandten und die Gläubigen, die im Kampf ihr Leben riskieren, hat Allah Gärten bereitet, durch die Bäche fließen 88 f. Die Araber aus der Wüste [Beduinen] kamen mit Ausflüchten, um nicht am Feldzug teilnehmen zu müssen; Allah wird sie als Ungläubige bestrafen 90. Schwache, Kranke und Arme, die sich eine

Eugène Fromentin, *Straße in al-Aghwat*, Algerien, 1859

Kampfausrüstung nicht leisten können, versündigen sich nicht, wenn sie [während eines Feldzugs] daheimbleiben, denn Allah ist barmherzig und allverzeihend. Das Gleiche gilt für jene, die sich zwar beim Propheten für den Feldzug melden, für die aber keine Kampfausrüstung[230] mehr übrig ist 91 f. Der Vorwurf Allahs trifft insbesondere jene wohlhabenden Muslime [die sich eine Kampfausrüstung leisten können], die den Propheten [obwohl sie alle Voraussetzungen haben, am Feldzug teilzunehmen] bitten, bei einem Feldzug zu Hause bleiben zu dürfen. Nach dem Feldzug werden sie versuchen, sich bei den Zurückgekehrten durch Entschuldigungen herauszureden. Sie sind eine Plage unter den Muslimen und werden deshalb alle in der Hölle enden 93 ff. Die Wüstenaraber sind die Hartnäckigsten beim Verharren in ihrem Unglauben und in ihrer Heuchelei. Sie neigen unter allen Arabern am ehesten dazu, die Gebote Allahs nicht anzuerkennen. Das [fromme] Spenden [der Sozialabgabe] lehnen sie als eine Zwangsmaßnahme ab. Aber es gibt unter ihnen auch solche, die an den Jüngsten Tag glauben und das Spenden als ein Mittel betrachten, um sich Allah anzunähern 97 ff. An den „Auswanderern"[231] [aus dem Mekka der Ungläubigen] und den „Hilfeleistenden"[232] [in Medina] hat Allah ein besonderes Wohlgefallen. Sie werden für ewig in jene para-

---

[230] Zum Beispiel ein gesatteltes Pferd.

[231] Gemeint sind hier die engsten Gefährten des Propheten, die mit ihm im Jahr 622 aus Mekka geflohen sind. Bei den Gefährten *(sahaba)* des Propheten unterscheidet der Koran zwischen den „Auswanderern" *(muhadschirun)*, zu denen die Begleiter Mohammeds bei seiner Flucht aus Mekka gehörten, und den „Hilfeleistenden" *(ansar)* in Medina, die die Flüchtlinge nach ihrer Ankunft in Medina unterstützten.

[232] Zu den „Hilfeleistenden" zählten am Anfang insbesondere auch die in Medina und Umgebung lebenden Juden, die sich von Mohammed, dem Verkünder einer monotheistischen Religion, eine Parteinahme zu ihren Gunsten bei ihren Querelen mit den polytheistischen Arabern Medinas versprachen. Die anfängliche Kooperation zwischen den Juden Medinas und den Muslimen hörte jedoch auf, als sich herausstellte, dass die überwiegende Mehrheit der Juden Medinas nicht bereit war, den Islam als einzige Religion anzuerkennen. Ein weiterer Grund für das Ende der ursprünglichen muslimisch-jüdischen Symbiose war die Tatsache, dass es Juden aus Medina gab, die sich mit der aus Mekka anrückenden Streitmacht ver-

diesischen Gärten kommen, durch die Bäche fließen 100. Auch unter den Bewohnern Medinas gibt es hartnäckige Heuchler, die deshalb doppelt bestraft werden.[233] Es gibt unter ihnen aber auch solche, die ihre Schuld [ihres ursprünglichen Unglaubens] bereuen. Bald wird sich Allah ihnen zuwenden und sich ihrer erbarmen. Durch das Spenden von Almosen können Letztere sich von ihren Sünden wieder reinigen und sich läutern 101 ff. Der Gläubige soll, um zu beten, keine Moschee betreten, die von Menschen mit der Absicht erbaut wurde, Unheil unter den Gläubigen zu stiften[234]. Die Moschee ist ein Ort, an dem Gläubige sich [rituell] reinigen 107 f. Wer für die Sache Allahs kämpft und dabei tötet oder getötet wird, der kommt ins Paradies. Diese Verheißung ist in der Tora, in den Evangelien und im Koran belegt und Allah hält sich streng an seine Verheißungen. Die frohe Botschaft gilt nur für jene, die bereuen, die Allah anbeten und preisen, die für ihn [auf Feldzügen] umherziehen, die sich vor ihm niederwerfen und die stets das Gute befehlen und das Böse verbieten 111 f. Gläubige dürfen nicht zugunsten von Götzendienern beten, nachdem ihnen bewusst geworden ist, dass für jene der Aufenthalt in der Hölle vorgesehen ist. Dieses Verbot, ein Bittgebet zu sprechen, gilt auch dann, wenn es sich bei den Götzendienern um die nächsten Verwandten handelt. Selbst Abraham, der seinem Vater sehr zugetan war, wandte sich von ihm ab, als er schließlich feststellen musste, dass dieser unter keinen Umständen an Allah glauben wollte 113 f. Ein Volk, dem Allah den rechten Weg gewiesen hat, lädt eigenverantwortlich Schuld auf sich, wenn es wieder in den Irrtum [in den Unglauben] zurückfällt 115. Allah hat einst dem Propheten und den „Auswanderern" und „Hilfeleistenden" in den Stunden der Not und der Selbstzweifel beigestanden 116. Für die Bewohner von

bündet hatten, um gegen die Muslime zu kämpfen.

[233] Die Bestrafung erfolgt bereits im Diesseits und später auch im Jenseits.

[234] In der Anfangszeit der islamischen Bewegung sollen Juden und Christen den Muslimen Gebetshäuser zur Verfügung gestellt haben, was sie aber offensichtlich nicht daran gehindert hat, gegen die Muslime zu intrigieren.

Belagerung der Stadt Wien durch die Türken im Jahr 1529[235]

[235] Die von dem im 16. Jahrhundert im Dienste der Habsburger Monarchie stehenden Chronisten Peter Stern von Labach aufgezeichneten Gräueltaten, die von den türkischen Belagerern im Umland von Wien an der christlichen Bevölkerung verübt worden sein sollen, trugen wesentlich zu dem die Jahrhunderte überdauernden negativen Bild der Muslime im Abendland bei. Sie hatten eine ähnliche Wirkung wie die Zerstörung der Grabeskirche in Jerusalem durch die muslimischen Eroberer im Jahr 1009, bei der auch das angebliche Grab von Jesus zerstört wurde, was entscheidend zum Beginn der Kreuzzüge beigetragen hat.

Medina und die Wüstenaraber, die in der Umgebung von Medina leben, ziemt es sich nicht, zurückzubleiben, wenn der Prophet in den Krieg zieht. Wer Durst, Hunger und Mühsal im Feindesland auf sich nimmt und dem Feind Verluste zufügt, dem wird es bei Allah angeschrieben und er erhält dafür [im Jenseits] seinen Lohn 120 f. Nicht alle Gläubigen sollen gleichzeitig in den Krieg ziehen. Ein Teil von ihnen soll zurückbleiben und sich mit Glaubensfragen beschäftigen, auf dass sie hernach die aus dem Krieg Heimgekehrten in Glaubensfragen belehren können 122. Die Gläubigen sollen [bewaffnete] Ungläubige, die sich in ihrer Nähe aufhalten, mit Härte bekämpfen. Sie [die Gläubigen] sollen wissen, dass Allah mit den Gläubigen ist 123. Nach jeder Sure, die herabgesandt wird, gibt es manche Araber, die spöttisch fragen, wen die Sure wohl im Glauben gestärkt habe. Sie wissen nicht, dass Allah den Glauben der Menschen jedes Jahr ein- oder zweimal auf die Probe stellt. Die Wankelmütigen haben keinen Verstand und wenden sich insgeheim [von Allah] ab. Sie werden als Ungläubige sterben 124 ff.

Terminus *Dschihad*

Kriege gegen die „Ungläubigen", die sich im *dar al-harb* („Haus des Krieges", d. h. in einem nichtislamischen Land) aufhalten, werden von den Muslimen traditionell als der „Kleine Dschihad" bezeichnet. Unter dem „Großen Dschihad" verstehen Muslime die Eigenanstrengung bei dem Bemühen, ein gottgefälliges Leben zu führen. Das *dar al-harb* sind jene Gebiete auf der Welt, die (noch) nicht unter islamischer Herrschaft stehen. Mit den „Ungläubigen" in diesen Gebieten können zwar aus taktischen Gründen vorübergehend Waffenstillstandsabkommen *(hudna)* abgeschlossen werden, aber nach traditioneller islamischer Auffassung darf zwischen den „Gläubigen" und den „Ungläubigen" bis zu jenem Tag, an dem die Muslime im Gebiet des *dar al-harb* das Sagen haben, kein langfristiger Frieden *(salam)* herrschen. Dem „Gläubigen" ist es, falls er an der Ausübung seines Glaubens gehindert wird, nicht erlaubt, sich langfristig im *dar al-harb* der „Ungläubigen" aufzuhalten (siehe hierzu Sure 4,97 ff.). Auch der Prophet hatte sich zur Auswanderung bzw. Flucht aus Mekka entschieden, nachdem ihm klar geworden war, dass er bei seinem ersten Anlauf, die Bevölkerung von Mekka zum „wahren" Glauben zu bekehren, nicht erfolgreich sein würde.

Ein Ansporn zur Durchführung des Heiligen Krieges gegen die „Ungläubigen" im *dar al-harb* ist die Aussicht des Dschihad-Kämpfers *(mudschahidun)*, unmittelbaren Eingang ins Paradies gewährt zu bekommen (ohne Zwischenaufenthalt im Grab), wenn er während des *Dschihad* den Heldentod stirbt. Da ein *mudschahidun* davon ausgeht, dass im Paradies Jungfrauen *(hurayn)* und andere Annehmlichkeiten auf ihn warten, hat für ihn der Tod auf dem Schlachtfeld eines Dschihad-Krieges keine abschreckende Wirkung. Die Todesverachtung des *mudschahidun*, die sich mit einer tiefen Sehnsucht nach dem ewigen Leben im Paradies paarte, hat in der Frühphase des Islam wesentlich dazu beigetragen, dass die muslimischen Krieger in relativ kurzer Zeit ein riesiges Gebiet erobern konnten, das sich von den Pyrenäen im Westen bis zum Hindukusch im Osten erstreckte.

Muslimische Extremisten rechtfertigen heutzutage ihre Selbstmordattentate mit dem Begriff „Dschihad". Manche ihrer Organisationen führen sogar das Wort Dschihad in ihrem Namen, wie zum Beispiel die palästinensische Gruppe *Islamischer Dschihad*, die von Damaskus aus gegen Israel operiert. Diese Gruppierungen begründen Attentate mit dem Koran und sehen in einem Selbstmordattentäter, der „Ungläubige" mit in den Tod reißt, einen Märtyrer *(schahid)*, dem nach dem „Heldentod" ein Platz im Paradies sicher sei. Hierbei wird von ihnen ausgeblendet, dass im Islam der Suizid als eine schwere Sünde gilt. Auch sind die meisten Kampfaufrufe im Koran fast ausschließlich gegen *bewaffnete* Ungläubige gerichtet, denen feindselige Absichten unterstellt werden.

Die 9. Sure behandelt in erster Linie den Umgang der Muslime mit den „ungläubigen" Bewohnern von Mekka, die aus muslimischer Sicht nach dem Waffenstillstandsvertrag von al-Hudaibiya, der im Jahr 628 in der Nähe des heiligen Bezirks von Mekka zwischen den Muslimen und den Koreischiten von Mekka abgeschlossen worden ist, vertragsbrüchig geworden waren. Sie ist der berühmte (und bei Nichtmuslimen berüchtigte) koranische Aufruf zum Kampf gegen die „Ungläubigen". Obwohl mit den in dieser Sure erwähnten „Ungläubigen" in erster Linie die „ungläubigen" Bewohner von Mekka gemeint sind, werden die in dieser Sure getroffenen Aussagen von militanten Muslimen auf alle „Ungläubigen" angewendet, wobei im Islam bei dem Begriff „Ungläubige" stets zwischen Polytheisten bzw. Götzenanbetern und „Schriftbesitzern" (Juden und Christen) zu differenzieren ist. Spätestens seit den Rechtsbestimmungen des einflussreichen islamischen Rechtsgelehrten al-Schafii (767–820) war der Umgang der „Rechtgläubigen" mit den Polytheisten und „Schriftbesitzern" klar definiert. In einer seiner Rechtsbestimmungen legte er fest, dass Allah über die „Ungläubigen" zwei Urteile gefällt habe: Die Götzenanbeter seien so lange zu bekämpfen, bis sie den Islam angenommen hätten. Für die Schriftbesitzer gelte zwar das Gleiche, aber sie hätten darüber hinaus die Option, ihren Glauben zu behalten, wenn sie den Muslimen eine Kopfsteuer bezahlten.

Im Vergleich zum alttestamentarischen Buch Josua, Kapitel 11 („Ausrottung kanaanitischer Stämme") und zum 1. Buch Samuel, Kapitel 15 („Sauls Sieg über die Amalekiter"), wo der jüdische Gott kompromisslos den Befehl zu ethnischen Säuberungen erteilt, wirkt die 9. Sure eher harmlos. Auch im Neuen Testament kann man, was die „Ungläubigen" betrifft, schrille Töne finden. Jesus definiert laut Matthäus 25,41 ziemlich klar seinen persönlichen Umgang mit jenen, die nicht bereit sind, ihm zu folgen, indem er verkündet, dass er sie beim Jüngsten Gericht selektieren und ins ewige Höllenfeuer schicken werde. Christen müssen sich im Klaren darüber sein, dass auch die Bibel (deren überwiegender Teil aus dem Alten Testament besteht) nicht frei von Kampfaufrufen gegen die „Ungläubigen" ist. In der Theologie des christlichen Kirchenvaters Augustinus wurde die „legitime" Gewaltanwendung aus „gerechtem" Anlass propagiert. Augustinus war der Meinung, dass ein Christ die grundsätzliche Pflicht habe, die „Sache Christi", wenn nötig, auch mit Gewalt durchzusetzen, wobei er Christus als einen „politischen Christus" verstand. Die Theologie des Augustinus gab den christlichen Raubrittern und Abenteurern der Kreuzzüge ausreichende Legitimation, ihre Eroberungsfeldzüge in Palästina mit grausamer Härte durchzuführen. Papst Gregor VII. (1073–1085) war jener Papst, der sich als erster für die christliche Rückeroberung von Palästina einsetzte. Gern zitierte dieser Papst bei seinen Aufrufen zum „Heiligen Krieg" das Jeremia-Wort (Jeremia 48,10): „Verflucht, der sein Schwert aufhält, dass es nicht Blut vergieße!" Der Mönch Bernhard von Clairvaux (1090–1153) war im Zeitalter der Kreuzzüge jener christliche Theoretiker, der für das Niedermetzeln von „Ungläubigen" die theologische Rechtfertigung lieferte.[*] Man sollte deshalb als Christ beim Lesen der 9. Koransure bedenken, dass eine gewisse Aggressivität gegenüber den „Ungläubigen" nun einmal allen monotheistischen Religionen zu eigen ist.

---

[*] Zitat aus Clairvaux's *Buch an die Tempelritter – Lobrede auf das neue Rittertum*: „Die Ritter Christi aber kämpfen mit gutem Gewissen die Kämpfe des Herrn und fürchten niemals weder eine Sünde, weil sie Feinde erschlagen, noch die eigene Todesgefahr. Denn der Tod, den man für Christus erleidet oder verursacht, trägt keine Schuld an sich und verdient größten Ruhm."

10. Sure   „Jona"[236]   *Mekka*

Die Ungläubigen [in Mekka] behaupten, Mohammed sei nur ein Zauberer 2. Allah hat in sechs Tagen Himmel und Erde erschaffen 3. Alle Menschen werden [nach ihrem Tod] zu Allah heimkehren. Im Jenseits werden die Gläubigen für ihre guten Werke belohnt, während die Ungläubigen zur Strafe für ihren Unglauben siedendes Wasser trinken müssen 4. Allah hat den Mond als Leuchte [am Nachthimmel] geschaffen, damit die Menschen ihre Zeit und die Anzahl der Jahre berechnen können 5.[237] Wer mit dem Diesseits schon zufrieden ist und nicht an die Konfrontation mit Allah vor dem Jüngsten Gericht glaubt, kommt ins Höllenfeuer 7 f. Allah belässt diejenigen, die nicht an das Jüngste Gericht glauben, verblendet in ihrem Irrtum 11. Allah hat ganze Geschlechter, die seinen Gesandten nicht glauben wollten, vernichtet. Als Nachfolger dieser Geschlechter schuf er die Araber, um zu sehen, wie sie sich [ihm gegenüber] verhalten würden 13 f. Der Text des Korans darf von den Gläubigen aus eigenem Antrieb nicht abgeändert werden 15.[238] Mohammed hatte bereits ein „Menschenalter" gelebt, bevor ihm der Koran offenbart wurde 16.[239] Wer sich eine Lüge über Allah ausdenkt, ist ein schwerer Verbrecher. Solche Lügner beten Götzen an und meinen [in irrtümlicher Weise], dass ihre Götzen bei Allah Fürsprache für sie einlegen könnten 17 f. Die Menschen

---

[236] Der biblische Jona, der auch bei den Muslimen als Prophet verehrt wird, findet in Vers 98 dieser Sure Erwähnung.

[237] Hier fordert der Koran, wie auch schon in Sure 2,189, die Einteilung des islamischen Kalenders auf Basis des Mondjahres.

[238] Jede Neuerung *(bid'a)* oder Textauslegung, von der Muslime annehmen, dass sie nicht vollständig mit dem Geist des Korans oder der Sunna übereinstimmt, gilt im Islam als verwerfliche Häresie. In einem Hadith heißt es hierzu ergänzend: „Die schlimmste Praxis ist das Einführen neuer Elemente in den islamischen Glauben und jede Neuerung ist ein Irrtum" (Hadithe-Sammlung von Riyad-as-Salihin, „Gärten der Tugendhaften", Teil 1, Hadith 170).

[239] Mohammed war etwa 40 Jahre alt, als er der Überlieferung nach in der Höhle Hira auf dem Berg *dschabal an-nur* (Berg des Lichts), der sich nordöstlich von Mekka bis zu einer Höhe von 642 Metern über den Meeresspiegel erhebt, die erste Offenbarung erfahren hat.

waren einst nur eine einzige [Glaubens-]Gemeinde, dann aber wurden sie uneins.[240] Allah hat ihre [theologischen] Streitereien bisher nicht schlichten wollen 19. Die Ungläubigen fordern, dass Allah ein Zeichen herabsendet, um zu bestätigen, dass der Prophet [Mohammed] in seinem Auftrag handelt. Doch Allah sendet solche Zeichen nur nach eigenem Gutdünken [ohne dass die Menschen sie einfordern können] 20. Die Boten Allahs [Engel] schreiben alles auf, was Menschen Böses im Schilde führen 21. Ohne von Allah dazu berechtigt worden zu sein, dürfen die Menschen auf Erden keine Gewalt ausüben. Gewalttätige ohne Berechtigung zur Ausübung von Gewalt können zwar die Gaben des diesseitigen Lebens genießen, aber Allah wird sie am Jüngsten Tag für ihr verbotenes Treiben zur Rechenschaft ziehen 23. Das irdische Leben ist so vergänglich wie das kurze Erblühen der Wüste nach einem Regenguss 24. Allah führt die Gläubigen auf den rechten Weg und lädt sie ein, das „Haus des Friedens"[241] zu betreten 25. Das Strafmaß für die Ungläubigen beim Jüngsten Gericht entspricht der Schwere ihrer Sünden 27. Beim Jüngsten Gericht müssen sich die Götzenanbeter und ihre Götzen an einem ihnen zugewiesenen Platz [getrennt von den Gläubigen] aufstellen. Die Götzen werden dann [um sich vor dem Gericht zu entlasten] behaupten, sie hätten es nicht einmal bemerkt, dass man sie angebetet habe 28 f. Man soll Allah fürchten, weil er Lebendige tötet und Tote auferstehen lässt 31. Allah vollbringt die Schöpfung [durch die Geburt des Menschen] und wiederholt sie [durch die Auferstehung des Menschen nach seinem Tod] 34. Nur Allah führt zur Wahrheit und auf den richtigen Weg 35. Der Koran wurde nicht von den Menschen ersonnen, sondern von Allah. Er bestätigt das, was Allah vor ihm [in der Tora, den Psalmen und den Evangelien] offenbart hat. Kein Mensch kann etwas [so Vollkommenes] erdichten, was von gleicher Qualität ist wie eine Sure 37 f. Allah fügt den Menschen kein Unrecht zu. Wenn den Menschen ein Unrecht geschieht, sind sie selbst die Urheber 44. Am Jüngsten Tag werden die Auferstandenen [in irrtümlicher

---

[240] Weil z. B. die christliche Religion sich von der jüdischen Religion abspaltete.

[241] Gemeint ist hier das Paradies.

Weise] meinen, sie hätten insgesamt nur eine Stunde tot im Grabe zugebracht. Wer sich im Diesseits bereits kannte, wird sich im Jenseits wieder erkennen. Jene, die nicht an die Begegnung mit Allah [vor dem Jüngsten Gericht] glauben wollen, sind [im Jenseits] verloren 45. Jedem Volk sendet Allah einen Propheten 47. Über jedes Volk hält Allah Gericht. Der Zeitpunkt des Todes wird allein von Allah bestimmt; die Menschen können den Zeitpunkt weder früher eintreffen lassen, noch können sie ihn hinauszögern 49. Selbst

Muslimische Darstellung von Pilgern bei der Haddsch

mit allen Gütern dieser Welt kann man sich nicht von seiner Strafe [im Jenseits] loskaufen. Auch Reue, wenn sie zu spät kommt, kann nicht vor der Strafe schützen 54. Allah hat den Menschen eine Ermahnung [den Koran] zukommen lassen 57. Die Gnade und die Barmherzigkeit Allahs sind besser als irdischer Reichtum 58.[242] Die Menschen sollen Essensgebote nicht nach eigenem Ermessen aufstellen und etwas verbieten, was Allah erlaubt hat 59.[243] Der größte Teil der Menschheit dankt Allah nicht für seine Gnade 60. Alle [guten und schlechten] Handlungen der Menschen, auch wenn sie geringer sind als das Gewicht eines Stäubchens, werden im göttlichen Buch aufgezeichnet 61. Allahs Schützlinge wird weder Furcht noch Trauer befallen 62.[244] Allahs Worte [im Koran] sind unabänderlich 64.[245] Diejenigen, die nicht zu Allah, sondern zu anderen Göttern beten, lassen sich von unbewiesenen Thesen

[242] In einem Hadith heißt es ergänzend: „Abdullah Ibn Mughaffal berichtet, dass ein Mann zum Propheten sagte: ,Oh Gesandter Allahs! Bei Allah, ich liebe dich sehr.' Dieser erwiderte: ,Schaust du auf das, was du sagst?' Der Mann sagte: ,Bei Allah, ich liebe dich.' Und er wiederholte es dreimal. Da sagte er [Mohammed]: ,Wenn du mich wirklich liebst, dann bereite dich auf eine ungeheure Armut vor, denn die Armut ereilt jemanden, der mich liebt, eher als ein Fluss sein Ziel erreicht.' Dies ist ein guter Hadith" (Hadithe-Sammlung von Riyad-as-Salihin, „Gärten der Tugendhaften", Teil 1. Hadith 484).

[243] Die Muslime werfen den Juden vor, dass sie neben den von Gott erlassenen Geboten eigene, unzulässige Essensgebote aufgestellt haben.

[244] Dieser Vers, der die „Schützlinge Allahs" erwähnt, wird insbesondere von den Sufis, die sich Allah besonders nahe fühlen, geschätzt.

[245] Das Gebot dieses Verses wird von den muslimischen Autoritäten nicht mehr streng befolgt, da sie Übersetzungen des arabischen Korans in andere Sprachen zulassen, was ja letztendlich auch zu einer Abänderung von Allahs (arabischen) Worten führt. Erst im 20. Jahrhundert entstanden von der muslimischen Geistlichkeit autorisierte Koranübersetzungen. So übersetzte z. B. der ägyptische Germanist Moustafa Maher 1999 im Auftrag der *al-Azhar*-Universität den Korantext ins Deutsche. Die Übersetzung von Rudi Paret gilt in Deutschland als wissenschaftliches Standardwerk. Muhammad Ahmad Rassoul hat an einer Übersetzung gearbeitet, die vom Zentralrat der Muslime in Deutschland veröffentlicht wurde. Die Übersetzung von Prof. Dr. Adel Theodor Khoury sowie die von der *Ahmadiyya* herausgegebene Koranübersetzung haben unter deutschen Lesern eine gewisse Popularität erlangt.

Terminus *Sufismus*

Der Sufismus ist eine mystische Ausrichtung des Islam und war insbesondere vom 10. bis ins 14. Jahrhundert hinein eine führende Volksbewegung in der muslimischen Welt. Das Sufitum entstand im irakischen Basra und war ursprünglich offen gegenüber neuplatonischen Einflüssen. So übernahm man die griechische Vorstellung von dem „Einen" bzw. von der Immanenz des Göttlichen in der Welt. Die Sufis suchen durch Selbsterniedrigung und Überwindung der Eigenliebe ihre Aufgehobenheit in Gott. Die Annäherung zwischen Gott und den Menschen sehen sie als eine Bewegung insbesondere von unten nach oben und nicht umgekehrt, wie es die orthodoxen Muslime annehmen. Die Sufis versuchen über mehrere Bewusstseinsstufen *(maqam)* aus ihrem Alltagsbewusstsein in einen Zustand der allumfassenden Gotteserkenntnis einzutauchen *(lahut).* In der Sufi-Schulung werden den Initianden Anrufungen Gottes beigebracht, bei denen in meditativer Form immer wieder Lobpreisungen, Namen Gottes oder das islamische Glaubensbekenntnis wiederholt werden. Parallel zu den Anrufungen Gottes praktizieren zahlreiche Orden auch das meditative Anhören von Musik oder Gesang und Tanz. Viele Sufiorden wollen über drei Stufen der Ekstase zur Einheit mit Gott kommen: 1. Stufe: Es findet eine ständig wiederholte, litaneihafte Anrufung Allahs mit seinen 99 Namen statt, außerdem werden immer wieder bestimmte Lobpreisungen Allahs und das Glaubensbekenntnis rezitiert; 2. Stufe: Man hört Dichtung und Musik; 3. Stufe: Es wird ekstatisch getanzt. Für die Sufis gilt, dass man durch spirituelle Versenkung eine ähnliche Vertrautheit mit Allah erlangen kann, wie es den Propheten vergönnt war. Es geht diesen muslimischen Mystikern letztendlich um eine direkte Gotteserfahrung, um das gefühlsmäßige Erfassen der Immanenz Gottes in der Welt beziehungsweise um die Überwindung der Transzendenz Gottes. Für die islamischen Mystiker ist der sogenannte „Urvertrag Allahs mit der Menschheit" von herausragender Bedeutung (siehe Sure 7,172). Ziel der Sufis ist das Ideal des absoluten Gottvertrauens und der selbstlosen Gottesliebe. In den Augenblicken der Ekstase kann der Sufi seine Einheit mit dem Göttlichen in der Welt erfahren. Andererseits kann das übertriebene Gottvertrauen der Sufis, das auf der Vorstellung von der vollständigen göttlichen Determination des menschlichen Schicksals basiert, auch zu einer gewissen Passivität des Menschen führen. Der Sufismus predigt – und hierin ist er dem Hinduismus ähnlich – die Lehre von der Vernichtung des Selbst bzw. vom „Entwerden" des Individuums. Die Sufis entwickelten ein System des stufenweisen

Herausfließens (Emanation) aller Dinge aus Allah und eines Aufstiegs des Menschen aus Materie und Dunkelheit zurück zu Allah, wobei Allah von ihnen auch als göttliches Licht verstanden wird (siehe Sure 24,35, auch „Lichtvers" genannt). Die Vorstellung der Sufis von Gott und der Welt steht dem Monismus (einer Lehre von allem Seienden, das sich aus einem obersten Prinzip herleitet) nahe.

Die islamische Mystik, die den Anspruch erhebt, die Grenzen zwischen Gott und den Menschen aufheben zu können, wurde von der islamischen Orthodoxie zunächst vehement abgelehnt. Die Integration des Sufismus in die sunnitische Theologie gelang erst gegen Ende des 11. Jahrhunderts dem islamischen Gelehrten Mohammed al-Ghazali (1058–1111), der den Scharia-Islam der islamischen Religionsgelehrten *(ulama)* und die Mystik der Sufis organisch miteinander verbinden konnte. Im 12. Jahrhundert hat sich diese Verbindung der Ulama- mit der Sufi-Theologie im Islam als die dominante Theologie durchgesetzt und sie ist bis heute normativ geblieben. Al-Ghazali gilt seither als einer der einflussreichsten Gelehrten in der Geschichte des islamischen Denkens, der mit seiner Synthese die Grundlage für die heute noch geltende sunnitische Orthodoxie geschaffen hat. Al-Ghazali wollte sich nicht auf die menschliche Vernunft verlassen und sah in der frommen Intuition das beste Mittel, um zu religiöser Erkenntnis zu gelangen. In seiner Schrift „Widerlegung der Philosophie" (er hatte griechische Philosophie und insbesondere die aristotelische Logik studiert) bemühte er sich um eine Widerlegung der griechischen Lehren von der Ewigkeit der Welt, von der Unmöglichkeit eines Gottesbeweises aus der Schöpfung sowie von der Unmöglichkeit einer leiblichen Auferstehung. Ihm ging es weniger um eine rationale Auseinandersetzung mit der Theologie, sondern in erster Linie um eine religiöse Erneuerung der islamischen Gesellschaft von unten nach oben. Al-Ghazali hielt sich an das stufenweise voranschreitende Gestaltungsprinzip, das von den Sufis entwickelt worden war. Danach gibt es in der Existenz eines Muslims zwei Meilensteine: das Leben des islamischen Glaubensbekenntnisses im Diesseits und der Eingang ins Paradies im Jenseits. In diesem Schema hat das Diesseits gegenüber dem Jenseits eine völlig nachrangige Bedeutung und dient dem Gläubigen lediglich dazu, sich durch ein gottgefälliges Verhalten stufenweise für den Eingang ins Paradies zu qualifizieren. Mit unbedingtem Gottvertrauen soll der Mensch dabei seine Pflichten gegenüber Allah und gegenüber den Mitmenschen erfüllen und Sünden meiden, um sicher an sein Ziel, das Paradies, zu gelangen. Al-Ghazali bezeichnete den Lebenswandel des Propheten Mohammed als „Musterweg zu Allah", was dazu geführt hat, dass strenggläubige Muslime (wie z.B. die Mitglieder der missionierenden Tablighi-Jamaat-Bewegung) auch heute noch die Lebensweise des Propheten bis in letzte Details nachzuahmen versuchen. Im Grunde sehnen sich diese Muslime nach den Lebensumständen des 7. Jahrhunderts zurück, um ein Leben führen zu können, das weitestgehend dem des Propheten entspricht. Die Vorbildfunktion des Propheten für den Lebenswandel hat zwar bei den strenggläubigen Muslimen nicht dazu geführt, dass sie ihr Idol wie die Christen als Gott verehren, aber sie hat bei einem nicht unerheblichen Teil von ihnen einen übersteigerten Personenkult entstehen lassen, der nahe an eine Vergöttlichung heranreicht.

Der von den Sufis entwickelte Kult an Heiligengräbern wurde zu einem Markenzeichen des Sufi-Islam. Seit dem 13. Jahrhundert ist die Verehrung von Schreinen und heiligen Stätten ein volkstümlicher Brauch in der gesamten muslimischen Welt. Die wahabitische Bewegung, die diesen Heiligen-Kult verabscheut, schaffte den Sufismus deshalb in Saudi-Arabien ab, wo er bis heute verboten ist. Kemal Atatürk verbot 1925 die Sufi-Orden in der Türkei.

Heute ist der Sufismus in fast der gesamten islamischen Welt wieder sehr lebendig. So wird zum Beispiel in der pakistanischen Stadt Sehwan der Schrein des Sufi-Heiligen Lal Shabaz Qalandar verehrt, der jährlich von mehr als einer halben Million Pilger aufgesucht wird.

Darstellung des Sema-Rituals
der „Tanzenden Derwische"

beeindrucken. Dabei liegt es doch klar auf der Hand, dass es allein Allah war, der die Nacht und den Tag erschaffen hat. Sie [die ungläubigen Christen] behaupten, Gott habe einen Sohn gezeugt. Doch sie haben weder die Autorität noch einen Beweis für ihre Behauptung. Weil sie Lügen gegen Allah erdichten, wird ihnen [am Jüngsten Tag] eine harte Strafe zuteil 66 ff. Noah, dem Allah aufgetragen hat, ein Muslim zu sein, predigte zu seinem Volk [über den wahren Glauben], doch es wies seine Ermahnungen als unerträglich zurück und bezichtigte ihn der Lüge. Allah rettete ihn und die Seinen [vor der Sintflut] auf einem Schiff. Das Volk aber, von dem Noah abstammte, ließ Allah ertrinken 71 ff. Allah schickte Moses und Aaron mit deutlichen Zeichen zum Pharao und den Vornehmen an seinem Hofe. Die Ägypter waren jedoch hochmütig und ein verbrecherisches Volk und hielten die Zeichen [die Moses und Aaron vorführten] für offenkundigen Zauber. Der Pharao warf ihnen vor, sie wollten das ägyptische Volk von seinem althergebrachten Göttern ablenken und selbst die Führung im Land übernehmen. Er ließ ägyptische Zauberer kommen, doch Allah machte ihr Tun zunichte. Moses betete zu Allah, er möge die Reichtümer der Ägypter zerstören und dafür sorgen, dass sie weiterhin in ihrem Unglauben verharrten, damit Allah sie umso härter bestrafen könne.[246] Allah führte die Kinder Israel durch das [Rote] Meer. Der Pharao, der mit seinen Heerscharen die Kinder Israel verfolgte, bekannte sich, als er zu ertrinken drohte, im letzten Moment zu Allah. Allah ließ ihn am Leben, damit es [sein Schicksal] als eine Mahnung für alle nachfolgenden Generationen dienen solle 75 ff. Obwohl Allah den Juden [in Israel] ein sicheres Dasein beschert hatte, wurden sie unter sich, nachdem ihnen das Wissen [die Tora] offenbart worden war, [in Glaubensdingen] uneinig.[247] Am Tag der

[246] Der im Gebet von Moses geäußerte Wunsch folgt der koranischen Logik, dem Erzfeind zu wünschen, dass er im „Unglauben" verharre, damit ihm dann im Jenseits die Höchststrafe auferlegt werden kann.

[247] Vermutlich sind hier vor allem die theologischen Auseinandersetzungen zwischen den Juden mosaischen und christlichen Glaubens (letztere werden auch „Judenchristen" genannt) gemeint, die im 7. Jahrhundert in der jüdischen Diaspora auf der arabischen Halbinsel stattgefunden haben.

Auferstehung wird Allah entscheiden, wer von ihnen recht hatte 93. Das Volk, zu dem der [Prophet] Jona predigte, wurde gläubig und blieb deshalb von einer Strafe verschont 98. Allah hat es nicht gewollt, dass die gesamte Menschheit an ihn glaubt;[248] deshalb steht es dem Propheten nicht zu, ungläubige Menschen zum Glauben [an Allah] zu zwingen. Niemand kann an Allah glauben, es sei denn mit seiner Erlaubnis. Allah lässt seinen Zorn auf jene herab, die ihre Vernunft [auf der Suche nach dem richtigen Glauben] nicht gebrauchen wollen 99 f.[249] Es obliegt allein Allah, die Gläubigen zu retten 103. Allah hat den Propheten Mohammed aufgefordert, gläubig zu sein 104.

[248] Dieser Vers proklamiert eine gewisse Daseinsberechtigung auch von Nichtmuslimen (siehe im Zusammenhang mit der vom Islam akzeptierten Glaubensfreiheit, die sich allerdings nur auf Monotheisten beschränkt, auch Sure 2,256 und Sure 50,45).

[249] Die Entscheidung, wer an Allah glaubt und wer nicht, steht nach koranischer Auffassung allein Allah zu (siehe Sure 13,31). Gemäß dieser Auffassung ist der Mensch in seinen Entscheidungen, insbesondere wenn es sich um Glaubensfragen handelt, nicht autonom. Der koranische Hinweis in diesem Vers, sich auf der Suche nach dem richtigen Glauben seines Verstandes zu bedienen, ist mit der göttlichen Entscheidungshoheit nicht ganz in Einklang zu bringen, denn die legt fest, dass dem Suchenden auch sein Verstand nichts mehr nützen kann, wenn Allah sich gegen ihn entschieden hat.

Jean-Léon Gérôme, *Betende in Kairo*, **19. Jahrhundert**

11. Sure   „Hud"[250]   *Mekka*

Die Verse des Korans sind vollkommen. Der Koran lehrt, dass nur Allah allein angebetet werden darf und dass Mohammed der von Allah gesandte Verkünder der Offenbarung ist 1 f. Alles über den Menschen, seine Heimstatt und seine Aufenthaltsorte, wird in einem göttlichen Buch aufgezeichnet 6. Allah hat Himmel und Erde in sechs Tagen erschaffen. Die Ungläubigen halten die Prophezeiung von der Auferstehung von den Toten für einen [frei erfundenen] Zauberspruch 7. Mit dem Argument, dass Allah ihn weder mit finanziellen Mitteln ausgestattet noch ihm [permanent] einen Engel zur Seite gestellt hat, zweifeln die Ungläubigen [in der Stadt Mekka] an Mohammeds Berufung zum Propheten. Sie werfen ihm vor, er habe den Koran selbst erdichtet 12 f. Jenen [Ungläubigen], die nur das irdische Leben begehren, ermöglicht Allah im Diesseits ein prächtiges Leben; im Jenseits beschert er ihnen jedoch das Höllenfeuer 15 f.[251] Der Prophet kann kein Betrüger sein, weil er seine Berufung durch Allah mit dem Argument nachweisen kann, dass er die [endgültige] Offenbarung Allahs, der jene von Allah an Moses gesandte vorausging, erhalten hat. Wer dem Propheten nicht glaubt, der kommt ins Höllenfeuer 17. Wer über Allah Lügen verbreitet,[252] der wird von Allah verflucht und im Jen-

---

[250] In dieser Sure wird u.a. die Geschichte des Propheten Hud erzählt, den Allah zum Volk der 'Ad entsandt haben soll (siehe Vers 50 ff. dieser Sure). Weder der Prophet Hud noch das Volk der 'Ad konnte bisher historisch nachgewiesen werden.

[251] Diese Aussage beruht vermutlich auf der Tatsache, dass es vor allem die Wohlhabenden in Mekka waren, die Mohammed anfangs nicht als Propheten anerkannten. Außerdem könnte zu der Aussage auch die historische Tatsache beigetragen haben, dass das „ungläubige" byzantinische Volk zu Lebzeiten des Propheten Mohammed über einen weit höheren Lebensstandard verfügte als die Araber. Den Muslimen musste deshalb vermittelt werden, dass die „Ungläubigen", auch wenn sie im Diesseits materiell scheinbar erfolgreicher waren als die „Gläubigen", beim Jüngsten Gericht im Jenseits zu den Verlierern zählen würden. Diese Problematik ist heute, wo die „ungläubigen" westlichen Demokratien einen höheren Lebensstandard haben als die Völker in den meisten muslimischen Staaten, wieder sehr aktuell.

[252] Hierzu zählen aus muslimischer Sicht insbesondere jene, die Allah einen göttlichen Sohn andichten wollen.

seits doppelt bestraft 18ff. Wer an Allah glaubt und sich vor ihm demütigt, der darf für ewig im Paradies verweilen 23. Der von Allah gesandte Noah predigte seinem Volk, es solle außer Allah keinem anderen Gott dienen. Die Vornehmen des Volkes wandten sich jedoch von Noah ab, weil er nur ein [gewöhnlicher] Mensch aus ihrer Mitte [und kein Engel] war und weil er nach ihrer Auffassung mit seiner Offenbarung nur die gesellschaftliche Unterschicht ansprach. Sie forderten Noah auf, er möge seine Drohungen [das Strafgericht über die Ungläubigen] wahr machen [und damit seine Erwählung zum Propheten unter Beweis stellen], doch Noah erwiderte, das sei allein die Sache Allahs.[253] Auf Anweisung Allahs baute Noah ein Schiff, währenddessen die Vornehmen seines Volkes ihn verspotteten. Nachdem Allah Noah befohlen hatte, ein Paar von allen Tierarten, seine Familie und die kleine Schar der Gläubigen aus seinem Volke mit an Bord zu nehmen, brach eine Flut [die Sintflut] hervor. Alle, die sich nicht an Bord des Schiffes befanden, ertranken; darunter war auch der [ungläubige] Sohn Noahs, der sich trotz der Aufforderung seines Vaters geweigert hatte, das Schiff zu betreten, weil er lieber Rettung auf einem Berg suchen wollte. Wegen des Schicksals seines Sohnes haderte Noah mit Allah, doch Allah befahl ihm zu schweigen, damit er sich nicht auch noch versündige. Nachdem das Wasser wieder gesunken war, strandete das Schiff auf dem Berg al-Gudi und Allah sprach zu Noah: „Geh an Land! Du und die Geschlechter, die mit dir gerettet wurden, sind von mir gesegnet. Es kommen aber andere Geschlechter, denen ich ein Leben [im Diesseits] zwar ermögliche, die von mir jedoch im Jenseits hart bestraft werden" 25ff. Der Prophet Hud ermahnte das Volk 'Ad, keine Götzen anzubeten und sie nicht an die Seite Allahs zu stellen. Weil er keine Wunder als Zeichen von Allahs Allmacht vollbracht hatte, glaubte ihm das Volk nicht und hielt an seinen althergebrachten Göttern fest. Der Prophet predigte seinem Volk, dass sich kein Geschöpf auf Erden be-

[253] Das hier geschilderte Schicksal Noahs ähnelt dem des Propheten Mohammed, der sich in der ersten Phase seiner Mission nicht gegen die ablehnende Haltung vor allem der wohlhabenden Schicht in Mekka durchsetzen konnte.

wege, ohne von Allah gesteuert zu werden. Er prophezeite dem Volk 'Ad, dass Allah, wenn es ungläubig bliebe, ein anderes [gläubiges] Volk an seine Stelle setzen würde. Allah verfluchte und verstieß das Volk 'Ad bis an den Tag der Auferstehung; den Propheten Hud und diejenigen, die mit ihm gläubig waren, nahm er jedoch von seinem Fluch aus und rettete sie 50ff. Der Prophet Salih forderte das Volk Thamud auf, allein Allah zu verehren, aber es zweifelte an dem Wahrheitsgehalt seiner Worte und wollte von der Anbetung der Götter seiner Väter nicht ablassen. Auch warfen sie dem Propheten vor, dass er ihre Erwartungen, die sie in ihn gesetzt hätten, nicht erfüllt habe. Salih wies das Volk auf eine Kamelstute hin, die unter dem besonderen Schutze Allahs stehe, und ermahnte es, der Kamelstute nichts zuleide zu tun. Das Volk jedoch zerschnitt der Kamelstute die Sehnen und ergötzte sich an dieser Tat noch drei Tage lang. Nach Ablauf der drei Tage vernichtete Allah das [ungläubige] Volk Thamud [durch ein Erdbeben]; Salih und diejenigen, die mit ihm gläubig waren, wurden von ihm jedoch gerettet 61ff. Als Boten Allahs [drei Engel] Abraham aufsuchten, bewirtete er sie mit einem gebratenen Kalb.[254] Die Boten verkündeten ihm und seinem Weib [Sara] die Geburt ihres Sohnes Isaak und ihres Enkels Jakob, worüber sein Weib wegen ihres fortgeschrittenen Alters erschrak. Abraham begann mit den Boten, nachdem er sie als Gesandte Allahs erkannt hatte, über das Volk Lots [über das ein Strafgericht hereinbrechen sollte] zu streiten, weil er mit dem Volk Mitleid empfand. Doch der Befehl Allahs zur Bestrafung des Volkes [in Sodom und Gomorra] war bereits er-

---

[254] Das im Koran geschilderte Verhalten Abrahams gegenüber seinen unerwarteten Gästen wird mit dazu beigetragen haben, dass in der islamischen Welt die Gastfreundschaft einen sehr hohen Stellenwert hat. Ein gläubiger Muslim gibt eher sein letztes Hemd her, als dass er es seinem Gast an etwas mangeln ließe. Die arabische Gastfreundschaft, die der Autor im Nahen und Mittleren Osten und in den Maghreb-Staaten selbst erlebt hat, ist ein unbestreitbarer Pluspunkt der islamischen Gesellschaft. Die arabische Gastfreundschaft, die sich wohl zwangsläufig als ein überlebenswichtiger Brauch in den dünn besiedelten Wüstengebieten auf der arabischen Halbinsel entwickelt hat, wurde bereits in vorislamischer Zeit praktiziert. Sie wird drei Tage lang gewährt und darf auch dem ärgsten Feind nicht vorenthalten werden.

gangen und ihre Strafe somit unabwendbar 69 ff. Als die Boten zu Lot kamen, wurde er von den Bürgern der Stadt bedrängt, seine Gäste herauszugeben. Lot bot, um keine Schande[255] zu begehen, den Bürgern als Ersatz seine Töchter an, die jedoch sein Angebot nicht akzeptierten und auf die Herausgabe der Boten bestanden. Als die Boten die Verzweiflung Lots sahen, gaben sie sich ihm als Gesandte Allahs zu erkennen und rieten ihm, des Nachts zu fliehen und sich auf der Flucht nicht umzuschauen. Lot und die Seinen, mit Ausnahme seiner Frau, die zurückgeschaut hatte, wurden gerettet, während die Städte [Sodom und Gomorra] am folgenden Morgen durch das Herabfallen von brennenden Steinen der Vernichtung anheimfielen 77 ff. Der Prophet Schu'aib predigte im Auftrag Allahs dem Volk von Midian, allein Allah zu verehren und keine falschen Maße und Gewichte zu verwenden, und erinnerte es zur Warnung vor einer Bestrafung an das Schicksal jener [von Allah bestraften] Völker, zu denen die Propheten Noah, Hud, Salih und Lot gesandt worden waren. Das Volk von Midian wollte jedoch von den Göttern seiner Väter nicht ablassen und verkündete dem Schu'aib, dass es den Inhalt seiner Predigt nicht verstehen könne und ihn nur deswegen nicht steinigen werde, weil er einer angesehenen Sippe angehöre. Daraufhin vernichtete Allah das Volk der Midianiter [durch ein Erdbeben] und errettete seinen Propheten Schu'aib und diejenigen, die mit ihm gläubig waren. So wurden das Volk der Midianiter von Allah auf die gleiche Weise vernichtet, wie er auch das Volk Thamud ausgelöscht hatte 84 ff. Moses wurde mit Zeichen von Allahs Allmacht zum Pharao gesandt. Der Pharao war jedoch nicht weise und gab unkluge Befehle, denen die vornehmen Ägypter, die bei ihm standen, gehorchten. Am Tag der Auferstehung wird der Pharao deshalb seinem ägyptischen Volk auf dem Weg ins Höllenfeuer voranschreiten. So lastet der

[255] Hier wird die Gastfreundschaft gegenüber fremden Besuchern höher bewertet als die Unversehrtheit der eigenen Töchter. Man muss die hohe Wertschätzung der arabischen Gesellschaft für die Unberührtheit eines unverheirateten Mädchens kennen, um beurteilen zu können, wie hoch der Wert der Gastfreundschaft in diesem Vers, der eine Geschichte aus dem Alten Testament nacherzählt, vom Koran eingeschätzt wird.

Fluch Allahs auf dem Volk der Ägypter bis zum Jüngsten Tag 96 ff. Dies war die Kunde von den Städten [deren Bewohner Allah vernichtet hat]. Manche dieser [entvölkerten] Städte stehen noch, andere sind völlig zerstört worden.[256] Es war jedoch nicht Allah, der das Unheil über sie hereinbrechen ließ, sondern sie selbst waren es, die das Unheil über sich heraufbeschworen haben, weil sie Götzen anriefen, die ihnen überhaupt nichts nützen konnten 100. Die von Allah vernichteten Städte sind eine Mahnung für die Gläubigen, damit sie sich vor Allahs Strafe im Jenseits fürchten 102 f. Jene, die in der Hölle seufzen und schluchzen, bleiben dort für ewig, es sei denn, Allah beschließt es anders 106 f. Die Glückseligen im Paradies verbleiben dort ewig; aber auch für sie gilt die Einschränkung, dass Allah ihnen das Paradies nur gewährt, wenn er es will. Denn Allah, der Herr, tut nur das, was er will 108.[257] Moses erhielt von Allah die Schrift, über deren Auslegung im jüdischen Volk immer noch Uneinigkeit und Zweifel herrschen 110. Der Muslim soll sich nicht den Ungerechten zuwenden, weil er sonst im Jenseits vom Feuer der Hölle erfasst wird 113. Das Gebet [der Muslime] ist abends und morgens und in der Nacht [nach Sonnenuntergang] zu verrichten 114. Allah wollte nicht, dass die gesamte Menschheit dem wahren Glauben anhängt, denn es soll sein Wort in Erfüllung gehen, dass er die Hölle mit [ungläubigen] Geistern und Menschen füllen wird 118 f.

[256] Die Genozid-Beschreibungen im Koran ähneln jenen im Tanach und im alten Testament der Bibel (siehe: Josua 11,1, 1. Samuel 15 oder 2. Samuel 12).

[257] Es gibt für den Muslim auch beim vollständigen Einhalten der göttlichen Gebote keine Garantie für die Aufnahme ins Paradies. Allah kann, wenn er will, auch den gläubigsten Menschen in die Hölle verbannen. Auf die völlige Unabhängigkeit Allahs bei seinen Entscheidungen wird im Koran immer wieder hingewiesen. Diese letzte Unsicherheit trägt dazu bei, dass der strenggläubige Muslim fast wie ein Süchtiger nach Einhaltung der Gebote Allahs strebt, um alles Menschenmögliche zu leisten, damit Allah ihm vor dem Jüngsten Gericht sein Wohlwollen schenkt. Strenggläubige Muslime haben dem Autor in Pakistan erzählt, dass ein Muslim durch die Anzahl der Schritte, die er auf seinem Weg zur Moschee zurücklegt, „Pluspunkte" sammeln kann, wodurch sich seine Chancen für eine Aufnahme ins Paradies erhöhen. Um eine möglichst hohe Zahl solcher Pluspunkte zu erhalten, machen manche Muslime bei ihrem Gang zur Moschee möglichst kleine Schritte.

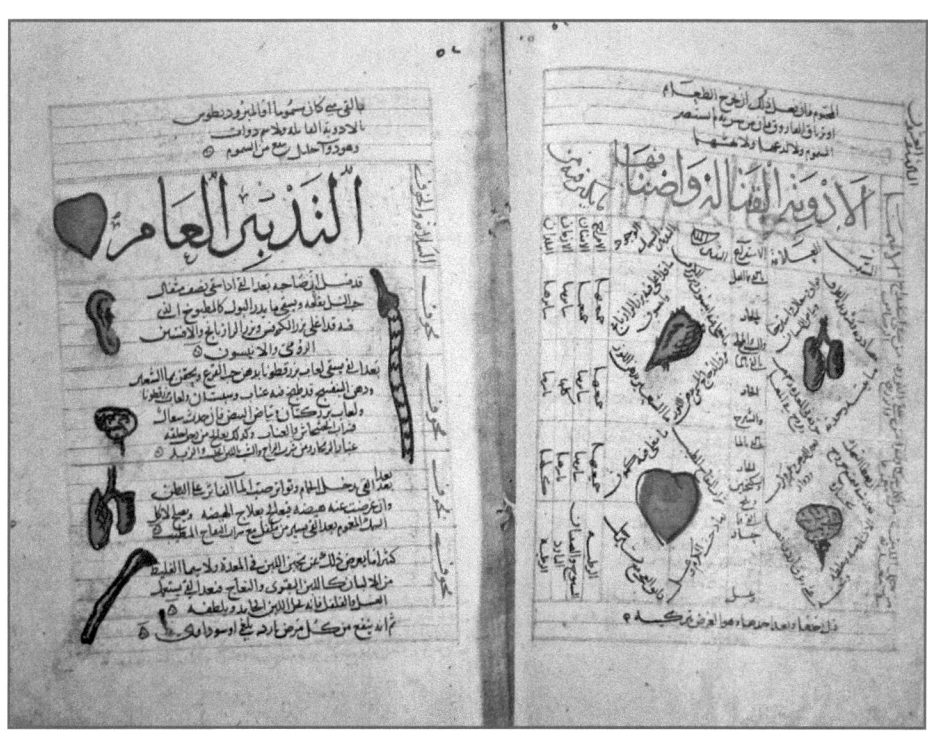

Canon medicinae des Avicenna aus dem 11. Jahrhundert[258]

[258] Avicenna (sein arabischer Name war „Ibn Sina") war ein persischer Arzt, Wissenschaftler und Philosoph, der von 980 bis 1037 lebte. Er hatte die Werke des Euklid und des Aristoteles studiert. Seine berühmteste Schrift, in der er griechische und arabische Medizinkenntnisse vereint, war sein „Kanon der Medizin" *(qanun at-tibb)*. Dieses umfassende Werk beinhaltet eine theoretische Abhandlung über Medizin, eine Auflistung von Arzneimitteln mit ihren Wirkungsweisen und außerdem Abhandlungen über Pathologie, Chirurgie, allgemeine Erkrankungen und die Herstellung von Heilmitteln. Im „Kanon" wird auch beschrieben, dass Tuberkulose ansteckend sei, dass Krebs durch das Entfernen des kranken Gewebes bekämpft werden könne, wie Ankylostomiasis (Hakenwurmkrankheit) zu behandeln sei und wie man bei einer oralen Anästhesie vorzugehen habe. Der Kanon wurde Mitte des 12. Jahrhunderts von Gerhard von Cremona in Toledo ins Lateinische übersetzt. An den medizinischen Fakultäten des Mittelalters gehörte er zu den Standardwerken der Studierenden; an der Universität von Montpellier war er seit 1309 Bestandteil des medizinischen Pflichtprogramms. Bis ins 17. Jahrhundert hinein blieb Avicennas „Kanon" ein Hauptwerk der medizinischen Wissenschaft in Europa.

12. Sure   „Joseph"[259]   *Mekka*

Allah hat den Koran in arabischer Sprache offenbart 2. Im Koran offenbart Allah die schönsten Geschichten 3. Joseph erzählte seinem Vater [Jakob] von seinem Traum, in dem elf Sterne, die Sonne und der Mond vor ihm niedergefallen seien. Sein Vater riet ihm, er solle seinen Traum nicht seinen Brüdern mitteilen, da sie es übel auffassen und eine List gegen ihn ersinnen könnten. Er prophezeite seinem Sohn, dass Allah ihn die Deutung der Träume lehren und seine Huld ihm und seinem Geschlecht zuwenden würde, so wie er es auch bei den Vorvätern Abraham und Isaak getan habe 4 ff. Die Geschichte von Joseph dient als Quelle für Rat suchende Gläubige 7. Weil Jakob seinen Sohn Joseph und dessen [jüngeren] Bruder [Benjamin] bevorzugte, beschlossen die älteren Brüder, Joseph zu töten oder in ein fernes Land zu vertreiben. Einer der Brüder [Ruben] setzte sich dafür ein, dass man Joseph nicht tötete, und so warf man Joseph stattdessen in einen tiefen Brunnen in der Hoffnung, Vorbeiziehende aus einer Karawane würden ihn später herausziehen. Dem Vater brachten die Brüder Josephs Hemd, das sie mit [tierischem] Blut getränkt hatten und sie logen ihn an, ein Wolf habe Joseph angefallen und getötet 8 ff. Reisende aus einer Karawane, die am Brunnen Rast machten, fanden Joseph in der Tiefe des Brunnens und verkauften ihn für nur wenige Münzen [als Sklaven] an einen Ägypter 19 ff. Als Joseph im Haus des Ägypters [Potifar] zu einem Mann heranwuchs, verlieh ihm Allah Weisheit und Wissen und lehrte ihn die Deutung der Träume 22. Die Frau des Ägypters versuchte Joseph zu verführen, doch der verweigerte sich, um nicht der Illoyalität [gegenüber seinem Auftraggeber] und Unsittlichkeit anheimzufallen und wandte sich stattdessen an Allah um Hilfe. Als Joseph aus ihrem Gemach floh, zerriss sie [um ihn festzuhalten] sein Kleid von hinten. Ihren Mann aber belog sie [indem sie behauptete, Joseph habe sie unsittlich bedrängt] und verlangte für Joseph eine

---

[259] In dieser Sure wird die biblische Josephslegende (1. Mose 37–50) leicht abgeändert nacherzählt.

harte Gefängnisstrafe. Als der Ägypter sah, dass das Hemd von hinten und nicht von vorn zerrissen war, erkannte er, dass es sich um einen mit weiblicher List geplanten Anschlag [gegen die Keuschheit Josephs] handelte und dass seine Frau ihn belogen hatte. Er befahl ihr, sie solle um Vergebung ihrer Sünden bitten [und behielt Joseph weiterhin als Diener in seinem Haus] 23 ff. Unter den Frauen der Nachbarschaft wurde die Verliebtheit [der Frau des Potifar] zu einem Stadtgespräch. Als die Frau des Potifar von diesen Ränken hörte, lud sie die Nachbarsfrauen zu einem Gastmahl in ihr Haus ein und führte ihnen Joseph vor. Als die Frauen Joseph erblickten, schnitten sie sich vor Erregung mit ihrem Besteckmesser in die Hände und riefen aus, dass es sich bei Joseph wohl um keinen Menschen, sondern eher um einen Engel handeln würde. Daraufhin bat Joseph seinen ägyptischen Herren, er möge ihn lieber ins Gefängnis werfen, denn er wolle nicht weiter von den ägyptischen Frauen in Versuchung geführt werden und sich dadurch versündigen. Der Ägypter entsprach der Bitte Josephs und ließ ihn einkerkern 30 ff.[260] Im Gefängnis stießen zu Joseph zwei junge Männer als Zellengefährten. Sie erzählten ihm von ihren Träumen, die sie selbst nicht deuten konnten. Der eine hatte sich Wein auspressen sehen, der andere sah sich auf dem Kopf Brot tragen, von dem die Vögel fraßen. Joseph erzählte ihnen, bevor er ihre Träume deutete, dass er jene Gesellschaft [im Haus des Potifar] verlassen habe, da sie weder an Allah noch an ein ewiges Leben im Jenseits glauben würde. Seine Religion sei die Religion seiner Vorfahren Abraham, Isaak und Jakob, und er forderte seine Zellengenossen auf, vom Götzenglauben abzulassen, um allein Allah zu dienen. Danach deutete er ihre Träume und prophezeite ihnen, dass der eine [der Mundschenk des ägyptischen Königs] seinem Herren wieder Wein einschenken und der andere

[260] Die koranische Josephslegende weicht in manchen Details von biblischen ab. So erzählt 1. Mose 39,19 f., dass Potifar, als er von seiner Frau über den Vorfall in ihrem Schlafzimmer hörte, sehr zornig wurde und Joseph sofort ins Gefängnis werfen ließ. Der Koran berichtet dagegen, dass Potifar Joseph erst auf sein eindringliches Bitten hin ins Gefängnis schickte.

[der Bäcker des ägyptischen Königs] hingerichtet werde. Jenen, dem er prophezeit hatte, er würde aus dem Gefängnis entlassen werden, bat Joseph, er möge sich in der wiedergewonnenen Freiheit seiner erinnern und seinem zukünftigen Herren von ihm erzählen 36 ff. Der ägyptische König träumte von sieben fetten Kühen, die von sieben mageren Kühen gefressen wurden, und von sieben grünen und sieben dürren Ähren. Er fragte die Vornehmen an seinem Hofe, ob ihm einer die Träume deuten könne, doch keiner war dazu in der Lage. Josephs ehemaliger Zellengenosse erinnerte sich an ihn [und an seine Traumdeutungen] und besuchte Joseph in seinem Kerker. Joseph deutete die Träume des Königs und prophezeite, dass man in Ägypten sieben Jahre lang gute Ernten einfahren werde und dass danach sieben magere Jahre kämen, in denen man von den vorher gehorteten Vorräten zehren müsse. Als der Mundschenk dem König von der Deutung des Joseph berichtete, rief dieser aus: Bringt ihn zu mir! Als der Bote des ägyptischen Königs Joseph aus seinem Kerker holen wollte, schickte dieser ihn jedoch mit der Bitte zum König zurück, er möge vorher den Vorfall mit der Frau seines ehemaligen Herren [Potifar] und ihren Gefährtinnen [deretwegen er ins Gefängnis gekommen sei] untersuchen lassen. Der König ließ die Frauen holen und stellte sie zur Rede. Da gestand die Frau des Potifar, dass sie versucht habe, Joseph zu verführen und dass er unschuldig sei. Nun sandte der König erneut seinen Boten zu Joseph und ließ ihn zu sich holen. Der König schenkte Joseph sein Vertrauen und machte ihn zum Verwalter der ägyptischen Schatzkammer. Auf diese Weise verlieh Allah Joseph Macht im Land [Ägypten]. Aber der Lohn im Jenseits ist für den Menschen noch sehr viel größer als jener auf Erden 43 ff. Die Brüder Josephs kamen [wegen einer Hungersnot in Palästina] zu Joseph [nach Ägypten] und er erkannte sie sogleich; sie ihn aber nicht. Joseph versorgte sie mit Nahrungsmitteln, aber er stellte zur Bedingung, sie sollten ihren Bruder [Benjamin], der beim Vater [in Palästina] verblieben war, herbeischaffen. Insgeheim ließ Joseph die Waren [mit denen seine Brüder die Nahrungsmittel bezahlt hatten] wieder in ihre Satteltaschen stecken. Zurück in Palästina, baten die Brüder Josephs ihren Vater, er möge seinen Sohn [Benjamin] mit ihnen [nach Ägypten] ziehen lassen. Jakob willigte ein, nachdem er sich von seinen Söhnen beim Namen Allahs das feste Versprechen hatte geben lassen, dass sie den Sohn [Benjamin] sicher wieder zurückbringen würden 58ff. Als die Brüder Josephs [diesmal mit Benjamin] erneut vor Joseph [in Ägypten] traten, befahl er, sie mit allen Gütern, um die sie baten, auszurüsten, seinem [jüngeren] Bruder [Benjamin] ließ er jedoch den Trinkbecher des ägyptischen Königs in die Satteltasche legen. Danach ließ er durch seinen Herold ausrufen, dass die jüdischen Kameltreiber sich des Diebstahls schuldig gemacht hätten. Zur Rede gestellt, beteuerten die Brüder Josephs ihre Unschuld, doch man fragte sie, was mit demjenigen geschehen solle, bei dem man den Trinkbecher des Königs finden würde. Sie antworteten, er solle als Sklave in Ägypten bleiben; eine solche Bestrafung sei auch bei ihnen Brauch. Bei der Durchsuchung fand man den Becher in der Satteltasche des jüngeren Bruders [Benjamin]. Um ihrem greisen Vater den Gram zu ersparen, baten die Brüder Joseph, er möge einen anderen [als Benjamin] in Ägypten zurückbehalten, doch Joseph ging nicht darauf ein. Die Brüder beratschlagten sich untereinander und der Älteste von ihnen [Ruben] entschloss sich, ebenfalls in Ägypten zurückzubleiben.[262] So zogen die Brüder Josephs ohne zwei ihrer Brüder zurück zu ihrem Vater [nach Palästina]. Als Jakob von dem neuen Missgeschick hörte, wandte er sich von seinen Söhnen ab und seine Augen wurden trüb vor Trauer. Jedoch sein Glaube an die Barmherzigkeit Allahs verhieß ihm, dass er seine verloren gegangenen Söhne einst lebendig wiedersehen würde. Jakob schickte seine Söhne erneut nach Ägypten und gab ihnen den Auftrag, nach dem Schicksal von Joseph und seinem Bruder [Benjamin] zu forschen. Als die Brüder erneut vor Joseph traten, gab er sich ihnen zu er-

[262] Im Alten Testament war es nicht Ruben, der älteste Sohn Jakobs, sondern Juda, der in Ägypten zurückbleiben wollte (siehe 1. Mose 44,18ff.). Joseph gab sich seinen Brüdern im Alten Testament bereits vor ihrer zweiten Heimreise zu erkennen, sodass sie ihren Vater schon bei der zweiten Heimkehr aus Ägypten vom Überleben seines Lieblingssohnes Joseph berichten konnten (1. Mose 45,1).

kennen und bat sie, seinen Vater mitsamt der ganzen Sippschaft nach Ägypten zu holen. Die Brüder riefen aus: „Allah hat dich wahrhaftig uns vorgezogen", und baten Joseph um Vergebung. Joseph jedoch beschuldigte den Satan, Zwietracht zwischen ihm und seinen Brüdern gesät zu haben, und gab ihnen sein Hemd mit auf die Reise mit der Bitte, es seinem Vater auf das Gesicht zu legen, damit er wieder sehen könne. Nachdem er die frohe Botschaft [vom Schicksal seiner Söhne] erhalten hatte, legte sich Jakob das Hemd auf sein Gesicht und konnte wieder sehen. In Ägypten angekommen, warf Jakob sich vor dem Thron seines Sohnes Joseph nieder, wodurch das, was Joseph in seiner Kindheit geträumt hatte, in Erfüllung ging. Joseph bat Allah darum, er möge ihn als Ergebenen Allahs sterben lassen und mit den Rechtschaffenen [im Paradies] vereinen 81ff. Die meisten Menschen werden nicht [an Allah] glauben, auch wenn der Prophet es sich noch so sehr wünscht 103.[263] Der Prophet soll die ganze Menschheit ermahnen und keinen Lohn dafür verlangen 104. Himmel und Erde sind voller Zeichen [die auf Allah als den einzigen Gott hinweisen], doch die meisten Menschen glauben trotzdem neben Allah auch an andere Götter, die sie ihm zur Seite stellen. Allah wird sie hart dafür bestrafen 106. Auch jene Propheten, die vor Mohammed von Allah entsandt worden sind, waren nur gewöhnliche Männer aus dem Volke. Auch sie durchlebten [wie Mohammed] Phasen, in denen sie an dem Erfolg ihrer Mission zweifelten. Doch in diesen [schwierigen] Momenten kam Allah ihnen zur Hilfe 109f.[264] Die von Allah herabgesandte Offenbarung ist nicht von Menschen erdichtet worden. Sie bestätigt das, was Allah den Menschen in früheren Offenbarungen mitgeteilt hat 111.

---

[263] Dieser Vers widerspricht dem Anliegen jener Islamisten, die die ganze Menschheit unter dem Banner des Islam vereinen wollen.

[264] Dieser Vers weist indirekt darauf hin, dass Mohammed Phasen des Selbstzweifels und der Resignation durchlebt hat.

13. Sure „Der Donner"[265] *Mekka* oder *Medina*[266]

Der von Allah vorgezeichnete Lauf der Gestirne ist ein deutlicher Beweis seiner Allmacht 2. Nachdenkliche Menschen finden in der Natur ummissverständliche Hinweise auf Allah, den Schöpfer des Himmels und der Erde 3 f. Es gibt Menschen, die nicht an die Auferweckung der Toten und nicht an Allah glauben wollen. Sie kommen in das ewige Feuer 5. Allah ist stets bereit, den Menschen [wenn sie ihren Unglauben bereuen] trotz ihrer Missetaten zu verzeihen 6. Die Ungläubigen [Araber] fordern von Mohammed zum Beweis seiner Bevollmächtigung als Prophet Wunderzeichen. Mohammed ist aber von Allah lediglich dazu berufen worden, die Menschen in seiner Eigenschaft als Prophet [vor dem Jüngsten Gericht] zu warnen [und nicht, um ihnen Wunder vorzuführen] 7. Allah ändert die Lage eines Volkes nur dann [zum Besseren], wenn sich die Herzen ihm zugewendet haben 11. Die Blitze aus den dunklen Wolken kommen von Allah. Er trifft mit seinen Blitzen, wen er will. Der Gewitterdonner ist eine Lobpreisung seiner Herrlichkeit 12 f. Allah allein gebührt das Gebet der Menschen. Fremde Götter anzubeten ist genauso nutzlos wie der Versuch, Wasser mit [gespreizten] Händen zu schöpfen, um es zum Mund zu führen 14. Wer sich in den Himmeln [als Engel] und auf Erden [als Mensch] befindet, wirft sich morgens und abends freiwillig oder unfreiwillig[267] zur Anbetung Allahs nieder 15. Allah ist der Schöpfer aller Dinge 16. Irdische Güter, ob Schmuck oder Geräte, vergehen wie die Blasen des Schaums 17. Nur diejenigen, die Verstand haben, glauben dem Propheten und lassen sich ermah-

[265] In Vers 12 f. dieser Sure wird der Gewitterdonner erwähnt.

[266] Bei einigen Suren ist es historisch ungesichert, ob sie in Mekka oder in Medina entstanden sind.

[267] Es ist unter Koranauslegern umstritten, was gemeint ist, wenn Betende sich unfreiwillig niederwerfen. Es könnten „Ungläubige" gemeint sein oder jene, die nicht aus freiem Willen, sondern einem inneren Zwang folgend, sich zum Gebet niederwerfen. Dass man hier die „Ungläubigen" im Sinn hatte, erscheint eher unwahrscheinlich, denn der Koran lehnt die Zwangsbekehrung eindeutig ab (siehe Sure 2,256 und Sure 50,45).

nen. Sie halten fest an dem Bündnis mit Allah, sie verrichten ihr Gebet, spenden von ihrem Vermögen und wehren das Böse ab. Sie werden, wie ihre [gläubigen] Eltern, Frauen und Kinder, in die Gärten Edens eingehen. Wer jedoch den Bund, den er mit Allah geschlossen hat, wieder bricht, dessen Wohnstatt wird die Hölle sein 19 ff. Das diesseitige Leben ist im Vergleich mit dem jenseitigen nur ein flüchtiges Gut 26. Man soll seinen Glauben Allah zuwenden, ohne vom Propheten Wunderzeichen [zum Nachweis seiner Vollmacht als Gesandter Allahs] zu verlangen 27. Selbst wenn der Koran Berge versetzen, die Erde spalten oder Tote sprechen lassen könnte, gäbe es Menschen, die nicht an Allah glauben würden. Es liegt nicht in Allahs Interesse, dass alle Menschen dem wahren Glauben anhängen. Die Entscheidung, wer gläubig wird und wer nicht, liegt allein bei Allah und es ist nicht seine Absicht, allen Menschen den rechten Weg zu weisen. Allah hält sein Versprechen, dass er die Ungläubigen bestrafen wird 31. Allah gewährt den Ungläubigen im Diesseits eine Lebensfrist und bestraft sie dann hart im Jenseits 32. Die Ungläubigen verehren neben Allah andere Götter. Allah belässt sie in ihrem Wahn. Wen Allah in die Irre leitet, den kann niemand mehr auf den rechten Weg zurückführen. Sie werden bereits im Diesseits, aber noch härter im Jenseits bestraft und niemand kann sie vor Allahs Strafe schützen 33. Während im Paradies, wo die Gläubigen sich aufhalten, Bäche fließen, Früchte wachsen und es immerwährenden Schatten gibt, ist der Lohn der Ungläubigen das [ewige] Höllenfeuer 35. Unter den Schriftbesitzern gibt es einige, die Teile aus der Offenbarung leugnen [bzw. verfälscht haben]. Deshalb [um eine erneute Verfälschung der Offenbarung zu verhindern] wurde der Koran in arabischer Sprache hinabgesandt. Wer, nachdem er Wissen[268] durch den Koran erlangt hat, den Fälschern der [alten] Schriften glaubt, den kann niemand vor der Strafe Allahs beschützen 36 f. Gesandte Allahs können aus eigenem Ermessen keine Wunder vollbringen, es sei denn auf Allahs Geheiß. Alles, was sich ereignet, geschieht

---

[268] Mit dem Begriff „Wissen" meint der Koran nicht Erkenntnisse aus dem Bereich der Naturwissenschaften, sondern stets das Wissen über das kommende Jüngste Gericht und die Gebote Allahs.

zu einem von Allah vorherbestimmten Termin 38.[269] Es liegt bei Allah allein, Teile der Offenbarung zu löschen oder bestehen zu lassen. Die Urschrift[270] der Offenbahrung [des Korans] wird bei Allah aufbewahrt 39. Das Schmieden von Plänen [die dann mit absoluter Sicherheit umgesetzt werden] ist allein Allahs Sache 42. Die Ungläubigen behaupten, Mohammed sei von Allah nicht als Prophet entsandt worden, dabei genügt es als Nachweis, dass Allah Zeuge dieser Entsendung ist 43.

[269] Hier wird das dem Menschen von Allah zugeteilte, unabänderliche Los erwähnt *(qisma)*, das bei strenggläubigen Muslimen einen gewissen Fatalismus hervorruft.

[270] Die Urschrift des Korans wird von den Arabern *umm al-kitab* (Mutter des Buches), genannt.

Islamische Darstellung von Abraham

14. Sure   „Abraham"[271]   *Mekka*

Der Koran ist ein Führer aus der Finsternis zum Licht 1. Wehe den Ungläubigen, die das Leben im Diesseits dem Leben im Jenseits vorziehen; sie werden schrecklich bestraft 2 f. Die Propheten sprechen die Sprache jener Völker, zu denen Allah sie gesandt hat. Sie haben die Aufgabe, die Völker über ihre religiösen Pflichten[272] aufzuklären 4. Moses verkündete seinem Volk, dass sein Leiden in Ägypten, wo man seine Söhne abgeschlachtet hatte, eine von Allah auferlegte schwere Prüfung gewesen sei 6. Allah ist auf keinen einzigen Gläubigen angewiesen 8.[273] Das Volk Noahs und die Völker 'Ad und Thamud glaubten nicht den Worten der zu ihnen gesandten Propheten, weil diese gewöhnliche Menschen wie sie selbst waren [und keine Engel]. Sie forderten von ihnen deutliche Beweise [für ihre Vollmacht als Propheten] und verehrten weiterhin die von ihren Vätern ererbten Götter. Da die Propheten über keine Macht verfügten, Wunder [als Beweise] zu vollbringen, drohte man ihnen mit ihrer Vertreibung. Da sprach Allah zu seinen Propheten: „Die Frevler werde ich vernichten und ihr [entvölkertes] Land von Gläubigen bewohnen lassen" 9 ff. Die Anführer der Ungläubigen werden in der Hölle Eiter trinken müssen und kein Tod wird sie von ihren Qualen erlösen 15 ff. Allah, der Schöpfer von Himmel und Erde, kann die Menschen jederzeit [wenn er mit ihnen unzufrieden ist] hinwegfegen und durch neu erschaffene Men-

[271] Abraham, der Vater von Ismail, wird in Vers 35 ff. dieser Sure erwähnt. Er wird im Islam als Ur-Muslim verehrt.

[272] Es gibt im Islam fünf religiöse Hauptpflichten (auch die „Fünf Säulen des Islam" genannt): 1. Das Glaubensbekenntnis *(schahada)*: „Es gibt keinen Gott außer Allah und Mohammed ist der Gesandte Allahs"; 2. fünfmal täglich das Ritualgebet *(salat)* verrichten, bei dem Koransuren auf Arabisch rezitiert werden; 3. das Bezahlen der Sozialabgabe *(zakat)*, wodurch das verbleibende Vermögen des Zahlenden „gereinigt" wird; 4. im Monat Ramadan fasten *(saum)* und 5. mindestens einmal im Leben nach Mekka pilgern *(haddsch)*, sofern man finanziell und körperlich dazu in der Lage ist.

[273] Der Koran weist immer wieder darauf hin, dass derjenige, der an Allah glaubt, damit sich selbst und nicht Allah einen Gefallen tut.

schen ersetzen. Das ist für ihn keineswegs schwer 19 f. Der Satan kann die Menschen zwar zum Unglauben aufrufen, aber er hat keine absolute Gewalt über sie; wenn sie ihm folgen, ist es ihre eigene Schuld. Vor dem Höllenfeuer kann der Satan sich und die Ungläubigen nicht schützen. Selbst der Satan weist es weit von sich, wenn die Ungläubigen ihn gleichberechtigt an die Seite Allahs stellen wollen 22. Die [offenbarten] Worte Allahs sind wie ein Baum, der mit Wurzeln fest verankert ist und dessen Zweige bis zum Himmel ragen. Er trägt Früchte zu jeder Zeit 24. Die Ungläubigen, die Allah Nebenbuhler [andere Götter] an die Seite stellen, lässt Allah eine Weile [im Diesseits] gewähren und sich vergnügen, bevor er sie [im Jenseits] ins Höllenfeuer schickt 30. Die Gläubigen sollen ihre Gebete verrichten und von ihrem Vermögen spenden und sich damit auf jenen [Jüngsten] Tag vorbereiten, an dem Allah mit sich [über die Vergebung der Sünden] nicht mehr handeln lässt und niemand den Ungläubigen mehr beistehen kann 31. Allah lässt Wasser aus den Wolken hernniederregnen und hat den Menschen Himmel und Erde, Sonne und Mond, Tag und Nacht, die Schiffe auf dem Meer und die Flüsse dienstbar gemacht; doch dessen ungeachtet sind die Menschen frevelhaft [ungläubig] und undankbar 32 ff. Abraham hat Allah gebeten, die Stadt [Mekka] in eine Stätte des Friedens zu verwandeln und ihn und seine Nachkommen vor der Anbetung der [dort aufgestellten] Götzen zu bewahren. Einen Teil seiner Nachkommen[274] hat Abraham in einem unfruchtbaren Tal nahe bei Allahs heiligem Haus [der Kaaba] angesiedelt, damit sie dort das Gebet verrichten können 35 ff. Allah hat Abrahams Gebete erhört und ihm trotz seines hohen Alters die Söhne Ismail und Isaak geschenkt 39. Abraham hat Allah [vergeblich] um die Vergebung der Sünden seiner [ungläubigen] Eltern gebeten 41. Wenn die Ungläubigen im Diesseits augenscheinlich ungestraft bleiben, dann soll der Gläubige bedenken, dass sie am Jüngsten Tag ihre Strafe erhalten werden 42. Die Gläubigen [Nachkommen Abra-

[274] Hier sind jene Nachkommen Abrahams gemeint, die von seinem verstoßenen Sohn Ismail, den ihm die Ägypterin Hagar geboren hatte, abstammen. Die Araber definieren sich als Nachkommen Ismails.

hams] werden die Länder der [von Allah vernichteten] ungläubigen Völker bewohnen 45. Allah hält sein Versprechen gegenüber seinen Gesandten und wird am Tag des Jüngsten Gerichts, wenn Erde und Himmel sich verwandeln, an den Ungläubigen Vergeltung üben 47 f. Am Jüngsten Tag wird man die Sünder in Ketten gelegt, mit geteerten Hemden bekleidet und mit Flammen, die auf ihren Gesichtern lodern, sehen können 49 f.

Die Sabäer

Das Reich von Saba wurde im 8. Jahrhundert von den semitischen Sabäern im Südwesten der Arabischen Halbinsel auf dem Gebiet des heutigen Jemen gegründet. Wirtschaftliche Grundlage des Landes waren die Landwirtschaft und der Weihrauchhandel. Der Handel mit Weihrauchharz wurde von Marib, der Hauptstadt des Sabäer-Reiches, aus gesteuert. Die Handelsroute (auch „Weihrauchstraße" genannt) begann in der Provinz Dhofar im Süden des heutigen Omans, wo die Weihrauchharze geerntet wurden und führte auf dem Landweg über Mekka und Petra (im heutigen Jordanien) nach Gaza und Damaskus. Nachdem die Ptolemäer im 1. Jahrhundert v. Chr. den Seeweg von Ägypten nach Südarabien erschlossen hatten, wodurch der Weihrauchhandel sich vom Land auf das Meer verlagerte, begann im Reich von Saba der wirtschaftliche Niedergang. Im Jahr 525 eroberten die christlichen Abessinier mit Unterstützung von Byzanz das Reich von Saba und degradierten es zu einem abessinischen Vasallenstaat. Von ca. 535 bis etwa 581 herrschte im Jemen König Abraha, der mit einer christlichen Streitmacht im Jahr 570 – dem vermutlichen Geburtsjahr des Propheten Mohammed – vergeblich die Stadt Mekka belagerte (siehe Sure 105). Ab dem Jahr 575 geriet der abessinische Vasallenstaat in die Abhängigkeit der persischen Sassaniden, die ihn im Jahr 598 als Provinz ihrem Reich einverleibten. Im Jahr 628 konvertierte der letzte persische Statthalter der Provinz Saba zum Islam.

15. Sure   „Das steinige Tal"[275]   *Mekka*

Es mag wohl sein, dass die Ungläubigen [wenn sie vor dem Jüngsten Gericht abgeurteilt werden] sich wünschen, sie wären [rechtzeitig im Diesseits] Muslime geworden. Doch die Ungläubigen sollen sich [im Diesseits] ruhig vom irdischen Leben ablenken lassen und sich in ihrer Hoffnung bestärkt fühlen, dass es kein ewiges Leben nach dem Tod gibt. Im Jenseits werden sie dann ihren fatalen Irrtum einsehen 2f.[276] In allen von Allah zerstörten Städten wurden die Bewohner zuvor gewarnt 4. Sie [die Bewohner von Mekka] beschuldigen Mohammed, ein Verrückter zu sein, und werfen ihm vor, dass er keine Engel in seiner Begleitung habe. Aber Allah entsendet nur Engel, wenn es triftige Gründe dafür gibt 6 f. Allah hat den Koran offenbart und er wacht über die Einhaltung seiner Gebote 9. Alle Propheten wurden von den Menschen, zu denen Allah sie entsandt hat, verspottet 11. Allah hat den Himmel aufgetürmt und ihn mit Sternen geschmückt. Den Bereich des Himmels schützt Allah vor dem Einfluss des Satans 17.[277] Allah erschuf den Menschen aus trockenem Lehm und aus schwarzem Schlamm. Bevor er den Menschen formte, hat Allah die Geister aus den Flammen erschaffen, die aus der Glut auflodern 27 f. Nachdem Allah der menschlichen Form seinen Geist eingehaucht

[275] In einem felsigen Tal im Norden der Arabischen Halbinsel siedelte einst das Volk der Hidschr, das in Vers 80 ff. dieser Sure erwähnt wird.

[276] Hier wird deutlich, dass es dem Koran nicht unbedingt darum geht, allen Menschen durch intensive Missionsarbeit den Weg ins Paradies zu ebnen (wie es z. B. im Christentum der Fall ist; siehe den Missionsbefehl in Matthäus 28,18–20). Ähnlich wie im Judentum wird von Muslimen die eigene Religionsgemeinschaft als eine Art exklusiver Club der Auserwählten empfunden, in dem nicht die gesamte Menschheit Mitglied sein muss. Aus diesem Grund kennt weder das Judentum noch der Islam eine unbedingte Pflicht, „Ungläubige" zu missionieren. Im Koran werden Übertritte der „Ungläubigen" zum Islam zwar akzeptiert, aber die Initiative dazu muss von den Konvertiten selbst ausgehen (siehe Sure 9,11).

[277] Symbole für diesen Schutz vor dem Satan (auch *iblis* oder *schaitan* genannt) sind für den Muslim Sternschnuppen und Kometen (siehe Sure 37,8 f.).

hatte, forderte er die Engel auf, sich vor dem Menschen niederzuwerfen. Alle Engel gehorchten, außer Iblis [der spätere Satan], der sich weigerte, vor einer Gestalt aus Lehm und aus Schlamm niederzufallen. Da verfluchte Allah ihn bis zum Tag des Jüngsten Gerichts und befahl ihm, sich zu entfernen. Der Satan bat Allah [bevor er ging], er möge ihm auf Erden die Erlaubnis geben, die Menschen in die Irre zu führen. Allah gewährte ihm diese Bitte unter der Bedingung, dass er keine Macht über die Gläubigen haben solle, sondern nur über jene [Ungläubigen], die sich von ihm verführen ließen 29ff. Diejenigen, die sich vom Satan irreführen lassen, werden zur Hölle durch sieben Tore hindurchschreiten 44. Die Gottesfürchtigen werden im Paradies brüderlich[278] auf Ruhekissen beieinander sitzen und niemals Müdigkeit verspüren. Sie verbleiben im Paradies ewiglich 46ff. Von Allah gesandte Boten brachten dem Abraham die frohe Botschaft, dass ihm trotz seines hohen Alters ein hochbegabter Sohn geboren würde. Auf Abrahams Frage, was ihr [eigentlicher] Auftrag sei, antworteten die Boten, dass sie zur Bestrafung eines sündigen Volkes [in Sodom und Gomorra] entsandt worden seien. Von der Bestrafung [durch Allah] seien aber Lot und die [wenigen] Gläubigen in der Stadt, mit Ausnahme seiner Frau, ausgenommen 51ff. Als die Boten bei Lot und seinen [gläubigen] Anhängern eingetroffen waren, forderte das Stadtvolk von Lot die Herausgabe seiner Gäste. Um einer Schande [durch Verletzung des Gastrechts] zu entgehen, bot Lot den Stadtbewohnern die Herausgabe seiner Töchter an. Am nächsten Tag, bei Sonnenaufgang, vernichtete Allah die Stadt mit einem Regen aus brennenden Steinen. Dies ist eine Geschichte zur Ermahnung der Gläubigen 61ff. Auch die Waldbewohner[279] waren Sünder. Allah rächte sich an ihnen, indem er sie tot zu Boden streckte 78f. Das Bergvolk der Hidschr, die in Wohnungen lebten, die sie in den Fels

[278] Der Koran spricht fast ausschließlich die männlichen Gläubigen an. Zu Lebzeiten des Propheten Mohammed war der öffentliche Raum auf der Arabischen Halbinsel eine Domäne der Männer. Daran hat sich bis heute nicht sehr viel geändert.

[279] Hinter dieser Bezeichnung verbirgt sich das Volk der Midianiter.

hineingeschlagen hatten,[280] verleumdete den Gesandten Allahs als Lügner. Eines Morgens wurden die Hidschr [durch ein Erdbeben] von Allah vernichtet 80 ff. Allah offenbarte den Koran und legte dabei besonderen Wert auf die sieben Verse der ersten Sure 87.[281] Einigen Ungläubigen gewährt Allah auf Erden ein genussreiches Leben. Der Gläubige soll deshalb jedoch nicht trübsinnig werden [denn diese Ungläubigen werden ihrer Bestrafung im Jenseits nicht entgehen] 88. Wer behauptet, dass der Koran lauter Lügen enthält, wird [von Allah] bestraft 90 f. Der Gläubige soll Allah lobpreisen und sich vor ihm niederwerfen 99.

[280] Solche in den Felsen geschlagene Wohnungen kann man heute noch in Petra in Jordanien und in Mada'in Salih in Saudi-Arabien bestaunen.

[281] Die 1. Sure, *al-Fatiha*, muss bei jedem Ritualgebet gesprochen werden. Sie hat, ergänzt durch andere Suren, eine ähnliche Funktion wie das Vaterunser bei den Christen.

[282] Im Islam hat etwas der (protestantischen) Reformation Vergleichbares nicht stattgefunden. Das ist wohl mit ein Grund dafür, warum es im Islam zu keiner theologischen Aufwertung der beruflichen Arbeit (Martin Luther bezeichnete sie als „Gottesdienst") oder des wirtschaftlichen Erfolges (Jean Calvin sah in ihr einen „göttlichen Gnadenerweis") gekommen ist. Ein Pendant zur „protestantischen Ethik", die seinerzeit im Abendland eine wichtige Triebfeder für die Entstehung des „kapitalistischen Geistes" war, konnte sich bisher in nur wenigen islamischen Staaten etablieren (wie z. B. in der Türkei, in den Vereinigten Arabischen Emiraten und im Iran unter der Ägide des letzten Schahs).

Bau[282] eines Palastes, islamische Buchillustration, Herat/Afghanistan, 1495

16. Sure   „Die Bienen"[283]   *Mekka*

Allah sendet Engel aus, die den Propheten seine Offenbarungen überbringen. Die Propheten haben den Auftrag, die Menschen zu lehren, dass sie ausschließlich Allah anzubeten und zu fürchten haben 2. Das Vieh wurde von Allah erschaffen, um dem Menschen als Last- und Reittier und als Speise zu dienen 5 ff. Allah führt nicht alle Menschen auf den rechten Weg, sondern er lässt auch Menschen vom rechten Weg abkommen 9. Allah hat dem Menschen die Sonne, den Mond und die Sterne dienstbar gemacht 12. Die mannigfaltige Schöpfung, die der Mensch auf Erden vorfindet, ist dem Gläubigen ein Beweis für das Walten Allahs 10 ff. Auch das Meer mit seinem Reichtum an essbaren Fischen und Meeresschmuck [Korallen und Perlen] hat Allah dem Menschen dienstbar gemacht 14. Allah hat die Gestirne erschaffen, damit sie dem Menschen die Richtung weisen 16. Götzen können nichts bewirken, denn sie bestehen nur aus [von Allah] erschaffenem toten Material 20 f. Die Hochmütigen, die nicht an das Jenseits glauben und den Koran für eine Legende halten, werden am Tag der Auferstehung hart bestraft und bekommen zusätzlich einen Teil der Strafe von jenen auferlegt, die sie als Unwissende [zum Unglauben] verführt haben 22 ff.[284] Allah zerstörte einst den Bau der Hochmütigen 26.[285] Wer die Offenbarung als etwas Gutes bezeichnet und gute Werke tut, wird mit Gutem im Diesseits und mit noch mehr Gutem in Jenseits belohnt 30. Die Flammen der Hölle werden die Hochmütigen, die gehöhnt haben, es gebe weder ein Jenseits noch eine Hölle, von allen Seiten umschließen 34. Jene, die Vielgötterei betrieben haben, argumentieren [vor dem Jüngsten Gericht, ohne dass sie dadurch jedoch ihrer Strafe entgehen], dass

[283] In Vers 65 ff. dieser Sure werden Bienen erwähnt.

[284] Diese Aussage deckt sich nicht ganz mit anderen Hinweisen im Koran, nach denen niemand beim Jüngsten Gericht Teile der Straflast eines anderen übernehmen kann (siehe Sure 35,18).

[285] Manche Koranexegeten gehen davon aus, dass mit dem hier erwähnten „Bau" der Turm von Babylon gemeint sei. Dieser Vers könnte sich aber auch auf einen Monumentalbau der alten Ägypter beziehen.

sie und ihre Väter keine anderen Götter hätten anbeten können, wenn es Allah tatsächlich nicht gewollt hätte 35. Allen Völkern hat Allah einen Gesandten geschickt, der ihnen predigte, Allah zu dienen und die Götzen zu meiden 36. Wen Allah in die Irre führt, der ist endgültig verloren. Der Prophet soll sich um diese Verlorenen nicht mehr bemühen 37. An sein Versprechen, die Toten wieder aufzuerwecken, fühlt sich Allah gebunden 38. Wenn Allah spricht: „Es sei", so ist es 40. Diejenigen, die um ihres Glaubens willen ausgewandert sind, nachdem ihnen [im Machtbereich der Ungläubigen] Unrecht geschehen ist, werden im Diesseits und noch viel mehr im Jenseits belohnt 41.[286] Vor der Offenbarung des Korans hat Allah den Menschen schon andere Offenbarungen herabgesandt. Jene [Juden und Christen], die bereits Offenbarungen erhalten haben, können das bestätigen 43. So, wie die [mit der Sonne] wandernden Schatten auf Erden sich vor Allah niederwerfen, so sollen sich die Menschen und die Engel vor Allah niederwerfen 48 f. Die Gläubigen fürchten Allah und folgen seinen Befehlen. Sie beten neben Allah keinen zweiten Gott an 50 f. Allah gebührt die immerwährende Furcht der Gläubigen 52. In ihrer Not beten die Menschen zu Allah. Doch wenn Allah sie aus der Not befreit hat, wendet ein Teil dieser Menschen sich wieder den Götzen zu 53. Sie [die Götzendiener] behaupten, Allah habe eigene [göttliche] Töchter[287], obwohl sie es selbst als eine Schande empfänden, wenn ihnen [statt Söhnen] nur Töchter geboren würden 57 ff.[288] Wenn Allah alle Menschen für ihre Frevel sofort bestrafen würde, könnte niemand überleben und es würde keiner auf Erden übrig bleiben. Stattdessen gönnt er den Menschen eine Frist auf Erden, die vom Menschen weder verkürzt noch verlängert werden

[286] Der Prophet Mohammed hat seine ihm feindlich gesinnte Heimatstadt Mekka im Jahr 622 verlassen, um in Medina ungehindert seinen Glauben praktizieren zu können und um dort eine neue Anhängerschaft zu finden.

[287] Mit den hier erwähnten „Töchtern" könnten die altarabischen Gottheiten al-Lat, al-Uzza und Manat gemeint sein, die einst im vorislamischen (polytheistischen) Mekka durch Felsbrocken und Steine verehrt wurden.

[288] In diesen Versen wird den „Götzenanbetern" die arabische Gesinnung unterstellt, dass Töchter einen geringeren Wert als Söhne haben.

kann 61. Götzendiener dichten Allah Wesen [Töchter] an, die ihnen selbst [als Töchter statt als Söhne] zuwider wären 62. Allah hat, bevor er Mohammed [zu den Arabern] entsandte, andere Propheten zu den Völkern geschickt. Diese Völker ließen sich jedoch vom Satan verführen. Mohammed erhielt von Allah den Koran, damit er jenen, die zu früheren Zeiten die Schrift erhalten haben und die über Glaubensfragen streiten, den Willen Allahs erklären kann 63 f. Menschen mit Verstand erkennen in dem Regen, der die trockene Erde zum Erblühen bringt, in der Milch, in Rauschgetränken und in den Bienen, die sich ihre eigenen Behausungen bauen, einen Nachweis für das Walten Allahs 65 ff. Allah hat den Reichtum unter den Menschen unterschiedlich verteilt. Menschen, die durch Allahs Gnade wohlhabend geworden sind, sollen Sklaven, die sich in ihrem Besitz befinden, an ihrem Wohlstand teilhaben lassen 71. Allah hat für die Männer aus einem Körperteil des Mannes die Frauen erschaffen, damit sie ihnen Söhne[289] und Enkelkinder gebären 72. Der Mensch soll sich keine Gleichnisse von Allah machen 74.[290] Ein wohlhabender und freier Mann, der Almosen verteilt, hat vor Allah einen höheren Status als ein gewöhnlicher Sklave 75. Ein Mann, der unter den Menschen für Gerechtigkeit sorgt, wird von Allah mehr geschätzt als ein Mann, der stumm bleibt und nichts bewirkt 76.[291] Man soll Allah dafür danken, dass man geboren wurde und über Ohren, Augen und ein Herz [Verstand] verfügt 78. Allah schuf für die Gläubigen Häuser als Ruheplatz und Tierhäute für Zeltplanen. Außerdem schuf er das Material für Kleidung und für Panzerhemden zum Schutz der [gläubigen] Krieger 80 f. Wenn die Götzenanbeter am Jüngsten Tag vor Allah ihren Unglauben bereuen, werden sie auf die Götzen deuten und bekennen, diese angebetet zu haben. Die Götzen aber werden versuchen abzustreiten, dass sie sich als Götter haben verehren lassen 85 f.[292]

[289] Die Erwähnung von Töchtern, die der Koran im Vergleich zu Söhnen als minderwertig einschätzt (siehe Sure 4,7 ff. und Sure 17,40), unterbleibt hier.

[290] Das Gebot dieses Verses stimmt weitgehend mit dem zweiten der zehn Gebote (2. Mose 20,4) überein.

[291] Dieser Vers trägt zu der hohen Wertschätzung bei, die ein Rechtsgelehrter bzw. Mullah (abgeleitet von dem arabischen Wort *maula*, „Herr, Meister, Beschützer") im Islam genießt.

[292] Während an einer anderen Stelle dieser Sure die Götzen als tote Materie

Wer ungläubig war und andere vom Wege Allahs abgehalten hat, wird im Jenseits über das übliche Maß hinaus bestraft 88. Am Tag des Jüngsten Gerichts erwählt Allah aus jedem Volk einen Zeugen, der Zeugnis ablegen soll für die Taten der Auferstandenen. Für die auferstandenen Araber wird er Mohammed als Zeugen aufrufen 89. Allah gebietet den Gläubigen, freizügig gegenüber den eigenen Verwandten zu sein, und verbietet ihnen, sich an Abscheulichkeiten oder Gewalttaten zu beteiligen 90. Man soll nicht, wie jene Frau, die immer wieder ihre Webarbeiten auflöste,[293] einen Eid brechen, den man im Namen Allahs geschworen hat 92. Es entspricht nicht dem Willen Allahs, dass alle Menschen zu einer einzigen Gemeinschaft der Gläubigen werden sollen. Allah führt auf den rechten und auf den falschen Weg, wen er will.[294] Alle, die Rechtschaffenen und die Fehlgeleiteten, müssen sich dereinst für ihre Taten vor Allah rechtfertigen 93. Was auf Erden ist, das vergeht, was bei Allah ist, bleibt 96. Wer gute Werke tut und gläubig ist, sei es ein Mann oder eine Frau,[295] dem wird Allah ein gutes Leben im Diesseits und einen hoch bemessenen Lohn im Jenseits bescheren 97. Beim Lesen des Korans soll man sich vor den Einflüsterungen des von Allah verfluchten Satans hüten 98.[296] Der

beschrieben werden (siehe Verse 20f.), verleiht ihnen der Koran an dieser Stelle ein höchst lebendiges Sein.

[293] Die hier erwähnte Frau erinnert an die Griechin Penelope, die in Erwartung von Odysseus' Rückkehr ihr Eheversprechen gegenüber ihren zahlreichen Freiern nicht gehalten hat. Dass sich der Koran hier tatsächlich an die griechische Mythologie anlehnt, ist unwahrscheinlich, denn die Odyssee wurde erst um das Jahr 1900 durch einen libanesischen Christen ins Arabische übersetzt.

[294] Schon im vorislamischen Arabien war der Glaube weit verbreitet, dass das Schicksal des Menschen vollständig vor-

herbestimmt sei. Der Koran verhält sich in Bezug auf die Prädestination des menschlichen Schicksals ambivalent. Auf welche Weise sich die Vorherbestimmung des Schicksals mit menschlicher Entscheidungsfreihcit und Verantwortung vereinbaren lässt, bleibt im Koran weitgehend unbeantwortet (siehe Sure 2,164, auf die sich die muslimischen Rationalisten beriefen, und Sure 7,188, die die Fatalisten für ihre Argumentation heranziehen).

[295] Dies ist eine der wenigen Stellen im Koran, wo die Frau gleichwertig neben dem Mann angesprochen wird.

[296] Mohammed soll beim Vortragen der 53. Sure eine Blasphemie entfahren

Satan besitzt nur Macht über jene, die bei ihm Beistand suchen und die neben Allah auch andere Götter anbeten 100. Der [von Mohammed verkündete] Koran wurde von Allah durch den Geist der Heiligkeit[297] als heilige Wahrheit herabgesandt.[298] Die Sprache des Korans ist Arabisch 102 f. Wer Allah verleugnet, nachdem er geglaubt hat, auf dem lastet der Fluch Allahs und er wird hart [von Allah] bestraft. Ausgenommen von dieser Bestrafung sind jene, die zum Leugnen ihres Glaubens an Allah[299] gezwungen werden, jedoch in ihrem Herzen Allah die Treue halten 106. Den Ungläubigen hat Allah die Herzen, die Ohren und die Augen versiegelt 108. Wer, um seines Glaubens willen, von Ungläubigen verfolgt wurde und deshalb [aus seiner Heimat] ausgewandert und danach für Allah in den Kampf gezogen ist, dem wird die Barmherzigkeit Allahs zuteil 110.[300] Ein Gleichnis: Eine reiche Stadt, die Frieden und Si-

sein, als er von der Existenz von drei weiblichen Gottheiten sprach. Später hat er seine Aussage korrigiert und den ursprünglichen Inhalt seiner Aussage auf eine Verführung durch den Satan zurückgeführt. Die Verse, die Mohammed bei seiner angeblichen Entgleisung ausgesprochen haben soll, nennt man die „Satanischen Verse". In einer sehr umstrittenen These wird behauptet, dass Mohammed in einer frühen Phase seines Wirkens, als sich seine Religion noch nicht gefestigt hatte, bereit gewesen war, diese drei Gottheiten als „Töchter" Allahs in den Islam zu integrieren, um damit den Anbetern vorislamischer Gottheiten den Übertritt zum Islam zu erleichtern. Die Mekkaner verehrten insbesondere die Göttin al-Lat. Nach islamischer Überlieferung symbolisierte der „Schwarze Stein", der sich heute noch in der Außenmauer der Kaaba befindet, ursprünglich die Göttin al-Lat.

[297] Hier wird ein Begriff verwendet, der

dem zentralen Begriff „Heiliger Geist" im Christentum ähnelt. Der Koran meint hier jedoch den Engel Gabriel.

[298] Manche von Mohammeds Widersachern hegten den Verdacht, dass ihm der Korantext von einem jüdischen oder christlichen Gelehrten diktiert worden sei. Dem Rabbiner Abdallah Ibn Salam, einem Zeitgenossen Mohammeds, sagte man nach, er habe sich die Verse des Korans ausgedacht und sie dem Propheten mitgeteilt.

[299] Diese vom Koran gebilligte „Verstellung" heißt auf Arabisch *taqiyya*. Der erste, der sie angewendet haben soll, war Mohammed, als er in Mekka den Verfolgungen der „ungläubigen" Koreischiten ausgesetzt war. In späterer Zeit waren es vor allem Schiiten, die in sunnitischen Mehrheitsgesellschaften (z.B. in Pakistan und in Saudi-Arabien) ihren schiitischen Glauben verheimlichten.

[300] Als Vorbild für eine gelungene Aus-

cherheit genoss und der Allah einen Gesandten geschickt hatte, leugnete die Wohltaten Allahs. Allah bestrafte sie daraufhin mit einer Hungersnot und ließ sie vor Furcht erstarren 112 f. Der Verzehr von verendeten Tieren, Blut, Schweinefleisch und von Fleisch, das nicht unter Anrufung von Allahs Namen geschlachtet wurde, ist verboten. Wer jedoch von anderen dazu gezwungen wird, von verbotener Speise[301] zu essen, dem wird Allah verzeihen 115. Die gleichen Essensgebote, die für die Muslime gelten, galten einst auch für die Juden. Aber sie haben sich [indem sie eigenmächtig zusätzliche Essensgebote aufstellten][302] selbst Unrecht zugefügt 118. Allah lässt Gnade walten bei denjenigen, die Böses aus Unwissenheit verüben und danach bereuen und sich bessern 119. Abraham war ein von Allah Auserwählter. Er war standhaft im Glauben und kein Götzendiener und dient den Gläubigen als ein Vorbild für Rechtschaffenheit. Mohammed wurde von Allah aufgefordert, dem von Abraham eingeschlagenen Weg zu folgen 120 ff. Am Tag der Auferstehung wird Allah den Streit über den Sabbat entscheiden 124.[303] Der Prophet soll die Menschen [auch die Ungläubigen] mit seiner Weisheit und seinen guten Ermahnungen zum Dialog einladen und sie auf den Weg Allahs führen 125.[304] Die Schwere eines Racheaktes soll im Verhältnis stehen zur Schwere des vor-

wanderung dient dem Muslim die Flucht des Propheten Mohammed aus seiner Heimatstadt Mekka, die er dann später mit seiner in Medina rekrutierten Streitmacht für den Islam zurückerobert hat.

[301] Die Scharia verbietet dem Muslim den Verzehr folgender Dinge: Alkohol, Blut, Aas, Tiere, die selbst Fleischfresser sind (z. B. Schweine, Hunde und Katzen), Tiere, die geschlachtet wurden, ohne vollständig auszubluten, Fische ohne Schuppen (z. B. Aale).

[302] Siehe die Aufzählung „reiner und unreiner" Tiere in 3. Mose 11 sowie 17,10–16.

[303] Die Juden feiern ihren Sabbat am Samstag und die Judenchristen, die es auf der Arabischen Halbinsel zur Zeit Mohammeds noch gab, feierten ihn am Sonntag.

[304] Dieser Vers ist eine Einladung zum gewaltfreien interreligiösen Dialog. Er zielt allerdings nicht auf eine gegenseitige Tolerierung der religiösen Überzeugung ab, sondern hat das Ziel, „Ungläubige" durch eine kluge Argumentation vom Islam zu überzeugen.

ausgegangenen Verbrechens. Wer [als Opfer eines Verbrechens] jedoch eine böse Tat geduldig hinnimmt, der hat vor Allah ein größeres Ansehen 126.[305]

Der Felsendom[306] in Jerusalem[307]

[305] Dieser Koranvers wurde von Osama Bin Laden in einem Interview zitiert, das er im Oktober 2001 dem *Al Jazeera*-Korrespondenten Taysir Alluni in Kabul gegeben hat. Bezeichnenderweise hat er dabei den zweiten Teil des Verses in seinem Zitat unterschlagen.

[306] Der Felsendom in Jerusalem, der in den Jahren 691 und 692 von den Muslimen errichtet wurde, gilt als eines der ältesten Zeugnisse islamischer Baukunst (die blauen Kacheln stammen aus osmanischer Zeit). Der islamischen Überlieferung nach ist Mohammed von dem Felsen aus, der im Inneren des Domes zu sehen ist, mit seinem Pferd in den Himmel geritten. Der jüdischen Überlieferung nach soll Abraham auf dem gleichen Felsen seinen Sohn Isaak gefesselt haben, um ihn zu opfern.

[307] Das zum Byzantinischen Reich gehörende Jerusalem wurde von den Arabern im Jahr 638 erobert und ist nach Mekka und Medina der drittheiligste Ort des Islam. Die Juden, denen das Betreten der Stadt von den Römern ab dem Jahr 135 n. Chr. verboten war, erhielten unter muslimischer Herrschaft wieder Zutritt zu der von ihnen gegründeten Stadt.

Terminus *Kismet*

Das Wort *kismet* kommt aus dem Türkischen und bedeutet „das [dem Menschen von Allah] Zugeteilte [Schicksal]". Die Klärung des Nebeneinanders von göttlicher Fügung des menschlichen Schicksals einerseits und menschlicher Verantwortung für das eigene Schicksal andererseits war Auslöser eines bedeutenden Disputs in der frühen islamischen Theologie. Die Theologenschule der Qadariten, die im 7. und 8. Jahrhundert ihr Zentrum in Basra (im heutigen Irak) hatte, vertrat die Auffassung, dass der Mensch selbst für das Böse verantwortlich sei und dass deshalb das Übel in der Welt nicht einfach Allah zugeschrieben werden könne. Jeder Mensch sei von Gott zum Guten erschaffen worden, aber er sei auch frei, das Böse zu tun. Die Anhänger der Qadariten propagierten, dass jeder Mensch über eine eigene Selbstbestimmung und Verantwortung verfüge. Der Standpunkt der Qadariten – ihr Wortführer war al-Hassan-al-Basri, 642–728 – war wie folgt: Vorherbestimmt durch Allah seien lediglich der Todestermin, persönliche Vermögensverhältnisse, Heimsuchungen und gute Werke. Die Sünden dagegen stammten nicht von Gott, sondern hätten ihren Ursprung im freien Willen des Menschen oder im Wirken des Satans. Außerdem vertraten die Qadariten die Auffassung, dass die menschliche Vernunft in der Lage sei, die Schöpfung weitestgehend zu begreifen. Die Theologie der Qadariten wurde von den Omayyaden-Kalifen (661–750), die an einer autonomen Selbstbestimmung ihrer Untertanen kein Interesse hatten, unterdrückt. Aus der Qadariten-Schule entwickelte sich später die Schule der Mu'tazila, die griechisches Gedankengut aufnahm und ähnlich wie die Qadariten-Schule bereit war, die islamischen Glaubenssätze auf ihre Übereinstimmung mit der menschlichen Vernunft zu überprüfen. Vor allem aber sprach die Theologie der Mu'tazila dem Menschen eine größere Eigenverantwortung für sein Schicksal zu. Sie wurde unter den Abbasiden-Kalifen (750–1258) zur Staatsdoktrin erhoben und mithilfe einer Inquisition gegen alle Widerstände durchgesetzt. Die Gegenposition zu den Qadariten/Mu'taziliten vertraten die Anhänger der Qida-Schule, die von dem muslimischen Gelehrten Ibn Safwan im 8. Jahrhundert gegründet worden war. Die Qida-Schule ging von einer vollständigen Prädestination des menschlichen Schicksals aus und lehnte vehement den Gedanken ab, dass der Mensch sich durch einen freien Willen für das Gute oder Böse entscheiden könne. Im 12. Jahrhundert gelang es der muslimischen Orthodoxie, das Gedankengut der rationalen Mu'tazila-Schule aus der islamischen Theologie zu verbannen, wodurch es zu einem Wiederaufleben des altarabischen Fatalismus in der islamischen Gesellschaft kam.

17. Sure   „Die Nachtreise"[308]   *Mekka*

Gepriesen sei Allah, der seinen Propheten [Mohammed] des Nachts von der heiligen Moschee [in Mekka] zur fernen Moschee [in Jerusalem] geführt und ihm dabei Einblicke [in die göttliche Sphäre] gewährt hat 1. Allah gab Moses die Schrift [die Tora] als Anleitung zur Führung der Kinder Israel 2. Noah war ein treuer Diener Allahs 3. In der Schrift [Tora] hat Allah den Kindern Israel verheißen, dass sie durch ihre Überheblichkeit zweimal Unheil über ihr Land bringen würden. Die erste dieser Verheißungen erfüllte sich durch das Eindringen einer gewaltigen Kriegsmacht in Israel.[309] Die zweite Verheißung trat durch die Invasion einer erneuten Streitmacht ein, die die Juden demütigte, indem sie in den [Jerusalemer] Tempel eindrang und ihn zerstörte 4 ff.[310] Tag und Nacht wurden von Allah erschaffen, damit sie den Menschen zur Zählung der Jahre und zum Erlernen der Rechenkunst dienen 12. Die Taten eines Menschen bleiben an ihm haften. Am Tag der Auferstehung muss jeder aus dem Buch vorlesen, in dem seine Handlungen aufgezeichnet sind. Danach erfolgt die Aburteilung 13 f. Kein Auferstandener kann [am Jüngsten Tag] die Strafe eines anderen Auferstandenen auf sich nehmen. Kein Volk wurde be-

[308] Am Anfang dieser Sure wird von einer nächtlichen Reise Mohammeds von Mekka nach Jerusalem berichtet, die er ein Jahr vor seiner Flucht aus Mekka als Vision erlebt hat. Bei dieser nächtlichen Reise soll er, nachdem er gemeinsam mit den anderen biblischen Propheten an einem Gebet – bei dem auch Jesus zugegen war – teilgenommen hatte, vom Jerusalemer Tempelberg aus für eine Nacht in den Himmel aufgefahren sein, wo ihm für einen kurzen Augenblick der Aufenthalt in unmittelbarer Nähe Allahs gestattet wurde.

[309] Vermutlich ist mit der hier erwähnten Kriegsmacht das babylonische Heer gemeint, das im 6. vorchristlichen Jahrhundert in das Reich Juda eindrang und im Jahr 587 v. Chr. die Stadt Jerusalem eroberte. Nach ihrer Kapitulation wurde die Mehrheit der Juden nach Babylon deportiert, wo sie etwa 50 Jahre lang die Babylonische Gefangenschaft ertragen musste.

[310] Die hier genannte Invasion bezieht sich sehr wahrscheinlich auf jenen Feldzug der Römer, bei dem im Jahr 70 n. Chr. Jerusalem erobert, der jüdische Tempel zerstört und die jüdische Bevölkerung aus Jerusalem vertrieben wurde.

straft, ohne dass vorher ein Gesandter Allahs zu ihm gekommen wäre. Vor der Vernichtung von Städten wurden ihre Bewohner stets gewarnt. Wenn die Bewohner fortfuhren zu sündigen, zerstörte Allah ihre Stadt bis auf die Grundmauern. So manches Geschlecht wurde seit Noahs Zeiten auf diese Art und Weise von Allah vernichtet 15 ff. Wer [nur] das irdische Leben begehrt, der wird in der ewigen Verdammnis brennen. Wer sich nach dem jenseitigen Leben [im Paradies] sehnt, dessen Eifer wird von Allah belohnt 18 f. Schon auf Erden räumt Allah einigen Menschen einen höheren Rang ein als den anderen. Im Jenseits ist die von Allah verordnete Rangordnung unter den Menschen jedoch noch ausgeprägter 21.[311] Man darf neben Allah keinen anderen Gott verehren. Gegenüber den Eltern soll man gütig, ehrerbietig und demütig sein, auch wenn sie in ein gebrechliches Alter kommen. Den Verwandten, den Armen und dem Wanderer [Pilger] hat man zu geben, was ihnen zusteht; man soll sein Vermögen dabei aber nicht verschwenden, denn Verschwender sind Brüder des Satans. Dem Gläubigen geziemt weder Geiz, noch geziemt ihm Verschwendungssucht, die an den Bettelstab führt. Es ist eine Sünde, Kinder [wie in vorislamischer Zeit] aus Furcht vor der Armut zu töten; wenn man sie am Leben lässt, wird Allah für die Kinder und die Eltern sorgen. Wer Unzucht treibt, begeht vor Allah eine Schändlichkeit. Menschen dürfen nur getötet werden, um damit der Gerechtigkeit zu dienen. Die Hinterbliebenen eines Mordopfers sind von Allah ermächtigt, sich an dem Täter zu rächen.[312] Beim Töten aus Ver-

[311] Die Menschen sind demnach weder im Diesseits noch im Jenseits vor Allah alle gleich.

[312] In diesem Koranvers wird abermals (wie schon in Sure 2,178 und in Sure 5,44 f.) die Blutrache befürwortet. Allerdings wurde die unter den altarabischen Stämmen gängige Praxis der Blutrache durch das islamische Recht erheblich eingeschränkt und einem ordentlichen Gerichtsverfahren unterworfen. So dürfen die Angehörigen eines Opfers nur dann die Blutrache ausüben, wenn gegen den Täter eindeutige Beweise vorliegen. Außerdem hat die Haftungsgruppe des Täters die Option, den Angehörigen des Opfers zur Sühne ein Blutgeld zu zahlen. Als Haftungsgruppe definiert das islamische Recht neben den Verwandten des Täters auch die Dorfgemeinschaft, in der der Täter lebte, oder die Berufsgruppe des Täters.

geltung muss jedoch die Verhältnismäßigkeit gewahrt bleiben. Das Vermögen der Waisen darf bis zu ihrer Volljährigkeit nur zu ihrem Vorteil angetastet werden. Maße und Gewichte dürfen nicht verfälscht werden. Von Vorurteilen oder Dingen, über die man keine klaren Kenntnisse hat, soll man sich nicht leiten lassen. Augen, Ohr und Herz sind stets offen zu halten, um sich eine fundierte eigene Meinung zu bilden. Menschliche Überheblichkeit soll man meiden, denn sie ist zu nichts nutze. Die hier aufgezählten Gebote und Verbote sind Teil der von Allah offenbarten Weisheit 22 ff.[313] Kinder dürfen aus Furcht vor Verarmung nicht getötet werden. Wer es trotzdem tut, begeht vor Allah eine schwere Sünde 31. Es kann doch nicht wahr sein, dass Allah die Menschen mit Söhnen beschenkt und sich selbst [nur] Töchter aneignet 40.[314] In den sieben Himmeln und auch auf Erden wird Allah gepriesen; doch die Menschen begreifen es nicht wirklich [warum die Lobpreisung Allahs so wichtig ist]. Allah ist jedoch [ob dieser Unwissenheit] nachsichtig und verzeihend 44. Zwischen den Gläubigen, die sich den Koran vorlesen lassen, und den Ungläubigen, die nicht an das Jenseits glauben, zieht Allah eine unsichtbare Scheidewand. Die Ungläubigen schlägt Allah mit Taubheit, damit sie sich abwenden, wenn aus dem Koran vorgelesen wird 45. Die Ungläubigen, die beim Vorlesen des Korans lauschen, behaupten, der Prophet [Mohammed] sei einem Zauber zum Opfer gefallen. Auch glauben sie nicht an die Auferweckung der zu Staub gewordenen Toten 47 ff. Am Tag der Auferstehung von den Toten werden die Auferweckten glauben, dass sie nur kurze Zeit im Grabe verbracht haben 52. Einige Propheten haben vor Allah einen höheren Status als andere Propheten. Dem Propheten David wurden von Allah die Psalmen eingegeben 55. In dem Buch der Vorherbestimmung steht geschrieben, dass es keine [sündige] Stadt geben wird, die nicht vor

[313] Der hier aufgezeichnete sogenannte Islamische Pflichtenkodex weist eine gewisse Ähnlichkeit mit dem biblischen Dekalog auf (siehe 2. Mose 20).

[314] In diesem Vers wird argumentiert, dass Allah, hätte er den Wunsch nach eigenen Kindern gehabt, sich in seiner Allmacht selbstverständlich für Söhne statt für „minderwertige" Töchter entschieden hätte.

dem Tag der Auferstehung von Allah vernichtet oder schwer bestraft worden ist 58. Allah überließ dem Volk der Thamud eine Kamelstute als Symbol seiner Allmacht [und ermahnte das Volk, dem Tier nichts zuleide zu tun]. Trotzdem haben die Thamudäer ihren Frevel mit der Kamelstute getrieben 59.[315] Die von Mohammed erlebte Traumvision[316] und der im Koran erwähnte verfluchte Baum[317] sind eine Warnung an alle Menschen 60. Auf Befehl Allahs warfen sich alle Engel vor Adam nieder, bis auf Iblis [der Satan], der sich weigerte, jemanden zu verehren, der lediglich aus Lehm erschaffen worden war [anstatt, wie die Engel, aus den Flammen des Feuers]. Allah räumte dem Satan, bevor er ihn aus dem himmlischen Reich verstieß, ein, er und seine Gefolgschaft dürften bis zum Jüngsten Tag die Menschen durch [falsche] Versprechungen in die Irre führen. Nur über die Gläubigen sollte er keine Macht haben 61ff. Allah hat die Kinder Adams [die Menschen] auf der ganzen Erde verteilt und sie über alle übrigen Geschöpfe gesetzt 70. Am Tag der Auferstehung werden alle Völker mit ihren Anführern vor das Jüngste Gericht geladen. Den Gläubigen wird das Buch, in dem all ihre Taten verzeichnet sind, in die rechte Hand übergeben, damit sie daraus vorlesen. Sie haben [von dem Urteil, das über sie gesprochen wird] nichts zu befürchten 71. Beinahe hätten es die Feinde Mohammeds [in Mekka] geschafft, den Propheten zu überreden, den Koran zu ihren Gunsten zu manipulieren. Als Gegenleistung hätten sie ihn als ihren Verbündeten akzeptiert. Doch Allah hat Mohammed in seiner [frommen] Haltung gefestigt. Wenn Mohammed den Koran [zugunsten der ungläubigen Mekkaner] manipuliert hätte, wäre er von Allah sowohl im Diesseits als auch im Jenseits doppelt hart bestraft worden 73ff.[318] Fast wäre Mohammed [wegen seiner Standhaftigkeit] von

---

[315] Siehe auch Sure 7,73ff.

[316] Hier ist Mohammeds Traumvision von seiner nächtlichen Reise in die himmlische Sphäre gemeint, bei der ihm u.a. auch Einblick in den Abgrund der Hölle gewährt wurde.

[317] Von den ungenießbaren Früchten des Baumes *saqqum* müssen sich die Verdammten in der Hölle ernähren (siehe Sure 37,62ff.).

[318] Bei diesen Versen könnte es sich um eine Anspielung auf die Satanischen Verse handeln.

den Ungläubigen [Mekkanern] aus dem Land [Arabien] vertrieben worden 76.[319] Das Gebet ist von Sonnenuntergang bis zum Anbruch der Dunkelheit zu verrichten. Bei Tagesanbruch soll im Koran gelesen werden. Wer des Nachts seinen Schlaf unterbricht, um ein zusätzliches Gebet zu sprechen, von dem ist anzunehmen, dass Allah ihn [im Jenseits] im Rang erhöht 78f.[320] Beim Betreten eines Hauses soll man Allah um einen guten Eingang und beim Heraustreten um einen guten Ausgang bitten 80. Mit dem Koran ist die Wahrheit zu den Menschen gekommen, wodurch das Falsche zugrunde geht. Das Falsche ist fürwahr vergänglich 81. Der Koran dient den Gläubigen zur Heilung und den Ungläubigen zum Schaden 82.[321] Allah allein kennt die genaue Beschaffenheit der menschlichen Seele; die Menschen jedoch haben nur wenig Wissen [darüber] 85. Selbst wenn die Menschen und die Geister sich verbünden würden, um etwas Gleichwertiges wie den Koran zu schaffen, könnten sie es nicht vollbringen 88. Die Ungläubigen forderten vom Propheten Wunder zum Beweis seiner Wahrhaftigkeit. Sie verlangten von ihm, er möge ihnen Allah und dessen Engel persönlich vorführen, oder er solle [vor ihren Augen] zum Himmel auf-

[319] Die Juden Medinas, die Mohammed nach seiner Flucht aus Mekka anfangs unterstützt hatten (es gibt Vermutungen, dass es vor allem die Juden Medinas waren, die Mohammed veranlasst haben, in ihre Stadt zu kommen), bekamen bald die Gegnerschaft Mohammeds zu spüren, da es ihm nicht gelang, sie mehrheitlich zum Islam zu bekehren. Angeblich wollten die Juden von Medina Mohammed, um ihn wieder loszuwerden, dazu bringen, nach Syrien weiterzuziehen, indem sie behaupteten, die (christliche) Bevölkerung dort hätte gegenüber der von ihm verkündeten Religion ein offeneres Ohr.

[320] Man nimmt an, dass Mohammed ursprünglich nur drei tägliche Pflichtge-bete von den Gläubigen gefordert hat. Im Lauf der Zeit kamen weitere Pflichtgebete hinzu, sodass heute die Fünfzahl bei den täglichen Pflicht- bzw. Ritualgebeten gilt.

[321] Es ist ein Wesensmerkmal aller monotheistischen Religionen, dass sie ohne ein klares Feindbild nicht auskommen; ihre „Feinde" sind stets die „Ungläubigen". Völker, die wie die Kanaaniter, die Schwarzafrikaner oder Ureinwohner Amerikas ausgerottet, versklavt oder stark dezimiert wurden, teilten das Schicksal, dass sie von den Monotheisten (Juden, Muslimen und Christen) als „Ungläubige" eingestuft werden konnten, wodurch sie für die „Gläubigen" vogelfrei wurden.

steigen und ein lesbares Buch [als Offenbarung] herabholen. Dem Bericht von seiner Nachtreise schenkten sie auch keinen Glauben. Mohammed entgegnete ihnen, dass er ein von Allah gesandter gewöhnlicher Mensch [und kein Engel] sei [der aus eigener Initiative keine Wunder vollbringen könne]. Die Ungläubigen wollten jedoch nicht akzeptieren, dass Allah ihnen als Gesandten nur einen [gewöhnlichen] Menschen aus ihrer Mitte geschickt hat 90 ff. Wäre die Erde von Engeln bevölkert gewesen, hätte Allah für sie einen Engel als Propheten ausgesucht 95. Mohammed soll sich, wenn er auf seine Vollmacht als Prophet angesprochen wird, auf Allah als seinen Zeugen berufen 96. Die Herberge der Ungläubigen wird die Hölle sein und falls in ihr die Flammen nachlassen, wird Allah sie von Neuem entfachen 97. Denjenigen, die nicht an die Auferstehung glauben, ist die Hölle sicher 98. Der Mensch ist von seinem Wesen her geizig 100. Allah gab Moses deutliche Beweise von seiner göttlichen Allmacht an die Hand. Der Pharao jedoch hielt Moses für einen Zauberer. Allah ließ deshalb den Pharao[322] und alle, die mit ihm waren, ertrinken 101. Allah sprach zu den Juden: Wohnt in dem Land, das ich euch verheißen habe 104.[323] Mit dem von Allah herabgesandten Koran kam die [endgültige] Wahrheit zu den Menschen. Der Koran wurde von Allah nach und nach in Abschnitten offenbart, damit Mohammed den Text in Ruhe seinen Zuhörern vortragen kann 105 f. Allah hat die schönsten Namen, von denen man sich einen aussuchen kann, um Allah im Gebet anzurufen. Das Gebet ist weder zu laut noch zu leise zu sprechen. Inhaltlich sollte das Gebet eine Lobpreisung Allahs enthalten und das Bekenntnis, dass Allah seine Herrschaft allein ausübt und keinen Sohn an seiner Seite hat 110 f.

[322] In Sure 10,75 ff. wird abweichend von der Aussage in diesem Vers davon berichtet, dass der Pharao, nachdem er sich im letzten Moment auf die Seite der „Gläubigen" geschlagen hatte, mit dem Leben davongekommen sei. Unstimmigkeiten dieser Art findet man hin und wieder im Koran.

[323] Wie schon in Sure 5,20 f. wird in diesem Koranvers die biblische Verheißung des Gelobten Landes an das jüdische Volk bestätigt.

18. Sure[324]   „Die Höhle"[325]   *Mekka*

Allah offenbarte Mohammed die Schrift, die frei von Widersprüchen ist. Sie kündigt den Ungläubigen harte Strafen an und warnt jene, die Allah einen Sohn andichten wollen 1 ff. Alles, was auf Erden existiert, wird Allah dereinst wieder zu trockenem Wüstensand verwandeln 8. Allah rettete die [christlichen] jungen Männer, die in einer Höhle [bei Ephesos] Zuflucht vor den Götzenanbetern gesucht hatten, indem er sie dort jahrelang schlafen ließ. Allah änderte die Bahn der Sonne, um die Siebenschläfer in ihrem Schatten zu verbergen. Als die Jünglinge in der Höhle erwachten, meinten sie, sie hätten nur einen Tag in der Höhle verweilt und fürchteten, falls man sie entdecken würde, gesteinigt zu werden. Nachdem die Bewohner der Gegend die Jünglinge gefunden hatten, beschlossen sie, über der Stätte [ihrer wundersamen Rettung] eine Moschee zu errichten. Wie viele Jünglinge es tatsächlich waren, weiß nur Allah allein. Über die Geheimnisse der Welt soll man nicht spekulieren; nur Allah kennt das Verborgene im Himmel und auf Erden 9 ff.[326] Man soll niemals sagen: „Ich werde es morgen tun", es sei denn, man fügt hinzu: „So Allah will!"[327] 23 f. Niemand kann die Worte Allahs im Koran ändern 27. Man soll nicht

[324] Diese Sure wird von den Muslimen auch mit „Sieg des Islam" betitelt.

[325] Dieser Titel nimmt Bezug auf die christliche Legende von den Siebenschläfern, die in den Versen 9 ff. dieser Sure nacherzählt wird. Gemäß dieser Legende flüchteten sieben christliche Jünglinge vor den Christenverfolgungen unter dem römischen Kaiser Decius (200–251 n.Chr.; durch seinen „Opferbefehl" hatte dieser Kaiser die ersten Christenverfolgungen im römischen Imperium ausgelöst) in eine Höhle bei Ephesos, wo sie im Verborgenen fast 200 Jahre geschlafen haben sollen. Danach wachten sie wie nach einem kurzen Schlaf wieder auf und konnten in der Öffentlichkeit, da es nun keine Christenverfolgungen mehr gab, ihren christlichen Glauben bezeugen (im Jahr 313 n.Chr. war den Christen im Römischen Reich im *Mailänder Toleranzedikt* gestattet worden, „der Religion anzuhängen, die ein jeder für sich wählt").

[326] Dies kann man als eine Absage an die Muslime auffassen, wie die alten Griechen über theologische und philosophische Fragen zu spekulieren.

[327] Die arabischen Worte hierfür sind *in sha'a llah.*

nach den Reichtümern des irdischen Lebens trachten und nicht demjenigen folgen, der seine Gelüste auslebt und kein Maß kennt 28. Es soll gläubig und ungläubig sein, wer da will. Den Ungläubigen wird in der Hölle, wo sie von Flammen umschlossen sind, mit siedendem Wasser, das geschmolzenem Metall ähnelt, das Gesicht verbrannt. Die Gläubigen kommen in den Garten Eden, wo Bäche fließen und wo sie Schmuck aus Gold und Kleidung aus feiner Seide und Brokat tragen 29 ff. Das Gleichnis von den zwei Männern, von denen der eine Rebgärten, Dattelpalmenhaine, Kornfelder und eine Quelle besaß und der andere unvermögend war: Der Wohlhabende verhielt sich hochmütig, indem er neben Allah andere Götter verehrte und den Glauben an die Auferstehung ablehnte, während der Arme ausschließlich an Allah glaubte. Wegen seiner Sünde strafte Allah den Hochmütigen und ließ seine Felder veröden. Niemand konnte dem Verzweifelten mehr helfen, da nur Allah Schutz vor dem Unglück gewähren kann 32 ff. Das Leben auf Erden gleicht einer bewässerten Pflanze: Es vergeht, so wie die Pflanze eines Tages vertrocknet und vom Winde verweht wird 45. Reichtum und Söhne[328] sind eine Zierde des irdischen Lebens, aber vergänglich. Wertvoller sind gute Werke, weil sie vor Allah einen bleibenden Wert haben 46. Am Tag des Jüngsten Gerichts stürzen die Berge ein und die Erde wird kahl. Die Toten werden auferstehen und vor Allah in Reihen versammelt und man wird ihnen jenes Buch vorlegen, in dem all ihre Taten, ob große oder kleine, minutiös aufgezeichnet sind 47 ff. Iblis [der Satan] ist ein Geist, der sich trotz des Befehls von Allah nicht vor Adam niederwerfen wollte. Er ist ein Verführer [der Menschen] und man soll keinen Beistand bei ihm suchen 50. Am Tag des Jüngsten Gerichts werden all jene, die Allah andere Götter an die Seite gestellt haben, ins Höllenfeuer geworfen. Dort gibt es für sie kein Entrinnen mehr 52 f. Von allen Geschöpfen ist der Mensch am streitsüchtigsten 54. Die Ungläubigen verspotten die von den Propheten übermittelten Warnungen Allahs 56. Es gibt keine größeren Sünder als jene, die ermahnt wurden [indem man ihnen aus dem Koran vor-

---

[328] Töchter finden auch hier keine Erwähnung.

las] und die sich dennoch von Allah abwenden. Allah bestraft sie nicht unmittelbar, sondern gewährt ihnen vorher eine Frist im Diesseits,[329] so wie Allah auch den Bewohnern einer sündigen Stadt eine Frist einräumt, bevor er sie zerstört 57ff. Als Moses auf einen Diener Gottes traf, bat er ihn, er möge ihn lehren, das Rechte zu tun. Der Mann gab zu bedenken, dass Moses viel zu ungeduldig sei, um sich belehren zu lassen. Trotz seiner Bedenken entsprach der Mann der Bitte Mose und man machte sich gemeinsam auf den Weg. Bei drei Handlungen des Mannes, deren Sinn Moses nicht gleich erkennen konnte, hinterfragte Moses voreilig ihre Bedeutung. So verstand er zum Beispiel nicht, warum der Mann einen Jüngling erschlug, obwohl dieser ihnen nichts angetan hatte. Da antwortete der Mann, mit seinen Fragen habe Moses bewiesen, dass er viel zu ungeduldig für eine Belehrung sei. Den Jüngling habe er deshalb erschlagen, weil er ungläubig war, aber gläubige Eltern hatte. Um die Eltern des Jünglings davor zu bewahren, dass sie durch ihren Sohn zum Unglauben verleitet würden, habe er ihn aus dem Weg geschafft 60ff.[330] Allah gab dhu-l-Qamain [dem „Zweihörnigen"][331] Macht auf Erden. Als dieser auf seinem Marsch nach Westen auf ein Volk mit Gläubigen und Ungläubigen stieß, bestrafte er die Ungläubigen und schonte die Gläubigen. Einem anderen [primitiven] Volk, das kaum verstand, was man ihm sagte, baute er einen Wall aus Eisen zum Schutz gegen die im Land Unheil stiftenden Gog und Magog 83ff.[332] Die Worte Allahs sind so zahlreich, dass das Wasser der

[329] Die Einräumung einer solchen Frist dient dem gläubigen Muslim als eine Erklärung dafür, warum es „Ungläubigen" im Diesseits wohlergehen kann und sie nicht gleich für ihre Sünden bestraft werden. Die koranische Begründung für diese gewährte Frist ist das Argument, dass sich die „Ungläubigen" während dieser Zeit noch weiter versündigen und somit im Jenseits noch härter bestraft werden können.

[330] In dieser Erzählung wird die Bewahrung von zwei Gläubigen vor dem „Verbrechen" der Apostasie höher bewertet als ein Menschenleben.

[331] Einige Koranexegeten vermuten hinter diesem Namen die Person Alexanders des Großen.

[332] Die Namen „Gog" und „Magog" sind dem Alten Testament der Bibel entlehnt, wo sie im Buch Hesekiel in Kapitel 38 („Der Einfall der Gogs in das Land

Meere, wäre es Tinte, nicht ausreichen würde, um all seine Worte aufzuschreiben 109.[333] Mohammed soll den Menschen mitteilen, dass er nur ein [gewöhnlicher] Mensch ist, dem offenbart wurde, dass Allah der einzige Gott ist und dass es dem Wunsche Allahs entspricht, wenn diejenigen [Gläubigen], die das Eintreffen des Jüngsten Tages erhoffen, gute Werke auf Erden vollbringen 110.

Israel") und 39 („Der Untergang der Gogs") erwähnt werden. „Gog" wird dort als ein Fürst im Land Magog bezeichnet. Manche Koranausleger sind der Meinung, dass mit „Gog" und „Magog" fernöstliche Asiaten gemeint sind.

[333] An der Überlegung, dass der Koran nur ein kleines Kontingent der unendlich vielen Worte Allahs enthalten könne (siehe auch Sure 31,27) und somit nur ein Teilstück eines Ganzen sei, entzündete sich im 8. Jahrhundert die muslimisch-theologische Diskussion darüber, ob der Koran als Teil des Göttlichen ewig ist oder, wie alles Materielle, erschaffen wurde. Während die rationale Schule der Mu'tazila davon ausging, dass der Koran ein Teil der Schöpfung sei, vertrat die islamische Orthodoxie die Lehre von der ewigen Existenz des Korans (siehe „Die Theologenschule der Mu'tazila", Seite 98).

[334] Im Jahr 1258 fegte der alles auslöschende Mongolensturm, der auch den christlichen Kirchen im Nahen Osten und im Iran den Todesstoß versetzte, über den Nahen Osten hinweg. Erst den Mameluken aus Syrien und Ägypten, jenen von Turkvölkern abstammenden Militärsklaven, die sich im 13. Jahrhundert in Ägypten an die Macht geputscht hatten, gelang es 1260 durch den Sieg bei Ain Dschalut in Palästina, ein weiteres Vordringen der Mongolen zu verhin-

Mongolische Reiter[334]

dern. (Es waren auch Mameluken, die später die letzten Kreuzfahrer aus Palästina und Syrien vertrieben haben.) Wo immer der Mongolensturm wütete, hinterließ er entvölkerte Städte und zerstörte Bewässerungssysteme, die mit ihrem Netz von Kanälen eine unabdingbare Voraussetzung für die Landwirtschaft im Nahen Osten waren. Mit der Zeit übernahmen die mongolischen Besatzer im Iran die Religion ihrer Untertanen und brachten schließlich den sunnitischen Islam nach Zentralasien,

Terminus *Apostasie*

Während der Koran den Abtrünnigen vom Islam im Jenseits schwere Strafen androht, fordert die Scharia den Vollzug der Todesstrafe für den Apostaten bereits im Diesseits. In den Hadithen, den gesammelten Aussprüchen und Taten des Propheten, deren Aussagen für die islamische Rechtsprechung den gleichen Rang haben wie der Koran, findet sich der von den islamischen Fundamentalisten immer wieder gern zitierte Ausspruch des Propheten Mohammed (Hadith von Al-Buchari): „Wer seine Religion wechselt, den tötet!" So gilt in der Scharia das Verbrechen der Apostasie als Kapitalverbrechen und wird mit einer *hadd*-Strafe, was in diesem Falle die Tötung des „Delinquenten" bedeutet, geahndet. Von der islamischen Rechtsprechung wird die Grenze zwischen Apostasie (Glaubensabfall) und Häresie (abweichende Auffassung innerhalb des Glaubens) nicht klar gezogen, denn oft gilt auch schon derjenige als Apostat, der lediglich mit seiner Auffassung vom Islam von der üblichen Linie abweicht, mag er sich auch selbst noch weiterhin als Muslim betrachten. Im Jahr 1971 veröffentlichte Taufiq Ali Wahba, ein Professor an der *al-Azhar*-Universität in Kairo, folgende Stellungnahme zur Problematik der Bestrafung von Apostaten in Ägypten: „Wir sehen keinen Widerspruch zwischen dem Wortlaut der [ägyptischen] Verfassung, wonach der Islam Staatsreligion ist, und der Garantie der Glaubensfreiheit ... Wenn eine Person sich ohne Zwang zum Islam bekennt und dann zum Unglauben zurückkehrt oder eine andere Religion annimmt, dann wird dies nicht als ‚Freiheit des Glaubens' betrachtet. Vielmehr ist es die Verhöhnung und Geringschätzung des Islam, was nicht zu rechtfertigen ist. Dies bedeutet eine Verletzung der Unantastbarkeit des Islam und einen massiven Angriff auf die öffentliche Ordnung, auf die Gesellschaft und auf ihre Errungenschaften. Daher ist die Tötung des Apostaten als dessen Strafe und als Abschreckung für andere religiöse Pflicht." Bei der UN-Erklärung zum Problembereich „Intoleranz und Diskriminierung aufgrund der Religion" aus dem Jahr 1981 erreichte die islamische Staatengruppe, dass in Artikel 1, Absatz 1 der Begriff „Religionswechsel" gestrichen wurde. Im Jahr 1990 wurde von der Organisation der Islamischen Konferenz die „Kairoer Erklärung über die Menschenrechte im Islam" angenommen. In dieser Erklärung wird eine ursprünglich geforderte Nichtdiskriminierung aufgrund von Religionszugehörigkeit mit keinem Wort mehr erwähnt. Artikel 10 der Erklärung gewährt dem Islam gegenüber anderen Religionen einen privilegierten Status. Dieser Artikel versucht, jeden Abfall vom Islam sowie jede missionarische Aktivität anderer Religionen unter Muslimen grundsätzlich auszuschließen und steht damit im krassen Widerspruch zur Allgemeinen Menschenrechtserklärung, welche den Übertritt zu einer anderen Religion oder auch zum Atheismus ausdrücklich zum Menschenrecht erklärt. Wenngleich die Kairoer Erklärung rechtlich nicht bindend ist, besitzt sie doch großes politisches Gewicht in der islamischen Welt.

Als Christ sollte man sich daran erinnern, dass in der Frühzeit der christlichen Kirche das „Verbrechen" der Apostasie genauso unnachgiebig geahndet wurde, wie es heute noch in den muslimischen Staaten Afghanistan, Iran, Jemen, Mauretanien, Pakistan, Katar, Saudi-Arabien, Somalia und im Sudan der Fall ist. Als das Christentum unter Kaiser Konstantin im 4. Jahrhundert zur Staatsreligion erhoben wurde, wurde die Häresie und erst recht die Apostasie zum Staatsverbrechen erklärt, das von Kirche und Staat gemeinsam geahndet wurde. Der Kirchenvater Augustinus verglich den Austritt aus der Kirche mit einer Gotteslästerung. Das erste Töten von Christen durch andere Christen wegen Abweichungen im Glauben scheint die Hinrichtung des aus Spanien stammenden Häretikers Priscillian und seiner sechs Gefährten im Jahr 385 in Trier gewesen zu sein. Der bedeutendste Theologe des Hochmittelalters, Thomas von Aquin, befürwortete in Bezug auf die Apostasie die Todesstrafe mit der Begründung: „Den Glauben annehmen ist eine Sache des Willens, aber an dem bereits angenommenen Glauben festhalten ist Sache der Notwendigkeit." Aus einer solchen geistigen Haltung heraus entstand später die berüchtigte katholische Inquisition, die, dem Namen nach (*Congregatio Romanae et universalis Inquisitionis*), noch heute existiert und der von 1981 bis 2002 Joseph Ratzinger (Papst Benedikt XVI.) als Präfekt vorgestanden hat.

Humayun-Mausoleum, Neu Delhi

19. Sure „Maria"[335] *Mekka*

Zacharias[336], ein Mann aus dem [jüdischen] Geschlecht Jakobs, bat Allah, trotz seines hohen Alters und der Unfruchtbarkeit seiner Frau, er möge ihm einen Sohn schenken, damit dieser und nicht die [ferne] Verwandtschaft sein Erbe antreten könne. Allah versprach Zacharias die Geburt eines Sohnes mit dem Namen Yahya [Johannes]. Yahya studierte das Buch [die Tora] und wurde weise 2 ff. Maria, die getrennt von ihren Eltern im Osten des Landes [Israel] lebte, wurde durch den Engel Gabriel ein Sohn verkündet. Als [die Jungfrau] Maria einwendete, dass sie noch nie einen Mann berührt habe und auch keine Hure sei, wies der Engel Maria auf die Allmacht Allahs hin und darauf, dass ihr Sohn ein Beweis seiner Barmherzigkeit sein würde. An einem entlegenen Ort gebar Maria ihren Sohn und als sie nach der Geburt depressiv wurde und Hun-

Russland und überall dorthin, wo sich die „Goldene Horde" festgesetzt hatte. Nach dem Mongolensturm verlagerte sich das Zentrum der islamischen Kultur von Bagdad nach Damaskus und Kairo und später nach Istanbul. Das frühere sakrale Regime mit einem religiös wie politisch bestimmenden „Stellvertreter Allahs" (Kalif) wurde nun zunehmend durch eine weltliche Staatsführung ersetzt, die sich dem Einfluss der religiösen Eliten (der Gemeinschaft der islamischen Religionsgelehrten, *ulama*) weitgehend entzog. Das hatte zur Folge, dass sich gläubige Muslime seitdem in religiösen und rechtlichen Fragen nicht mehr nach dem Kalifen oder Sultan, sondern nach den Religionsgelehrten richteten. Neben den Rechtsschulen entstanden spezielle Theologenschulen *(Madrasen)*, die nicht vom Staat, sondern von wohlhabenden Gönnern und Anhängern finanziert wurden. Im Lauf der Zeit entstand zwischen den Madrasen ein informelles, aber höchst wirksames internationales Kommunikationsnetz muslimischer Gelehrsamkeit, das noch heute existiert.

[335] Diese Sure ist Maria, der Mutter des Jesus von Nazareth, gewidmet. Maria (ihr arabischer Name lautet Mirjam) findet im Koran häufiger Erwähnung als im Neuen Testament. Ihr angebliches Grab im türkischen Ephesus wird sowohl von Muslimen als auch von Christen aufgesucht. In der islamischen Volksfrömmigkeit spielt Maria eine wesentlich größere Rolle als ihr Sohn Jesus. Es gibt Vermutungen, dass Mohammed das Neue Testament vorwiegend aus den apokryphen Schriften kannte.

[336] Der jüdische Priester Zacharias ist im Neuen Testament der Vater von Johannes dem Täufer (Lukas 1,57 f.).

ger verspürte, ließ Allah für sie einen Bach vorbeifließen und reife Datteln von einer Palme schütteln. Maria nahm [nachdem sie sich gestärkt hatte] ihren Sohn auf den Arm und kehrte zu ihrer Familie zurück. Als die Angehörigen ihrer Familie sie mit dem [unehelichen] Kind sahen, riefen sie aus: „Oh Maria, Schwester Aarons,[337] was hast du Unerhörtes getan! Dein Vater war doch kein Bösewicht und deine Mutter war keine Hure!" Maria deutete auf ihren Sohn [und meinte, er werde ihnen alles erklären]. Sie entgegneten der Maria: „Wie sollen wir mit einem Kind reden, das noch in der Wiege liegt?" Da sprach das Kind zu ihnen: „Ich bin ein Diener Allahs. Er wird mir die Schrift [die Evangelien] aushändigen und mich zum Propheten machen. Allah gab mir seinen Segen und befiehlt mir zu beten, die Sozialabgabe zu zahlen, meine Mutter zu ehren und nicht gewalttätig zu sein. Friede sei mit mir am Tag meiner Geburt, am Tag meines Todes und am Tag meiner Auferweckung." Dieses Kind war Jesus, der Sohn der Maria. An dieser Wahrheit hegen sie [die Juden] nach wie vor ihre Zweifel 16 ff. Allah hat keinen Sohn 35. Jesus sagte: „Allah ist mein und euer Herr; dienet [nur] ihm." Aber die Menschen wurden uneinig [über den Status von Jesus] 36 f. Alle Menschen kehren zu Allah zurück 40. Abraham war ein Prophet. Der Vater Abrahams betete Götzen an und diente dem Satan. Abraham bat seinen Vater, er möge sich von den Götzen abwenden, doch dieser wollte sich nicht von den Göttern seiner Väter trennen und drohte Abraham mit der Steinigung und verbannte ihn.[338] Weil er selbst keine Götzen anbeten wollte, trennte sich Abraham von seinem Vater. Isaak und Jakob, der Sohn und der Enkel Abrahams, wurden von Allah als Propheten auserwählt 41 ff. Moses und sein Bruder Aaron waren Propheten Allahs.

[337] Maria (Arabisch: *Mariam*), die Mutter Jesu, wird hier mit Miriam, der älteren Schwester von Moses, verwechselt (siehe 2. Mose 15,20 und 4. Mose 12). Zur Zeit des Propheten Mohammed existierte noch keine arabische Übersetzung der Bibel, wodurch sich bei der Nacherzählung biblischer Geschichten im Koran Fehler eingeschlichen haben können.

[338] Auf einen Konflikt zwischen Abraham und seinem Vater gibt es in der Bibel keinen Hinweis (siehe 1. Mose 12).

Moses wurde von Allah zum Berg [Sinai] zu einer vertraulichen Unterredung gerufen 51ff. Ismail [der Sohn Hagars][339] war ein Gesandter und Prophet Allahs, der seinem Versprechen stets treu geblieben ist 54.[340] Idris[341] war ein Prophet, dem Allah einen hohen Rang verliehen hat 56f. All diese [jüdischen] Propheten waren Nachkommen von Adam, Noah und Abraham. Jene [Juden], die nach ihnen kamen, vernachlässigten jedoch das Gebet und frönten ihren [irdischen] Leidenschaften. Sie sind, außer den Rechtschaffenden unter ihnen, dem Untergang geweiht 58ff. Engel kommen nur auf Geheiß Allahs zu den Menschen. Allah vergisst nichts 64. Der Mensch zweifelt an seiner Auferstehung, obwohl doch Allah in der Lage war, ihn aus dem Nichts zu erschaffen [und obwohl Allah den Menschen nach seinem Tod jederzeit ein zweites Mal erschaffen kann] 66f. Am Tag der Auferstehung werden alle Menschen und Satane am Rande der Hölle niederknien müssen. Allah wird die Gläubigen unter ihnen auswählen und erretten, während die Ungläubigen in die Hölle kommen, wo sie kniend ihr Dasein fristen müssen 68ff. Den Ungläubigen gewährt Allah bis zu ihrer Bestrafung [vor dem Jüngsten Gericht] eine Frist [im Diesseits]. Allah hat die Satane auf die Menschen angesetzt, damit sie die Ungläubigen zur Sünde verleiten. Der Prophet [Mohammed] braucht die Bestrafung der Ungläubigen, die sich andere Götter genommen haben, nicht vorwegzunehmen, denn Allah hat die Tage bis zu ihrer Bestrafung genau festgelegt. Allah wird sie [am Tag des Jüngsten Gerichts] wie eine Herde in die Hölle treiben 75ff. Die Ungläubigen behaupten, Allah habe sich einen Sohn erschaffen. Wegen dieser Ungeheuerlichkeit würde beinahe der Himmel einstürzen und die Erde mitsamt ihren Bergen zerbersten 88ff. Engel und Menschen dürfen sich Allah nur als seine Diener nähern 93. Am Tag der Auferstehung wird jeder Mensch allein vor Allah stehen 95. Der Koran wurde in arabischer Sprache offenbart, damit

---

[339] Siehe 1. Mose 16,15f.

[340] Es ist nicht klar, welches Versprechen hier gemeint ist.

[341] Mit „Idris" könnte der biblische „Henoch" gemeint sein. Henoch war der siebte der zehn biblischen Urväter (siehe 1. Mose 5,18ff.) und der Vater von Methusalem.

Der Prophet Ismail

In der Bibel ist Ismail der Sohn Abrahams, den ihm die Ägypterin Hagar geboren hatte. Nachdem Abrahams jüdische Ehefrau, Sara, Isaak zur Welt gebracht hatte, vertrieb Abraham auf Saras Drängen Hagar mit ihrem Sohn Ismail
von seinem Hof (siehe 1. Mose 21,9 ff.). Nach muslimischer Auffassung zogen
Hagar und Ismail in die südarabische Wüste, wo ein Engel sie, als sie kurz vor
dem Verdursten waren, zu einem verborgenen Brunnen führte. Diese Suche Hagars nach Wasser in der Wüste wird bis zum heutigen Tag bei der Wallfahrt in
Mekka symbolisch nachvollzogen. Auch der Zamzam-Brunnen im Areal der *al-
Haram*-Moschee wird gern von Pilgern aufgesucht, denn man hält ihn für den
Brunnen, der Hagar und Ismail vor dem Verdursten rettete.

Ismail, dessen Nachkommen sich mit den Stämmen der südarabischen Halbinsel vermischt haben sollen, gilt den Arabern als ihr Stammvater. Diese Auffassung der Araber deckt sich mit der biblischen Prophezeiung, dass Gott Ismail, der „in der Wüste" wohnt, „zum großen Volk machen" würde (1. Mose
21,18 ff.). Anders als Juden und Christen glauben die Muslime, dass es Ismail
war, der von Abraham beinahe geopfert wurde (siehe Sure 37,100 ff.), und nicht
Isaak, wie es in der Bibel heißt (siehe 1. Mose 22,2 ff.).

Nicolas Colombel, *Hagar und Ismail in der Wüste*, 17. Jahrhundert

Mohammed die frohe Botschaft den Gottesfürchtigen [Arabern] verkünden kann 97. Allah hat schon viele Menschengeschlechter vernichtet, von denen man weder etwas hört noch etwas spürt 98.

20. Sure   „Ta Ha"[342]   *Mekka*

Der Koran wurde [von Allah] herabgesandt als Mahnung für diejenigen, die Allah fürchten 2 f. Dies ist die Geschichte von Moses: Im Wadi[343] Tuwa entdeckte Moses ein Feuer.[344] Als er sich dem Feuer näherte, sprach eine Stimme: „Moses, ziehe deine Schuhe aus, denn du betrittst heiligen Boden. Ich bin Allah. Es gibt keinen Gott außer mir. Ich habe dich auserwählt [zum Führer der Israeliten]. Wirf deinen Stab zu Boden!" Als Moses den Stab hinwarf, verwandelte er sich in eine Schlange. Allah befahl Moses, seine Hand unter seine Achsel zu legen und wieder hervorzuziehen. Sie war plötzlich weiß [und damit ein Beweis für Allahs Allmacht]. Da er sich für keinen guten Redner hielt, bat Moses um Unterstützung durch seinen Bruder Aaron, die Allah ihm gewährte. Allah erinnerte Moses daran, dass er ihm schon des Öfteren seine Gnade erwiesen habe. So hatte er der Mutter von Moses einst die Weisung gegeben, ihr Baby in einen Korb zu legen und den Korb auf dem Fluss [Nil] auszusetzen. Eine Ägypterin fand den Korb [und entdeckte das Baby]. Mose Schwester [die den Korb aus der Ferne begleitet hatte] näherte sich der Ägypterin und empfahl ihre [jüdische] Mutter als Amme des Kindes, wodurch das Kind wieder zu seiner Mutter kam. Moses erschlug [als er erwachsen war]

[342] Die Bedeutung dieser beiden arabischen Buchstaben ist umstritten.

[343] Der arabische Begriff *wadi* bezeichnet Trockentäler, die in den Wüstengebieten Nordafrikas, Vorderasiens und in Spanien vorkommen. Wadis führen nur nach starken Regenfällen vorübergehend Wasser. Es handelt sich um tiefe Schluchten in der Wüste mit steilen Seitenwänden. Wegen des oft völlig überraschend eintreffenden Wassers ist es lebensgefährlich, sich in der Sohle eines Wadis aufzuhalten. In der Bibel war es die Wüste am Fuß des Berges Horeb (Sinai), wo Moses Berufung stattgefunden haben soll (siehe 2. Mose 3).

[344] Die Bibel berichtet in 2. Mose 3,2 ff. von einem brennenden Busch.

einen Menschen und Allah rettete ihn vor der Bestrafung [durch die Ägypter], indem er ihn zum Volk der Midianiter führte 9 ff. Allah befahl Moses, er solle mit seinem Bruder zum Pharao gehen und ihn auffordern, die Kinder Israel ziehen zu lassen. Als sie vor dem Pharao standen, fragte dieser Moses, wer denn ihr Herr sei. Moses antwortete: „Unser Herr ist der Schöpfer aller Dinge", und er führte dem Pharao die mitgeführten Zeichen [von der Allmacht Allahs] vor, die dieser jedoch für Zauberei hielt. Der Pharao ließ seine eigenen Zauberer holen, deren Stricke und Stöcke sich durch eine List hin- und herbewegten, die dann aber alle von Mose Schlange verschlungen wurden. Da warfen sich die [ägyptischen] Zauberer zu Boden und bekannten sich zu Allah, den sie als ihren Herren anerkannten. Der Pharao drohte, ihnen Hände und Füße abzuschlagen und sie an Palmen nageln zu lassen, doch sie entgegneten, er habe nur Macht über sie im Diesseits und so fuhren sie fort, an Allah zu glauben 43 ff. Allah befahl Moses, sein Volk trockenen Fußes durch das [Rote] Meer zu führen. Der Pharao verfolgte die Kinder Israel mit seinen Heerscharen und wurde vom Meer [mitsamt seinen Streitern] verschlungen. Allah schloss mit den Kindern Israel am Berg [Sinai] einen Bund und ernährte sie mit Manna und Wachteln 77 ff. Moses verließ sein Volk, um mit Allah zu sprechen. In seiner Abwesenheit verführte jener, der von allen Samiry[345] genannt wurde, die Kinder Israel und ließ sie ein blökendes Kalb[346] anbeten. Als Moses [vom Berg] zu seinem Volk zurückgekehrt war, wurde er zornig und sprach zu Samiry, er werde seiner Strafe im Jenseits gewiss nicht entgehen. Das Kalb ließ Moses verbrennen und seine Asche ins Meer streuen 83 ff.[347] Am Jüngsten Tag zerfallen die Berge zu flachen Ebenen. Die Aufer-

[345] Gemäß der Bibel (2. Mose 32,23 f.) war es Aaron, der Bruder von Moses, der das Aufstellen eines goldenen Kalbes zugelassen hatte.

[346] Die Bibel berichtet nicht von einem lebendigen, blökenden Kalb, sondern von einem goldenen Kalb, das aus eingeschmolzenen Schmuckstücken angefertigt wurde (2. Mose 32,2 ff.).

[346] In der Bibel zermahlt Moses das Kalb zu Pulver, streut es in Wasserkübel und befiehlt den Israelis dann, das Wasser zu trinken (siehe 2. Mose 32,20).

standenen werden mit gesenktem Haupt demütig vor Allah stehen und nur wagen, leise zu flüstern 105 ff. Allah hat den Koran in arabischer Sprache offenbart, damit [vor allem] sie [die Araber] ihn [Allah] fürchten 113. Mohammed soll erst [Verse] aus dem Koran rezitieren, wenn die Offenbarung [der Sure] vollständig abgeschlossen ist und er ausreichendes Wissen darüber hat 114. Als Adam noch im Garten Eden weilte, wo es ihn weder dürstete noch ihm durch die Sonnenhitze zu heiß wurde, verletzte er, weil er schwach wurde, seinen Bund mit Allah. Iblis,[348] der Satan, der sich einst geweigert hatte, sich vor Adam [auf Befehl Allahs] niederzuwerfen, flüsterte Adam [im Garten Eden] Böses ein und führte ihn zum Baum der Ewigkeit.[349] Adam und Eva aßen von den Früchten des Baumes und fingen danach an, ihre Blöße aus Scham mit Blättern zu verdecken. Obwohl Adam der Sünde verfallen war, wandte sich Allah ihm wieder mit Erbarmen zu.[350] Aber er vertrieb Adam und Eva [zur Strafe] in die Welt und bestimmte, dass dort jeder

[348] Hier ist es der Satan persönlich, der Adam im Paradies zur Sünde anstiftet und nicht wie in der Bibel die Schlange, die Eva verführt hat (1. Mose 3,1).

[349] Die Bibel berichtet stattdessen von einem „Baum der Erkenntnis" im Garten Eden (siehe 1. Mose 2,17).

[350] Zwar wird in diesem Vers auch von einer Art „Ursünde" des ersten Menschenpaares berichtet, die seine Vertreibung aus dem Paradies zur Folge hatte, aber der Koran kennt keine Erbsünde im christlichen Sinne, die nach christlicher Auffassung durch den Sexualakt vom ersten Moment des Lebens auf jedes Kind übertragen wird. Diese christliche Vorstellung wurde insbesondere durch den Kirchenlehrer Augustinus (354–430) geprägt, der in seinen frühen Jahren der Manichäer-Religion nahestand. Kaum eine andere Vorstellung hat in der christlichen Kirche (insbesondere in der katholischen) so viel zur Verteufelung der Sexualität und zur Herabsetzung der Frau beigetragen wie diese frühchristliche Idee von einer Erbsünde, verbunden mit einem entsprechenden Erlösungsbedürfnis, das dem Islam und auch dem Judentum weitgehend fremd geblieben ist. Der Mensch wird vom Koran in diesem Punkt vergleichsweise realistisch gesehen. Er ist nach islamischer Auffassung nicht von Natur aus gut, wie es z. B. der französische Philosoph Rousseau meinte, sondern er erweist sich nach koranischer Auffassung vielmehr immer wieder als schwach und unzuverlässig. Aber er ist nach dem Koran auch nicht von Natur aus schlecht, wie es Augustinus und die protestantischen Reformatoren annahmen. Im Islam ist jeder Mensch nur für die von ihm selbst verübten Sünden

Mensch dem anderen ein Feind sei. Allah prophezeite jenen, die ihm [Allah] folgen wollten, dass sie weder zugrunde gehen noch ein Unglück erleiden würden; jenen aber, die sich von ihm abkehrten, werde ein Leben voller Drangsal beschieden sein 115 ff.[351] Allah gewährt zwar jenen Menschen, die maßlos sind und nicht an ihn glauben wollen, ein angenehmes Leben, aber im Jenseits werden sie dafür umso härter bestraft 127. Der Prophet soll die gotteslästerlichen Reden der Ungläubigen geduldig ertragen [denn sie werden im Jenseits dafür büßen müssen]. Der Prophet soll Allah vor Sonnenaufgang, vor Sonnenuntergang, vor Beginn der Nacht und in den Nachtstunden lobpreisen. Er soll auch seine Augen von der Pracht der Ungläubigen abwenden, denn Allah verleiht den Ungläubigen irdische Güter nur deshalb, um sie in Versuchung zu führen 130. Der Prophet [Mohammed] soll stets seine Familienangehörigen dazu auffordern, ihr Gebet zu verrichten 132. Die Ungläubigen fordern vom Propheten einen klaren Beweis seiner von Allah erteilten Vollmacht. Ein klarer Beweis ist jedoch bereits der Koran, der frühere Offenbarungen Allahs bestätigt 133.

verantwortlich. Hat ein Muslim gesündigt, so kann er sich stets – vorausgesetzt er bereut seine Taten aufrichtig – wieder Allah zuwenden, der als barmherziger Gott in der Regel auch bereit ist, dem reuigen Sünder zu vergeben. Entscheidend ist dabei nur, dass der Sünder seine Taten vor dem Eintritt des Todes bereut, denn vor dem Jüngsten Gericht kommt jede Reue zu spät.

[351] In der Bibel wird nach dem Sündenfall allen Menschen (vertreten durch Adam), auch den Gläubigen, ein Leben voller Drangsal verheißen (siehe 1. Mosc 3,17 ff.).

Islamische Wissenschaften

Unter den Abbasiden (749–1258) kam es zu einem frühmittelalterlichen Höhenflug der Wissenschaften in der muslimischen Welt. Die islamische Hauptstadt war seinerzeit Bagdad, das sich mit seinen über 100.000 Einwohnern zu einem Zentrum der Gelehrsamkeit entwickelt hatte. Bezeichnend für diese Epoche war die Tatsache, dass sich der Islam den Einflüssen der griechischen Wissenschaften und Philosophie partiell geöffnet hatte. So waren auch viele Wissenschaftler jener Zeit zum Islam konvertierte Griechen, Syrer, Perser und Juden. Im Bagdader „Haus der Weisheit" *(bait al-hikma)* fand seinerzeit eine rege Übersetzungstätigkeit statt. Zahlreiche griechische und syrische Werke wurden – zumeist von syrischen Christen – ins Arabische übersetzt; unter anderem die logischen Abhandlungen des Aristoteles und die medizinischen Werke des Hippokrates. Im Lauf der Zeit kamen eigenständige muslimische Beiträge zu Astronomie, Medizin, Chemie, Mineralogie, Zoologie, Meteorologie und Mathematik hinzu. Diese berichteten von spezifisch muslimischen Erkenntnissen und wuchsen über das, was sie vom griechischen Erbe übernommen hatten, weit hinaus.

Der bedeutendste muslimische Astronom war **Mohammed Ibn Dschubair al-Battani** (858–929 n.Chr.), der die Astronomie des Ptolemäus in die islamischen Wissenschaften einführte und der unter anderem die Schiefe der Ekliptik und die Tagundnachtgleiche exakt bestimmte. Der Sufi **ar-Rahman** (903–986) schrieb ein Buch über die unterschiedliche Helligkeit der Sterne. Der Astronom und Physiker **al-Haitham** (965–1040) verfasste ein Werk über die Planetenbewegungen, das bis zur Zeit Friedrich Johannes Keplers (1571–1630) auch für die europäische Astronomie maßgeblich war. Das umfangreichste astronomische Lehrbuch des Mittelalters schrieb **Ali ibn Abi-r-Ridschal** im Jahr 1040, das später auf der Iberischen Halbinsel ins Spanische übersetzt wurde. Der muslimische Experimentalphysiker **Chazini** verfasste im 12. Jahrhundert die sogenannten Sandjarischen Tafeln zur Planetenbestimmung. Der persische Herrscher **Ulug Beg** (1394–1449), der in Samarkand (im heutigen Usbekistan) über das größte Sternenobservatorium seiner Zeit verfügte, ließ ein Handbuch der Astronomie schreiben, dessen Genauigkeit erst von den Berechnungen des dänischen Astronomen Tycho Brahe (1546–1601) übertroffen wurde.

In der Mathematik wurde von muslimischen Gelehrten ebenfalls Großes geleistet: Der persische Mathematiker **al-Khawarizmi** (780–846) führte die indischen Dezimalzahlen in die islamischen Wissenschaften ein und beschrieb als Erster den Algorithmus. Sein arabisches Lehrbuch „Über das Rechnen mit indischen Ziffern" führte die indische Ziffer Null in die arabische Mathematik ein. Sein Lehrbuch wurde später ins Lateinische übersetzt, wodurch sich auch im Abendland die Anwendung der Null durchsetzte. Der persische Mathematiker und Astronom **al-Busdjani** (940–998) übersetzte das Hauptwerk des Ptolemäus *Almagest* ins Arabische und verfasste außerdem wichtige Kommentare zu den Werken von Euklid und Diophant von Alexandrien. In seinem eigenen Werk über Trigonometrie beschrieb er den Sinussatz und die Tangentenregel. Über kubische Gleichungen und ihre Lösungen schrieb der persische Mathematiker und Astromom **Khayyain** (1048–1123). Nicht zuletzt zeigt sich der bedeutende Beitrag, den die Muslime zur Weiterentwicklung der Mathematik geleistet haben, in der Tatsache, dass die im Abendland verwendeten Ziffern aus dem arabischen Kulturkreis übernommen wurden.

Der aus Basra stammende Schriftsteller, Biologe und Zoologe **al-Dschahiz** (781–896) beschrieb in seinem Buch *kitab al-hayawan* (Buch der Tiere) eine frühe Version der Evolutionstheorie. Ähnlich wie später Charles Darwin war al-Dschahiz davon überzeugt, dass Tiere, denen es gelingen würde, sich besser an ihre Umwelt anzupassen als ihre Artgenossen, sich eher fortpflanzen würden als jene, bei denen diese Eigenschaften weniger ausgeprägt seien. Al-Dschahiz vertrat die Auffassung, dass die besser angepassten Tiere ihre spezifischen Charakteristiken weitervererbten, wodurch über mehrere Generationen hinweg neue Tierarten entstehen könnten.

Das Abendland verdankt zu einem großen Teil der islamischen Kultur, dass es in der Epoche der Scholastik das eigene antike Erbe wiederentdecken konnte. Eine entscheidende Rolle spielte dabei die im 12. Jahrhundert begonnene und im 13. Jahrhundert größtenteils abgeschlossene Übersetzung der in arabischer Sprache vorliegenden Schriften des Aristoteles ins Lateinische. So lagen um das Jahr 1235 die Aristoteleskommentare des **Averroës**[*] in lateinischer Sprache vor. Dieses Schrifttum prägte fortan den abendländischen Universitätsunterricht. Alle scholastischen Gelehrten waren in einem gewissen Sinne Schü-

---

[*] Sein arabischer Name war *Ibn Rushd*; er lebte von 1126 bis 1198 auf der Iberischen Halbinsel und in Nordafrika.

ler des Aristoteles, weil die aus dem Arabischen übersetzten Schriften des Aristoteles überall in Europa Lehrbücher an den Universitäten waren. In der seinerzeit im Abendland führenden Pariser Universität waren ab 1255 die aus dem Arabischen übersetzten Schriften des Aristoteles sogar als verbindlicher Lehrstoff vorgeschrieben. Obwohl Averroës, der Autor der berühmten Aristoteleskommentare, ein arabischer Muslim war, fanden seine Werke in der islamischen Welt nur wenig Widerhall. Die islamische Orthodoxie verurteilt die Werke des Averroës bis heute, da sie nach ihrer Auffassung den Aussagen des Korans widersprechen.

21. Sure   „Die Propheten"   *Mekka*

Die Ungläubigen [Mekkaner] wollen Mohammed nicht als Propheten anerkennen, weil er nur ein gewöhnlicher Mensch aus ihrer Mitte ist. Sie werfen Mohammed vor, er habe den Koran erdichtet und vermissen bei ihm jene Wunderzeichen, die frühere Propheten [zum Nachweis ihrer Bevollmächtigung durch Allah] vorgeführt haben 3 ff. Die Bewohner jener Städte, die Allah einst zerstört hat, haben trotz der Wunderzeichen auch nicht an ihn geglaubt 6.[352] Auch jene Propheten, die Allah vor Mohammed entsandt hat, waren [wie Mohammed] nur gewöhnliche Menschen [die keine Wunder vollbringen konnten]; das können jene [Schriftbesitzer] bestätigen, denen Allah die Schrift zuvor offenbart hat. Alle Propheten mussten sich [wie gewöhnliche Menschen] mit Speisen ernähren und waren sterblich 7 f. Allah hat die ungläubige Bevölkerung so mancher Stadt ausgerottet und durch eine andere ersetzt 11. Die Erschaffung von Himmel und Erde und dem, was sich dazwischen befindet, war für Allah kein Spiel zum Zeitvertreib 16 f. Götzen können keine Toten lebendig machen

[352] Hier wird versucht zu erklären, warum Mohammed nicht wie frühere Propheten Wunder vollbringt. Als Argument wird vorgetragen, dass aufgrund der Verstocktheit der „Ungläubigen" Wunder nichts nutzen würden. Zur Untermauerung dieses Arguments wird an die von Allah vernichteten Völker erinnert, die trotz vollzogener Wunder an ihrem Unglauben festgehalten hätten.

21. Wenn über die Welt noch andere Götter außer Allah herrschen würden, gäbe es ein Chaos 22. Allah muss niemandem gegenüber Rechenschaft ablegen; die Menschen jedoch müssen es [Allah gegenüber] 23. Der Koran ist für die Menschen eine Ermahnung, dass es keinen Gott außer Allah gibt 24 f. Sie [die Christen] behaupten, Allah habe sich einen Sohn genommen; er [Jesus] war aber nur ein [sterblicher] Gesandter Allahs. Die Gesandten tun lediglich das, was Allah ihnen befiehlt, und auch sie zittern aus lauter Furcht vor ihm[353] 26 f. Himmel und Erde bildeten einst eine feste Masse, bevor Allah sie trennte. Allah ließ aus dem Wasser alles Lebendige entstehen und er hat die fest verankerten Berge, das Dach des Himmels, Sonne und Mond und den Tag und die Nacht erschaffen 30 ff. Keinem Menschen [auf Erden] hat Allah die Unsterblichkeit gewährt; der Tod wird jeden treffen. Mit Gutem und Bösem führt Allah den Menschen in Versuchung und richtet über ihn am Tag der Auferstehung 34 f. Der Mensch ist ein Opfer seiner Ungeduld. Allah wird Zeichen [seiner Allmacht] zur Erde senden, aber man darf nicht erwarten, dass er sich dabei übereilt 37. Die Ungläubigen werden in der Hölle nicht die Flammen abwehren können, die ihnen ins Gesicht und auf den Rücken schlagen, und niemand wird ihnen dort helfen 39. Nicht nur Mohammed, sondern alle Propheten wurden von den Ungläubigen verspottet. Allen Spöttern wird man [beim Jüngsten Gericht] vorführen, worüber sie einst gespottet haben 41. Falsche Götter können den Menschen nicht vor dem Zorn Allahs schützen 43. Der Koran ist eine Warnung [vor dem Zorn und dem Strafgericht Allahs]. Aber die tauben Menschen nehmen den warnenden Zuruf [des Propheten] nicht wahr 45. Am Tag der Auferstehung bedient sich Allah, wenn er die Menschen richtet, einer Waage, die so genau misst, dass sie das Gewicht eines Senfkorns anzeigen könnte 47. Allah sandte [auch] Moses und Aaron eine Offenbarung 48. Der Koran wurde als Mahnung [an das Jüngste Gericht] zu den Menschen gesandt 50. Dem Abraham verlieh Allah Rechtschaffenheit. Abraham warf seinem Vater

[353] Das religiöse Ideal der Gottesfurcht *(taqwa)* ist ein zentraler Begriff im Koran und die Grundtugend eines jeden Muslims.

und dem Volk vor, sie würden statt Allah Götzen anbeten. Er zer-schlug all ihre Götzen bis auf einen, den er übrig ließ, damit sie ihn [erfolglos] befragen konnten. Als das Volk Abraham zur Rede stellte und ihn fragte, ob er es gewesen sei, der ihre Götter zerstört habe, antwortete er, es solle den [übrig gebliebenen] Götzen befragen. Da der Götze stumm blieb, wurde das Volk für einen Augenblick gläubig. Kurz darauf verfiel es jedoch wieder in den alten Unglau-ben und warf Abraham in ein Feuer, das Allah zu seiner Rettung kalt werden ließ. Allah bestrafte das ungläubige Volk und führte Abraham und Lot in jenes Land [Israel], das er für die Menschheit[354] gesegnet hatte 51 ff. Allah schenkte Abraham [den Sohn] Isaak und [den Enkel] Jakob, die er zu rechtschaffenen Männern werden ließ. Sie wurden den Menschen ein Vorbild, weil sie Gutes taten, ihre Ge-bete verrichteten und die Sozialabgabe zahlten 72 f. Auch Lot war rechtschaffen, weshalb Allah ihn aus der sündigen Stadt [Sodom] errettete 74 f. Allah ertränkte das gesamte Volk, aus dem Noah stammte, mit Ausnahme von Noah und seinen Angehörigen, die er rettete 76 f. David und Salomon waren weise Richter über ihr Volk. Allah lehrte David die Fertigung von Panzerhemden für die gläubi-gen Kämpfer. Allah machte Salomon den Wind gefügig, der durch das von Allah gesegnete Land [Israel] blies 78 ff. Allah rettete Hiob aus seinem Elend und schenkte ihm eine neue Familie 83 f. Ismail, Idris[355] und Dhu l-kifl[356] waren rechtschaffen und blieben standhaft im Glauben 85 f. Auch den „Mann des Fisches" [Jona], der im Zorn vor Allah geflohen war, rettete Allah aus seiner Finsternis [im Bauch des Wals] 87 f. Allah erhörte die Gebete des Zacharias und schenkte ihm einen Sohn – den Jahya [Johannes] 89 f.[357] Derjeni-gen, die ihre Keuschheit wahrte [die Jungfrau Maria], hauchte Allah seinen Geist ein und machte sie zusammen mit ihrem Sohn [Jesus]

[354] Hier weist der Koran darauf hin, dass das „Gelobte Land" nicht nur den Ju-den, sondern allen (gläubigen) Men-schen verheißen wurde.

[355] Mit „Idris" ist möglicherweise Henoch aus der Bibel gemeint (siehe 1. Mose 5,18 ff.).

[356] Einige Koranausleger sind der An-sicht, dass sich hinter dem Namen „Dhu l-kifl" der jüdische Prophet Elias verbirgt (siehe 1. Könige, 17 ff.).

[357] Weitaus detaillierter wird die Geburt von Johannes dem Täufer in Lukas 1,57 ff. beschrieben.

zu einem Zeichen [seiner Allmacht und Göttlichkeit] 91. Die Muslime bilden eine einheitliche Gemeinschaft. Sie [die Juden und Christen] aber sind untereinander zerstritten 92 f. Auf allen Städten, die von Allah zerstört wurden, lastet [bis zum Tag der Auferstehung] sein Fluch 95. Die Ungläubigen werden zu Brennstoff der Hölle, während die Gläubigen sich in so großer Entfernung von der Hölle aufhalten, dass sie weder das Stöhnen der Verdammten noch den leisesten anderen Laut aus der Hölle vernehmen müssen 98 ff. Allah ließ schon in den [jüdischen] Psalmen festlegen, dass die Gläubigen die Welt erben sollen. Das ist eine Botschaft für jene, die Allah dienen 105 f.[358] Allah hat Mohammed aus Barmherzigkeit zu den Menschen gesandt 107. Dem Propheten Mohammed wurde offenbart, dass Allah der einzige Gott ist 108. Auch Mohammed weiß nicht, ob der Tag des Jüngsten Gerichts nah oder fern ist 109.

Jean-Léon Gérôme, *Betende Muslime in der Amr-Moschee in Kairo*,
19. Jahrhundert

[358] Diese Verse, die Bezug auf Psalm 37,29 („Die Gerechten erben das Land und bleiben ewiglich darin") nehmen, können von militanten Islamisten dahingehend verstanden werden, dass ihnen die Pflicht auferlegt wurde, die Menschheit unter dem Banner des Islam zu vereinen.

22. Sure   „Die Wallfahrt"[359]   *Mekka*

Am Tag der Auferstehung wird ein gewaltiges Beben die Welt erschüttern; jede stillende Mutter wird dann ihren Säugling liegen lassen und alle schwangeren Frauen werden eine Fehlgeburt erleiden 1. Es gibt Menschen, die, ohne über eigenes Wissen zu verfügen, Kritik an Allah üben und sich dabei mit dem Teufel verbünden. Sie werden alle im Höllenfeuer enden 3 f. Der Regen, der die scheinbar leblose Erde durch sprießende Pflanzen zum Leben erweckt, ist ein Gleichnis dafür, dass es in Allahs Macht liegt, die Toten dereinst wieder auferstehen zu lassen 5 f. Wer, ohne über Kenntnisse zu verfügen, falsche Dinge über Allah aussagt und sich von Allahs Weg abwendet, wird in der Hölle brennen 9. Am Tag der Auferstehung wird Allah über die Gläubigen, die Juden, Sabäer[360], Christen, Magier und die Götzendiener richten. Allah kennt all ihre Taten 17. Sonne und Mond, die Sterne, die Berge, die Bäume und die Tiere werfen sich vor Allah betend nieder; nur unter den Menschen tun es viele nicht. Allah wird die Ungläubigen bestrafen, denn er tut, was er will 18. Die Ungläubigen werden [in der Hölle] Kleider aus Feuer tragen und siedendes Wasser wird über ihre Häupter vergossen, wodurch sich ihre Haut zersetzt 19 f. Die Gläubigen werden in den von Bächen durchflossenen Gärten des Paradieses mit Perlen bestückte Armreifen und Kleider aus Seide tragen 23. Die heilige Moschee [mit der Kaaba in Mekka] soll dem Wohle der ganzen Menschheit dienen 25. Allah befahl Abraham, die Kaaba für die Betenden, die sie umkreisen und sich vor ihr niederwerfen, von Götzenstandbildern zu reinigen. Außerdem erhielt Abraham den Befehl, die Gläubigen in aller Welt zur Pilgerfahrt aufzurufen 26 f. Die Wallfahrer sollen ihre Gelübde erfüllen, sich reinigen[361] und anschließend die Kaaba umkreisen 29. Während der Wallfahrt sollen

[359] Diese Sure enthält Verhaltensnormen, die während der Wallfahrt nach Mekka einzuhalten sind (siehe Vers 25 ff. dieser Sure).

[360] Eine monotheistische Täufergemeinde. Siehe Anmerkung 21 auf Seite 26.

[361] Um sich während der Pilgerfahrt in den Weihezustand *(ihram)* zu versetzen, hüllen sich männliche Pilger in zwei

Opfertiere zum Gedenken daran geschlachtet werden, dass Allah das Vieh für die Menschen erschaffen hat 33f. Der Gläubige ist demütig und es übermannt ihn Furcht, wenn er den Namen Allahs vernimmt. Er erträgt sein [irdisches] Schicksal mit Geduld 35. Zu Opfertieren hat Allah das Großvieh[362] bestimmt, das nach der Schlachtung verzehrt werden soll. Ein Teil des Fleisches ist beim Mahl an Bedürftige und Bettler zu verteilen. Allah selbst nimmt von den Opfertieren weder Fleisch noch Blut an, aber er nimmt die Frömmigkeit der Wallfahrer [die an der Opferzeremonie teilnehmen] wahr 36f. Den Gläubigen ist es erlaubt, Ungläubige, die den Gläubigen ein Unrecht zugefügt haben, zu bekämpfen.[363] Allah wird jenen Gläubigen, die von den Ungläubigen vertrieben wurden, im Kampf beistehen. Viele Klöster, Kirchen, Synagogen und Moscheen, in denen der Name Allahs Erwähnung findet, wären längst durch die Ungläubigen niedergerissen worden, wenn Allah sie durch die Gläubigen nicht zurückgehalten hätte 39f. Allah steht jenen bei und gibt ihnen die Oberhand auf Erden, die das Gebet verrichten, die Armensteuer bezahlen und die Gutes gebieten und Böses verbieten 41. Das Volk Noahs, die Stämme 'Ad und Thamud, jenes Volk, aus dem Abraham und Lot stammen, die Bewohner Midians und das Volk des Mose bezichtigten die zu ihnen gesandten Propheten der Lüge. Allah hat sie dafür hart bestraft 42ff. Allah hat manche Stadt und manchen Palast, die voll des Frevels waren, zer-

weiße, ungesäumte Tücher und unterlassen es, sich zu rasieren, die Haare zu kämmen und Haare und Nägel zu schneiden.

[362] Beim islamischen Opferfest werden vor allem Schafe geschlachtet.

[363] Dieser Koranvers, der Mohammed in Medina eingegeben wurde, war der erste, der es den Muslimen erlaubte, gegen die „Ungläubigen" ins Feld zu ziehen. Wenige Monate nach der Verkündigung dieses Koranverses organisierte Mohammed bereits die ersten bewaffneten Überfälle gegen Karawanen der „ungläubigen" Koreischiten aus Mekka. Der bekannteste dieser Überfälle war der erfolgreiche Angriff der Muslime im März 624 auf eine Karawane bei Badr, der sich dann, weil der Karawane ein Heer aus Mekka zur Hilfe kam, zu einer größeren Schlacht ausweitete. Obwohl die Muslime in dieser Schlacht zahlenmäßig in der Minderheit waren, konnten sie die Koreischiten siegreich schlagen.

stört. Sie liegen heute in Trümmern und ihre Brunnen sind verlassen 45. Wenn bei Allah ein Tag vergeht, vergehen bei den Menschen tausend Jahre 47.[364] Alle Propheten sind vom Satan in Versuchung geführt worden; doch Allah machte stets zunichte, was der Satan ihnen eingab.[365] Allah lässt den Satan nur deshalb gewähren, um die Menschen auf die Probe zu stellen 52f. Denjenigen, die wegen ihres Glaubens an Allah [aus ihrer Heimat] auswandern und hernach erschlagen werden, wird [im Paradies] die beste Versorgung zuteil 58f. Der Gläubige, der wegen eines Unrechts maßvolle Vergeltung übt und hernach erneutes Unrecht erleidet, dem wird Allah sicherlich zum Sieg verhelfen 60. Allah ist die Wahrheit und alle Götzen sind Lüge 62. Allah ist völlig autark; er ist auf niemanden angewiesen 64. Aus Güte hält Allah den Himmel zurück, damit er nicht auf die Erde fällt 65. Der Prophet soll sich nicht in [spitzfindige] religiöse Streitgespräche, wie solche über die richtige Durchführung der Andachtsriten, hineinziehen lassen. Er soll stattdessen den Streitenden zurufen, dass es Allah sein wird, der am Tag der Auferstehung über ihren Streitfall das Urteil sprechen wird 67ff. Die Ungläubigen würden über diejenigen, die aus dem Koran vorlesen, am liebsten herfallen. Allah verheißt ihnen deshalb das Höllenfeuer 72. Jene Götzen, die von den Menschen angebetet werden, können nicht einmal ein Fliege erschaffen 73. Allah setzt Engel und Menschen als seine Boten ein 75. [Nur] Allah kennt die Zukunft 76. Die Gläubigen sollen sich vor Allah niederwerfen und ihn anbeten 77. Man soll sich für die Sache Allahs ereifern. Allah hat die Gläubigen [für den Aufenthalt im Pa-

[364] Diesen koranischen Vers könnte man so deuten, dass die Orientalen schon sehr früh eine Ahnung davon hatten, dass Zeit ein relativer Begriff ist. Eine ganz ähnliche Aussage über die Zeit findet sich im Alten Testament in Psalm 90,4.

[365] Auch der Prophet Mohammed ist wohl von einer solchen Versuchung nicht verschont geblieben. Laut einem umstrittenen Hadith hatte er in Sure 53 ursprünglich die Existenz von drei weiblichen Gottheiten propagiert. Der Engel Gabriel soll später diese Blasphemie Mohammeds als Eingebungen des Satans (bzw. als „Satanische Verse") entlarvt haben, woraufhin sie aus dem Koran eliminiert wurden. (Siehe „Terminus *Satanische Verse*" auf Seite 309.)

radies] auserwählt. Die Gläubigen folgen der Religion Abrahams. Schon vor der Offenbarung des Korans nannte Allah die Gläubigen „Muslime". Der Prophet [Mohammed] legt vor den Gläubigen Zeugnis vom rechten Glauben ab, so wie die Muslime vor der gesamten Menschheit Zeugnis vom rechten Glauben ablegen 78.

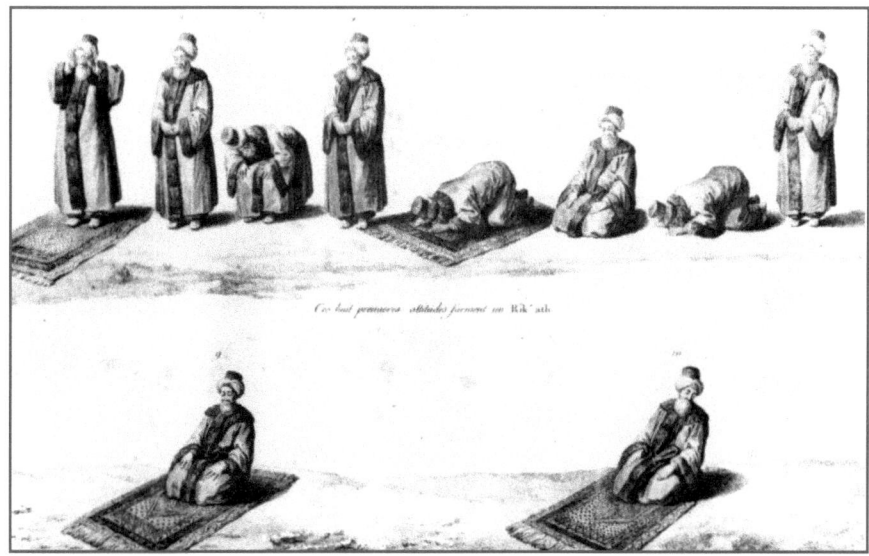

Ablauf einer muslimischen Gebetseinheit *(rakat)*

Muslimisches Gebet

Das rituelle muslimische Gebet *(salat)* hat folgenden Ablauf: Nachdem der Betende sich einer rituellen Waschung *(wudu'u)* unterzogen hat, richtet er sich nach Mekka aus, spricht *Allahu akbar* (Allah ist größer) und beginnt im Stehen mit der Rezitation der ersten Sure *al-Fatiha*, der sich ein Lob Allahs sowie das Bekenntnis, dass man Zuflucht bei Allah vor dem Satan suche, anschließen. Es folgt das Rezitieren weiterer kurzer Koransuren, wobei oft die 112. Sure *al-Ikhlas*, die 113. Sure *al-Falaq* und/oder die 114. Sure *an-Nas* gesprochen wird. Danach verbeugt sich der Betende mehrmals, kniet nieder und berührt mit der Stirn den Boden. In dem Moment, wo die Stirn Kontakt mit dem Boden hat, kann der Gläubige auch ein paar persönliche Worte an Allah richten *(do'a)*. Da strenggläubige Muslime diesen zentralen Augenblick des Gebets *(sojod)* mit besonderer Verve durchführen, ist im Laufe der Zeit bei manchen von ihnen eine dunkle Druckstelle auf der Stirn zu sehen.

Die Ritualgebete, deren tägliche Verrichtung die oberste Pflicht *(fard)* der Muslime ist, finden zu folgenden Zeiten statt: 1. Gebet *(fadschr)*: in der Morgendämmerung, vor Sonnenaufgang. 2. Gebet *(zuhr)*: mittags, nachdem die Sonne ihren Zenit überschritten hat. 3. Gebet *(asr)*: nachmittags, wenn der Schatten eines Gegenstandes doppelt so lang wie der Gegenstand hoch ist. 4. Gebet *(maghrib)*: abends, nach Sonnenuntergang. 5. Gebet *(ischa)*: nachts, irgendwann nach dem Abendgebet und vor Beginn der Morgendämmerung.

Das islamische Ritualgebet kann nicht mit dem individuellen Gebet der Christen verglichen werden; es gleicht eher dem gemeinschaftlich gesprochenen christlichen Vaterunser. Der Islam kennt jedoch auch die persönliche Form des Gebets *(do'a)*, das frei und zu jeder Tages- und Nachtzeit gesprochen werden kann. Ein solches frei gesprochenes Gebet sollte jedoch stets die Bitte um Allahs Segen für den Propheten enthalten.

23. Sure   „Die Gläubigen"[366]   *Mekka*

Die Gläubigen sollen demütig ihr Gebet verrichten, die Sozial-abgabe bezahlen und sich vor losen Reden und vor Un-keuschheit hüten. Der Geschlechtsverkehr ist nur mit den eigenen Frauen und Sklavinnen erlaubt. Wer nach anderen Frauen lüstern ist, der ist ein Gesetzesübertreter 5 ff. Der Mensch wurde von Allah aus Lehm erschaffen 12. Der Tod und die Auferstehung des Menschen ist gewiss 15 f. Sieben Himmelssphären wurden von Allah erschaffen 17. Allah hat Noah den Auftrag gegeben, sein Volk von der Vielgötterei abzubringen. Die Vornehmen des Volkes sahen jedoch in Noah nur einen besessenen Menschen, der sich die Macht im Volke aneignen wollte, und hielten ihn für einen Lügner. Daraufhin befahl Allah Noah, ein Schiff zu bauen und seine Angehörigen und ein Paar von jeglicher Tiergattung mit an Bord zu nehmen. Das frevlerische Volk aber wurde von Allah ertränkt 23 ff. Einem anderen Volk[367] sandte Allah einen Gesandten aus ihrer Mitte und ließ ihn verkünden: „Dient Allah allein. Habt keinen Gott außer ihm!" Doch die Vornehmen dieses Volkes glaubten nicht an die Auferstehung im Jenseits und bezichtigten den Gesandten der Lüge. Da verfluchte Allah dieses Volk und machte es zu Spreu 32 ff. Alle Völker, zu denen Allah Gesandte geschickt hat, warfen den Gesandten vor, sie seien Lügner. Allah vernichtete diese Völker, damit ihr Schicksal zur Warnung [vor Allahs Zorn] weitererzählt wird 44. Allah sandte Moses mit seinem Bruder Aaron zum Pharao. Der Pharao und die Vornehmen an seinem Hofe waren hochmütig und wandten sich von den beiden Männern, die sie als Angehörige jenes Volkes erkannten, welches in Ägypten [niedere] Dienste leistete, verächtlich ab. Allah hat sie [die hochmütigen Ägypter] vernichtet 45 f. Moses wurde von Allah das Buch der Rechtleitung [die Tora] ausgehändigt 49. Allah gewährte Maria und ihrem Sohn [Jesus]

---

[366] Diese Sure beginnt mit einem Appell an die gläubigen Muslime.

[367] Hier könnte das „ungläubige" Volk der 'Ad oder der Thamud gemeint sein.

Zuflucht und machte sie zu einem Zeichen [seiner Allmacht] 50.[368] Die Gläubigen sollen eine einheitliche Gemeinschaft bilden. Es ist ein Akt von Kurzsichtigkeit, wenn Gläubige sich in Parteien aufspalten 52 f.[369] Auch den sich [von der muslimischen Gemeinde] abspaltenden Parteien schenkt Allah Reichtum und Kinder, aber er tut es nicht in der Absicht, ihnen Gutes damit angedeihen zu lassen 55 f. Die Herzen der Gläubigen beben bei dem Gedanken, dass sie dereinst am Tag der Auferstehung zu Allah zurückkehren 60. Allah fordert von keinem Gläubigen etwas, was der nicht zu leisten vermag 62. Ließe die Menschheit sich von ihren Begierden leiten, würde die Welt im Chaos versinken. Um das zu verhindern, hat Allah den Menschen seine Mahnung offenbart. Doch gibt es viele, die sich abwenden, nachdem sie ermahnt wurden 71. Der Prophet [Mohammed] fordert für seine Tätigkeit keinen Lohn. Es ist Allah, der ihn entlohnt 72. Jene, die nicht an die Auferstehung glauben und sie stattdessen für eine Legende halten, sind Ungläubige, denen Allah das Tor zur Hölle aufstoßen wird 74 ff. Allah ist der Herr der sieben Himmel 86. Vor dem Zorn Allahs gibt es keinen Schutz 88. Den Menschen wurde von Allah die Wahrheit offenbart, doch viele leugnen sie 90. Allah hat sich keinen Sohn erschaffen, noch gibt es irgendeinen Gott neben ihm. Wäre dem nicht so, würde sich eine Vielzahl von Göttern gegenseitig be-

[368] Auch wenn in diesem Vers Jesus und seine Mutter Maria als „Zeichen" Allahs bezeichnet werden, lässt der Koran keinen Zweifel daran, dass Jesus zwar ein von Allah auserwählter Gesandter, aber nur ein Mensch gewesen sei. Im Vergleich mit dem „Propheten" Jesus hat Mohammed nach Aussage des Korans lediglich das Privileg, von Allah als „Siegel der Propheten" (als endgültig letzter von Allah eingesetzter Prophet bzw. Gesandter) bezeichnet zu werden, was aber in keiner Weise den Status seines Menschseins überhöht. Um den Propheten Mohammed hat sich allerdings im Lauf der Jahrhunderte, zumindest unter sehr frommen Muslimen, ein Personenkult entwickelt, der sehr nah an eine Quasi-Vergöttlichung herankommt. Die außerordentliche Verehrung des Propheten Mohammed ist dadurch zustandegekommen, weil fromme Muslime davon ausgehen, dass Allah sich als seinen letzten Propheten eine Person ohne Fehl und Tadel ausgesucht hat.

[369] Die Aufspaltung der Muslime in sich bekämpfende Sunniten und Schiiten steht im klaren Widerspruch zu dieser koranischen Verpflichtung zur Einheit aller Gläubigen.

kämpfen und jeder von ihnen würde das von ihm selbst Erschaffene [als sein Eigentum] mit sich fortnehmen 91. Jene, deren Waagschale sich [am Tag der Auferstehung zugunsten ihrer guten Taten] neigt, kommen ins Paradies, und jene, deren Waagschale zu leicht befunden wird, kommen für ewig in die Hölle, wo ihre Gesichter vom Feuer verunstaltet werden 102 f.[370] Die in der Hölle werden Allah um Rettung anflehen. Doch Allah wird ihnen zurufen: „Hinab mit euch und schweigt!" 107 f. Es steckt ein [verborgener] Sinn dahinter, dass Allah den Menschen erschaffen hat und ihn wieder [am Tag der Auferstehung] zu sich zurückholt 115.[371] Es gibt keinen Gott außer Allah, dem Erbarmer. Für andere Götter gibt es keinerlei Beweise 116 ff.

John Frederick Lewis, *Haremszene*, 19. Jahrhundert

[370] Hier wird das altägyptische Motiv des Wiegens der Herzen im Jenseits angesprochen. Auch die Bibel kennt dieses Motiv (siehe Daniel 5,27).

[371] Muslime glauben an die leibliche Auferstehung des Menschen.

24. Sure   „Das Licht"[372]   *Medina*

Die Verse dieser Sure wurden von Allah als verbindliche Gesetze deklariert 1. Unzüchtige[373] sollen mitleidslos mit hundert Peitschenhieben im Beisein einer Anzahl von gläubigen Zeugen bestraft werden 2. Ein Unzüchtiger darf nur eine Hure oder eine Götzenanbeterin und eine Unzüchtige nur einen Unzüchtigen oder einen Götzenanbeter heiraten. Den Gläubigen ist das Heiraten von Unzüchtigen und Götzenanbetern[374] verboten 3. Wer eine ehrbare Frau der Unkeuschheit beschuldigt, muss dafür vier Zeugen vorbringen. Kann er das nicht, soll er mit achtzig Peitschenhieben bestraft werden 4. Wer seine Ehefrau beschuldigt, unkeusch gehandelt zu haben, und keinen Zeugen dafür aufbringen kann, bekommt recht, wenn er fünfmal bei Allah schwört, dass er die Wahrheit redet, und einmal schwört, dass der Fluch Allahs auf ihm lasten möge, falls er lügt. Wenn die beschuldigte Frau viermal vor Allah schwört, dass ihr Mann ein Lügner sei, und außerdem schwört, dass der Zorn Allahs auf ihr lasten möge, falls ihr Mann die Wahrheit gesagt hat, dann soll die Strafe von ihr abgewendet werden 6 ff. Eine Gruppe von Gläubigen hat, ohne wirkliche Kenntnisse von den Dingen zu haben, eine Person [der Unkeuschheit] beschuldigt. Vier Zeugen, die zur Bestätigung dieses Vorwurfs notwendig waren, konnte die Gruppe jedoch nicht vorweisen. Obwohl er sie im Diesseits und Jenseits hätte schwer bestrafen können, ermahnte Allah sie lediglich, es niemals wieder zu tun 11 ff.[375] Allah spricht frei, wen er will 21. Jene, die über Reichtümer verfü-

[372] Allah wird in den Versen 35 und 40 dieser Sure als das Licht *(an-Nur)* in der Welt beschrieben.

[373] Zu den „Unzüchtigen" zählen im Islam Männer und Frauen, die vor- oder außerehelichen Verkehr pflegen, Homosexuelle, Prostituierte und Männer, die Prostituierte aufsuchen.

[374] Da Anhänger des Judentums und des Christentums nicht zu den „Göt-

zenanbetern" gezählt werden, fallen sie nicht unter dieses Heiratsverbot.

[375] Hintergrund dieser Koranverse soll die „Halsbandaffaire" gewesen sein, in der eine Gruppe von Beduinen Aischa, die Lieblingsfrau des Propheten, der ehelichen Untreue bezichtigt hatte. Für die Sunniten gehört Aischa, die wie Mohammed dem Stamm der Koreisch angehörte, zu einer der wichtigsten Per-

gen, sollen ihren Anverwandten und den Bedürftigen etwas von ihrem Reichtum abgeben 22. Diejenigen, die ehrbare und gläubige Frauen als unkeusch verleumden, sollen im Diesseits und Jenseits verflucht sein und Allah wird sie außerdem hart bestrafen 23. Schlechte Männer und schlechte Frauen sind wie gute Männer und gute Frauen füreinander bestimmt 26. Ein Haus, welches nicht sein eigenes ist, betritt der Gläubige nur, wenn er vorher die Bewohner begrüßt und sie gefragt hat, ob er eintreten dürfe. Ist das Haus jedoch unbewohnt, kann er jederzeit eintreten 27 ff. Gläubige Männer sollen [in Gegenwart von fremden Frauen] ihre Blicke zu Boden senken, um ihre Keuschheit zu bewahren 30. Gläubige Frauen sollen [in Gegenwart von fremden Männern] ihre Augen keusch niederschlagen, ihren Schmuck nicht zur Schau tragen und ein Tuch um ihre Kleiderausschnitte schlagen. Ihre weiblichen Reize dürfen sie nur ihren Ehemännern, ihren Vätern und Schwiegervätern, ihren Söhnen und Stiefsöhnen, ihren Brüdern, den Söhnen ihrer Geschwister, ihren Freundinnen und Sklavinnen, den Eunuchen in ihrem Haus oder ihren Kindern, die noch kein Interesse an der Blöße der Frau haben, zeigen 31.[376] Ledige, auch ledige Sklaven, soll man verheiraten. Falls sie [für eine Heirat zu] arm sind, wird Allah ihnen von seinem Überfluss schon etwas abgeben, denn Allah ist großzügig 32. Unverheiratete, denen die Ehe versagt bleibt, sollen sich vor jeder Unkeuschheit hüten. Ehrbaren Sklaven, die ihre Freilassungsurkunde begehren, soll man die Freiheit gewähren und ihnen etwas vom eigenen Reichtum abgeben. Sklavinnen dürfen nicht zur Prostitution gezwungen werden. Zu

sönlichkeiten des Islam. Sie ist ihnen ein Vorbild an Frömmigkeit und eine wichtige Übermittlerin von Hadithen. Von den Schiiten wird sie dagegen aufgrund ihrer Intrigen gegen Kalif Ali und gegen Mohammeds Tochter Fatima als boshaft und als eine Feindin Allahs eingeschätzt.

[376] Diese Verse interpretieren traditionalistische Muslime als Verpflichtung der Frau, in der Öffentlichkeit einen Schleier zu tragen. Für muslimische Männer gilt im Übrigen auch eine Bekleidungsregel: Sie sollen stets mindestens den Bereich zwischen ihrem Bauchnabel und den Knien bedeckt halten. Außerdem sollen sie ihren Bart und ihre Kopfhaare pflegen.

Sklavinnen, die man zur Prostitution gezwungen hat, ist Allah [trotz ihrer Schande] allverzeihend und barmherzig 33. Allah ist das Licht der Welt.[377] Er leitet zu seinem Licht nur jene, die er will 35.[378] Allah erteilte den Gläubigen die Erlaubnis, Häuser [Moscheen] zu errichten, in denen sein Name am Morgen und am Abend gepriesen werden soll 36. Die Taten der Ungläubigen gleichen einer Luftspiegelung [Fata Morgana]. Der Dürstende hält sie für Wasser und wenn er herantritt, erweisen sie sich als ein Nichts 39. Die Ungläubigen leben fern vom Lichte Allahs, so als wären sie in der Finsternis des tiefen Meeres. Wenn sie ihre Hand ausstrecken, können sie sie kaum noch erkennen. Wem Allah kein Licht gibt, der findet auch keins 40.[379] Jedes Geschöpf kennt eine eigene Art und Weise, Allah zu lobpreisen. Selbst die Vögel im Flug preisen Allah 41. Allah hat jedes Lebewesen aus Wasser[380] erschaffen 45. Wer Allah fürchtet und seinem Gesandten [Mohammed] gehorcht, wird glückselig werden 52. Dem Propheten obliegt lediglich die Verkündigung der Offenbarung. Er ist nicht für jene verantwortlich, die sich von dem Glauben an Allah abwenden 54. Allah wird den Gläubigen die Erde übereignen, ihre Religion festigen und sie in Frieden und Sicherheit leben lassen 55. Die Ungläubigen werden Allah [durch ihren Tod] nicht entrinnen können. Ihre Herberge wird [nach

[377] Auch das Alte Testament kennt den Vergleich Gottes mit dem Licht (siehe Psalm 27,1). Im Neuen Testament wird Jesus als „das Licht der Menschen" (Johannes 1,4) und „das Licht der Welt" (Johannes 8,12) bezeichnet.

[378] Dies ist der *Lichtvers*, der oft in der arabischen Kalligrafie dargestellt wird. Für die islamischen Mystiker, die Sufis, hat er eine herausragende Bedeutung. Sie glauben, dass der fromme Mensch stufenweise aus der von ihnen als minderwertig empfundenen Materie zum Licht Allahs aufsteigen könne. Diese Vorstellung teilten auch die griechischen Anhänger des Neuplatonismus.

[379] Auch dieser Vers spielt im Sufismus eine herausragende Rolle. Sufis vergleichen Allah mit einem Licht, dem sie sich stufenweise durch gemeinschaftliches Gottesgedenken *(dhikr)* annähern können.

[380] Man vermutet, dass hier mit dem Begriff „Wasser" der männliche Samenerguss gemeint ist. Es könnte aber auch sein, dass die Araber bereits im 7. Jahrhundert die Erkenntnis hatten, dass alles Leben in den Weltmeeren entstanden ist.

ihrer Auferstehung] das Höllenfeuer sein 57. Sklaven und Minderjährige dürfen Erwachsene in den Zeiten der Zurückgezogenheit [wo sie eventuell ihre körperliche Blöße zeigen] nur mit besonderer Erlaubnis aufsuchen. Die Zeiten der Zurückgezogenheit finden vor dem Morgengebet, in der Mittagshitze, wenn der Gläubige die Kleider abgelegt hat, und nach dem Abendgebet statt 58. Unverheiratete ältere Frauen dürfen [in der Öffentlichkeit] ihre Tücher [Obergewänder] ablegen, aber nur, wenn sie dabei ihre weiblichen Reize nicht zur Schau stellen. Besser ist es jedoch auch für sie, wenn sie ihre Tücher anbehalten 60.[381] Beim Eintreten in ein Haus sollen Gläubige untereinander einen gesegneten Gruß austauschen 61. Einer, der in einer Angelegenheit beim Propheten weilte und aufbrechen möchte, ist nur dann ein guter Gläubiger, wenn er den Propheten um Erlaubnis bittet, aufbrechen zu dürfen. Wird der Prophet von einem Gläubigen um Erlaubnis gebeten, sich entfernen zu dürfen, ist dieser von Allah ermächtigt, dem Gläubigen nach eigenem Gutdünken die Erlaubnis dazu zu erteilen oder sie ihm zu verweigern 62.[382] Wenn der Prophet zur Versammlung ruft, so ist das mehr wert, als wenn es ein anderer tut. Allah merkt sich jene, die dem Ruf des Propheten nicht folgen oder sich gar verstecken und sie brauchen sich deshalb nicht zu wundern, wenn sie später eine harte Strafe trifft 63. An dem [Jüngsten] Tag, an dem die Menschen zu Allah zurückgebracht werden, wird er, der alles weiß, ihnen ihre Sünden vorhalten 64.

[381] Dieser Vers hat ebenfalls zu der islamischen Sitte beigetragen, dass Frauen sich in der Öffentlichkeit zu verschleiern haben.

[382] Diese Offenbarung soll Mohammed erhalten haben, als sich während der Ausschachtungsarbeiten zu Beginn des „Grabenkrieges" (siehe Sure 33,9 ff.) Muslime ohne Erlaubnis von ihrem Einsatzort entfernt hatten.

25. Sure   „Die Unterscheidung"[383]   *Mekka*

Allah hat [damit die Menschen das Gute vom Bösen unterscheiden können] die „Unterscheidung" [den Koran] herabgesandt, um die Menschen [vor dem Unglauben bzw. vor bösen Taten] zu warnen 1. Die Götzen der Menschen sind erschaffene Dinge, die keinen Einfluss auf das Leben, den Tod und die Auferweckung haben 3. Die Ungläubigen werfen Mohammed vor, dass ihm andere [und nicht der Engel Gabriel] den Koran diktiert hätten 4.[384] Die Ungläubigen halten Mohammed für unglaubwürdig, weil er [wie ein normaler Mensch] Speisen zu sich nimmt, auf Märkten herumgeht und keinen Engel in seiner Begleitung hat.[385] Außer-

[383] Mit dem Begriff „Unterscheidung" ist hier der Koran gemeint, von dessen „Herabsendung" in Vers 1 dieser Sure berichtet wird.

[384] Bereits in der Endphase seines prophetischen Wirkens in Mekka pflegte Mohammed Kontakte zur jüdischen Diaspora in Medina. Außerdem hatte er sich durch seine Tätigkeit als Handelsreisender mit seinen Karawanen des Öfteren im Byzantinischen Reich aufgehalten. Es ist deshalb nicht ganz von der Hand zu weisen, dass Mohammed mit den Juden mosaischen Glaubens, mit Judenchristen und mit nichtjüdischen Christen (bzw. „Heidenchristen") theologische Gespräche geführt hat. Der orthodoxe Kirchenvater Johannes Damascenus (ca. 650–749), der unter muslimischer Herrschaft zuerst in Damaskus und später in einem Kloster bei Jerusalem gelebt hat, stellte Anfang des 8. Jahrhunderts in seinem Werk *Die Quelle der Erkenntnis* unter der Überschrift „Über die Häresien" die These auf, Mohammed habe unter dem Einfluss eines nestorianischen Mönches gestanden und sodann als „falscher" Prophet eine Irrlehre ins Leben gerufen.

[385] Der Koran weist immer wieder darauf hin, dass es sich bei dem Propheten Mohammed um einen sterblichen Menschen handelt. Hierdurch grenzt sich der Islam deutlich vom Christentum ab, das im 5. Jahrhundert n. Chr. durch Konzilsbeschluss festgelegt hat, dass Jesus Christus sowohl eine menschliche als auch eine göttliche Natur habe. Obwohl der Koran Mohammed als fehlbaren Menschen beschreibt (siehe Sure 47,19 und Sure 48,1 f.), hat sich in der islamischen Welt ein Personenkult um den Propheten entwickelt, der ihn von allen menschlichen Unzulänglichkeiten freispricht. Als der Autor einem Gelehrten der *al-Azhar*-Universität in Kairo die Frage stellte, ob der Prophet Mohammed unfehlbar gewesen sei, erhielt er die Antwort: „Der Prophet war ein vollkommener Mensch ohne Fehl und Sünde." Das Gleiche behaupten streng-

dem verfügt er über kein vom Himmel herabgesandtes [materielles] Vermögen oder über einen Garten mit essbaren Früchten. Die Ungläubigen behaupten, der Prophet Mohammed sei einem Zauber zum Opfer gefallen 7 ff. Jenen, die die Stunde der Auferstehung leugnen, wird das Höllenfeuer bereitet 11. Die Ungläubigen werden aneinandergekettet in das Höllenfeuer geworfen, wo sie sich immer wieder [vergebens] den endgültigen Tod [und damit die Erlösung von ihren Qualen] herbeiwünschen 13 f. Den Gläubigen hat Allah den ewigen Aufenthalt im Paradies versprochen und an dieses Versprechen fühlt sich Allah gebunden 15 f. Jene, die vor Mohammed von Allah als Propheten beauftragt wurden, waren [wie Mohammed] gewöhnliche Menschen, die auf Märkten umhergingen und Speisen zu sich nahmen 20.[386] Die Ungläubigen fordern in hochmütiger Weise von Allah, dass er Engel zu ihnen herabsenden oder sich auf Erden zeigen solle. Wenn sie dann [am Tag der Auferstehung] die Engel erblicken, wird das für sie kein freudiges Ereignis sein, denn man wird sie [in der Hölle] wie verwehten Staub zunichte machen 21. Der Satan verführt die Menschen [auf Erden] und lässt sie [am Tag der Auferstehung] im Stich 29. Es war Allahs Wille, dass jeder Prophet Ungläubige zum Feind hatte 31. Die Zweifler glauben Mohammed nicht, weil ihm der Koran nicht an einem Stück offenbart worden ist 32.[387] Allah offenbarte Moses die Schrift und sandte ihn mit seinem Bruder Aaron zum Pharao. Da sich die Ägypter von den [göttlichen] Zeichen, auf die Moses hingewiesen hat, nicht beeindrucken ließen, hat Allah sie vernichtet 35 f. Das ungläubige Volk, aus dem Noah stammte, wurde von Allah ertränkt. Das Schicksal dieses [ver-

gläubige Muslime auch von den engsten Weggefährten des Propheten.

[386] Wären die Propheten Engel gewesen, hätten sie nach islamischem Verständnis keiner Speise bedurft.

[387] Nach altarabischer Auffassung sollen die Tora, die Psalmen und die Evangelien – anders als der Koran – an einem Tag von Allah offenbart worden sein. Die Tatsache, dass Mohammed mit den Koranversen sukzessiv an die Öffentlichkeit getreten ist, hatte deshalb Zweifel an der göttlichen Herkunft seiner Offenbarung geweckt, da man ursprünglich davon ausging, dass Allah Offenbarungen stets nur aus einem Guss herabsenden würde.

nichteten] Volkes ist eine Warnung an alle Menschen 37. Auch die ungläubigen Stämme 'Ad und Thamud sowie das „Volk des Brunnens"[388] und andere Geschlechter wurden von Allah gänzlich vernichtet 38f. Die Städte [Sodom und Gomorra] wurden durch einen Unheil bringenden Regen vernichtet, weil ihre Bewohner nicht an die Auferstehung glaubten 40. Die Ungläubigen machen ihre persönlichen Neigungen zu Göttern und verhalten sich dadurch wie das Vieh 43f. Aufgrund des Laufs der Sonne [am Firmament] wandert der Schatten [der Gegenstände auf Erden]. Wenn Allah nur wollte, könnte er [den Lauf der Sonne und damit] die Schatten auf Erden zum Stillstand bringen 45. Das Regenwasser, welches aus der [scheinbar] toten Erde Pflanzen sprießen lässt, ermahnt die Menschen [an die Auferstehung] 50. Allah hat Mohammed befohlen, mit dem Koran in der Hand und mit Eifer die Ungläubigen zu bekämpfen 52. Der Mensch wurde von Allah aus Wasser erschaffen 54. Allah, der [ewig] Lebendige, stirbt nie. In sechs Tagen hat er Himmel und Erde und alles, was dazwischen ist, erschaffen 58f. Die Ungläubigen fragen Mohammed: „Sollen wir uns vor irgendetwas anbetend niederwerfen, nur weil du es uns befiehlst?", und wenden sich voller Widerwillen von ihm ab 60. Die Diener Allahs schreiten sanftmütig auf der Erde und sprechen friedlich zu den Unwissenden [die von der Offenbarung noch nichts vernommen haben]. Sie nutzen die Nacht, um sich vor Allah niederzuwerfen und zu beten. Sie spenden Almosen und sind dabei weder verschwenderisch noch geizig. Sie rufen außer Allah keinen Gott an und sie töten niemanden, es sei denn, die Gebote des Korans verpflichteten sie dazu. Sie begehen keine Unzucht, denn wer solches tut, der wird im Jenseits hart dafür bestraft 63ff. Wer rechtzeitig [seine Sünden] bereut, an Allah glaubt und gute Taten vollbringt, dem wird Allah verzeihen und seine bösen Taten nicht anrechnen 70. Der Gläubige hat an Menschen, die mit falschem oder leerem Gerede[389]

[388] Es ist nicht klar, welches Volk hier gemeint ist.

[389] Das Lügen ist, wie auch den Juden und Christen (siehe 2. Mose 20,16), einem Muslim unter Seinesgleichen verboten. Ob dieses koranische Gebot auch gegenüber den „Ungläubigen" gilt, ist unter Muslimen umstritten.

beschäftigt sind, würdig vorbeizuschreiten 72. Diejenigen, die Allah bitten, er möge sie [wie Mohammed] zu einem Vorbild der Gläubigen machen, erhalten im Paradies eine bevorzugte Stellung 74 f.

Muslim beim Geben von Almosen[390]

[390] Das Zahlen der Sozialabgabe an Bedürftige gilt dem Muslim als eine wichtige religiöse Pflicht. Die Sozialabgabe ist eine der „Fünf Säulen" des Islam. Der Dirham (bzw. Dinar) war die einheitliche Währung in der alten islamischen Welt. Nach dem Zerfall des Osmanischen Reiches geriet der Dirham in Vergessenheit. Seit 1993 versuchen die Regierung Malaysias und die *Islamic Bank* in Dubai, den Dinar als Gegenwährung zum US-Dollar in der islamischen Welt wieder einzuführen. Bei einem Treffen der *Organisation der Islamischen Konferenz* im Juni 2005 schlug die malaysische Regierung vor, alle islamischen Staaten sollten wieder zur einheitlichen Dinar-Währung zurückkehren. Dieser Vorschlag fand jedoch kaum Resonanz.

26. Sure   „Die Dichter"[391]   *Mekka*

Es wird immer Menschen geben, die sich, obwohl sie die Offenbarungen Allahs kennen, vom Glauben abwenden 5. Allah schickte Moses und Aaron zum Pharao. Als sie vor dem Pharao standen, gaben sie sich als Boten des „Herrn der Welten" zu erkennen und baten den Pharao, er möge die geknechteten Kinder Israel ziehen lassen. Der Pharao hielt Moses vor, er habe einst in Ägypten ein Verbrechen begangen, doch Moses entgegnete ihm, dass er inzwischen geläutert und außerdem ein Gesandter Allahs sei.[392] Der Pharao drohte Moses mit dem Gefängnis, wenn er weiterhin Allah und nicht ihn, den Pharao, als seinen Gott anerkennen würde. Daraufhin warf Moses [zum Zeichen der ihm von Allah verliehenen Vollmacht] seinen Stab zu Boden, der sich in eine Schlange verwandelte, und zog seine Hand hervor, die plötzlich ganz weiß war. Da rief der Pharao seine Zauberer, die ihrerseits Stäbe und Stricke zu Boden warfen, die jedoch alle von der Schlange des Mose verschlungen wurden. Daraufhin warfen sich die Zauberer nieder und verkündeten, dass auch sie von nun an nur noch an Allah glauben würden. Sie taten es, obwohl der Pharao ihnen drohte, ihnen Hände und Füße abzuschlagen und sie kreuzigen zu lassen. Sie entgegneten dem Pharao, dass sie dadurch keinen Nachteil hätten, weil es sie zu ihrem Gott [im Jenseits] bringen würde. Moses führte sein Volk des Nachts [aus Ägypten] hinweg und bei Sonnenaufgang folgte ihm die Streitmacht des Pharao. Als die Kinder Israel am Ufer des [Roten] Meeres standen, befahl Allah Moses, er solle mit seinem Stab auf das Meerwasser schlagen, woraufhin es sich zur Rettung der Fliehenden teilte und rechts und links auftürmte. Die [nachfolgenden] Ägypter aber ertranken. Diese Geschichte ist ein Beweis für die Allmacht Allahs, aber die meisten

[391] Am Ende dieser Sure kommt es zu kritischen Äußerungen über die Zunft der Dichter.

[392] In diesem Vers weist der Koran darauf hin, dass ein Prophet fehlbar und nicht frei von Sünde ist (siehe Sure 47,19 und Sure 48,1f., in denen das Gleiche vom Propheten Mohammed behauptet wird).

Menschen haben trotzdem keinen Glauben [an Allah] 10ff. Abraham fragte seinen Vater und das Volk, warum sie Götzen anbeteten. Das Volk antwortete, es tue damit das Gleiche, was schon seine Väter getan hätten und es wurde gegenüber Abraham feindlich gesinnt. Abraham, der an die Auferstehung glaubte, bat Allah, er möge seinem [ungläubigen] Vater für dessen Irrtum verzeihen. Die Geschichte Abrahams ist ein Zeichen der Allmacht Gottes, doch die meisten Menschen verharren trotzdem im Unglauben 69ff. Den von Allah zum Gesandten auserwählten Noah bezeichnete das Volk als einen Lügner und es warf ihm vor, dass sich nur die Niedrigsten im Volke seinem Glauben anschließen würden. Sie drohten ihm damit, ihn zu steinigen, jedoch Allah errette ihn und die Gläubigen, die mit ihm waren in einem [mit Tieren] beladenen Schiff. Das Volk aber, das zurückblieb, wurde von Allah ertränkt. Diese Geschichte ist ein Zeichen der Allmacht Allahs, doch die meisten Menschen glauben trotzdem nicht an Allah 105ff. Der Gesandte Hud warf dem Volk 'Ad vor, es wäre gewalttätig und würde auf den Berggipfeln Götzenstelen anbeten. Da das Volk den Gesandten Hud für einen Lügner hielt und nicht vom Götzenglauben seiner Väter ablassen wollte, wurde es von Allah vernichtet. Der Ausgang dieser Geschichte ist ein Beispiel für die Allmacht Allahs, doch die meisten Menschen wollen es nicht begreifen 122ff. Der Gesandte Salih forderte das Volk der Thamudäer, das in den Bergen siedelte, auf, Allah zu fürchten. Doch als das Volk sah, dass er nur ein gewöhnlicher Mensch war [und kein Engel] und dass er keine Wunder vollbringen konnte, hielten sie ihn für den Gesandten eines Zauberers und bezichtigten ihn der Lüge. Im Auftrag Allahs bat Salih das Volk, eine von Allah ausgesuchte Kamelstute zu schonen, doch es durchschnitt die Sehnen der Kamelstute. Da ereilte sie die Strafe Allahs. Dieses Ereignis ist ein Zeichen der Allmacht Allahs, doch die meisten Menschen verharren trotzdem im Unglauben 141ff. Lot forderte sein Volk auf, Allah zu fürchten und ihm, dem Gesandten Allahs, zu gehorchen. Er ermahnte die Männer, nicht mit anderen Männern Unzucht zu treiben und darüber ihre Frauen, die Allah für die Männer erschaffen hatte, zu vernachlässigen. Das Volk jedoch drohte Lot mit der Verbannung und fuhr fort mit seinem Treiben. Da ließ Allah einen todbringenden Regen über sie hereinbrechen und rettete Lot und die Seinen mit Ausnahme einer alten Frau [der Frau Lots]. Dieses Geschehen ist ein Zeichen der Allmacht Allahs, doch die meisten Menschen glauben trotzdem nicht 160 ff. Der Gesandte Schu'aib bat die Waldbewohner [das Volk von Midian], Allah zu fürchten und ihm, dem Gesandten, zu gehorchen. Außerdem ermahnte er sie, mit richtigem Längenmaß zu messen und mit exakter Waage zu wiegen. Die Waldbewohner forderten den Schu'aib auf, er möge [zum Zeichen seiner von Allah verliehenen Vollmacht] Steine vom Himmel auf sie niederfallen lassen. Als sie feststellten, dass der Gesandte Schu'aib [keine Wunder vollbrachte und] nur ein gewöhnlicher Mensch war wie sie, hielten sie ihn für einen Lügner. Die Waldbewohner wurden von Allah mit einer Finsternis bestraft. Das war ein Zeichen der Allmacht Allahs, doch die meisten Menschen glauben trotzdem nicht an ihn 176 ff. Der Koran ist eine vom Engel Gabriel dem Propheten Mohammed überbrachte Offenbarung Allahs in arabischer Sprache. Er dient den Menschen zur Warnung [vor dem Jüngsten Gericht] 192 ff. Schon die früheren Schriften [die Tora, die Psalmen und die Evangelien] wiesen auf den Koran hin 196. Allah hätte den Koran niemals zu einem Nichtaraber herabgesandt 198. Nie wurde eine Stadt von Allah zerstört, ohne dass er ihren Bewohnern vorher einen Gesandten zur Warnung geschickt hätte 208 f. Die Satane haben den Koran nicht zu den Menschen herabgebracht [wie die Ungläubigen behaupten] 210. Allah forderte Mohammed auf, er solle mit der Verkündigung der Offenbarung bei seinen nächsten Verwandten[393] beginnen 214. Nur verirrte Ungläubige folgen dem, was die Dichter erzählen. Die Dichter empfehlen [verbotene] Handlungen, die sie selbst nicht tun 224 ff.[394]

---

[393] Mohammed gehörte zu der Gruppe der Haschimiten, der ein Clan im Stamm der in Mekka ansässigen Koreischiten war. Seine Ehefrau Khadidscha konnte Mohammed als Erste für den Islam gewinnen. Dann folgten sein Vetter Ali und sein Adoptivsohn Zaid.

[394] Einige arabische Dichter sollen Spottgedichte über Mohammed verfasst haben. Die hier geäußerte Kritik an den Dichtern soll wohl auch daran erinnern, dass Mohammed selbst keinesfalls ein Dichter war. Wäre er einer gewesen, hätte das den Verdacht geweckt, er hätte den Koran ganz oder teilweise selbst erdichtet.

27. Sure   „Die Ameisen"[395]   *Mekka*

Der Koran ist eine frohe Botschaft für jene Gläubigen, die das Gebet verrichten, die Sozialabgabe bezahlen und an ein Leben im Jenseits glauben 2 f. Jene, die nicht an das zukünftige Leben glauben, erfreuen sich auf Erden scheinbarer Erfolge, aber im Jenseits warten auf sie harte Strafen 4 f. Allah sprach zu Moses aus dem Feuer und verzieh ihm seine Missetat.[396] Er verwandelte den Stab des Mose zu einer Schlange und ließ seine Hand weiß werden. Mit insgesamt neun Zeichen [von der Allmacht Allahs] sandte Allah den Moses zum Pharao. Doch der Pharao und sein frevelhaftes Volk hielten die Zeichen für bloße Zauberei. Für ihren Hochmut wurden sie von Allah hart bestraft 7 ff. David und Salomon waren weise und sprachen: „Alles Lob gebührt Allah, der uns über viele andere Gläubige [im Rang] erhöht hat." Allah verlieh ihnen die Fähigkeit, die Sprache der Vögel und der Ameisen zu verstehen. Als Salomon mit seinem Heer durch ein Tal zog, riefen die Ameisen [am Boden] sich zu, sie sollten alle zurück in den Ameisenbau flüchten, um nicht von den vorbeimarschierenden Soldaten zertreten zu werden. Salomon, der verstand, wie die Ameisen sich gegenseitig durch Zurufe warnten, amüsierte sich darüber. Salomon hielt Ausschau nach dem Wiedehopf,[397] der von seinem Flug ins Königreich von Saba heimkehrte. Der Vogel berichtete, dass in Saba eine Königin herrsche, die auf einem großartigen Thron säße. Sie und ihr Volk würden jedoch statt Allah die Sonne anbeten. Salomon sandte daraufhin den Vogel mit einer Einladung zur Königin von Saba, in der er ihr mitteilte, sie solle sich ihm ergeben zeigen und ihn [in Israel] besuchen kommen.[398] Die Königin

[395] In Vers 15 ff. dieser Sure wird davon erzählt, dass der jüdische König Salomon einmal die Gespräche von Ameisen belauscht haben soll.

[396] Mit der „Missetat" ist hier jener Totschlag gemeint, den Moses im Streit mit einem ägyptischen Aufseher verübt haben soll (siehe 2. Mose 2,11 f.).

[397] Der Wiedehopf ist ein in Eurasien und Afrika heimischer Vogel mit buntem Gefieder und langem, gebogenen Schnabel.

[398] Siehe im Alten Testament, in 1. Könige 10, „Besuch der Königin von Saba".

beriet die Einladung mit den Vornehmen ihres Hofes und schickte aus Vorsicht vorab nur einen Boten mit einem Geschenk zu Salomon, um seine Reaktion abzuwarten. Salomon lehnte das Geschenk ab und drohte der Königin mit einer militärischen Invasion [falls sie seiner Einladung nicht Folge leisten würde]. Salomon fragte die Vornehmen in seinem Palast, wer ihm den Thron der Königin von Saba herbeischaffen könne. Da meldete sich ein Geist zu Wort und verkündete, er könne den Thron in der kurzen Zeit eines Wimpernschlages besorgen und tat, wie er es versprochen hatte. Salomon ließ an dem Thron kleine Veränderungen vornehmen und zeigte ihn der Königin von Saba, als diese zu Besuch in Israel erschien. Er fragte sie [scheinheilig], ob der von ihm präsentierte Thron Ähnlichkeit mit dem ihrigen habe. Als sie das [voller Erstaunen] bejahte, erzählte ihr Salomon, Allah habe ihm das Wissen über ihren Thron vor ihrer Ankunft mitgeteilt. Als Salomon sie in seinen Palast führte, hielt sie den spiegelglatten Steinfußboden dort für eine Wasseroberfläche und zog ihre Beinkleider hoch. Beeindruckt von dem Reichtum und der Weisheit Salomons wandte sich die Königin von Saba von ihren Götzen ab [und verehrte seitdem nur noch Allah] 15 ff. Der Gesandte Salih wurde von Allah zum Volk der Thamudäer geschickt. Als Salih die Thamudäer aufforderte, allein Allah zu verehren, spalteten sie sich in zwei Parteien [in die Befürworter und die Gegner seiner Botschaft] auf. Neun Anführer unter den Gegnern Salihs planten gegen ihn und seine Angehörigen ein Mordkomplott, das sie des Nachts ausführen wollten. Aber auch Allah schmiedete einen Plan gegen die Widersacher Salihs und vernichtete sie und das ganze ungläubige Volk und rettete jene, die glaubten und gottesfürchtig waren 45 ff. Lot beschwor sein Volk, von seinen homosexuellen Praktiken abzulassen und ermahnte es, sich wieder [sexuell] den eigenen Frauen zuzuwenden. Das Volk rief ihm jedoch zu, dass es ihn und seine Familie aus der Stadt vertreiben wolle. Allah ließ daraufhin einen tödlichen [Stein-]Regen über sie niedergehen und errettete Lot und die Seinen mit Ausnahme von Lots Frau 54 ff. Die Mehrheit der Menschen ist sich nicht bewusst, dass neben Allah keine anderen Götter existieren 61. Die Winde künden von der Barmherzigkeit Allahs 63. Es ist allein Allah, der die Schöpfung ein zweites Mal [durch die Auferstehung] vollbringen kann. Wer behauptet, dass neben Allah noch ein anderer Gott existiert, der sollte es beweisen 64. Nur Allah kennt das Verborgene und das Datum, wann der Tag der Auferstehung stattfindet 65. Die Ungläubigen können nicht verstehen, dass sie als Tote erst zu Staub und danach [am Tag der Auferstehung] wieder lebendig werden 67. Die Gläubigen sollen mit den Ungläubigen wegen deren [zukünftigem] Schicksal [in der Hölle] kein Mitleid verspüren 69 f. Alle Taten der Menschen sind in einem [himmlischen] Buch aufgezeichnet 75. Der Koran beantwortet jene [religiösen] Fragen, über die die Kinder Israel uneinig sind 76.[399] Wenn [am Tag der Auferstehung] das Verhängnis die Ungläubigen erfasst, wird ein Tier aus der Erde hervorkommen und sie zur Rede stellen 82.[400] Am Jüngsten Tag werden die vermeintlich fest gefügten Berge sich wie Wolken verflüchtigen und die Gesichter derjenigen, die auf Erden Schlechtes vollbracht haben, werden in die Flammen des Höllenfeuers eintauchen 88 ff. Allah hat Mohammed, der nur ein Warner ist, befohlen, ihm, dem Herren über die heilige Stadt [Mekka], ganz ergeben zu sein und zu dienen und [der Bevölkerung] aus dem Koran vorzulesen. Wer den Geboten des Korans folgt, tut es zu seinem ureigenen Besten 91 f.

[399] Mit diesem Vers wird vor allem die zwischen Juden und Christen, aber auch in der frühen Christenheit unter den Christen umstrittene Frage angesprochen, ob Jesus als prophetischer Mensch oder als Gottes göttlicher Sohn einzustufen sei.

[400] Dieser Vers könnte mit einer Traumvision des alttestamentarischen Propheten Daniel in Zusammenhang stehen, in der er vier große Tiere aus dem Meer aufsteigen sah (siehe hierzu Daniel 7,3 ff.).

28. Sure   „Die Geschichten"[401]   *Mekka*

Dies ist die wahre Geschichte von Moses und dem Pharao, die den Gläubigen vorgelesen werden soll 3. Der Pharao und [und sein Berater] Haman waren hochmütig und unterdrückten jenes [jüdische] Volk, dem Allah seine Huld erweisen wollte. Die Ägypter erschlugen die Söhne [der Juden] und verschonten das Leben der [jüdischen] Töchter. Allah befahl der Mutter des Mose, ihren Säugling [in einem Korb] im Fluss [Nil] auszusetzen.[402] Die Frau des Pharao[403] fand den Säugling und da sie sich an ihm erfreute, bat sie den Pharao, ihn adoptieren zu dürfen. Die Schwester des Mose, die dem Korb ihres Bruders von Weitem gefolgt war, empfahl dem Herrscherpaar, ihre Mutter als Amme des Mose einzusetzen. Auf diese Weise gelangte Moses wieder zurück zu seiner eigenen Mutter, wodurch eine Verheißung Allahs in Erfüllung ging 4ff. Als Moses erwachsen geworden war, sah er, wie sich in seiner Stadt ein Jude und ein Ägypter stritten. Er eilte dem Juden zur Hilfe und erschlug den Ägypter. Doch bald erkannte er, dass seine Tat ein Werk des Satans war, und er bat Allah um Vergebung, die dieser ihm gewährte. Moses musste bald darauf feststellen, dass seine Tat in der Stadt nicht verborgen geblieben war. Nachdem ihm ein Mann aus einem anderen Stadtviertel mitgeteilt hatte, dass die Vornehmen der Stadt über seine Tötung beraten würden, floh Moses aus Ägypten in das Land Midian 14ff. An einem Brunnen in Midian half Moses zwei ledigen Schwestern beim Tränken ihrer Herde. Als der Vater der beiden Schwestern davon hörte, lud er Moses ein und versprach ihm eine seiner Töchter, wenn er sich zu acht Jahren Dienst bei ihm verpflichten würde.[404] Moses willigte

[401] In dieser Sure wird die biblische Auseinandersetzung zwischen Moses und dem Pharao nacherzählt, bei der Moses sich für den freien Abzug der Hebräer aus Ägypten eingesetzt hat (siehe 2. Mose 5ff.).

[402] Im Alten Testament kommt die Initiative, das Kind in einem Korb auf dem Nil auszusetzen, allein von der Mutter des Mose (siehe 2. Mose 2,3).

[403] Im Alten Testament war es die Tochter des Pharao, die Moses im Korb entdeckte (siehe 2. Mose 2,5).

[404] Im Alten Testament willigte Moses lediglich ein „zu bleiben" und es gab kein

ein und trat in die Dienste des Midianiters 23 ff. Eines Tages, nach Ablauf der [von seinem Schwiegervater gesetzten] Frist, gewahrte Moses auf einer Wanderung am Fuße eines Berges ein Feuer. Als er sich dem Feuer näherte, vernahm er eine Stimme aus einem Baum:[405] „Oh Mose, ich bin Allah, der Herr der Welten!" Nachdem Moses auf Geheiß Allahs seinen Stab zu Boden geworfen hatte, verwandelte sich dieser plötzlich in eine Schlange. Sodann forderte Allah Moses auf, seine Hand in seinen Hemdschlitz zu stecken. Als Moses sie wieder herauszog, war sie weiß. Diese Zeichen sollte Moses als Nachweise für die Allmacht Allahs dienen, wenn er mit seinem Bruder Aaron, der beredter war als Moses, vor dem Pharao stehen würde 29 ff. Trotz dieser deutlichen Zeichen, die Moses dem Pharao präsentierte, hielt dieser ihn für einen Zauberer. Der Pharao, der sich selbst für den einzigen Gott hielt, befahl [seinem Ratgeber] Haman, einen Turm[406] aus Lehmziegeln bauen zu lassen, damit er nach dem Gott von Moses Ausschau halten könne. Da der Pharao und seine Heerscharen hochmütig waren, wurden sie von Allah im Meer ertränkt. So machte Allah den Pharao und die Vornehmen an seinem Hofe zu Anführern, die ihr Volk ins Verderben stürzten. Am Tag der Auferstehung wird niemand das von dem Pharao und seinen Ratgebern verführte ägyptische Volk vor dem Höllenfeuer retten können 36 ff. Allah offenbarte Moses die Schrift [die Tora] 43. Mohammed war noch nicht geboren, als Allah

---

Junktim zwischen der Herausgabe der Tochter durch den zukünftigen Schwiegervater und einer Dienstverpflichtung des Mose (siehe 2. Mose 2,21). Die hier erzählte Geschichte von einer Dienstverpflichtung erinnert an die biblische Erzählung von der Brautwerbung Jakobs, der sieben Jahre bei seinem Onkel Laban für die Herausgabe von dessen Tochter Rahel gedient hat (siehe 1. Mose 29,14 ff.).

[405] Im Alten Testament war es ein brennender Busch, aus dem die Stimme Gottes erklang (siehe 2. Mose 3,4).

[406] Das Alte Testament berichtet von keinem Auftrag des Pharao zum Bau eines solchen Turms. Dort heißt es lediglich, dass der Pharao den Befehl gab, den Israeliten unter Beibehaltung ihres Plansolls kein Stroh mehr zur Herstellung von Lehmziegeln auszuhändigen (siehe 2. Mose 5,6 ff.). Es könnte sein, dass bei dem hier erwähnten Bauwerk die biblische Geschichte vom Turmbau zu Babel Pate gestanden hat (siehe 1. Mose 11).

zu Moses am Fuße des Berges sprach. Allah sandte Mohammed als Warner zu dem Volk der Araber, zu dem zuvor noch kein Prophet entsandt worden war. Die Araber fragen sich, warum Mohammed nicht mit den gleichen Beweismitteln für die Allmacht Allahs ausgestattet sei, wie sie einst Moses zur Verfügung standen. Der Grund dafür ist, dass die von Moses vorgeführten Beweismittel ihren Zweck bei den Ägyptern seinerzeit nicht erfüllt haben 46 ff. Ein Volk, das nur seinen eigenen Neigungen und nicht den Geboten Allahs folgt, ist ein irrendes Volk. Allah weigert sich, ein solches Volk [auf den rechten Weg] zu führen 50. Jene Schriftbesitzer [Juden und Christen], die an die offenbarten Schriften glauben, werden [im Jenseits] reichlich belohnt. Von den Unwissenden, die leeres [gottloses] Gerede verbreiten, wenden die [gläubigen] Schriftbesitzer sich ab 52 ff. Allah hat den Gläubigen [in Mekka] eine Schutzzone errichtet,[407] damit man sie aus ihrer Heimat nicht vertreiben kann 57. Allah würde keine Stadt zerstören, zu der er nicht vorher einen Gesandten mit dem Auftrag geschickt hat, den [ungläubigen] Bewohnern aus dem Koran vorzulesen [um sie zu warnen und zur Umkehr zu bewegen]. Keine Stadt wurde von Allah je zerstört, deren Bewohner vorher nicht in Sünde gelebt hatten 59. Das irdische Leben währt nur eine kurze Frist, das Leben im Jenseits währt dagegen ewiglich 60. Vor dem Jüngsten Gericht werden die Ungläubigen aufgefordert, ihre Götzen um Rettung vor der Höllenstrafe anzuflehen. Doch die Götzen werden [da sie tote Materie sind] nicht antworten können. Außerdem wird Allah die Ungläubigen zur Rede stellen, warum sie seinen Gesandten [auf Erden] nicht gehorcht hätten 63 ff. Götzendiener, die ihr [gottloses] Tun [noch im Diesseits] bereuen und danach rechtschaffen handeln, können damit rechnen, dass Allah ihnen [im Jenseits] vergibt 67. Die Menschheit wäre verloren, wenn Allah bis zum Tag der Auferstehung der Menschheit keine Nachtruhe [bzw.

[407] Als Mohammed den Islam noch in Mekka predigte, hatte eine koreischitische Minderheit, die unter seinem Einfluss stand, Bedenken, öffentlich zum Islam überzutreten, weil sie die Rache jener Araber fürchtete, die nach wie vor dem Polytheismus anhingen.

keinen Sonnenuntergang] mehr gönnen würde. Die Menschen sollten begreifen, dass es allein auf Allah zurückzuführen ist, dass der Tag immer wieder durch die Nacht abgelöst wird 72. Einst besaß ein Jude mit dem Namen „Qarun" viele Schätze, aber er unterdrückte sein Volk. Das Volk ermahnte ihn, er solle seinen Reichtum, mit dem Allah ihn beschenkt habe, dafür verwenden, sich seinen Platz im Paradies zu sichern. Doch der Jude entgegnete hochmütig, sein Reichtum sei nur durch sein außerordentliches Wissen zustandegekommen und er ging unter das Volk, um mit seinem Schmuck zu protzen. Allah ließ ihn mitsamt seinen Schätzen und seinem Haus von der Erde verschlingen 76 ff. Allah hat Mohammed auferlegt, den Koran zu verkünden 85. Mohammed hatte vor seinem Offenbarungserlebnis niemals damit gerechnet, dass Allah den Koran ausgerechnet zu ihm herabsenden würde 86. Allah ermahnte Mohammed, sich durch niemanden vom rechten Weg abbringen zu lassen und nur ihm und keinem Götzen zu dienen 87.[408] Alles, außer Allah, ist vergänglich 88.

[408] Einige vornehme Mekkaner – Mohammeds Gegner in Mekka waren vor allem die reichen Kaufleute – hatten befürchtet, der neue Glaube würde ihre Stadt, die bereits in vorislamischer Zeit ein bedeutender Wallfahrtsort war und dadurch über hohe Einnahmequellen verfügte, als religiöses Zentrum abwerten. Sie beschlossen daraufhin, Mohammeds Einfluss durch einen Kompromiss zu schmälern. Sie schlugen Mohammed vor, er möge einige ihrer Götzen anerkennen, und als Gegenleistung wollten sie Allah eine herausragende Rolle in ihrem Pantheon zubilligen. Angeblich ist Mohammed vorübergehend auf diesen Kompromiss eingegangen und soll ihn später bitter bereut haben. Während dieser Zeit sind die „Satanischen Verse" entstanden (Siehe auch „Terminus *Satanische Verse*" auf Seite 309).

29. Sure   „Die Spinne"[409]   *Mekka*

Es reicht Allah nicht, wenn die Gläubigen ihren Glauben lediglich als ein Lippenbekenntnis praktizieren. Allah stellt die Gläubigen deshalb [immer wieder] auf die Probe 2. Wer da glaubt, tut es nicht für Allah, er tut es für sein eigenes Schicksal im Jenseits,

Detail der Statue des muslimischen Philosophen Ibn Ruschd (1126–1198) in Córdoba/Spanien[410]

[409] In Vers 41 dieser Sure wird das Netz einer Spinne als Metapher verwendet.

[410] Ibn Ruschd (die Christen nannten ihn „Averroës") war ein arabischer Philosoph und Arzt; er wurde 1126 in Córdoba/Spanien geboren und starb 1198 in Marrakesch/Marokko. Er verfasste eine medizinische Enzyklopädie und Kommentare zu fast jedem seinerzeit verfügbaren Werk des Aristoteles. Ganz wie die alten Griechen sah er in der Anwendung der Logik eine Möglichkeit für den Menschen, über die sinnliche Erfahrung hinaus zu Erkenntnissen über die Welt zu gelangen. Einige seiner umfangreichen Aristoteles-Kommentare wurden von dem Schotten Michael Scotus (1175–1236) an der Übersetzerschule von Toledo ins Lateinische übersetzt. Die Wirkung dieser Übersetzungen auf die lateinische Geisteswelt des 13. Jahrhunderts war außerordentlich. Man spricht deshalb auch von der Epoche des „lateinischen Averroismus". Der Einfluss des Ibn Ruschd auf die islamische Geisteswelt war demgegenüber nur sehr gering.

denn Allah selbst ist auf nichts und niemanden angewiesen 6. Es ist Allahs Wunsch, dass man seinen Eltern gehorcht und ihnen Gutes tut. Nur in dem Fall, wenn sie einen zum Götzendienst zwingen wollen, muss ihnen der Gehorsam verweigert werden 8. Zwischen den wahren Gläubigen und jenen, die ihren Glauben nur heucheln, weiß Allah genau zu unterscheiden 11. Die Ungläubigen versuchen die Gläubigen zum Unglauben zu verführen, indem sie ihnen versprechen, [beim Jüngsten Gericht] die Strafe für ihre Sünden auf sich zu nehmen. Es sind Lügner, denn niemand kann eine Strafe Allahs, die für einen anderen Sünder bestimmt ist, auf sich laden. Ungläubige, die versucht haben, andere zum Unglauben zu verführen, werden beim Jüngsten Gericht besonders hart bestraft 12 f. Der Prophet Noah war 950 Jahre alt,[411] als die Sintflut kam und das Volk des Noah für seine Missetaten bestrafte. Allah rettete Noah und die Seinen auf einem Schiff und mahnt mit ihrem Schicksal alle Völker 14 f. Abraham forderte sein Volk auf, sich von den Götzen abzuwenden und allein Allah zu dienen und zu fürchten und er verkündete, nur Allah und kein Götze könne für ihren Unterhalt sorgen 16 f. Die Pflicht eines Propheten besteht lediglich darin, öffentlich zu predigen [und er hat nicht die Pflicht, sich immerfort um jene zu kümmern, die unverbesserlich ihrem Unglauben anhängen] 18. Allah erschafft die Menschen zweimal: Einmal bei ihrer Zeugung und das zweite Mal bei ihrer Auferstehung von den Toten 19 f. Denjenigen, die nicht an das Jüngste Gericht glauben, werden [im Jenseits] qualvolle Strafen zuteil 23. Allah rettete Abraham aus dem Feuer. Diese Rettung war ein Beweis für die Allmacht Allahs. Abraham verließ seine Heimat um seines Glaubens willen 24 ff.[412] Allah schenkte Abraham [den Sohn] Isaak und [den

[411] Das hier erwähnte „biblische" Alter stimmt exakt mit dem in 1. Mose 9,29 angegebenen Alter Noahs überein. Demnach sind Aussagen, die in keiner Weise mit empirischen Erkenntnissen übereinstimmen, sowohl im Koran als auch in der Bibel zu finden.

[412] Das Thema, dass ein frommer Mensch aus Glaubensgründen seine Heimat verlässt, wird immer wieder im Koran angeschnitten. Dies muss im historischen Zusammenhang betrachtet werden: Mohammeds Flucht aus Mekka im Jahr 622 n. Chr. war für ihn ein einschneidendes, wenn nicht sogar traumatisches Erlebnis.

Enkel] Jakob. Die Nachkommen Abrahams erhielten von Allah die Schrift [die Tora, die Psalmen, die Evangelien und den Koran] und die Gabe der Prophetie 27. Lot prangerte die homosexuellen Praktiken und sexuellen Gruppenexzesse der Bewohner seiner Stadt an. Er bat Allah, das frevelhafte Volk zu bestrafen. Boten brachten Abraham die Botschaft, dass Allah die Bewohner der Stadt vernichten würde. Abraham bat die Boten, bei dem Strafgericht Lot zu verschonen, worauf ihm die Boten antworteten, man werde Lot und die Seinen, mit Ausnahme seiner Frau, vor der Vernichtung bewahren. Die Strafe, die vom Himmel über die Stadt niederging, dient den Menschen, die über Verstand verfügen, als ein klares göttliches Zeichen [dass Allah den Frevel der Menschen konsequent bestraft] 28 ff. Zu den Midianitern schickte Allah den Propheten Schu'aib. Die Midianiter erklärten den Schu'aib zu einem Lügner, woraufhin sie von Allah durch ein heftiges Erdbeben vernichtet wurden 36 f. Auch die Stämme 'Ad und Thamud, die dem Satan dienten, wurden von Allah vernichtet 38. Obwohl Moses mit deutlichen Beweisen von der Allmacht Allahs zum Pharao und seinen Beratern kam, verhielten diese sich hochmütig. Sie konnten deshalb der Strafe Allahs nicht entrinnen 39. Allah vernichtete [ungläubige] Völker durch Sandstürme, durch Beben, bei denen die Sünder in der Erde versanken, und durch das Ertränken in der Flut. Diesen Völkern geschah kein Unrecht, denn sie hatten sich ihre Strafe selbst verdient 40. Das Schicksal der Götzendiener ist so fragil wie das Netz einer Spinne. Wenn die Götzendiener das doch nur begreifen würden 41. Gleichnisse wie die vom Spinnennetz verstehen nur jene, die sich Wissen [über die Offenbarung Allahs]⁴¹³ angeeignet haben 43. Allah erschuf Himmel und Erde in makelloser Weise 44. Der Gläubige soll lesen, was im Koran offenbart wurde, und das Gebet verrichten, das von schändlichen

413 Unter „Wissen" versteht der strenggläubige Muslim in erster Linie die Kenntnis der Gebote Allahs und der Aussprüche und Handlungen des Propheten Mohammed (Hadithe). Demgebenüber hat das Wissen im naturwissenschaftlichen Sinne bei einem strenggläubigen Muslim nur sekundären Rang. Das höchste Lernziel ist für ihn das vollständige Auswendigkönnen des Korans, wodurch er zu einem *hafiz*, d. h. zu einem „Bewahrer" wird.

und abscheulichen Dingen abhält. Das Gedenken an Allah ist das Höchste, was ein Mensch verrichten kann 45. Mit den Schriftbesitzern [den Juden und Christen] soll der Gläubige [Muslim] nur auf die beste Art und Weise [theologische] Streitgespräche führen. Der Muslim soll ihnen dabei sagen: „Wir glauben an das [die Offenbarung], was zu uns und zu euch herabgesandt worden ist; unser und euer Gott ist einer" 46.[414] Mohammed kann weder lesen noch schreiben und deshalb können seine Gegner ihm nicht vorwerfen, er habe die Verse des Korans selbst erdichtet und niedergeschrieben 48. Mohammed hat keine Macht, Wunder zu vollbringen; er ist lediglich beauftragt worden, die Menschen [vor ihrem Unglauben] zu warnen 50. Es muss den Gläubigen [Arabern] genügen, dass Allah ihnen den Koran [und keine Wunder] herabgesandt hat 51. Allah reicht als Zeuge dafür aus, dass Mohammed sein Prophet ist 52. Die Höllenstrafe Allahs bricht über den Sünder erst nach einer von Allah festgesetzten Zeit herein. Sie kommt unerwartet und ohne Vorankündigung 53 f. Jeder Auferstandene schmeckt den Tod, bevor er vor Allah tritt 57. Jene, die glauben und gute Werke tun, kommen in jene exklusiven Bereiche des Paradieses, wo die Bäche fließen. Sie verweilen dort für immerdar 58. Allah hat Kenntnis von allem [und insbesondere von den guten und schlechten Taten der Menschen] 62. Gelobt sei Allah, weil er vom Himmel den Regen herabfallen lässt.[415] Die meisten Menschen haben jedoch zu wenig Verstand, um zu erkennen, dass der Regen ein Geschenk Allahs ist 63. Das irdische Leben ist nichts als ein kurzer Zeitvertreib oder ein Spiel. Das Leben im Jenseits ist das eigentliche Leben 64. In ihrer Not beten die Menschen zu Allah. Geht es ihnen aber wieder besser, wenden sie sich erneut ihren Götzen zu und leugnen, was Allah für sie getan hat. Sie werden ihrer Strafe nicht entgehen 65 f. Allah hat für die Gläubigen

[414] Auch wenn die Muslime an vielen Stellen des Korans aufgefordert werden, den Umgang mit den Schriftbesitzern (Juden und Christen) zu meiden, könnten Juden und Christen die Muslime auf diese Koranstelle hinweisen, um den interreligiösen Dialog mit den Muslimen voranzutreiben.

[415] Im Regen, der die trockene Erde zum Leben erweckt, sehen die Muslime einen Beweis für die Existenz Gottes.

[im heiligen Bezirk von Mekka] eine Schutzzone eingerichtet 67. Wer über Allah Lügen verbreitet, oder die von ihm verkündete Wahrheit nicht anerkennt, kommt in die Hölle 68.

Terminus *Byzanz*

Zum Byzantinischen Reich zählten zur Zeit Mohammeds das heutige Griechenland, das ehemalige Jugoslawien, Teile Italiens, die Inseln Zypern, Kreta, Korsika und die Balearen, die Türkei, Syrien und Palästina, Jordanien, Ägypten und die gesamte Mittelmeerküste Nordafrikas. Die Nachbarn der Araber im Nordwesten und Westen der arabischen Halbinsel (im heutigen Jordanien, Syrien und Ägypten) waren somit byzantinische Christen. Das Byzantinische Reich war zwar aus dem Oströmischen Reich hervorgegangen, hatte aber zu Lebzeiten des Propheten Mohammed kulturell einen mehr griechischen als römischen Charakter. Bezeichnend hierfür war, dass auf Veranlassung des Kaisers Herakleios (610–641), eines Zeitgenossen Mohammeds, in Byzanz Griechisch als Amtsprache eingeführt wurde. Im 7. Jahrhundert befand sich das Byzantinische Reich in einem Existenzkampf mit dem persischen Sassanidenreich. Zu Beginn des 7. Jahrhunderts hatten die Perser dem Byzantinischen Reich viele ihrer östlichen Provinzen entrissen; im Jahr 619 gelang ihnen sogar die Eroberung der reichen byzantinischen Provinzen Ägypten und Syrien. Erst 627 konnte Kaiser Herakleios das Sassanidenreich unter Aufwendung aller zur Verfügung stehenden Kräfte entscheidend schlagen. Nach dieser Anstrengung waren jedoch die Kräfte des Byzantinischen Reiches derart erschöpft, dass Herakleios dem völlig unerwarteten Vordringen der muslimischen Araber aus dem Süden kaum noch etwas entgegenzusetzen hatte. Hinzu kam, dass die Einheit der Christen im Nahen Osten durch den christologischen Streit zwischen den Nestorianern und den Monophysiten stark beeinträchtigt war. Die Nestorianer, die ihre lokale Basis in Antiochia, dem heutigen Syrien hatten, behaupteten, dass Maria als Mutter von Jesus, der sowohl eine göttliche als auch eine menschliche Natur und Hypostase in sich vereint habe, statt einer „Gottesgebärerin" lediglich eine „Christusgebärerin" sei*. Die Monophysiten, die hauptsächlich in Alexandria/Ägypten angesiedelt waren, vertraten im Gegensatz zu den Nestorianern die Auffassung, Jesus habe eine einzige, amalgamierte gott-menschliche Natur und Hypostase, aufgrund dessen sie der Maria den Status einer „Gottesgebärerin" zubilligten. Auf dem Konzil von Ephesos (431) wurde die nestorianische Lehre von Maria als „Christusgebärerin" von der byzantinischen Reichskirche verurteilt und auf dem Konzil von Chalcedon (451) dann auch die monophysitische Lehre, dass Jesus von Nazareth ausschließlich von einer göttlichen Natur beseelt gewesen sei. Die Verurteilung beider Lehren als „Häresien" führte zur Abwanderung der Nestorianer in das Sassanidenreich und zur theologischen Abspaltung der Monophysiten von den in der Reichskirche vereinten Christen. Während die Nestorianer, deren neues Zentrum in Edessa (dem heutigen Urfa im Südosten der heutigen Türkei) lag, sich politisch auf die Seite der Sassaniden schlugen, liebäugelten die Monophysiten in den byzantinischen Provinzen Syrien und Ägypten mit den aus Arabien vordringenden Muslimen, unter deren Herrschaft sie sich größere Freiheiten versprachen. Auf diese Weise trugen beide Schismen innerhalb der Christenheit zur Schwächung des Byzantinischen Reiches bei. So nahm dann das Schicksal im Jahr 636 auch seinen vorhersehbaren Lauf, als das byzantinische Heer in der Schlacht am Jarmuk (einem Grenzfluss zwischen dem heutigen Syrien und Jordanien) von den Muslimen unter dem zweiten Kalifen Omar vernichtend geschlagen wurde und der ganze Südosten des Byzantinischen Reiches, einschließlich Syrien und Palästina, dadurch der Christenheit verloren ging. Anders jedoch als sein langjähriger Rivale, das Perserreich der Sassaniden, konnte sich das Byzantinische Reich noch lange erfolgreich gegen die vollständige islamische Eroberung verteidigen. Erst im Jahr 1453 gelang es dem osmanischen Sultan Mehmet al-Fatih (Mehmet der Eroberer), den byzantinischen Rumpfstaat mit der Einnahme von Konstantinopel endgültig zu zerschlagen. Der 29. Mai – der Tag der türkischen Eroberung Konstantinopels – gilt heute noch bei den Griechen als Unglückstag; war es doch jener Tag, an dem die griechisch-römische Zivilisation am Bosporus weitestgehend ausgelöscht wurde.

---

*   Mit ihrer Lehre von Maria als „Christusgebärerin" versuchten die Nestorianer den in Ägypten aufkeimenden Kult um eine nahezu vergöttlichte Maria zu bekämpfen.

30. Sure   „Die Römer"[416]   *Mekka*

Die Römer wurden [von den Persern] geschlagen,[417] aber nach wenigen Jahren werden sie mit Allahs Hilfe wieder siegen.[418] Allah hat es verheißen und seine Verheißungen treten unweigerlich ein 2 ff. Die Ungläubigen schätzen nur das diesseitige Leben; an das Leben im Jenseits denken sie nicht 7. Allah hat die Welt gerecht eingerichtet und sie für eine begrenzte Dauer erschaffen 8. Durch die Auferstehung der Toten vollbringt Allah am Menschen die Schöpfung ein zweites Mal 11. Am Tag des Jüngsten Gerichts werden sich die Ungläubigen allein und ohne Fürsprecher vor Allah verantworten müssen 12 ff. Wer die Zeichen Allahs missachtet und die Auferstehung leugnet, wird [im Jenseits] hart bestraft 16. Des Morgens, in der Mittagsruhe und des Abends soll Allah gepriesen werden 17 f. So wie Allah die [ausgetrocknete] Erde [nach einem Regenguss] belebt, so lässt er auch die Toten auferstehen 19.

[416] Diese Sure beginnt mit einer Erzählung über die Römer, wobei hier mit „Römern" die Bevölkerung des Byzantinischen Reiches im 7. Jahrhundert n.Chr. gemeint ist.

[417] Dieser Vers bezieht sich auf das militärische Vordringen der Perser (Sassaniden) in die nahöstlichen Kernlande des Byzantinischen Reichs. Im Jahr 613 konnten die Perser Damaskus erobern und ein Jahr später die von Christen und Juden bewohnte Stadt Jerusalem. Die Eroberung Jerusalems gelang den Persern nur deshalb, weil sie heimliche Unterstützung durch die in der Stadt ansässige jüdische Minderheit erhielten, die in den Persern ihre Befreier vom „Christenjoch" sahen. Angeblich soll es den Juden bei Nacht und Nebel gelungen sein, den Belagerern die Stadttore zu öffnen. Perser und Juden fielen dann gemeinsam über die Christen her und sollen Tausende von ihnen niedergemetzelt haben. Berichte über dieses Massaker haben später wesentlich zu dem im europäischen Mittelalter sehr populären Antisemitismus beigetragen.

[418] Gemäß der hier vorgetragenen Prophezeiung wurden die Perser tatsächlich in einer Schlacht bei Ninive im Jahr 627 vom byzantinischen Heer vernichtend geschlagen. Es war aber ein „Pyrrhussieg" – ein teuer erkaufter Erfolg – für Byzanz, da kurze Zeit später ihre nahöstlichen Provinzen an die Araber verloren gingen. Aus Sicht der Araber konnte der Sieg des christlichen Heeres über die Perser, die als „Feueranbeter" von den Muslimen zutiefst verachtet wurden, nur mit der Hilfe Allahs zustande gekommen sein.

Allah hat den Mann aus Erde und die Frau, die er zur Gattin des Mannes bestimmt hat, aus dem Manne erschaffen. Beide Geschlechter vermehren sich; sie sollen friedlich und in gegenseitiger Zuneigung miteinander leben 20 f. Für ein Volk, das das Wesentliche begreift, sind [unter anderem] die folgenden Dinge Zeichen der Allmacht Allahs: die Schöpfung der Welt; die Verschiedenheit der menschlichen Sprachen, der nächtliche Schlaf, die menschliche Sehnsucht nach Allahs Beistand; der Blitz; der Regen, welcher die tote [trockene] Erde belebt; die feste Verankerung von Himmel und Erde und die Auferstehung des Menschen von den Toten 22 ff. Allah vollbringt die Schöpfung und wiederholt sie durch die Auferweckung des Menschen ein zweites Mal 27. So, wie man seine Sklaven nicht zu seinesgleichen macht, so soll man auch Allah keine Götzen an die Seite stellen 28.[419] Wen Allah fallen lässt, der ist für immer verloren 29. Es ist eine von Allah erschaffene natürliche Veranlagung des Menschen, dass er nach dem wahren Glauben strebt. Die Schöpfung Allahs ist unveränderlich 30.[420] Der Gläubige soll sich [im Gebet] zu Allah hinwenden und sich vor ihm fürchten 31. Unerwünscht sind Spaltungen der Religion durch Sektierer 32. Götzendiener lässt Allah eine Weile gewähren, bevor er sie bestraft 34. Für den [bedürftigen] Verwandten, den Armen und den Reisenden soll man die Sozialabgabe bezahlen, da sie ihnen zusteht 38. Das Verleihen von Geld, das man sich mit Zinsen zurückzahlen lässt, hat nicht den Segen Allahs. Das Bezahlen der Sozialabgabe wird, wenn die Gedanken dabei an Allah gerichtet sind, durch Mehrung des Wohlstands des Spenders belohnt 39. Nur Allah kann die Menschen sterben und dann wieder auferstehen lassen; kein Götze ist dazu in der Lage 40. Das Unheil hat Allah deshalb in die Welt gebracht, damit die Menschen sich ihrer Sünden besinnen 41.[421] Die Winde, die auf den Meeren die Schiffe

---

[419] Ganz dem Zeitgeist des 7. Jahrhunderts entsprechend, hat der Koran keine grundsätzlichen Einwände gegen die Haltung von Sklaven.

[420] Hier ist vermutlich gemeint, dass der Mensch die Schöpfung gegen den Willen Allahs nicht verändern kann.

[421] Dieser Vers berührt das Theodizee-Problem, das sich mit der Frage auseinandersetzt, wie ein allmächtiger Gott

antreiben, sind Zeichen der Barmherzigkeit Allahs 46. Wer den Propheten nicht folgt, wird von Allah bestraft 47. Der Regen ist für die Gläubigen ein göttliches Zeichen der Hoffnung 48. So, wie der Regen die Erde belebt, so werden einst die Toten von Allah auferweckt, denn Allah hat Macht über alle Dinge 50. Wer Allah den Rücken kehrt, der ist, als wäre er tot, blind oder taub 52 f. Am Tag der Auferstehung werden die Ungläubigen meinen, dass sie nur eine kurze Weile als Tote im Grab geruht hätten. Sie täuschen sich, denn in Wahrheit haben sie bis zur Auferweckung [über einen längeren Zeitraum] tot in ihrem Grabe gelegen 55 f. Ausflüchte werden am Jüngsten Tag dem Sünder nichts mehr nützen 57. Allah hat in den Koran allerlei Gleichnisse eingefügt. Es sind Zeichen [des wahren Glaubens], die Ungläubige als Unsinn abtun. Allah versiegelt die Herzen jener, die in [religiöser] Unwissenheit verharren 58 f.

Die Amme Halima reicht Mohammed ihre Brust[422]

das Übel bzw. das Böse in der Welt zulassen kann.

[422] Das Haupt des Propheten wird im Islam oft von Flammen oder von einem Heiligenschein gekrönt dargestellt.

Das sunnitisch-schiitische Schisma

Schiiten* und Sunniten** gingen bereits im Jahr 661 getrennte Wege, nachdem der vierte Kalif Ali ibn Abi Talib (nach sunnitischer Zählung war er bereits der vierte, nach schiitischer Zählung jedoch der erste „rechtmäßige" Kalif) ermordet worden war. Ali, der als Schwiegersohn Mohammeds zur Familie des Propheten und zum engsten Zirkel der Führungselite um den Propheten in Medina gehörte, begünstigte während seines Kalifats (656–661) die in Medina ansässigen Muslime. Die politische Aufwertung der Stadt Medina erregte den Widerstand der Omayyaden und Koreischiten in Mekka, die Ali außerdem vorwarfen, er hätte sich an einem Mordkomplott gegen seinen Vorgänger, den Omayyaden Othman (drittes Kalifat von 644–656), beteiligt und würde deshalb auch die Mörder Othmans nicht konsequent zur Rechenschaft ziehen. Diesen Verdacht äußerte insbesondere der Omayyade Mu'awiya, der in Damaskus als muslimischer Statthalter der Provinz Syrien regierte. Mu'awiya war ein Vetter des ermordeten Othman. Da Ali nicht bereit war, die Mörder Othmans zu bestrafen oder an Mu'awiya auszuliefern, verlor er in Mekka und später auch in Medina zunehmend an Gefolgschaft. Er verlegte deshalb die Residenz des Kalifen gegen alle bisherige Tradition von Medina nach Kufa (im heutigen Irak), wo er am Ufer des Euphrat die meisten Anhänger hatte. Durch diese Maßnahme überließ er jedoch Mekka und Medina der Agitation der Prophetenwitwe Aischa, die aus dem Koreischiten-Clan stammte und Ali, den Gatten der Prophetentochter Fatima, als Kalifen ablehnte. (Fatimas Mutter, Khadidscha bint Chuwailid, war die erste Frau des Propheten gewesen.) Schließlich kam es zu einem Bürgerkrieg, der zwischen den Anhängern des gewählten Kalifen Ali und jenen des Usurpators Mu'awiya ausbrach. Nach einer unentschiedenen Schlacht östlich von Aleppo (Im heutigen Syrien) einigten sich Ali und Mu'awiya auf ein Schiedsgericht, das zu klären hatte, ob es zu einer Neuwahl des Kalifen kommen sollte. Ehemalige treue Anhänger Alis, die sich Charidschiten nann-

---

* Die Bezeichnung *Schiiten* leitet sich von dem arabischen Wort *schia* (Partei) ab, weil die Schiiten nach dem Ableben des Propheten Partei für Ali ibn Abi Talib als dessen Nachfolger genommen hatten. Die Schiiten vertreten die Auffassung, dass nur Personen aus der Familie des Propheten seine Nachfolge antreten können. Ali ibn Abi Talib, der ein Schwiegersohn und Vetter des Propheten war, erfüllte diese Anforderung.

** Die Sunniten bezeichnen sich als *ahl as-sunna* (Volk der Tradition), woraus sich auch ihr Name ableitet.

ten, lehnten dieses Schiedsgericht ab, weil sie der Überzeugung waren, es würde dem Willen Allahs widersprechen. Es war dann auch ein Charidschit, der Ali vor dem Tor der Moschee in Kufa im Jahr 661 mit einem vergifteten Schwert niederstreckte (das angebliche Grab Alis in Nadschaf, südlich von Bagdad, wenige Kilometer westlich von Kufa, ist seither Kristallisationspunkt und zentraler Pilgerort der Schiiten).

Durch die Ermordung Alis gewann Mu'awiya und mit ihm der Omayyaden-Clan im politischen Machtkampf die Oberhand. Mu'awiya ließ sich 660 in Jerusalem als Kalif huldigen und sein Kalifat (661–680) wurde von der überwiegenden Mehrheit der Muslime anerkannt. Mit diesem Akt begann die Ägide der sunnitischen Kalifendynastien, die erst 1924, als Atatürk den letzten Sultan des Osmanischen Reiches absetzen ließ, enden sollte. Es hat nach 1924 immer wieder Bemühungen sunnitischer Muslime gegeben, wieder ein Kalifat, das alle Muslime eint, zu errichten. Die Sunniten stellen heute mit etwa 90 Prozent die überwiegende Mehrheit aller Muslime. Angesichts der geistigen Stagnation der islamischen Welt seit dem Mittelalter und der zunehmenden Europäisierung, d. h. der Überfremdung des Orients, entstanden ab dem 19. Jahrhundert sunnitische Erneuerungsbewegungen, die aber, da sie die Lebensumstände zur Zeit des Propheten Mohammed verklären und idealisieren, alle mehr oder weniger rückwärtsgewandt sind. Zu ihnen zählen der Wahabismus in Saudi-Arabien, die Mahdisten im Sudan, die Muslimbruderschaft in Ägypten und die Taliban in Afghanistan.

Erst nach dem Einfall der Mongolen im heutigen Irak, der 1258 zur Zerstörung der Kalifenstadt Bagdad führte, konnte sich im Iran langsam ein erstes, von Schiiten geführtes Reich etablieren. 1501 ließ sich ein Schiit zum Schah von Persien proklamieren und setzte, nachdem er sich zur Reinkarnation des Kalifen Ali ibn Abi Talib erklärt hatte, die sogenannte *Zwölfer-Schia* als Staatsreligion durch. Die Zwölfer-Schiiten gehen davon aus, dass von den unmittelbaren Nachfolgern des Propheten nur zwölf (schiitische) Imame zur Nachfolge legitimiert waren, weil sie ihre Abstammung vom Familienclan des Propheten nachweisen konnten. Die Sunniten, die im Iran ursprünglich die Mehrheit der Muslime gestellt hatten, wurden nach der Machtübernahme der Schiiten verfolgt und größtenteils aus dem Iran vertrieben. Die persische Geistlichkeit, deren Mitglieder sich den Titel *Ayatollah* (Zeichen Gottes) gaben, entwickelte sich im Iran zu einer einflussreichen Führungsschicht. Anstelle der von den Sunniten gepflegten Wallfahrt nach Mekka führten sie die schiitische Wallfahrt nach

Kerbela im heutigen Irak ein.[*] Viele Ayatollahs haben an der reformorientierten islamischen Tradition der Mu'taziliten festgehalten. Die schiitische Geistlichkeit hat nie wie die sunnitische erklärt, dass das Tor der eigenständigen Rechtsfindung *(idschtihad)* geschlossen sei oder dass man für die Rechtsprechung ausschließlich die Pflicht zur „Nachahmung" *(taqlid)* zu befolgen habe. Ihrer Auffassung nach muss es eine vernünftige Übereinstimmung zwischen der Religion und den sich stets verändernden Lebensbedingungen der Menschen geben. Somit ist das Schiitentum der Moderne gegenüber prinzipiell etwas aufgeschlossener als das Sunnitentum.

Für die Sunniten war das Kriterium bei der Wahl des Nachfolgers des Propheten *(khalifa)* vor allem seine Eignung zur Ausübung der Macht. Für die Schiiten (die knapp 10 Prozent der Muslime ausmachen und die heute vor allem im Iran, Irak, Libanon und in Syrien leben) war die Voraussetzung für einen Imam (Vorsteher) seine Blutsverwandtschaft mit dem Kalifen Ali ibn Abi Talib, dem Schwiegersohn und Vetter des Propheten. Die Ayatollahs, die im heutigen Iran die politischen Fäden ziehen, gelten als Stellvertreter des 12. Imam, Mohammed al-Mahdi, der der elfte Nachfolger des Kalifen Imam Ali ibn Abi Talib war und der nach Überzeugung der Schiiten seit dem 10. Jahrhundert im Verborgenen lebt, bis er eines Tages als *Mahdi* (der Rechtgeleitete) wieder in die Öffentlichkeit treten wird, um das Ende der Welt und den Jüngsten Tag anzukündigen. Die Ayatollahs müssen ebenfalls den Nachweis führen, dass sie Nachfahren aus der Prophetenfamilie sind, was sie durch das Tragen eines schwarzen Turbans zum Ausdruck bringen.

---

[*] In Kerbela fand im Jahr 680 n.Chr. während des arabischen Bürgerkriegs eine Entscheidungsschlacht statt, bei der es den sunnitischen Omayyaden gelang, fast die ganze schiitische Führerschaft auszulöschen. Auch der dritte schiitische Imam, Husain ibn Ali, ein Enkel des Propheten, kam in Kerbela ums Leben. Sein Grab in Kerbela ist für die Schiiten ein zentraler Wallfahrtsort geworden; im Februar 2006 waren etwa zwei Millionen schiitische Pilger in Kerbela versammelt.

31. Sure   „Luqman, der Weise"[423]   *Mekka*

Der Koran ist eine vollkommene Anleitung für jene Erfolgreichen unter den Menschen, die das Gute tun, die die Sozialabgabe bezahlen und an das Jenseits glauben 2ff. Wer durch überhebliches Gerede versucht, Gläubige von Allahs Weg abzulenken, den erwartet [im Jenseits] eine harte Bestrafung 6f. Allah verlieh dem Gläubigen Luqman Weisheit. Der weise Luqman ermahnte seinen Sohn, Allah stets dankbar zu sein[424] und keine Götter neben Allah anzubeten, seinen Eltern dankbar zu sein, das Gebet zu verrichten, Gutes zu tun, Unheil geduldig zu ertragen, nicht hochmütig oder übertrieben heiter zu sein, gemessenen Schrittes zu gehen und seine Stimme zu senken, um nicht so zu blöken wie ein Esel. In weltlichen Angelegenheiten soll man seinen Eltern gehorchen, jedoch in Dingen des Glaubens nicht unbedingt. Wenn Eltern ihren Sohn auffordern, neben Allah einen Götzen zu verehren, dann ist er zum Ungehorsam gegenüber seinen Eltern verpflichtet. Beim Jüngsten Gericht wird Allah den Menschen all ihre Taten aufzählen, denn er spürt alles auf, auch wenn es nur das Gewicht eines Senfkorns hat 12ff. Allah hat den Menschen alles, was im Himmel und auf Erden ist, dienstbar gemacht. Diejenigen, die den Koran nicht kennen, sollen keine [theologischen] Streitgespräche über Allah führen 20.[425] Obwohl im Koran geschrieben steht, dass Götzendiener vom Satan ins Höllenfeuer geführt werden, fahren die Menschen fort, weiterhin die Götzen ihrer Väter zu verehren 21. Alle kehren zu Allah zurück 22. Den Gläubigen soll es nicht bekümmern, wenn er sieht, dass jemand ungläubig ist. Es ist Allahs Sache, die Ungläubigen im Jenseits an ihre Taten zu erinnern [und sie zu richten] 23. Ungläubige lässt

[423] Vers 12ff. in dieser Sure erzählt von einem Mann namens Luqman, den Allah mit Weisheit gesegnet haben soll.

[424] Ein wesentliches Merkmal eines Gläubigen ist laut Koran seine Dankbarkeit gegenüber Allah.

[425] Es ist unter strenggläubigen Muslimen verpönt, über theologische Fragen zu debattieren, wenn man kein Koranstudium absolviert hat.

Allah für eine kurze Weile ihre irdischen Freuden genießen, danach aber trifft sie seine strenge Strafe 24. Allah ist auf niemanden angewiesen; er handelt völlig selbstständig 26. Wenn alle Bäume auf der Welt zu Schreibgeräten würden und wenn sieben Meere voller Tinte zur Verfügung stünden, würde es nicht ausreichen, um alle Worte Allahs aufzuschreiben 27. Allah ist eine Realität und alle Götzen sind ein Trugbild 30. Der Mensch soll sich vor dem Jüngsten Tag fürchten, an dem weder der Vater dem Sohn noch der Sohn dem Vater helfen kann [indem sie die Schuld des anderen auf sich laden]. Auch soll der Mensch sich nicht durch die verführerischen Einflüsse im Diesseits von seinem Glauben an Allah [und an die Auferstehung] ablenken lassen 33.

Terminus *Islamic Banking*

Beim Islamic Banking wird versucht, Bankgeschäfte unter Muslimen in Einklang mit den religiösen Regeln des Islam und der Scharia zu bringen. Viele islamische Banken verfügen deshalb über ein „Scharia-Komitee", das Bankgeschäfte dahingehend prüft, ob sie religionskonform sind. Die Deutsche Bank richtet sich in bestimmten Geschäftsbereichen ebenfalls nach der Scharia. Muslimische Regeln, die das Islamic Banking umzusetzen versucht, sind: das allgemeine Zinsverbot, das Verbot von Spekulationen, das Verbot des Glücksspiels und das Verbot von Investitionen in den Bereichen Alkoholherstellung, Prostitution, Pornografie und Schweinefleischverarbeitung. Insbesondere das Zinsverbot (*riba*; siehe hierzu Sure 2,278) ist ein Hemmnis, das zunehmend zu *Umgehungsgeschäften* geführt hat. So kann heute ein Muslim, der einen Kredit benötigt, Ware mit einem Zahlungsziel kaufen und die Ware, die bei diesem Geschäft den Besitzer gar nicht erst wechseln muss, sofort wieder zu einem niedrigeren Preis an den ursprünglichen Warenbesitzer zurückverkaufen. Das Geld für den Rückkauf wird hierbei an den „Kreditnehmer" ausgezahlt, während der höhere Betrag, der beim Ursprungsgeschäft ausgehandelt wurde, erst nach Ablauf einer Frist an den „Kreditgeber" zurückgezahlt werden muss. Somit erhält der „Kreditgeber" zum späteren vereinbarten Zeitpunkt einen höheren Betrag, als er ursprünglich an den „Kreditnehmer" beim Rückkauf der

Ware gezahlt hat, was einem zurückgezahlten Kredit plus Zinsen gleichkommt. Darüber hinaus hat im Mai 1991 der Scheich der *al-Azhar*-Universität, Muhammed Tantawi, die höchste geistige Autorität im sunnitischen Islam, eine Erklärung veröffentlicht, die eine Festlegung des Kapitalgewinns zu einem festen Satz gestattet, sodass islamische Bankbehörden Kapitalzinsen im Voraus festlegen können. Auf diese Weise wird der größte Teil der privaten und öffentlichen Finanzoperationen heute im islamischen Raum nach westlichem Muster abgewickelt. Auch Transaktionen am Aktienmarkt gelten nicht mehr als verboten.

Mit dem Zinsverbot steht der Koran im Übrigen keineswegs allein da. Schon die Hebräische Bibel verbot den Juden das Einfordern von Zinsen, wenn sie dem Schuldner Schaden zufügen würden (siehe 2. Mose 22,25), was allerdings in erster Linie nur innerhalb der jüdischen Gemeinde galt. Unter dem Einfluss des Alten Testaments lehnte anfangs auch die christliche Kirche das Zinsnehmen rigoros ab, wie man es in der Erklärung des Kirchenkonzils von Elvira aus dem Jahre 306 nachlesen kann. Man setzte das Zinsnehmen weithin mit Wucher gleich. Im Mittelalter überließ man deshalb das Geldgeschäft und das Zinsnehmen gern den Juden, für die – da man ihnen keinen Zugang zu den handwerklichen Berufen gewährte – der Handel mit Geld zu einer Existenzfrage wurde. Erst ab dem 14. Jahrhundert duldete die Kirche, dass auch Christen Zinsen nehmen. Die Reformatoren wiederum, Zwingli noch mehr als Luther, waren entschiedene Zinsgegner. Für die Reformatoren kam der Gewinn aus einem durch die Not erzwungenen Kredit einer Verletzung des christlichen Grundsatzes der Nächstenliebe gleich. Der Reformator Calvin musste im aufstrebenden Genf jedoch bald einsehen, dass das sich entwickelnde Bankenwesen neben dem Warenmarkt einen Kapitalmarkt erforderlich machte, welcher einer Steuerung durch den Zins bedurfte. So wurde im 16. Jahrhundert, mit dem Aufkommen moderner Geldwirtschaft, das mit Zinsen bezahlte Leihgeld im Abendland eine allgemein akzeptierte Praxis.

32. Sure   „Die Niederwerfung"[426]   *Mekka*

Der Koran wurde nicht von Mohammed erdichtet, sondern er ist die von Allah verkündete Wahrheit 3. Himmel und Erde erschuf Allah in sechs Tagen 4. Allah verwaltet die Angelegenheiten im Himmel und auf Erden 5.[427] Alles, was Allah erschuf, ist gut. Den Menschen hat er aus Ton geformt und ihm seinen Geist eingehaucht 7 ff. Die Ungläubigen behaupten, man könne aus dem Grab nicht wieder auferstehen. Zwar führt der Todesengel die Menschen ins Grab, aber danach kommt die Auferstehung 10 f. Allah zeigt nicht jedem den rechten Weg, denn er will die Hölle mit denjenigen Geistern und Menschen füllen, die nicht an die Auferstehung glauben 13. Jene, die sich vor Allah fürchten und betend nach ihm verlangen, werden von ihm mit verborgenen Freuden [des Paradieses] belohnt 15 ff. Die im Höllenfeuer werden versuchen zu fliehen, aber man wird sie immer wieder zurücktreiben. Sie sollen das Höllenfeuer kosten, das sie [auf Erden] zu leugnen pflegten 20. Mit irdischen Strafen versucht Allah die Ungläubigen zu bekehren, um sie vor der sehr viel härteren Höllenstrafe im Jenseits zu bewahren 21. Wer die Gebote Allahs kennt, der begeht die größte Sünde, wenn er sich vom Glauben an Allah wieder abwendet. Allah wird sich an diesem Sünder [im Jenseits] rächen 22.[428] Moses erhielt von Allah die Schrift [Tora], um die Kinder Israel [auf den rechten Weg] zu führen. Auch Mohammed wird eine [komplette] Schrift [den Koran] erhalten; daran soll er nicht zweifeln 23.[429]

---

[426] Vers 15 ff. dieser Sure handelt von der Anbetung Allahs und von der Belohnung, die man dafür im Jenseits erhält.

[427] Wie die Anhänger des Theismus vertritt der Islam die Auffassung, dass Allah auch noch nach Vollendung der Schöpfung in das Weltgeschehen eingreift und die Welt nach dem ursprünglichen Schöpfungsakt nicht, wie es die Anhänger des Deismus propagieren, sich selbst überlässt.

[428] Apostasie wird in diesem Vers als die größte Sünde betrachet. Die Scharia fordert im Fall von Apostasie die Todesstrafe. Sie bezieht sich dabei auf Aussagen des Propheten Mohammed, die in den Hadithen gesammelt wurden. Die Hadithe sind oft radikaler formuliert als die Verse des Korans. (Siehe „Termini *Koran* und *Hadithe*", Seite 18 ff.)

[429] Der Überlieferung nach soll Mohammed der Verzweiflung nah gewesen

Am Tag der Auferstehung entscheidet Allah über jene [theologischen] Fragen, über die innerhalb des Judentums gestritten wird 25.[430] Dort, wo die Juden leben [in Israel], hat Allah schon viele [ungläubige] Geschlechter ausgerottet. Warum lassen die Juden sich dadurch nicht ermahnen 26. Die Juden fragen, wann denn der Richtspruch Allahs gefällt wird, von dem die Muslime sprechen 28. Am Tag des Jüngsten Gerichts wird ihnen ihre Reue [darüber, dass sie nicht an das Jüngste Gericht geglaubt haben] nichts mehr nützen. Der Prophet soll sich von ihnen abwenden und sie ihrem Schicksal überlassen 29 f.

sein, als ihm über einen längeren Zeitraum keine Offenbarungen mehr zuteil wurden.

[430] Hier wird wahrscheinlich auf die theologische Auseinandersetzung zwischen Juden, die Jesus als Prophet ablehnten, und Judenchristen, die Jesus als Propheten anerkannten, Bezug genommen. Zu Lebzeiten Mohammeds gab es im Nahen Osten neben den Judengemeinden auch zahlreiche judenchristliche Gemeinden, die aber im Laufe der folgenden Jahrhunderte vollständig in der arabischen Mehrheitsgesellschaft aufgegangen sind.

El Greco, *Die Stadt Toledo*, 1597

Die Übersetzerschule von Toledo

Im Jahr 712 eroberten die Mauren auf der Iberischen Halbinsel die westgotische Stadt Toledo *(Tulaytula)* und legten den Grundstein für die wohl berühmteste mittelalterliche Übersetzerschule auf europäischen Boden. Unter den Mauren waren es vor allem Christen und sogenannte „Mozaraber" (zum Islam bekehrte Christen), die in der Schule von Toledo mit Übersetzungsarbeiten beschäftigt waren. Nachdem die Stadt von den Christen im Jahr 1085 zurückerobert worden war, arbeitete man an der Übersetzerschule ungeschmälert weiter. Vor allem im 12. Jahrhundert wurden dort die Werke von Platon und Aristoteles, die unter den Abbasiden-Kalifen in Bagdad aus dem Griechischen ins Arabische übersetzt worden waren, ins Lateinische übersetzt. Oft standen die Übersetzer vor dem Problem, für ein Wort aus dem Arabischen keine Entsprechung in ihrer Zielsprache (Latein) zu finden. Sie halfen sich, indem sie das übersetzte Wort, bei dem es sich oft um einen Begriff aus dem Bereich der Naturwissenschaften oder aus der damaligen Technik handelte, aus dem Arabischen entlehnten. Auf diese Weise entstanden im europäischen Sprachraum zahlreiche Arabismen. Beispiele für solche Arabismen in der deutschen Sprache sind: Algebra *(al-dschabr)*, Algorithmus *(al-Chwarizimi)*, Alkohol *(al-kuhul)*, Almanach *(al-manah)*, Azimut *(as-samt)*, Alchemie *(al-kimiya)*, Magazin *(machzan)*, Matratze *(matrah)*, Zenit *(samt ar-ras)*, Ziffer *(sifr)*, Zucker *(sukkar)*. Die erste Übersetzung des Korans ins Lateinische stammt ebenfalls aus Toledo. Sie wurde auf Betreiben von Petrus Venerablilis, einem Abt des Klosters Cluny, im Jahr 1143 in Toledo in Auftrag gegeben.

33. Sure   „Die Parteien"[431]   *Medina*

Arabische Ehemänner sollen sich von ihren Frauen nicht mehr nach altem Brauch scheiden lassen, da ihre Ehefrauen durch die altarabische Scheidungsformel[432] nicht wirklich zu ihren Müttern werden. Auch werden adoptierte Söhne nicht wirklich zu leiblichen Söhnen.[433] Man begeht eine Sünde nur dann, wenn man vorsätzlich sündigt 4f. Die Frauen des Propheten sind die „Mütter aller Gläubigen". Blutsverwandte sollen sich näher stehen als jene,

[431] Nachdem Mohammed in seiner Eigenschaft als geistlicher und militärischer Führer in Medina die dort ansässigen Juden im Jahr 626 vertrieben hatte, verbündeten sie sich mit den Koreischiten in Mekka und nahmen am „Grabenkrieg" (627) teil, bei dem die Stadt Medina belagert und von den Muslimen erfolgreich verteidigt wurde. Von diesen Juden wird in Vers 26f. dieser Sure berichtet.

[432] Wenn sich in vorislamischer Zeit ein Araber von seiner Frau trennen wollte, konnte er sich nach altarabischem Brauch relativ problemlos mit einer „Trennungsformel" („Du sollst mir sein wie der Rücken meiner Mutter") von ihr scheiden lassen. Das islamische Recht baut auch keine besonderen Hürden auf, wenn ein Mann seine Ehefrau verstoßen will. Spricht er die Verstoßung aus, bedarf es von ihm keinerlei Begründung oder Rechtfertigung. Der Koran schreibt lediglich vor, dass bei Vorliegen eines Zerwürfnisses zwischen den Eheleuten noch vor der Trennung ein Schiedsrichter bestellt werden muss, der die Aufgabe hat, einen Versuch zu unternehmen, das Zerwürfnis der Eheleute zu schlichten (siehe Sure 4,35). In den Ländern Jordanien, Libanon, Libyen, Marokko und Syrien ist es heute immerhin vorgeschrieben, dass ein Gericht die Verstoßung der Ehefrau bestätigen muss. Lediglich in Tunesien und in der Türkei wurde bisher die Praxis des Verstoßens der Ehefrau abgeschafft.

[433] Dieser Vers ist im Zusammenhang mit dem Wunsch Mohammeds zu sehen, die geschiedene Frau eines seiner Sklaven zu heiraten, den er freigelassen und als Sohn adoptiert hatte. Hätte sein als Sohn adoptierter Sklave den gleichen Status wie ein leiblicher Sohn innegehabt, dann wäre es für Mohammed als Adoptivvater nach geltendem Recht nicht zulässig gewesen, die Exfrau seines Adoptivsohnes zu ehelichen. Dem kritischen Koranleser fällt auf, dass einige Koranverse die Funktion hatten, die Lebensqualität des Propheten zu erhöhen (siehe auch Sure 8,1 und 41, wo der Prophet bei der Verteilung der Kriegsbeute bevorzugt wurde, und Vers 50ff. dieser Sure, der ihm Sonderrechte in Bezug auf die Anzahl der Frauen in seinem Harem einräumte).

die nicht miteinander blutsverwandt sind 6. Allah hat von Mohammed und den Propheten Noah, Abraham, Moses und Jesus, dem Sohn der Maria, ein Gelöbnis entgegengenommen. Er wird sie [am Tag des Jüngsten Gerichts] fragen, ob sie ihr Gelöbnis erfüllt haben 7 f. Als sie [die Verteidiger von Medina] schon mutlos waren, sandte Allah den ungläubigen Belagerern[434] einen Sturm und ein unsichtbares Heer von Engeln entgegen. Mit der drohenden Gefahr einer Eroberung [Medinas] durch die Ungläubigen wollte Allah die Gläubigen [Verteidiger] prüfen 9 ff. Ein Teil der Verteidiger [Medinas] ist wankelmütig geworden und wollte sich unter dem Vorwand, Reparaturen an ihren Häusern durchführen zu müssen, aus den Verteidigungsstellungen zurückziehen. Wenn die Ungläubigen [Mekkaner] in die Stadt eingedrungen wären und von ihnen [den Wankelmütigen] verlangt hätten, dem Islam abzuschwören, wären sie sicherlich darauf eingegangen, obwohl sie Allah vorher gelobt hatten, ihm die Treue zu halten. Man wird diese Heuchler dereinst [am Jüngsten Tag] wegen ihres Wankelmutes zur Rede stellen 13 ff. Die Wankelmütigen [Araber] fallen angesichts des Feindes vor Todesfurcht in Ohnmacht. Wenn sie die verbündeten Ungläubigen [vor Medina] erblicken, würden sie sich am liebsten in der Wüste bei den Beduinen verstecken. Im Falle eines Sieges [der Gläubigen] wären sie jedoch voller Gier nach Beutegut 19 f. Der Gesandte Allahs [Mohammed] ist den Gläubigen ein Vor-

---

[434] Dieser Vers nimmt Bezug auf den „Grabenkrieg" bei Medina. Im Jahr 627 war eine Koalition von arabischen Stämmen, die von dem in Mekka herrschenden Koreischiten-Clan angeführt wurde, und Juden aus der Umgebung von Medina (Stamm der Banu Nadir) zu einem Feldzug gegen die sich in Medina verschanzenden Muslime aufgebrochen. Auslöser für diesen Feldzug waren die militärische Schlappe, die die Koreischiten in der Schlacht von Badr hatte hinnehmen müssen und zahlreiche Überfälle der Muslime auf Karawanen, die im Auftrag der Koreischiten mit dem Byzantinischen und Persischen Reich Handel trieben und deshalb an dem nördlich von Mekka gelegenen Medina vorbeiziehen mussten. Um bei einer Belagerung von Medina über günstige Verteidigungsstellungen zu verfügen, hatte Mohammed das Ausheben von Verteidigungsgräben angeordnet. Das Grabensystem konnte von den zahlenmäßig überlegenen Angreifern nicht überwunden werden. Nach einem Kälteeinbruch wurde die Belagerung der Stadt wieder abgebrochen.

bild,[435] weil er sich den Tag der Auferstehung herbeisehnt[436] und oft an Allah denkt 21. Als die Gläubigen die verbündeten Feinde [vor den Mauern von Medina] erblickten, waren sie stark im Glauben und hielten das Bündnis, das sie mit Allah geschlossen hatten. Allah belohnt die Wahrhaftigen [die mutig kämpfen] und bestraft die Heuchler [die nicht fest im Glauben sind und deshalb den Kampf scheuen] 22 ff. Allah schlug die feindlichen Verbündeten [vor Medina] zurück und ersparte dadurch den Gläubigen den [verlustreichen] Kampf 25. Die Gläubigen nahmen [nach dem Abbruch der Belagerung] Rache an den [aus Medina stammenden] Juden [vom Stamm der Banu Quraiza], die sich mit den Belagerern vor der Stadt Medina verbündet hatten, indem sie einen Teil der Juden töteten und einen Teil gefangen nahmen. Das Land, die Häuser und die Schätze der Juden wurden zur Kriegsbeute der Gläubigen erklärt 26 f. Der Prophet [Mohammed] soll den Frauen in seinem Harem freistellen, ihn zu verlassen, falls sie in seinem Haus den Luxus vermissen 28. Die Frauen des Propheten sollen sich nicht so verhalten wie andere Frauen. Sie sollen mit keinem anderen Mann vertraulich reden, [möglichst] im Haus bleiben, keinen Schmuck anlegen, das Gebet verrichten, die Sozialabgabe bezahlen, sich die Verse des Korans zu Hause vorlesen lassen und Allah und dem Propheten gehorchen. Mit diesen Vorschriften will Allah die Frauen vor Übel bewahren 32 ff.[437] Allah belohnt jene muslimischen Män-

[435] Der Vorbildcharakter des Propheten hatte für die Entwicklung der islamischen Jurisprudenz eine herausragende Bedeutung. Auf Basis der vom Koran propagierten Vorbildfunktion Mohammeds hat Ahmad Ibn Hanbal (780–855), ein muslimischer Rechtsgelehrter und der Begründer der hanbalitischen Rechtsschule, jene Hadithe, die man durch eine ununterbrochene Überlieferungskette *(isnad)* auf die ursprüngliche Aussage eines Prophetengefährten *(sahaba)* zurückführen konnte, zur zweiten Rechtsquelle ne-

ben dem Koran aufgewertet. (Siehe auch Sure 8,20 sowie „Termini *Koran* und *Hadithe*", Seite 18, und „Terminus *Scharia*", Seite 106.)

[436] Strenggläubige Muslime haben eine fast traumatische Furcht vor dem Jüngsten Gericht, da sie davon ausgehen, dass es ihnen nicht in dem Maße gelingen wird, ein von Allah rechtgeleitetes Leben zu führen, wie es seinerzeit dem Propheten Mohammed gelungen ist.

[437] Da die Frauen des Propheten im Islam als Vorbilder gelten, haben diese

ner und Frauen, die gläubig, gehorsam, wahrhaftig, geduldig und demütig sind, die Almosen spenden, fasten, ihre Keuschheit wahren und mit ihren Gedanken häufig bei Allah verweilen 35. Einem gläubigen Mann oder einer gläubigen Frau geziemt es nicht, eine einmal von Allah und seinem Gesandten getroffene Entscheidung wieder abzuändern. Wer Allah und dem Gesandten nicht gehorcht, geht in die Irre [und endet in der Hölle] 36. Mohammed begehrte insgeheim die Frau von [seinem ehemaligen Sklaven] Zaid, den er zuvor freigelassen hatte. Nachdem Zaid sich von seiner Frau geschieden hatte, gestattete Allah dem Propheten, sie zu ehelichen. Durch diese Erlaubnis, die generell für alle Gläubigen gilt, hat Allah verhindert, dass der Prophet in Verlegenheit gekommen ist 37 f.[438] Mohammed ist [für alle nachfolgenden Zeiten] der letzte von Allah eingesetzte Prophet; er ist das Siegel der Propheten 40.[439] Wenn man sich von Ehefrauen, mit denen man noch nicht geschlafen hat, scheiden lässt, dann braucht man keine Wartefrist [bis zur

Verse ebenfalls zur Einschränkung der Rechte der muslimischen Frau in der Öffentlichkeit beigetragen.

[438] Da Mohammed seinen ehemaligen Sklaven Zaid nach dessen Freilassung als Adoptivsohn angenommen hatte, durfte er dessen Frau nach altarabischem Brauch, die durch die Adoption für ihn den Status einer Schwiegertochter erhalten hatte, nach ihrer Scheidung von Zaid eigentlich nicht ehelichen. Mit dem Argument, dass Adoptivsöhne keine leiblichen Söhne seien, erlaubt der Koran an dieser Stelle, dass der Adoptivvater die ehemalige Ehefrau seines Adoptivsohns ehelichen kann. Eine Überlieferung besagt, Mohammed habe die Scheidung von Zaid und seiner Frau vorangetrieben, nachdem er sie nur dürftig bekleidet in einem Bad beobachtet hatte. Mit 58 Jahren soll Mohammed schließlich die über zwanzig

Jahre jüngere Exfrau seines Adoptivsohnes geheiratet haben. Vers 4 f. und 37 f. dieser Sure haben ihn vor einem Tabubruch bewahrt.

[439] Mohammed betrachtete sich nicht als Verkünder einer neuen Religion, sondern als Wiederhersteller und Vollender der Religion Abrahams. Laut Aussage des Korans ist Mohammed das „Siegel der Propheten", d. h. der Bestätiger aller früheren Offenbarungen und zugleich der Überbringer der letztgültigen und damit fortan für alle Menschen verbindlichen Offenbarung Allahs. Nach islamischer Überlieferung ist Mohammed als jugendlicher Begleiter einer Handelskarawane im heutigen Syrien einem christlichen Mönch mit dem Namen Bahira begegnet, der das „Siegel des Prophetentums" zwischen den Schultern des zukünftigen Propheten entdeckt haben soll.

endgültigen Trennung] einzuhalten 49.[440] In der Vergangenheit galt, dass Mohammed von Allah die Zustimmung erhalten hatte, Frauen zu ehelichen, die sich unter der Kriegsbeute befanden oder denen er eine Brautgabe überreicht hatte; zu den Letzteren konnten auch die Töchter seiner Onkel und Tanten zählen. Er hatte auch das nur ihm gewährte Privileg, sich [unbegrenzt] all jene gläubigen Frauen zur Ehefrau nehmen zu dürfen, die bereit waren, sich ihm [ohne Einforderung einer Brautgabe] zu „schenken".[441] Fortan darf der Prophet jedoch keine zusätzlichen Frauen mehr heiraten, es sei denn, sie stammen aus den Reihen seiner Sklavinnen 50ff. Wer den Propheten in seinem Haus zu einem gemeinsamen Essen aufsucht, sollte nach der Mahlzeit das Haus wieder verlassen und den Propheten mit keinen allzu vertraulichen Gesprächen aufhalten.[442] Gäste des Propheten dürfen mit seinen Ehefrauen nur dann reden, wenn diese sich hinter einem „Vorhang" befinden. Es ist anderen Männern nicht erlaubt, eine vom Propheten geschiedene Frau zu heiraten. „Unverhüllt" dürfen die Ehefrauen des Propheten sich nur ihren Vätern, Söhnen, Brüdern, Neffen, den anderen Haremsdamen und ihren Sklavinnen zeigen 53ff. Der Gläubige soll für das Wohl des Propheten beten und ihm in aller Ehrerbietung Frieden wünschen 56.[443] Wer Allah oder dem Propheten Un-

[440] Von der Verpflichtung des Muslims, vor der Scheidung von seinem Ehepartner eine Wartefrist bzw. Bedenkzeit einzuhalten, wird in Sure 2,229 berichtet.

[441] In diesem Vers wurden dem Propheten deutliche Sonderrechte in Bezug auf die Anzahl seiner Ehefrauen eingeräumt. Obwohl der Koran dem Gläubigen lediglich einen Harem mit maximal vier Ehefrauen gestattet (siehe Sure 4,3), galt für Mohammed jedoch eine Sonderregelung. Der Prophet hatte mindestens neun (manche Quellen nennen sogar bis zu vierzehn) Ehefrauen, dazu kamen noch Sklavinnen, die ein Muslim nach traditionellem Recht für sexuelle Dienste in Anspruch nehmen konnte. Von strenggläubigen Muslimen wird oft ins Feld geführt, dass einige verarmte oder auch verwitwete Frauen vom Propheten aus sozialer Fürsorge in seinen Harem aufgenommen wurden.

[442] Bei diesem Vers handelt es sich um eine Eingebung des Propheten, die sicherlich sehr dazu beigetragen hat, ihm das tägliche Leben zu erleichtern.

[443] Wenn ein frommer Muslim den Namen Mohammeds ausspricht, fügt er stets den Spruch „Segen und Friede Allahs komme über ihn", hinzu.

gemach bereitet, ist im Jenseits verflucht und wird hart bestraft 57. Die Ehefrauen und Töchter des Propheten und die Ehefrauen aller anderen Gläubigen sollen [in der Öffentlichkeit] „Übergewänder" tragen, damit sie vor Belästigungen geschützt sind 59.[444] Die Heuchler und jene, die [in Medina] durch falsche Gerüchte Unheil stiften, sollen auf Geheiß Allahs, wo immer sie sind, ergriffen und rücksichtslos hingerichtet werden 60 f.[445] Nur Allah weiß, wann der Jüngste Tag anbricht 63. Allah hat die Ungläubigen verflucht und das Höllenfeuer für sie bereitet, worin sie ewig bleiben werden 64 f. Wenn sie im Höllenfeuer sind, werden die Ungläubigen bereuen, dass sie nicht Allah und seinem Propheten gehorcht haben 66. Die Gläubigen sollen sich nicht so verhalten wie diejenigen [Ägypter], die Moses durch Verleumdungen das Leben schwer gemacht haben, denn Moses stand bei Allah im hohen Ansehen 69. Der Gläubige fürchtet Allah und hütet sich vor Lügen, auf dass Allah ihm seine Sünden vergebe 70 f. Allah hat dem Menschen die Treuhänderschaft [über die Schöpfung] angeboten und der Mensch hat sie angenommen 72.

[444] Auch dieser Vers hat dazu beigetragen, dass muslimische Frauen sich in Ländern, in denen der Koran konservativ ausgelegt wird, verschleiern müssen, sobald sie den öffentlichen Raum betreten.

[445] Als Mohammed in Medina lebte, wo er neben der religiösen auch die weltliche Macht innehatte, wurde der Ton des Korans gegenüber den „Ungläubigen" wesentlich schärfer als in der Zeit seines Wirkens in Mekka, wo er nur eine religiöse Minderheit angeführt hatte.

Terminus *Schleier*

Im Dezember 2003 erklärte Mohammed Sayyid Tantawi, der Großscheich der renommierten *al-Azhar*-Universität in Kairo, dass das Tragen eines Kopftuches den Geboten Allahs entspräche, dass jedoch Frauen, die in nichtmuslimischen Ländern einem Verbotszwang ausgesetzt seien, von dieser Verpflichtung ausgenommen seien. In jenen muslimischen Staaten, wo man sich streng an die Scharia hält, wird von den Frauen verlangt, dass sie beim Verlassen des Hauses einen Ganzkörperschleier *(hidschab)* tragen. Dies gilt z. B. in den von den Taliban kontrollierten Gebieten Afghanistans*, im Iran** und in Saudi-Arabien***. Eine Sittenpolizei sorgt in vielen islamischen Ländern für die Einhaltung der religiösen Kleidervorschriften. Im Jahr 2006 gab es in folgenden Ländern eine solche Sittenpolizei: Algerien, Ägypten, Saudi-Arabien, Iran, Indonesien, Jemen, Libyen, Malaysia, Sudan, Usbekistan sowie in Teilen Pakistans und Nigerias. Im Iran des Schiitenführers Khomeini ist die Sittenpolizei besonders brutal vorgegangen. Es ist dort vorgekommen, dass man Frauen, die sich nicht an die religiöse Kleiderordnung hielten, das Gesicht durch Messerschnitte und Säuren dauerhaft entstellt hat. In der Türkei schaffte Atatürk das Tragen des Kopftuches in allen öffentlichen Einrichtungen wie Schulen, Universitäten und im Parlament ab und stieß dabei interessanterweise besonders auf Widerstand aus der weiblichen Bevölkerung.

Auch im Christentum gab es Versuche, den Frauen das Anlegen eines Schleiers vorzuschreiben. So wollte der Apostel Paulus die Sitte des Schleiertragens bei den Frauen in der heidenchristlichen Gemeinde von Korinth einführen. Die Griechen lehnten das jedoch dankend ab (siehe 1. Korinther 11,10) und verhinderten auf diese Weise einen Präzedenzfall. Der erste christliche Kirchenvater Tertullian forderte Anfang des 3. Jahrhunderts in seiner Schrift „De virginibus velandis" die Verschleierung aller Jungfrauen nicht bloß in der Kirche, sondern auch in der Öffentlichkeit – eine Forderung, die später vor allem von

---

* In Afghanistan ist für die Frauen das Tragen der Burka – eines Ganzkörperschleiers mit einer Art Gitterfenster aus Stoff im Augenbereich – vorgeschrieben.

** Durch Ayatollah Khomeini wurde 1979 das Tragen des Tschador, eines Umhangs, der um den Kopf und Körper gewunden wird und lediglich das Gesicht frei lässt, für alle Frauen zur Pflicht.

*** In Saudi-Arabien müssen sogar nichtmuslimische Touristinnen aus dem Westen, wenn sie das Hotel verlassen, einen Umhang tragen und ihr Haar unter einem Kopftuch verbergen.

Ordensschwestern realisiert wurde. Bis heute tragen viele Italienerinnen beim Betreten der Kirche einen „Schleier", eine Kopfbedeckung oder zumindest ein rasch aufgelegtes Taschentuch. Das Protokoll des Vatikans sieht bei Papstaudienzen für eine Frau das Tragen eines kunstvoll gearbeiteten Schleiers vor.

34. Sure   „Die Stadt Saba"[446]   *Mekka*

Die Ungläubigen verneinen die Auferstehung, weil sie nicht begreifen können, dass eine verweste Leiche wieder lebendig werden kann. Doch Allah, der auch das Verborgene kennt, offenbart, dass die Auferstehung gewiss sei. Jene, die nicht an die Auferstehung glauben, befinden sich deshalb in einem großen Irrtum 3 ff. Allah schenkte [dem jüdischen König] David seine Huld und lehrte ihn die Kunst des Schmiedens von Panzerhemden aus Eisenringen 10 f. Allah machte Salomon den Wind untertänig und ließ für ihn die Geister arbeiten, die ihm Paläste bauten 12 f.[447] Das Volk von Saba kehrte sich von Allah ab und wurde von ihm mit einer reißenden Flut bestraft.[448] Es war, bis auf eine kleine Schar von Gläubigen, die an das Jenseits glaubte, dem Satan gefolgt 15 ff. Allah wird alle Auferstandenen vor dem Jüngsten Gericht versammeln und dort mit großer Gerechtigkeit über sie richten. Allah ist der beste Richter 26. Mohammed wurde von Allah mit dem Auftrag losgeschickt, allen Menschen den Koran zu verkünden und sie [vor

[446] In Vers 15 ff. dieser Sure wird das Schicksal des semitischen Volkes der Sabäer beschrieben, das auf dem Gebiet des heutigen Jemen siedelte.

[447] In der Bibel wird der Bau des salomonischen Palastes in 1. Könige 7 beschrieben.

[448] Mit der hier erwähnten Flut könnte der Bruch des antiken Damms bei Marib, der Hauptstadt des Königreichs von Saba im Nordosten des heutigen Jemen, gemeint sein, der im 6. Jahrhundert n. Chr. eine verheerende Überschwemmung ausgelöst hat. Der Staudamm war bereits im 8. Jahrhundert v. Chr. erbaut worden, hatte eine Länge von 680 und eine Höhe von 20 Metern und bewässerte ein landwirtschaftlich intensiv genutztes Areal von ca. 9600 Hektar. Es wird heute erwogen, die archäologischen Reste des Staudamms als UNESCO-Kulturerbe einzustufen. An das Volk der Sabäer erinnert auch das muslimische Mahnsprichwort: „Sie sind untergegangen wie Saba."

dem Jüngsten Gericht] zu warnen 28. Die Ungläubigen wollen nicht an den Koran und an die früheren Offenbarungen [Tora, Psalmen und Evangelien] glauben. Vor dem Jüngsten Gericht werden sie ihren Unglauben bereuen und sich gegenseitig die Schuld zuweisen, jeweils von den anderen zum Unglauben verführt worden zu sein. Mit Stricken um den Hals wird man sie jedoch in die Hölle abführen 31 ff. In jeder Stadt, zu der Allah einen Propheten gesandt hat, wiesen jene, die in Wohlstand lebten und Kinder hatten, die Propheten ab. Es sind Gut und Kinder, die vom Glauben an Allah ablenken 34 ff. Wer Almosen spendet, dem wird von Allah alles zurückerstattet 39. Die Ungläubigen werfen Mohammed vor, er wolle sie von ihren althergebrachten Göttern abtrünnig machen. Den Koran halten sie für eine von Mohammed ersonnene Lüge 43. Die Gläubigen sollen bedenken, dass Mohammed kein Besessener ist, sondern ein Warner, der die Ungläubigen auf die Bestrafung durch Allah [beim Jüngsten Gericht] hinweist. Für seine Predigten verlangt er keinen Lohn 46 f. Wenn der Prophet irrt, so irrt nur er selbst und nicht Allah 50.[449] Dem Glauben an Allah kann man sich nur im Diesseits und nicht mehr im Jenseits zuwenden [wo es dafür zu spät ist] 51 ff.

35. Sure   „Der Initiator der Schöpfung"[450]   *Mekka*

Allah ist der Schöpfer der [sieben] Himmel und der Erde und seine Diener sind die geflügelten Engel 1. Allah erweist den Menschen Barmherzigkeit und Gnade und es gibt keinen Gott außer ihm 2 f. Allahs Verheißung [der Auferstehung] ist wahr; der Mensch soll sich deshalb vom diesseitigen Leben nicht betören [und vom Gedanken an das Jüngste Gericht im Jenseits ablenken] lassen 5. Allah erschuf den Menschen aus Erde. Von allen Wesen

---

[449] Hier wird noch einmal klargestellt, dass dem Propheten Mohammed kein göttlicher Status zukommt. Wie jeder Mensch kann auch er irren.

[450] In Vers 1 dieser Sure wird Allah als der Schöpfer der Welt gepriesen.

hat er Paare geschaffen. Geburt und Tod des Menschen sind im himmlischen Buch vorgezeichnet 11. Der Lauf der Gestirne wurde von Allah bestimmt. Götzen jedoch haben noch nicht einmal Gewalt über das Häutchen eines Dattelkerns 13. Der Mensch ist auf Allah angewiesen, doch Allah ist auf niemanden angewiesen 15. Vor dem Jüngsten Gericht kann niemand die Strafe eines anderen, auch nicht die von nahen Verwandten, auf sich nehmen 18.[451] Es gibt kein Volk, zu dem Allah nicht schon einen Propheten als Warner gesandt hat 24. Nur die Wissenden unter den Menschen fürchten Allah 28. Wer den Koran liest, sein Gebet verrichtet und die Sozialabgabe zahlt, der macht einen guten „Handel" und wird niemals mittellos sein 29. Der Koran offenbart die Wahrheit und bestätigt die älteren Offenbarungen [Tora, Psalmen und Evangelien] 31. Die Gläubigen können sich im Paradies mit Gold und Perlen schmücken und Kleider aus Seide tragen 33. Die Ungläubigen im Höllenfeuer können durch den Tod nicht von ihren Qualen erlöst werden. Sie werden voller Reue um Hilfe rufen, doch Allah wird ihnen antworten, dass sie während ihres langen Lebens auf Erden genug Gelegenheit hatten, um sich rechtzeitig zu besinnen, und er wird ihre Strafe nicht mildern 36f. Allah hat die Gläubigen zu seinen „Statthaltern auf Erden"[452] gemacht 39. Würde Allah alle Menschen sofort [nachdem sie gesündigt haben] bestrafen, bliebe kein Mensch mehr auf Erden übrig. Doch er gewährt den Menschen im Diesseits eine Frist [um ihnen Gelegenheit für die rechtzeitige Hinwendung zum wahren Glauben zu geben] 45.

---

[451] Die Aussage dieses Verses impliziert, dass auch Jesus nach muslimischer Auffassung nicht die Funktion eines „Sühneopfers" übernehmen konnte. (Siehe Römer 3,23 ff. und 1. Johannesbrief 2,2 sowie 4,10.)

[452] Wie in der Bibel (1. Mose 1,27 ff.), so werden auch im Koran die Menschen als „Herren der Schöpfung" betrachtet.

36. Sure   „Ya-Sin"[453]   *Mekka*

Der Koran ist vollkommen 2. Der Gläubige soll Allah [nicht nur in der Öffentlichkeit, sondern auch] im Verborgenen fürchten 11. Allah lässt die Toten auferstehen. All ihre Taten [die sie auf Erden vollbracht haben] werden in einem [himmlischen] Buch vermerkt 12. Die folgende Erzählung soll Mohammed den Gläubigen immer wieder vortragen: Drei Boten wurden von Allah zu einer Stadt[454] gesandt, um in ihr den Islam zu verkünden. Die Bewohner verleumdeten die Boten jedoch als Lügner und drohten ihnen, sie zu steinigen. Nur einer[455] von den Bewohnern, der aus einem der [ärmeren] Randbezirke der Stadt herbeieilte, setzte sich für die Boten ein. Ihm versprachen die Boten die Aufnahme ins Paradies, während alle anderen Stadtbewohner von Allah getötet wurden 13 ff. Generationen von Menschen haben die Boten Allahs verspottet; sie sind alle von Allah vernichtet worden 31 f. Ein Hinweis auf die Auferstehung ist die tote [ausgetrocknete] Erde, die von Allah [durch den Regen] neu belebt wird, sodass wieder Korn, Dattelpalmen und Beerensträucher aus ihr hervorwachsen können 32 ff. Allah hat alle Arten von Lebewesen paarweise erschaffen 36. Zeichen der Allmacht Allahs sind die Sonne und der Mond, die auf einer von Allah festgelegten Bahn schweben, und die Tatsache, dass Allah auf der Arche Noah alle Tierarten gerettet hat 37 ff. Die Ungläubigen wollen keine Sozialabgabe bezahlen und begründen es damit, dass Allah sich doch selbst um die Bedürftigen kümmern könne. Außerdem fragen sie [den Propheten, der diese Frage nicht beantworten kann] nach dem genauen Termin der Auferstehung.

[453] *Ya* und *Sin* sind die Bezeichnungen von zwei arabischen Buchstaben. Ihre Bedeutung als Surenüberschrift ist ungeklärt. Muslime lesen diese Sure Sterbenden vor. Der Prophet Mohammed soll diese Sure als das „Herz des Korans" bezeichnet haben.

[454] Einige Koranausleger sind der Ansicht, dass sich dieser Vers auf die antike Stadt Antiochia, das heutige Antakya in der Südtürkei, bezieht. Antiochia besaß die erste heidenchristliche Gemeinde des römischen Reiches und war ein Zentrum frühchristlicher Theologie. Im Jahr 637 wurde die (byzantinische) Stadt von den Arabern erobert.

[455] Angeblich soll es ein Zimmermann aus ärmlichen Verhältnissen gewesen sein.

Wenn sie die Strafe Allahs ereilt, wird man ihre Schreie hören 47 ff. Am Jüngsten Tag ertönt die Posaune und die Toten werden aus ihren Gräbern steigen, um sich vor Allah zu versammeln. Die Ungläubigen werden [wenn sie ihrer Bestrafung gewahr werden] darüber jammern und schreien, dass sie wieder lebendig geworden sind. Die Gläubigen dagegen werden im Paradies mit Gattinnen auf Ruhebetten lagern und so viele Früchte verzehren, wie sie nur begehren 51 ff. Alle vom Satan Verführten werden in der Hölle dafür brennen, dass sie ungläubig waren. In der Hölle bleibt ihnen der Mund versiegelt, sodass sie dort [vergeblich] versuchen werden, Allah mit den Gebärden ihrer Arme und Beine anzuflehen, dass er ihnen das Strafmaß mildere 60 ff. Allah hat Mohammed nicht die Gabe verliehen, Verse zu dichten; deshalb ist der Koran eine Offenbarung, die allein von Allah stammt 69.[456] Allah hat die Tiere erschaffen, damit sie den Menschen dienstbar sind. Trotzdem sind die Menschen undankbar und beten insgeheim Götzen an, die ihnen nicht helfen können; doch Allah nimmt auch das wahr, was die Ungläubigen im Verborgenen treiben 72. Die Götzenanbeter suchen Hilfe bei den Götzen, die aber keine Hilfe leisten können 74 f. Die Ungläubigen behaupten, dass niemand die morschen Knochen eines Toten wieder auferwecken kann. Doch Allah, der den Menschen [bei seiner Zeugung] das erste Mal erschuf, kann ihn auch ein zweites Mal [am Tag der Auferstehung] lebendig machen 78 f. Wenn Allah spricht „Es sei!", dann ist es 82.

[456] Um Verdächtigungen, er sei der eigentliche Autor des Korans, zu entkräften, wird Mohammed in diesem Vers der dichterische Genius abgesprochen.

Der Prophet Elias,
Miniatur im Moghul-Stil, 16. Jahrhundert

37. Sure   „Jene, die sich einreihen"[457]   *Mekka*

Für die Gläubigen ist Allah der einzige Gott 1 ff. Der unterste Himmel [der für die Menschen sichtbar ist] wurde von Allah mit der Pracht der Sterne ausgeschmückt. Die Sterne schützen die Gläubigen vor dem Teufel 6 f. Die Teufel, die die Geheimnisse des Himmels ergründen wollen, werden von allen Seiten [mit Sternschnuppen und Kometen] beschossen[458] [und dadurch vertrieben]. Die Teufel wurden [aus dem Himmel] ausgestoßen und werden im ewigen Höllenfeuer enden 8 f. Die Ungläubigen [in Mekka] verspotten den Propheten, den sie für einen Scharlatan und für den eigentlichen Textdichter des Korans halten. Auch glauben sie nicht an die Auferstehung und verhalten sich hochmütig, wenn ihnen gesagt wird, dass es keinen Gott außer Allah gebe. Am Tag des Jüngsten Gerichts wird man sie versammeln und mit einer peinvollen Strafe belegen. Wenn man sie dann in die Hölle abführt, wird man ihre Schreie hören 12 ff. Die auserwählten Diener Allahs [die Gläubigen] wird man in den Gärten der Wonne [im Paradies] mit allem versorgen. Sie lagern dort auf Ruhebetten und man wird ihnen Trinkbecher reichen, die stets gefüllt sind und deren Inhalt keinen Rausch verursacht. Den Ruhenden werden züchtige Jungfrauen mit großen Augen, die wie Perlen leuchten, Gesellschaft leisten 40 ff. Einige der Gläubigen werden sich im Paradies an jene Gefährten [aus dem Diesseits] erinnern, die nicht an die Auferstehung glauben wollten. Sie werden die anderen Gläubigen dazu einladen, mit an den Rand des Paradieses zu kommen, um in der Hölle nach ihren ehemaligen Gefährten Ausschau zu halten. Dort werden sie ihre ehemaligen Gefährten inmitten des ewigen Feuers erblicken. Die Gläubigen am Rande des Paradieses werden denen in der Hölle zurufen: „Bei Allah, beinahe hättet ihr uns [mit eurem Unglauben verführt und] ins Verderben gestürzt. Wäre nicht die Gnade Allahs gewesen, würden wir jetzt bei euch im Feuer ausharren müs-

---

[457] Gemeint sind hier Engel im Himmel, die sich in Reihen aufstellen, um Allah zu preisen (siehe Vers 164 ff. dieser Sure).

[458] Siehe auch Sure 15,17

sen. Nun wird euch einleuchten, dass Allah die Menschen nach ihrem Tod auferweckt, um sie für begangene Missetaten zu bestrafen" 51 ff. Im tiefsten Grund der Hölle wächst der Baum Sakkum. Seine Früchte gleichen dem Kopf des Satans. Die Verdammten müssen sich mit seinen Früchten die Bäuche füllen und danach siedendes Wasser trinken. Das ist ihre Strafe dafür, dass sie in die Fußstapfen ihrer ungläubigen Väter getreten sind, obwohl Allah ihnen Propheten zur Warnung geschickt hatte 62 ff. Allah rettete Noah vor der Flut und verlieh ihm seinen Segen. Er und die Seinen waren die einzigen überlebenden Menschen; alle anderen ließ Allah ertrinken. So wie den Noah belohnt Allah jene Gläubigen, die gute Werke tun 75 ff. Abraham war [wie Noah] ein Gläubiger [Muslim] 83. Abraham beschwor seinen Vater und das Volk, von ihren Götzen abzulassen und nur noch Allah zu verehren. Indem er bei sich ein Unwohlsein vortäuschte, veranlasste er die anwesenden Ungläubigen, sich zu zerstreuen. Nachdem sie ihm den Rücken zugekehrt hatten und er unbeachtet blieb, zerschlug Abraham ihre Götzenstandbilder. Als das Volk daraufhin wieder herbeieilte, rief ihnen Abraham zu, sie sollten nicht die von Allah erschaffenen Steine anbeten. Da beschloss das Volk, Abraham in eine Flammengrube zu werfen. Allah jedoch rettete Abraham, der daraufhin den Entschluss fasste, sein Volk zu verlassen, um [ungehindert] allein Allah zu dienen 85 ff. Abraham bat Allah, ihm einen Sohn zu schenken, und Allah erfüllte ihm diesen Wunsch. Als der Sohn[459] herangewachsen war, berichtete Abraham ihm von einem Traum, in dem Allah ihm befohlen hatte, er solle seinen Sohn opfern. Der Sohn antwortete seinem Vater ergeben, er sei dazu bereit. Als Abraham schon die Stirn des Jungen auf den Boden drückte [um ihn zu töten], rief Allah ihm zu, er habe mit seiner festen Tötungsabsicht bereits die göttliche Prüfung bestanden und übergab ihm als Ersatz ein Tier, damit er es an seines Sohnes statt schlachten möge. Zur Belohnung für seinen unerschütterlichen Glauben

---

[459] Der Koran erwähnt an dieser Stelle in Bezug auf den Sohn Abrahams keinen Namen. Während die Bibel aussagt, es sei Isaak gewesen, der von Abraham geopfert werden sollte, berichtet die islamische Tradition davon, dass es Ismail, der Stammvater der Araber, war.

schenkte Allah Abraham einen [zweiten] Sohn, Isaak, der später ein Prophet werden sollte, und segnete Abraham und Isaak. Unter den Nachkommen Abrahams gibt es jene [Gläubigen], die Gutes tun, und jene [Ungläubigen], die zum eigenen Schaden Frevelhaftes begehen 100 ff. Moses, Aaron und das jüdische Volk wurden von Allah [in Ägypten] aus harter Bedrängnis errettet. Allah übergab ihnen die eindeutige Schrift [die Tora und die Psalmen] und segnete sie und ihre Nachkommen 114 ff. Auch Elias[460] war ein Prophet Allahs, der den Glauben des [jüdischen] Volkes an den Götzen Baal bekämpfte.[461] Das [jüdische] Volk nannte ihn jedoch einen Lügner, weshalb es [am Jüngsten Tag], mit Ausnahme der Gläubigen unter ihnen, abgeurteilt wird. Elias jedoch wurde von Allah gesegnet 123 ff. Lot war ein Prophet Allahs, der zusammen mit den Seinen, mit Ausnahme einer alten Frau [der Frau des Lot], von Allah gerettet wurde. Das übrige Volk fiel der Vernichtung durch Allah anheim. Die Gläubigen sollen sich des schlimmen Schicksals der Ungläubigen erinnern, wenn sie an den Stätten der Vernichtung vorüberziehen 133 ff. Auch Jona war ein Prophet Allahs. Er floh [vor Allah] auf einem schwer beladenen Handelsschiff. Das Los fiel [bei einem Sturm] auf ihn und er musste über Bord ins Meer springen, wo er von einem großen Fisch verschlungen wurde.[462] Im Bauch des Fisches pries Jona Allah, auf dessen Geheiß der Fisch Jona wieder ausspuckte. An Land sandte Allah Jona als Prophet zu einem Volk,[463] das Jona zum wahren Glauben bekehrte 139 ff. Es ist eine üble Lüge, von Allah zu behaupten, dass er Töchter habe, wo er

[460] Der jüdische Prophet Elias wird in der Bibel in 1. Könige 17 ff. und in 2. Könige 2 erwähnt.

[461] Im Alten Testament bekämpft der Prophet Elias ebenfalls den Baal-Kult des jüdischen Volkes (siehe 1. Könige 18,21 ff.). Baal war ein kanaanitischer Berg-, Wetter- und Fruchtbarkeitsgott, zu dem insbesondere auf Berggipfeln gebetet wurde.

[462] Was an Bord des Schiffes geschah, wird im Alten Testamen (Jona 1,7) etwas detaillierter beschrieben. Dort wirft man das Los, um herauszufinden, wer von der Schiffsbesatzung Gott derart erzürnt hat, dass dieser sich veranlasst sah, das Schiff durch einen Sturm zu versenken.

[463] Im Alten Testament sind es die Bewohner der Stadt Ninive, zu denen Gott Jona sandte, um dort zu predigen (siehe das Buch Jona 3,2).

doch, wenn ihm der Sinn nach Kindern wäre, Söhne bevorzugen würde, oder zu behaupten, er habe Engel weiblichen Geschlechts erschaffen. Für diese Behauptungen gibt es keinerlei Beweise. Außerdem wird behauptet, die [von Allah erschaffenen] Geister seien blutsverwandt mit Allah, obwohl doch auch sie am Jüngsten Tag von Allah gerichtet werden 149 f. Die Engel stehen [im Himmel] in geordneten Reihen und preisen Allah 164 ff. Mohammed soll sich von jenen Ungläubigen [Mekkanern], über die eines Morgens die Bestrafung Allahs hereinbrechen wird, abwenden 174.

Sultan Selim III. empfängt seinen Hofstaat vor dem Topkapı-Palast, Istanbul, 18. Jahrhundert[464]

[464] 1517 nahmen die Osmanen den mamelukischen Kalifen in Kairo gefangen und übertrugen den Kalifentitel auf Sultan Selim I. (1512–1520), was in der islamischen Welt allgemein anerkannt wurde. Damit hatten die Türken die Araber als das privilegierte islamische Staatsvolk abgelöst. Die Araber sollten bis ins 20. Jahrhundert hinein keinerlei selbstständige politische Rolle mehr spielen. 1924 wurde das Kalifat auf Betreiben Atatürks von der türkischen Nationalversammlung endgültig abgeschafft. Bald wurden in der Türkei auch die für das Erbrecht zuständigen Scharia-Gerichte und die Koranschulen *(Madrassen)* geschlossen und die Sufi-Orden aufgelöst. Herzstück der von Atatürk ausgehenden türkischen Reformen war die Einführung des Schweizerischen Zivilgesetzbuches, die Abschaffung der arabischen Schrift und die Einführung des lateinischen Alphabets und vor allem die Abkehr vom Islam als Staatsreligion.

Islamisches Staatsverständnis

Nach traditioneller islamischer Auffassung ist das Gemeinwesen der Muslime eine religiöse und politische Gemeinschaft zugleich und somit ein „Gottesstaat", in dem eine Trennung von Staat und Religion nicht angestrebt wird. Das traditionelle islamische Staatsverständnis, nach dem letztendlich Allah der alleinige Gesetzgeber ist, wurde im 19. und 20. Jahrhundert in vielen islamischen Staaten von dem europäischen Konzept eines Gesetze beschließenden Parlaments überlagert. Die Anwendung des islamischen Rechts beschränkte sich in Ländern, wo die politischen Eliten sich an westlichen Staatsmodellen orientierten, meist nur noch auf das Familien- und Erbrecht. Auf diese Weise entstand seit Ende des 19. Jahrhunderts in der islamischen Welt ein reformorientierter Modernismus, der davon ausging, dass ein richtig verstandener Islam die Teilhabe an den Errungenschaften der modernen europäischen Zivilisation erlaube. Der bedeutendste Protagonist dieser Strömung war der ägyptische Gelehrte Mohammed Abduh (1849–1905), der nach sechs Jahren Exil in Paris im Jahr 1899 zum Obermufti von Ägypten ernannt wurde und der, unter Rückgriff auf das Gedankengut der Mu'taziliten (siehe auch „Die Theologenschule der Mu'tazila" auf Seite 98) den Versuch machte, den Islam als Religion der Vernunft und des Fortschritts darzustellen. Seine Reformtheologie ermöglichte eine grundsätzlich positive Einstellung zu dem durch europäische Einflüsse ausgelösten politischen, sozialen und kulturellen Wandel in der islamischen Welt, auch wenn dabei in Bezug auf den Umgang mit dem Koran die im Abendland entwickelte historisch-kritische Methode nicht übernommen wurde und die bis heute von der Mehrheit der Religionsgelehrten vertretene mittelalterliche Koraninterpretation erhalten blieb. Als Reaktion auf das Eindringen westlicher staatsrechtlicher Einflüsse in die islamischen Welt verbreitete sich ab dem späten 19. Jahrhundert durch das Wirken des iranischen Reformators Al-Afghani (1838–1897) die Ideologie des Panislamismus, die danach strebte, eine Überfremdung der islamischen Kultur durch die politische Vereinigung aller Muslime und durch eine Rückbesinnung auf die Organisation der muslimischen Urgemeinde abzuschütteln. Das programmatische Ziel der heute in vielen islamischen Staaten agierenden „Muslimbrüder", die sich 1928 in der ägyptischen Stadt Isma'iliya als eine panislamische Bewegung formiert hatten, ist die Wiedervereinigung aller muslimischen Völker unter der Führung eines Kalifen. Seit den 1960er-Jahren geriet die gesamte muslimische Welt im zunehmenden Maß unter den Einfluss des islamischen Fundamentalismus, einer Bewegung, die auch als „Islamismus" bezeichnet wird. Beispiele aus den 1970er- und 1980er-Jahren für die politische Umsetzung dieser neo-fundamentalistischen Ideologie sind folgende Schritte der Rückbesinnung auf das Althergebrachte in der islamischen Welt: Libyen führte 1972 unter Gaddhafi per Gesetz die *hadd*-Strafen (z.B. Handabhacken für Diebstahl, Steinigung von Ehebrechern) wieder ein. In der Türkei erlangte seit 1973 die fundamentalistische „Nationale Heilspartei" eine erst mit dem Militärputsch von 1980 beendete Schlüsselrolle. Seither schloss die türkische Staatsführung weitreichende Kompromisse mit den religiös restaurativen Kräften im Lande. In Pakistan leitete Zia ul-Haq nach dem Militärputsch von 1977 eine Politik der „Islamisierung" ein. Im Iran entstand unter Führung von Ayatollah Khomeini nach dem Sturz des Schah-Regimes im Jahr 1979 eine islamische Republik totalitären Charakters. In Ägypten fiel 1981 Präsident Sadat einem Attentat durch Islamisten zum Opfer. Im Sudan führte Präsident Numayri 1983 die Scharia wieder ein.

Die islamischen Fundamentalisten insistieren auf einem wörtlichen Verständnis von Koran und Hadithen und auf der Anwendung der Scharia. Sie vertreten den Grundsatz, dass der Islam Religion und Staatstheorie zugleich sei, und bezeichnen häufig den Koran als Verfassung des von ihnen angestrebten Gemeinwesens, obgleich dieser keine einzige Verfassungsnorm im modernen Sinn enthält. Ihre Vision von einer zukünftigen Gesellschaft ist von einer „rückwärtsgewandten Utopie" gekennzeichnet, das heißt, sie streben die Wiederherstellung des von ihnen verklärten Ur-Islam zur Zeit des Propheten im 7. Jahrhundert an. Die Ursachen für das Aufflammen des islamischen Fundamentalismus sind komplex. Zum einen sind viele Muslime durch den von der kolonialen Expansion Europas aufgezwungenen raschen Kulturwandel in eine Identitätskrise geraten, aus der sie sich durch verstärkte Rückbesinnung auf die tragenden Werte der eigenen Tradition zu befreien versuchen. Zum anderen war die Masse der ländlichen Bevölkerung islamischer Länder (wie insbesondere im Iran unter dem letzten Schah) offenkundig viel weniger vom Verwestlichungsprozess erfasst, als von ihren reformorientierten Regierungen angenommen wurde und daher für ein modernistisches Islamkonzept nicht empfänglich. Hinzu kommt heute der ungelöste Nahostkonflikt zwischen den jüdischen Israelis und den Palästinensern, bei dem der Westen in den Augen der Muslime die israelische Verhinderungspolitik eines palästinensischen Staates einseitig und unkritisch unterstützt, und die von der Mehrheit der Muslime zunehmend abgelehnte Präsenz nichtmuslimischer Soldaten im Irak und in Afghanistan.

Gegen das sich selbst bestimmende Individuum im aufgeklärten Westen setzt der fundamentalistisch verstandene Islam die Geborgenheit und Bestätigung des Einzelnen in der durch Allahs Gebote geordneten muslimischen Gemeinschaft. Grundlage für die fundamentalistische islamische Staatstheorie ist die Einheit von Religion und Staat, wie sie unter Mohammed und den Kalifen bestanden hat. Alle Bereiche des politischen und gesellschaftlichen Lebens (Verwaltung, Rechtsprechung, Sozialwesen, Erziehung, und Wirtschaft) müssen sich nach fundamentalistisch-islamischer Auffassung am Geist des Islam ausrichten; muslimische Mandatsträger müssen sich neben ihrer Sachkunde auch durch ihre Frömmigkeit auszeichnen. Entscheidend für die von den muslimischen Fundamentalisten angestrebte Konformität eines Staates mit dem Islam ist die Wiedereinführung der Scharia. Das Konzept der vermeintlich auf „Gott als Gesetzgeber" basierenden Scharia ist mit den westlichen Prinzipien der Volkssouveränität und der aus ihr abgeleiteten Gesetzgebungsgewalt des Parlaments prinzipiell unvereinbar. Islamische Fundamentalisten lehnen auch das im Westen gültige Mehrparteiensystem als überflüssig ab. Aus ihrer Sicht gestaltet der im Koran vorgegebene Gotteswille auch den politischen Bereich. Da prinzipiell nicht ausgeschlossen werden kann, dass eine politische Mehrheitsentscheidung im Widerspruch zu einem Gebot des Korans steht, wird diese von fundamentalistischen Muslimen grundsätzlich abgelehnt. Nach ihrer Auffassung können politische Entscheidungen nur auf der Basis des Korans und der Sunna gefällt werden.

Eine nach ähnlichen Prinzipien errichtete „Herrschaft Gottes" gab es auch in christlichen Gemeinschaften, wie etwa unter dem Reformator Calvin in Genf oder im „Täuferreich von Münster". Bis heute gilt die „Herrschaft Gottes" im Kirchenstaat des Vatikans. Deutschland ist erst seit 1919 laut Verfassung kein christlicher Staat mehr.

38. Sure   „Sad"[465]   *Mekka*

Der Koran ist eine Ermahnung an die Gläubigen 1. Die Ungläubigen [in Mekka] wandten sich vom Propheten ab und hielten am Glauben an ihre alten Götter fest. Sie wunderten sich darüber, dass der Prophet aus ihrer Mitte stammte und fragten, ob er ihre Götter zu einen einzigen Gott machen wolle. Die vom Propheten verkündete Religion verunglimpften sie als Dichtung 4 ff. Das Volk des Noah, der Volksstamm der 'Ad, der Pharao und sein Volk, die Thamudäer, das Volk Lots und die Waldbewohner bezichtigten die von Allah gesandten Propheten der Lüge. Diese Völker wurden alle von Allah bestraft 12 ff. [Der jüdische König] David war ein gehorsamer Diener Allahs. Die Berge und die Vögel wurden ihm von Allah dienstbar gemacht und Allah festigte sein Reich und gab ihm Weisheit und ein sicheres Urteilsvermögen 17 ff. Zwei Brüder drangen in die Gemächer von David ein und baten ihn, einen Streit zwischen ihnen zu schlichten. Der eine Bruder war reich und besaß viele Schafe, während der andere Bruder nur ein einziges Schaf sein Eigen nennen konnte; trotzdem hatte der reiche Bruder den armen überredet, ihm das eine Schaf zu schenken. David verurteilte den reichen Bruder und erkannte, dass Allah ihn mit diesem Vorfall nur auf seine eigene Sünde aufmerksam machen wollte. Er fiel nieder und bat Allah um Vergebung, die Allah ihm [David] auch gewährte 21 ff.[466] [König] David wurde von Allah zu seinem Stellvertreter[467] auf Erden bestellt und erhielt den Auftrag, gerecht zu

---

[465] *Sad* ist die Bezeichnung eines arabischen Buchstabens. Es ist nicht geklärt, was er als Surentitel bedeuten soll.

[466] Dies ist die abgewandelte biblische Geschichte von Nathans Bußpredigt bei König David (siehe 2. Samuel 12,1–15). In der Bibel ist diese Geschichte von den zwei Männern lediglich ein von dem Propheten Nathan vorgetragenes Gleichnis für ein von König David begangenes Verbrechen. Dieser hatte den Hethiter Uria auf niederträchtige Weise beseitigen lassen, damit dessen Frau Bathseba für ihn frei werde.

[467] Das arabische Wort für „Stellvertreter" bzw. „Nachfolger" ist *khalifa*. Dass die Institution eines Kalifats dem Willen Allahs entspricht, wurde insbesondere aus diesem Koranvers abgeleitet. Seit Kalif Othman (574–656) bezeichneten sich die Kalifen, ähnlich wie der Papst, als „Stellvertreter Gottes" auf Erden.

richten, ohne dabei seinen persönlichen Vorteil zu suchen 26. Die Welt wurde von Allah nicht ohne Sinn erschaffen 27. Salomon, der Sohn Davids, gestand sich ein, dass er sich durch seine geliebten Rennpferde vom Gedenken an Allah hatte ablenken lassen. Er ließ sich die Pferde bringen, um ihnen Beine und Hälse durchzuschneiden 30 ff. Salomon war, bevor er sich zum rechten Glauben bekehrte, ein [geistloser] Körper auf dem Thron 34. Allah machte Salomon den Wind dienstbar, indem er ihm die Gabe schenkte, den Wind dorthin wehen zu lassen, wohin er wollte, und er sandte ihm Geister und Gefesselte [Gefangene] für den Bau [seiner Paläste] und zum Tauchen [nach Perlen] 36 f. Auf Wunsch des Satans erlitt Hiob Mühsal und Pein [und verlor all seine Kinder]. Hiob rief zu Allah und Allah schenkte ihm doppelt so viele Kinder, wie er zuvor hatte. Allah forderte ihn auf, [sein gotteslästerliches Weib] mit einem Rutenbündel zu schlagen 41 ff.[468] Auch Abraham, Isaak und Jakob waren von Allah Auserwählte. Sie wurden von Allah erwählt, damit sie die Menschen an das Jenseits erinnern 45 ff. Ismail, Elisa und Dhu l-kifl[469] zählte Allah zu den besten Menschen 48. In den Gärten von Eden erhalten die Rechtschaffenen Früchte und Getränke in reichlichen Mengen. Dort warten auf sie Gefährtinnen mit keuschen Blicken, die gut zu ihnen passen 50 ff. Die Hölle ist eine schlimme Stätte; die Ungläubigen müssen dort siedendes Wasser und ein Gebräu aus Blut und Eiter trinken 57 f. Im Höllenfeuer streiten sich die Ungläubigen darüber, wer von ihnen an ihrem Schicksal Schuld habe. Sie treffen in der Hölle nicht auf jene [Gläubigen], die sie einst auf Erden verspottet haben 59 ff. Dem Propheten Mohammed wurde [in Mekka] offenbart, dass er von Allah nur zu einem Warner [vor dem Jüngsten Gericht] bestimmt worden sei 70.[470] Allah hat den Menschen aus Lehm geschaffen

[468] Das hier Berichtete ist nicht deckungsgleich mit der entsprechenden Textstelle im Alten Testament (Hiob 2,9 f.), in dem berichtet wird, dass Hiob sein Weib keineswegs schlägt, sondern lediglich mit den „närrischen Weibern" vergleicht.

[469] Die Koranausleger sind sich nicht einig, welche Person sich hinter dem Namen „Dhu l-kifl" verbirgt. Einige vermuten, es könnte der jüdische Prophet Elias gemeint sein (siehe auch Sure 21,85 f.).

[470] Während Mohammed in seiner mekkanischen Phase von der Öffentlichkeit

und ihm seinen Geist eingehaucht. Danach forderte er die Engel auf, sich vor dem Menschen niederzuwerfen. Alle Engel folgten dieser Aufforderung, bis auf Iblis [der Teufel], der hochmütig und ungläubig war. Als Allah ihn zur Rede stellte, entgegnete Iblis, er selbst habe einen höheren Wert als der Mensch, weil er aus Feuer und nicht aus [minderwertigem] Lehm erschaffen worden sei. Da verfluchte Allah ihn bis zum Tag des Jüngsten Gerichts und jagte ihn fort. Bevor er ging, bat Iblis darum, Allah möge ihm gestatten, auf Erden die Menschen, mit Ausnahme der Gläubigen, zu verführen. Allah gewährte ihm diese Bitte und sprach, er wolle die Hölle mit jenen füllen, die sich vom Teufel verführen ließen 71 ff. Allah forderte Mohammed auf, für seine Predigten keinen Lohn zu verlangen 86. Der Koran ist eine Ermahnung für die gesamte Menschheit 87.

in erster Linie als ein Warner vor dem Unglauben wahrgenommen wurde, trat er in seiner späteren Phase in Medina sehr viel mehr als ein von Allah gesandter Gesetzgeber und politischer Führer auf.

Sokrates diskutiert mit seinen Schülern; islamische Darstellung aus dem 13. Jahrhundert

Islamische Philosophie

Es ist ein unschätzbares Verdienst des Islam, dass viele philosophische Werke der Antike ins Arabische übersetzt wurden, wodurch die Inhalte der antiken Texte im Mittelalter erhalten geblieben sind. (Siehe auch „Islamische Wissenschaften" auf Seite 196.) Insbesondere auf der Iberischen Halbinsel, an der Nahtstelle zwischen islamischem und christlichem Kulturkreis, sind ab dem 12. Jahrhundert viele arabische Schriften, die antike Texte zum Inhalt hatten, ins Hebräische und ins Lateinische übersetzt worden, wodurch sie ins Abendland zurückgelangten. (Siehe auch „Die Übersetzerschule von Toledo" auf Seite 245.)

Ursprüngliche Zentren der griechischen Philosophie, die die spätere islamische Philosophie weitestgehend inspirierten, waren im Byzantinischen Reich die Akademien von Athen und Alexandrien. Wegen des zunehmenden „inquisitorischen" Drucks durch die (orthodoxe) byzantinische Reichskirche mussten sie jedoch ihre Bildungseinrichtungen in nicht von der Reichskirche dominierte Gebiete des Nahen Ostens verlegen. Die Schule von Athen verlagerte ihr Zentrum zu den Nestorianern in Edessa (der heutigen Stadt Urfa im Südosten der Türkei) und Nasibin (ein antiker Ort in der Nähe der Gebirgslandschaft Tur-Abdin im Südosten der Türkei), die Schule von Alexandrien ließ sich in Antiochia (dem heutigen Antakya an der Mittelmeerküste im Süden der Türkei), später auch in Harran (dem heutigen Harran in der Südtürkei) und in Merw (im heutigen Turkmenistan) nieder. Viele dieser Zentren der griechischen Philosophie wurden im 7. Jahrhundert dem schnell expandierenden islamischen Reich einverleibt und übten anfangs erheblichen Einfluss auf die Entstehung einer islamischen Philosophie aus.

Der eigentliche Startschuss für den Beginn einer islamischen Philosophie war die Übersetzung der Werke griechischer Philosophen in Bagdad unter jenen Kalifen, die ab dem 9. Jahrhundert der rational argumentierenden Theologenschule der Mu'tazila nahestanden. Es waren dort vor allem syrische Gelehrte, also Christen und Juden, die im Auftrag der Muslime Übersetzungen aus dem Griechischen ins Arabische erstellten. Die griechische Philosophie konnte sich in der frühen muslimischen Geisteswelt insbesondere deshalb etablieren, weil sie in ihrer spätantiken Phase, die vor allem unter dem Einfluss des Neuplatonismus stand, stark religiöse Züge hatte und sich so mit dem streng monotheistischen Weltbild des Islam vereinbaren ließ. Die Mu'taziliten, die eine rationale islamische Theologie vertraten und an das Prinzip der menschlichen Willensfreiheit glaubten, weil sie die islamisch-orthodoxe Vorstellung einer vollständigen Prädestination des Menschen ablehnten, waren bereit, die islamischen Glaubenswahrheiten einer kritischen Prüfung durch die Vernunft zu unterwerfen. Der aus Kufa (einer Stadt im heutigen Irak) stammende Gelehrte al-Kindi (um 800–870) vertraute allein auf die Vernunft und lehnte im Bereich wissenschaftlicher Erkenntnisse kategorisch alles ab, was aus göttlichen Offenbarungstexten abgeleitet wurde. Er glaubte an den Fortschritt der Wissenschaften, der seiner Auffassung nach auch ohne Rückgriff auf den Koran vorangetrieben werden konnte. Auch der muslimische Gelehrte al-Farabi (870–950) suchte nach einer Synthese von Islam und griechischer Philosophie. Für ihn gab es in den Disziplinen Theologie und Philosophie voneinander unabhängige Wege zur Wahrheit. Al-Farabi entwickelte einen islamischen Spiritualismus, der stark von der neuplatonischen Emanationslehre gefärbt war. Er glaubte, den Widerspruch zwischen Aristoteles' Behauptung, dass die Welt ewig sei, und der islamischen Auffassung von der Schöpfung aus dem Nichts aufheben zu können. Eine seiner wesentlichen Thesen war die Behauptung, dass Allah selbst eine Verkörperung der Vernunft sei und deshalb die von ihm geschaffenen Menschen, die ebenfalls Emanationen (Ausströmendes) aus dem Göttlichen seien, vernunftbegabt sein müssten. Inspiriert von Platons Traktat über den Musterstaat sollte auch nach al-Farabis Überzeugung dem islamischen Staat ein vernunftgeleiteter Philosoph vorstehen. Für seine Zeitgenossen galt al-Farabi bald als die größte philosophische Autorität seit Aristoteles. Al-Farabis persischer Schüler Avicenna (sein arabischer Name war Ibn Sina, 980–1037) behandelte in seinem Hauptwerk „Die Heilung" (des Menschen vom Irrtum) die Disziplinen Logik, Physik, Mathematik und Metaphysik und schuf eine Synthese aus der aristotelischen und der neuplatonischen Metaphysik. Es waren insbesondere seine neuplatonischen Ideen von einer Emanation der Welt aus Allah und seine materialistische Idee von einer außergöttlichen, ewigen Materie, die in Widerspruch zum Koran zu stehen schienen und die ihm die Kritik der muslimischen Orthodoxie (insbesondere der des Gelehrten al-Ghazali) einbrachte.

Die islamische Philosophie musste sich von Anfang an gegen die Anfeindungen orthodoxer Denker behaupten, die sich vehement gegen den kulturellen Einfluss der als gottlos empfundenen „griechischen Weisheit" wandten. Traditionalistische muslimische Theologen hielten es nicht für legitim, dass neben der

islamischen Theologie *(ilm al-kalam)* das Eigenleben einer rationalen Philosophie akzeptiert wurde. Durch den erfolgreichen Widerstand der Traditionalisten
degenerierte die islamische Philosophie im sunnitischen Machtbereich zu einem gesellschaftlichen Randphänomen und nur im schiitischen Iran des 17.
Jahrhunderts kam es vorübergehend zu einer Renaissance der islamischen Philosophie der Anfangszeit. Die sunnitische Reaktion sammelte sich zuerst um
den Theologen al-Asch'ari (873–935), einen einstigen Anhänger der Mu'tazila-
Schule, von der er sich jedoch später distanzierte. Sein Glaube an das Prinzip
der absoluten Allmacht Gottes implizierte die Negation jener menschlichen Willensfreiheit, die von den Mu'taziliten propagiert worden war. Der langfristig wohl
einflussreichste Theologe im Islam, al-Ghazali (1058–1111), lehnte das spe-
kulativ-philosophische Denken nach Art der antiken Griechen strikt ab und vertrat die Auffassung, dass der menschliche Verstand, auf sich allein gestellt,
nicht in der Lage sei, die Welt zu erkennen und deshalb als notwendige Voraussetzung für menschliche Erkenntnisse der göttlichen Offenbarung bedürfe.
Al-Ghazali verneinte auch das Kausalitätsprinzip in der Schöpfung, weil es seiner Meinung nach zu sehr in Widerspruch zur Allmacht Allahs stand.

Nach dem Tod al-Ghazalis hat der islamische Osten keine großen philosophi-
schen Denker mehr hervorgebracht. Etwas anders verlief die Entwicklung im
westlichen Teil der islamischen Welt, in al-Andalus auf der Iberischen Halbinsel.
Der Jurist und Richter Averroës (sein arabischer Name war Ibn Ruschd, 1126–
1198) wurde in Córdoba zum führenden Aristoteles-Kommentator, der Aristoteles nicht wie seine Vorgänger neuplatonisch, sondern möglichst authentisch
zu interpretieren versuchte. Mit seinen 38 Aristoteles-Kommentaren verhalf er
einem weitestgehend authentischen Aristoteles zuerst im islamischen Westen und später im gesamten Abendland zum Durchbruch. Seine Streitschrift
„Widerlegung der Widerlegung", die eine Antwort auf al-Ghazalis Streitschrift
„Widerlegung der Philosophen" war, brachte ihm die erbitterte Feindschaft der
orthodoxen Rechtsgelehrten ein, die ihm vorwarfen, er würde die absolute Autorität der göttlichen Offenbarung untergraben. In seinem Werk hatte er in Ab-
weichung von der vorherrschenden muslimisch-orthodoxen Lehre behauptet,
dass sich die (von den Griechen postulierte) Ewigkeit der Welt und ihre Erschaffenheit durch Allah nicht gegenseitig ausschlössen. Im Jahr 1195 wurde
er auf Drängen der muslimischen Orthodoxie vom Kalifen aus Córdoba verbannt. Averroës zog sich ins nordafrikanische Exil zurück, wo er im Jahr 1198
in Marrakesch, einer Nebenresidenz des Kalifen, starb. Während seine auf Aristoteles beruhende Philosophie im Abendland bis heute nachwirkt, konnte sie

in der islamischen Welt kaum Spuren hinterlassen. Letztlich hat die muslimische Orthodoxie, angeführt von al-Ghazali, den Sieg davongetragen.

Wenige Jahre nach der Verbannung des Averroës aus Spanien machten christliche Gelehrte (u. a. der schottische Geistliche Michael Scotus) in der einst von
den Muslimen gegründeten Übersetzerschule von Toledo (1085 von den Christen zurückerobert) der europäischen Christenheit die Aristoteles-Kommentare
des Averroës durch Übersetzungen zugänglich und läuteten dadurch die abendländische Epoche der Scholastik ein. Ab Mitte des 13. Jahrhunderts lagen der
Pariser Universität, dem damals bedeutendsten Gelehrtenzentrum der Christenheit, Averroës-Übersetzungen vor und sie wurden zur Pflichtlektüre aller
dort immatrikulierten Studenten. Kein arabischer Philosoph hat die scholas-
tische Diskussion im Abendland, bei der es um die Frage der Ewigkeit der Welt
und um das Verhältnis von Vernunft und Glaube ging, so sehr angeregt wie der
muslimische Gelehrte Averroës. An der Universität von Padua, in der seine
Werke auf dem Lehrplan standen, wurde im 13. und im 14. Jahrhundert eine
rationalistische Philosophie entwickelt, die wesentlich zum Entstehen der
abendländischen Epoche der Renaissance beigetragen hat. Auch die im Jahr
1459 gegründete Platonische Akademie von Florenz wäre wohl nie zustande
gekommen, hätte die griechische Philosophie nicht durch die übersetzten
Werke des Averroës ihren Weg nach Europa zurückgefunden.

**Dichter im Garten, Moghul-Stil,
17. Jahrhundert**

39. Sure   „Die Gruppen"[471]   *Mekka*

Die Offenbarung in diesem Koran stammt von Allah. Der Koran ist die von Allah herabgesandte Wahrheit 1 f. Gehorsam gegenüber Allah ist die Pflicht des Gläubigen. Diejenigen, die neben Allah andere Götter setzen, behaupten, dass sie es nur deshalb tun, damit die anderen Götter ihnen helfen, Allah näherzukommen. Allah wird diese Lügner [am Jüngsten Tag] richten 3. Allah, der einzige Gott, hat sich, obwohl es für ihn ein Leichtes gewesen wäre, aus den von ihm geschaffenen Geschöpfen keinen Sohn erwählt 4. Die Menschen sind aus einem einzigen Wesen [Adam] erschaffen worden und die Frau aus dem Manne.[472] Vier Tierpaare[473] gab Allah den Menschen als Haustiere. Der Mensch entsteht im Mutterleib in drei Finsternissen 6.[474] Ein dankbarer Mensch findet das Wohlgefallen Allahs. Kein Auferstandener kann die Last [Strafe] eines anderen Sünders auf sich laden.[475] Alle Auferstandenen kommen vor das göttliche Gericht, wo Allah ihnen die im Diesseits begangenen Taten vorhalten wird 7. Das [irdische] Vergnügen der Ungläubigen, die Allah andere Götter als Partner zur Seite stellen,

[471] Der Titel bezieht sich auf die auferstandenen Seelen, die nach ihrer Verurteilung durch das Jüngste Gericht gruppenweise in die Hölle oder ins Paradies abgeführt werden (siehe Vers 68 ff. dieser Sure).

[472] Dieser Koranvers stimmt weitgehend mit der Aussage der Bibel überein, dass die Menschheit von Adam abstamme und dass Eva aus einer Rippe Adams entstanden sei (siehe 1. Mose 1,26 ff.; 2,7 ff. und 21 ff.). Somit ist der Koran, ähnlich wie die Bibel, gar nicht oder zumindest nur sehr schwer mit der heutigen Evolutionstheorie in Übereinstimmung zu bringen.

[473] Die Zahl Vier bezieht sich wahrscheinlich auf die wichtigsten Nutztiere auf der Arabischen Halbinsel: Pferde, Kamele, Ziegen und Schafe.

[474] Mit den „drei Finsternissen" ist vermutlich gemeint, dass der Fötus erstens unter der mütterlichen Bauchdecke, zweitens in der Gebärmutter und drittens im befruchteten Ei entsteht.

[475] Dieser Vers verneint auch die christliche These, dass Jesus, der aus muslimischer Sicht ein herausragender Prophet, aber nicht Gottes Sohn gewesen ist, mit seinem „Blut als Sühneopfer" die „Erlösung" der sündhaften Menschheit bewerkstelligen konnte (siehe Römer 3,23 ff.).

währt nur kurz; danach empfängt sie das Höllenfeuer 8. Wer in den Nachtstunden zu Allah betet, sich vor dem Jenseits [wegen der dort existierenden Hölle] fürchtet und auf die Barmherzigkeit Allahs hofft [dass er den auferstandenen Sündern vielleicht doch Einlass ins Paradies gewährt], ist ein „Wissender" 9. Mohammed erhielt von Allah den Befehl, er solle ihm als Gottergebener [Muslim] dienen 11 f. Allah weist die Menschen darauf hin, dass in der Hölle mehrere Ebenen von Feuersbrünsten die Ungläubigen erwarten 16. Wer von Allah abgeurteilt wird und im Höllenfeuer brennt, kann von niemandem mehr [außer von Allah] gerettet werden 19. Die Aufnahme ins Paradies, in dem Bäche fließen, ist ein Versprechen Allahs an die Gläubigen und Allah bricht seine Versprechen nicht 20. Der Regen, der Pflanzen mit mannigfachen Farben aus der Erde sprießen lässt, erinnert die Gläubigen an die Auferstehung und an das Jüngste Gericht 21. Der Islam ist das von Allah gespendete Licht 22. Allah hat seine schönste Botschaft [den Koran] zur Erde herabgesandt. Allah leitet recht, wen er will. Wen jedoch Allah zum Irrenden [Ungläubigen] erklärt, der wird [von ihm] keine Rechtleitung erhalten 23. Die Ungläubigen, die seine Gesandten der Lüge bezichtigen, trifft die Strafe Allahs in einem Moment, den sie nicht vorausahnen. Die Strafe wird sie schon auf Erden treffen und noch viel härter anschließend im Jenseits. Wenn ihnen das doch nur bewusst wäre 25 f. Der Koran wurde von Allah in arabischer Sprache herabgesandt 28. Ein Gleichnis für Vielgötterei ist, wenn ein Mann mehreren Herren, die sich untereinander streiten, dient 29. Der größte Sünder ist derjenige, der über Allah Lügen verbreitet, und derjenige, der die Wahrheit aus dem Koran kennt und sie hernach von sich weist 32. Dem Gläubigen werden bei Allah [im Paradies] alle Wünsche erfüllt 34. Die Ungläubigen [Mekkaner] drohen Mohammed mit der Rache ihrer Götter 36. Der Mensch ist frei in seiner Entscheidung [ob er an Allah glaubt oder nicht]. Aber auch Allah entscheidet am Jüngsten Tag nach eigenem Gutdünken und bestraft, wen er will 39 f. Allah hat Mohammed das Buch der Wahrheit zur Weitergabe an die Menschen herabgesandt. Wer sich vom Koran leiten lässt, tut es zu seinem eigenen Besten; wer lieber in die Irre geht, schadet nur sich selbst

41. Allah holt sich die Seelen der [lebenden] Menschen [in der Nacht], während sie schlafen. Den Schlafenden gibt er ihre Seele [vor dem Erwachen] immer wieder zurück. Endgültig holt sich Allah die Menschen [als Auferstandene], nachdem der Tod sie ereilt hat 42. Alle Fürsprache [zugunsten des Menschen] hängt allein von Allah ab 44.[476] Besäßen die Ungläubigen auch alle Schätze dieser Erde, so könnten sie sich am Tag der Auferstehung doch nicht von ihrer Strafe loskaufen 47. Trifft den Menschen ein Unglück, ruft er zu Allah. Hat der Mensch Glück, meint er, es sei seine Eigenleistung. Mit Glück und Unglück prüft Allah die Menschen, aber die meisten erkennen das nicht 49. Alle Sünden können [von Allah] demjenigen vergeben werden, der sich zu Lebzeiten zu Allah bekennt und den Geboten des Korans folgt. Dabei ist stets zu bedenken, dass [der Tod und] die Bestrafung plötzlich und unvorhergesehen über den Sünder hereinbrechen kann 53ff.[477] Die Reue am Tag des Jüngsten Gerichts kommt für den Sünder zu spät 58. Diejenigen, die über Allah Lügen verbreitet haben, werden am Tag der Auferstehung ein [vom Höllenfeuer] geschwärztes Gesicht erhalten 60. Allah verleiht denen Erfolg, die ihn fürchten 61. Wer außer Allah auch Nebengötter anbetet, dessen Lebenswerk geht zugrunde 65. Wenn am Jüngsten Tag zum ersten Mal die Posaune ertönt, werden alle Menschen [auf Erden] tot umfallen. Wenn sie ein zweites Mal ertönt, werden die Toten auferstehen. Der Versammlungsort für die Auferstandenen wird vom Licht Allahs durchdrungen sein. Den Versammelten wird zuerst in Gegenwart der Propheten und anderer Zeugen[478] das Buch mit dem

---

[476] Dieser Vers sagt aus, dass es niemanden (insbesondere keine Geistlichen und keine Heiligen) gibt, der bei Allah für einen Sünder Fürsprache einlegen kann.

[477] Hier wird davor gewarnt, die Entscheidung, gläubig zu werden, auf die lange Bank zu schieben. Da der Tod urplötzlich eintreten kann, sollte man mit seiner Hinwendung zu Allah nicht warten, denn nach dem Tod ist es zu spät, um gläubig zu werden. Wer als „Ungläubiger" stirbt, hat nach muslimischer Auffassung keine Chance mehr, der Hölle zu entkommen.

[478] Diese „Zeugen" im Jenseits, die beim Jüngsten Gericht von den Taten der Menschen Zeugnis ablegen, sind „Gläubige", die im Jenseits einen gehobenen Status ähnlich dem der Propheten innehaben, wie z.B. jene, die als muslimische Märtyrer gestorben sind.

Verzeichnis ihrer Taten vorgelegt und anschließend werden sie abgeurteilt. Jeder Sünder wird exakt nach dem Ausmaß seines [persönlichen] Sündenregisters bestraft.[479] Die Sünder werden nach ihrer Verurteilung in Scharen durch Pforten in die Hölle geführt und müssen dort für ewige Zeiten ausharren. Die Gläubigen werden dagegen in Scharen durch weit geöffnete Pforten in das Paradies schreiten, wo sie ewiglich verweilen dürfen 68 ff. Im Paradies wird der Thron Allahs von Engelscharen umringt, die ihn preisen 75.

Gustave Guillaumet, *Abendgebet in der Sahara*, 1863[480]

[479] Zu diesem Sündenregister zählt nicht die „Erbsünde", die der Islam nicht kennt. Ein Muslim hat vor Allah nur für jene Sünden geradezustehen, die er persönlich begangen hat.

[480] In der muslimischen Welt ruft der Muezzin fünfmal täglich zum gemeinschaftlichen Gebet auf. Der Ruf des sunnitischen Muezzins lautet wie folgt: „Allah ist größer *(allahu akbar)*. Ich bezeuge, dass niemand der Anbetung würdig ist außer Allah. Ich bezeuge, dass Mohammed der Gesandte Allahs ist. Kommt zum Gebet. Kommt zum Heil. Das Gebet ist besser als Schlaf [dieser Satz ist nur im Morgengebet enthalten]. Allah ist größer. Es gibt keinen anderen Gott außer Allah." Der schiitische Muezzin fügt noch Folgendes hinzu: „Ich bezeuge, dass Ali der Statthalter Allahs ist. Kommt zur allerbesten Handlung."

40. Sure   „Der vergibt"[481]   *Mekka*

Das Volk Noahs verleugnete die Zeichen Allahs. Es wollte, wie andere ungläubige Völker, den Propheten Allahs ergreifen [und töten]. All diese Völker wurden [bereits auf Erden] bestraft und kommen [außerdem] ins Höllenfeuer 5. Die Engel, die den Thron Allahs umringen und tragen, erbitten Allahs Vergebung für jene Gläubigen, die ihre Sünden bereuen 7. Allah empfindet den größten Widerwillen gegen jene, die zum Glauben aufgerufen wurden und die doch im Unglauben verharren 10. Am Tag der Auferstehung werden die Ungläubigen ihre Sünden bereuen und [vergeblich] hoffen, dass sie dadurch der Hölle entkommen. Aber sie entgehen ihrer Strafe nicht, denn sie beteten nicht zu Allah als dem einzigen Gott, sondern glaubten neben Allah an eine Vielzahl von anderen Göttern 11.[482] Allah sendet seine Offenbarung nur jenen Menschen, die er selbst ausgesucht hat. Diese Erwählten sollen die Menschheit vor dem Jüngsten Tag warnen 15. Allah richtet gerecht; Götzen dagegen verfügen über keine richterliche Gewalt 20. Moses wurde von Allah mit klarer Machtbefugnis zum Pharao und [seinen Beratern] Haman und Qarun gesandt. Sie bezichtigten Moses der Zauberei und des Betrugs. Der Pharao befahl, Moses und die Söhne der gläubigen Juden zu töten, weil er befürchtete, sie würden die altägyptische Religion verdrängen und Unruhe im Land stiften.[483] Ein Ägypter, der insgeheim an Allah

[481] Der Titel dieser Sure bezieht sich auf Allah, der Sünden vergeben kann (siehe Vers 7. dieser Sure).

[482] Der Koran unterstellt hier den „Ungläubigen" nicht, dass sie es versäumen würden, an Allah zu glauben, er nimmt vielmehr Anstoß daran, dass sie neben Allah auch anderen Göttern dienten. In allen monotheistischen Schriften ist der Kampf gegen die Vielgötterei ein zentrales Thema, das man aus dem damaligen Zeitgeist heraus verstehen muss. Es ist ein gewisses Manko sowohl der Tora als auch der Bibel und des Korans, dass das heute in den Industriestaaten weit verbreitete Phänomen des Atheismus nicht thematisiert wird. Im heutigen Deutschland bekennen sich etwa 12 Prozent der Bevölkerung zum Atheismus und weitere 33 Prozent glauben nicht an einen persönlichen Gott.

[483] Gemäß der Bibel hat der Pharao den Tötungsbefehl bereits zu jener Zeit gegeben, als Moses geboren wurde (siehe 2. Mose 1,15 f.).

glaubte, setzte sich jedoch beim Pharao für Moses ein. Er erinnerte den Pharao an das [tragische] Ende des Volkes von Noah und der Stämme 'Ad und Thamud. Auch erinnerte er an Joseph, der mit deutlichen Beweisen [von Allahs Allwissenheit] nach Ägypten gekommen sei.[484] Weil er Moses für einen Lügner hielt, höhnte der Pharao, [sein Ratgeber] Haman solle ihm einen hohen Turm bauen, damit er den Gott, von dem Moses Zeugnis ablege, auch erblicken könne 23ff. Jener Ägypter, der gläubig war, rief aus: „Oh mein [ägyptisches] Volk, teile meinen Glauben, denn das irdische Leben bietet nur vergängliche Freuden, aber das zukünftige Leben währt ewiglich. Wer Böses tut, wird hart bestraft, und wer Gutes tut, hat [gute Chancen auf] Einlass ins Paradies. Wir alle werden eines Tages vor Allah stehen und die Übeltäter unter uns werden ins Höllenfeuer geschickt. Fordert mich deshalb nicht auf, falschen Göttern zu dienen, sondern folgt meinem Beispiel und glaubt allein an Allah" 38ff. Allah bewahrte Moses vor den bösen Absichten des Pharaos und verhängte über den Pharao und seine Leute eine schlimme Strafe. In der Hölle werden die Ungläubigen [Ägypter] die dortigen Wächter vergebens um den Erlass ihrer Strafe anflehen. Die Wächter der Hölle werden ihnen antworten, dass von denen, die den Propheten Allahs nicht folgen wollten, die Strafe nicht mehr abgewendet werden könne 45ff. Den Propheten Allahs und den Gläubigen hilft Allah sowohl im diesseitigen Leben als auch dann, wenn sie vor dem Jüngsten Gericht stehen. Am Tag des Jüngsten Gerichts hilft den Ungläubigen keine Ausrede, denn sie sind verflucht und ihr Aufenthaltsort wird die Hölle sein 5f. Allah berief Moses zum Führer der Kinder Israel und machte sie zu Erben der Schrift [der Tora und der Psalmen] 53. Diejenigen, die, ohne Beweise vorlegen zu können, die Zeichen Allahs infrage stellen, leiden gewiss an Großmannssucht [die von Allah bestraft wird] 57. Der Tag der Auferstehung und des Jüngsten Gerichts kommt gewiss, doch die meisten Menschen wollen es nicht glauben 59. Die Überheblichen, die Allah nicht [um seine Gunst] bitten und ihm

---

[484] Weil er mit Allahs Hilfe die Träume des Pharaos richtig deuten konnte.

nicht dienen wollen, werden [nach dem Jüngsten Gericht] unterwürfig in die Hölle eintreten 60. Als Allah den Menschen erschuf, hat er ihm eine schöne Gestalt verliehen 64. Allah ist der Ewiglebende; es gibt keinen Gott außer ihm 65. Allah hat Mohammed befohlen, sich ihm vollständig zu unterwerfen 66. Der Mensch wurde aus Erde erschaffen. Allah räumt den Menschen [im Diesseits] eine ausreichende Lebensfrist ein, um ihnen Gelegenheit zu geben, sich dem wahren Glauben zuzuwenden 67.[485] Wenn Allah spricht: „Es sei", dann ist es 68. Es werden jenen, die weder dem Koran noch den Worten des Propheten Glauben schenken, [im Jenseits] Eisenketten um die Hälse gelegt, mit denen man sie zuerst in siedendes Wasser und dann ins Feuer der Hölle zerrt 70ff. Die Verheißungen Allahs [im Koran] werden wahr 77. Allah gab den Menschen das Vieh zum Reiten und zur Speise 79f. Jeder, der durchs Land [Arabien] zieht, kommt an jenen Stätten vorbei, wo er die Spuren jener mächtigen Stämme vorfindet, die Allah aufgrund ihres Unglaubens vernichtet hat. Alles, was sie an irdischen Gütern erworben hatten, konnte ihnen nichts mehr nützen. Sie haben den von Allah gesandten Propheten nicht geglaubt und spotteten über deren Prophezeiung von der Auferstehung 82f. Wer als Sünder vor dem Jüngsten Gericht steht, kann sich durch eine [verspätete] Hinwendung zum wahren Glauben nicht mehr retten 85f.

41. Sure   „Die klaren Verse"[486]   *Mekka*

Der Koran enthält klar verständliche Verse in arabischer Sprache, doch die meisten Menschen [in Mekka] wenden sich ab 3f. Wehe den Götzendienern, die keine Sozialabgabe bezahlen und das Jenseits leugnen 6f. Allah erschuf [ohne fremde Hilfe] die Erde, die Berge, Pflanzen und Tiere in vier Tagen und die sieben

---

[485] Hier bleibt ungeklärt, wie jene zum Glauben finden können, die als Fötus abgetötet werden, oder die während ihrer Geburt oder als Kleinkind sterben.

[486] Mit dieser Überschrift ist die Klarheit der arabischen Sprache im Koran gemeint, die in Vers 3 dieser Sure thematisiert wird.

Himmel mit den Gestirnen am unteren Himmel in zwei Tagen. Deshalb ist es Unsinn zu behaupten, es gäbe noch andere Götter neben Allah 9 f.[487] Die Stämme 'Ad und Thamud glaubten den zu ihnen entsandten Boten nicht, weil sie als Gesandte Allahs Engel erwarteten. Den Hochmut des Stammes 'Ad bestrafte Allah mit einem verheerenden Sturm, der mehrere Tage über sie hinwegfegte. Die vom rechten Weg abgeirrten Thamudäer wurden von Allahs Strafe wie von einem Blitzschlag erfasst 13 ff. Man soll nicht meinen, dass Allah von dem Tun der Menschen irgendetwas übersieht 22. Wer bereits im Höllenfeuer steht und Allah um Gnade anfleht, dem wird sie [da er zu spät bereut] nicht mehr gewährt 24. Die Ungläubigen wollen zur Offenbarung Allahs ihre eigenen Worte hinzufügen, um dadurch ihre Macht zu sichern.[488] Das ist vor Allah ein schlimmes Verbrechen und er wird es entsprechend vergelten 26 f. Der Lohn der Feinde Allahs [der Ungläubigen] ist das Höllenfeuer 28. Engel sind die Beschützer der Gläubigen im Diesseits und im Jenseits. Sie verheißen den Gläubigen ihre Aufnahme ins Paradies, wo man ihnen alles geben wird, was auch immer sie begehren 30 f. Wer [stets] das Böse abwehrt, dem werden selbst seine Feinde zu Freunden;[489] aber nur die Geduldigen werden diese Erfahrung machen 34 f. Nacht und Tag, Sonne und Mond

[487] Ähnlich wie die Bibel (siehe 1. Mose 1,3 ff.) behauptet auch der Koran, dass die Welt in nur wenigen Tagen erschaffen wurde. Vielleicht ließe sich eine Brücke zwischen der Aussage des Korans und den Erkenntnissen der Naturwissenschaften bauen, wenn man berücksichtigen würde, dass nach koranischer Auffassung ein Tag Allahs ein völlig anderer Zeitraum ist als ein Tag für die Menschen (siehe Sure 22,47). Auch im Alten Testament gibt es den Hinweis, dass die Zeit eine relative Größe ist (siehe Psalm 90,4).

[488] Diesen Vorwurf machen die Muslime vor allem den Juden, weil sie angeblich jene Stellen aus dem Alten Testament herausgestrichen haben, die klare Hinweise auf das Kommen des Propheten Mohammed enthielten.

[489] Diese koranische Einsicht, dass man durch den Kampf gegen das Böse auch bei den Feinden Freunde gewinnen kann, könnte man als eine Art Goldene Regel interpretieren. Noch deutlicher ist die Goldene Regel in der Sunna überliefert. Dort heißt es: „Keiner von euch ist ein Gläubiger, so lange er nicht seinem Bruder wünscht, was er sich selbst wünscht" (Hadith Nr. 13 von an-Nawawi).

weisen auf Allah als ihren Schöpfer hin. Sonne und Mond dürfen deshalb aber nicht angebetet werden, sondern nur Allah allein 37. Die trockene Erde, die nach einem Regen aufblüht, ist ein Zeichen dafür, dass Allah auch die Toten auferwecken kann 39. Die Menschen können tun, was sie wollen, sie sollen dabei aber bedenken, dass Allah alles sieht, was sie tun 40.[490] Der Koran ist ein ehrwürdiges Buch, in dem nichts Falsches geschrieben steht. Er wurde von Allah, dem Allwissenden, offenbart 41f. Im Koran wird nichts anderes verkündet als das, was Allah den Propheten schon zu früheren Zeiten offenbart hat 43. Moses erhielt von Allah die Schrift [die Tora], aber die Gläubigen [Juden] fingen an, sich über ihren Inhalt [theologisch] zu streiten 45. Wenn jemand das Rechte tut, so tut er es zu seinen eigenen Gunsten. Tut jemand etwas Böses, schadet er nur sich selbst 46. Allah allein weiß, wann der Tag der Auferstehung sein wird und wann genau ein Kind gezeugt und geboren wird 47. Die Götzen, die von den Götzenanbetern verehrt wurden, haben sich in Nichts aufgelöst. Die Götzenanbeter sollen sich darauf gefasst machen, dass es für sie [am Jüngsten Tag] kein Entrinnen gibt 48. Wird einem Menschen von Allah Glück beschert, zeigt er sich hernach undankbar; trifft ihn ein Unglück, wird er fromm 51. Die Zeichen auf Erden, die von der Existenz und Allmacht Allahs Zeugnis ablegen, verkünden die reine Wahrheit. Allah ist Zeuge aller Dinge; das sollte dem Menschen [als Rechtfertigung] genügen [um an ihn zu glauben] 53.

---

[490] Nach diesem Vers gewährt Allah dem Menschen den freien Willen, sich für das Gute oder für das Böse zu entscheiden. Die muslimisch-orthodoxe Auffassung von der absoluten Prädestination des Menschen steht in einem gewissen Widerspruch hierzu.

42. Sure „Die Beratung"[491] *Mekka*

Die Engel im Himmel erflehen Allahs Vergebung für die Sünden der Menschen auf Erden 5. Der Koran wurde Mohammed in arabischer Sprache offenbart, damit er die Bewohner von der Mutter aller Städte [Mekka] und die Araber im umliegenden Land vor dem Jüngsten Gericht und der Hölle warnen kann 7. Es ist nicht Allahs Wille, dass die gesamte Menschheit muslimisch wird. Allah schenkt seine Barmherzigkeit [die Chance zum wahren Glauben zu finden] nur jenen, die er dafür nach eigenem Gutdünken aussucht 8. Die [letzte] Entscheidung über theologische Dispute steht allein Allah zu [der sie am Jüngsten Tag verkündet] 10. Allah hat aus dem Mann die Frau erschaffen. Menschen und Tiere existieren als Paare, damit sie sich vermehren können. Es gibt nichts, was Allah gleichkommen würde 11. Allah verkündet den Arabern dieselbe Religion, die er auch schon Noah, Abraham, Moses und Jesus offenbart hat und fordert von der Gemeinde aller Gläubigen, dass sie seine Gebote befolgt und sich nicht in miteinander streitende Parteien aufspaltet.[492] Allah erwählt zu seiner Gemeinde nur jene Menschen, die er haben will und die sich zu ihm bekehren 13. Sie [die Juden und Christen] sind neidisch aufeinander und streiten über die Auslegung der Schrift. Hätte Allah ihnen nicht eine gewisse Frist eingeräumt, wäre ihr Disput schon längst von ihm entschieden worden.[493] Auf Geheiß Allahs soll Mohammed sie [die Juden und die Christen] aufrufen, sich zum Islam zu bekennen. Der Prophet soll keinen Streit mit ihnen anfangen, sondern ihnen nahelegen, dass ihr Gott mit Allah identisch sei und dass alle eines Tages zu ihm zurückkehren würden. Diejenigen, die Allahs Offenbarung erhalten haben, sollten nicht [über ihre Auslegung] strei-

[491] In dieser Sure werden die Gläubigen aufgefordert, sich zu beraten und gemäß den gemeinsamen Beschlüssen zu handeln (siehe Vers 36 ff. dieser Sure).

[492] Diesen Vers interpretieren Muslime dahingehend, dass in der Gemeinde für alle Gläubigen (auch für jene Juden und Christen, die unter muslimischer Herrschaft leben) die Gesetze der Scharia zu gelten hätten (siehe auch Sure 45,18).

[493] Nach koranischer Auffassung richtet Allah erst am Jüngsten Tag über alle theologischen Streitfragen.

ten, sonst träfe sie der Zorn Allahs 14 ff. Niemand [außer Allah] weiß, wann des Menschen letzte Stunde schlägt. Die Gläubigen wissen aber, dass der Mensch nach seinem Tod auferweckt wird und sie fürchten sich vor dem Jüngsten Gericht. Diejenigen, die über die Auferstehung im Zweifel sind, befinden sich in einem groben Irrtum 17 f. Demjenigen, welcher nach Belohnung [seiner guten Taten auf Erden] im Jenseits strebt, wird mehr gegeben, als er begehrt. Wer aber nur nach den Reichtümern im Diesseits schielt, dem wird zwar auf Erden davon gewährt, doch im Jenseits geht er leer aus 20. Am Jüngsten Tag deckt Allah alle falschen Glaubenslehren auf 21. Allah nimmt die [rechtzeitig auf Erden vollzogene] Reue der Gläubigen an und vergibt ihnen ihre Sünden; die Ungläubigen jedoch werden von ihm hart bestraft 25 f. Allah kennt die Neigungen seiner gläubigen Diener; damit sie nicht übermütig werden, schenkt Allah den Gläubigen auf Erden Wohlstand nur in Maßen 27. Die Schöpfung legt Zeugnis ab von der Allmacht Allahs 29. Das Unglück der Menschen entsteht durch das Werk ihrer eigenen Hände 30. Dass Allah die Schiffe auf dem Meer durch das Abflauen des Windes zum Verharren zwingt oder sie sogar untergehen lässt, ist ein Beweis für seine Allmacht 32 ff. Die Reichtümer, die man auf Erden anhäufen kann, dienen nur einem flüchtigen Genuss. Dauerhafte Reichtümer findet der [auferstandene] Mensch nur im Jenseits. Die Gaben im Jenseits sind bestimmt für jene, die an Allah glauben, die sich nicht versündigen, die trotz ihres Zorns vergeben, die ihr Gebet verrichten und die ihre Handlungsweise zu einer Sache von gemeinsamen Beratungen[494] [zusammen mit anderen Gläubigen] machen 36 ff. Wer wegen einer Übeltat Rache übt, sollte dem Übeltäter nur einen gleichwertigen Schaden zufügen. Besser ist es jedoch vor Allah, wenn man dem Übeltäter vergibt 40. Wer sich wehrt, weil ihm ein Unrecht widerfährt, den trifft kein Tadel. Wer aber anderen Menschen Unrecht zufügt, der wird von Allah hart bestraft 41 f. Wen Allah in die Irre führt, der ist verloren 46. Die Aufgabe des Propheten ist le-

---

[494] Eine beratende Versammlung wird von den Muslimen *schura* genannt.

diglich die Verkündigung der Offenbarung. Es ist nicht seine Pflicht, sich um jene zu kümmern, die vom Glauben abgefallen sind 48. Keinem Menschen steht es zu, mit Allah von Angesicht zu Angesicht zu sprechen. Allah sendet seine Offenbarung mittels Eingebung oder durch Boten, oder er spricht zu den Menschen in einer Form, als ob er sich hinter einem zugezogenen Vorhang aufhalten würde 51. Bevor Allah Mohammed die Verse des Korans sandte, wusste dieser weder etwas von den [in früheren Zeiten] offenbarten Schriften noch etwas vom wahren Glauben 52.

Die Sultan-Ahmed-Moschee (die „Blaue Moschee") in Istanbul,
erbaut im 17. Jahrhundert

43. Sure „Der Goldschmuck"[495] *Mekka*

Der Koran, von dem die Urschrift bei Allah aufbewahrt wird, wurde in arabischer Sprache offenbart 3 f. Alle Propheten vor Mohammed wurden von den Völkern, zu denen Allah sie entsandt hatte, verspottet. Die Spötter wurden alle von Allah vernichtet 7. Durch den Regen erweckt Allah die tote Erde zum Leben. Genauso kann Allah die Toten [am Tag der Auferstehung] wieder zum Leben auferwecken 11. Allah hat alle Lebewesen paarweise erschaffen [damit sie sich paaren und vermehren]. Wer auf einem Tier reitet, sollte dabei bedenken, dass es allein Allah war, der die Tiere dem Menschen dienstbar gemacht hat 12 f. Mädchen sind Teil der Schöpfung und deshalb soll man nicht behaupten, Allah hätte eigene Töchter [gezeugt]. Warum sollte Allah den Menschen Söhne zuteil werden lassen und sich selbst nur Töchter zugestehen 16. Die Ungläubigen behaupten, die Engel, die Allah um sich geschart hat, seien weibliche Wesen. Solche falschen Behauptungen werden im himmlischen Buch registriert und kommen vor dem Jüngsten Gericht zur Sprache 19. Die Vornehmen und Reichen jener Städte, zu denen Allah seine Propheten gesandt hat, wollten sich nicht von den Göttern ihrer Väter trennen. Allah hat sie dafür bestraft 23 ff. Die Worte Abrahams, der sich von den Göttern seiner Vorväter lossagte, sind vorbildlich für seine Nachkommen 26 ff. Die Araber[496] glauben Mohammed nicht, weil er kein bedeutender Mann aus ihrer Mitte ist.[497] Sie berücksichtigen dabei nicht, dass es allein Allah ist, der Menschen im Rang erhöht oder anderen Menschen dienstbar macht. Aller Prunk auf Erden beschränkt sich

[495] Diese Überschrift bezieht sich auf die in Vers 35 dieser Sure erwähnte menschliche Prunksucht.

[496] Gemeint sind hier die arabischen Bewohner der Städte Mekka und Ta'if. Die Stadt Ta'if, die etwa 150 Kilometer südöstlich von Mekka liegt, war stets mit Mekka eng verbündet. Wegen des angenehmen Klimas residierten in Ta'if oft die in Mekka einst herrschenden Haschimiten.

[497] Aus diesem Vers geht hervor, dass Mohammed in der Lebensphase, als er noch in Mekka lebte, kein besonders hohes Ansehen in seiner Heimatstadt genossen hat. Ansonsten gibt der Koran wenig Auskunft über die ersten vierzig Jahre des Propheten.

lediglich auf das [flüchtige] irdische Leben; die unvergänglichen Freuden sind ausschließlich den Gottesfürchtigen im Jenseits vorbehalten 31 ff. Wer vom Glauben abfällt, dem bestimmt Allah einen Satan zum ständigen Begleiter. Der Ungläubige wird meinen, dass er [vom Satan] rechtgeleitet wird, bis er am Jüngsten Tag seinen Irrtum einsieht. Dann aber ist es für ihn zu spät, um zu bereuen, und er wird sich seiner Strafe nicht mehr entziehen können 36 ff. Ganz unabhäng davon, welches Schicksal Allah für Mohammed bestimmt hat, wird er [Allah] sich an den Ungläubigen [Arabern] rächen. Im Jenseits wird Allah Mohammed jene Hölle zeigen, die er den Ungläubigen als Strafe angedroht hat 41. Moses wurde mit Zeichen der Allmacht Allahs zum Pharao geschickt, doch dieser und seine Berater verachteten Moses und lachten ihn aus, da er ein ärmliches Aussehen hatte und sich kaum verständlich ausdrücken konnte. Als Allah die Ägypter daraufhin [mit Plagen] bestrafte, gelobten sie, Allah als ihren Herren anzuerkennen. Doch nachdem Allah die Strafe ausgesetzt hatte, brachen sie ihr Wort. Allah nahm Rache an den frevelhaften Ägyptern, indem er sie alle in den Fluten [des Roten Meeres] ertrinken ließ 46 ff. Die Ungläubigen [Mekkaner] streiten sich mit dem Propheten und bezeichnen den Sohn der Maria [Jesus] als einen Gott, so wie sie auch ihre Götzen für Götter halten. Jesus war jedoch [kein Gott, sondern] nur ein Diener Allahs, den Allah den Juden zum Vorbild bestimmt hatte. Jesus bekämpfte die [religiöse] Uneinigkeit [unter den Juden] und ermahnte sie, Allah zu fürchten und ihm [Jesus] zu gehorchen. Doch die Streitereien unter den religiösen Parteien wurden weitergeführt, weshalb Allah sie [die Juden] beim Jüngsten Gericht hart bestrafen wird 57 ff. Die Stunde des Gerichts bricht urplötzlich über die Menschen herein und wenn sie gekommen ist, wird jeder Ungläubige dem anderen ein Feind sein. Die Gläubigen aber werden miteinander friedlich verkehren und ins Paradies eintreten. Dort werden goldene Schüsseln und Becher mit allerlei Leckereien die Runde machen und es wird Früchte im Übermaß geben 69 ff. Die im Höllenfeuer werden voller Verzweiflung Malik [den Oberaufseher in der Hölle] anflehen, er möge Allah bitten, ihnen ein Ende ihrer Qualen zu bereiten. Doch Malik wird ihnen antworten, dass sie für immer in der Hölle ausharren müssen 74 ff. Die Boten Allahs [die Engel] machen [auf Erden] Notizen von dem, was die Ungläubigen insgeheim besprechen 80. Gäbe es tatsächlich einen Sohn Allahs, wäre Mohammed der Erste, der ihn anbeten würde. Allah ist darüber erhaben, dass man ihm einen Sohn andichtet. Mohammed soll jene, die behaupten, Allah habe einen Sohn, mit ihren Worten ruhig spielen lassen. Am Tag des Jüngsten Gerichts werden sie bestraft 81 f. Mohammed soll mit den Ungläubigen [Arabern] nachsichtig sein und keinen Streit mit ihnen anfangen, denn Allah wird sie [am Jüngsten Tag] bestrafen 89.[498]

Muslimische Darstellung der Propheten Mohammed und Jesus

[498] Dieser Vers, in dem die Bestrafung der „Ungläubigen" ausschließlich Allah vorbehalten bleibt, steht in Widerspruch zu anderen Versen des Korans, in denen wie z. B. in Sure 9 zum Kampf gegen die „Ungläubigen" aufgerufen wird. Da es sich bei der 43. Sure um eine Offenbarung aus jener mekkanischen Periode Mohammeds handelt, in der die Muslime lediglich eine kleine Sekte in der nichtmuslimischen Mehrheitsgesellschaft Mekkas bildeten, ist zu vermuten, dass dieser Vers die Gefahrenlage berücksichtigt, in der sich Mohammed damals befand. Die Eingebung der 9. Sure hatte Mohammed in Medina, wo er über Macht und Ansehen verfügte.

Terminus *Mahdi*

Obwohl es im Koran keinerlei Hinweis auf ihn gibt, existiert auch im Islam der Glaube an einen Messias (*mahdi;* wörtlich: „der Rechtgeleitete"). Insbesondere die Schiiten, aber auch einige Sunniten, glauben an einen verborgenen *Mahdi*. Die „Zwölfer-Schiiten", die die überwiegende Mehrheit der Schiiten ausmachen, glauben, dass der elfte Imam einen Sohn hatte, der sich seit seiner Geburt im Verborgenen aufhält und erst am Ende aller Zeiten als Mahdi wieder in Erscheinung tritt. Bis dahin vertreten ihn im Iran jene obersten Religionsgelehrten in der schiitischen Hierarchie, die sich „Ayatollah" nennen. In Artikel 5 der Verfassung der Islamischen Republik Iran wird der „verborgene Imam" als das eigentliche Staatsoberhaupt bezeichnet. Die Zwölfer-Schiiten machen im Iran etwa 85 Prozent der Bevölkerung aus, in Aserbaidschan 75 Prozent, in Bahrain 70 Prozent und im Irak 60 Prozent der Bevölkerung. Außerdem findet man sie als Minderheiten im Libanon (dort sind es meist Anhänger der Hisbollah), in Kuwait, Pakistan, Saudi-Arabien, Syrien und Indien. Die Anhänger der Siebener-Schiiten, auch „Ismailiten" genannt, glauben dagegen, dass der siebte Imam, Ismail, der letzte legitime Imam gewesen sei, der im Verborgenen weiterlebt, bis er dereinst als Mahdi wieder in Erscheinung tritt. Ismailiten leben heute als Minderheiten vor allem in Indien, aber auch im Jemen, in Syrien, im Iran, in Afghanistan und in Turkestan; Oberhaupt eines Teils von ihnen ist der Agha Khan. Der Mahdi ist in den Augen der Schiiten somit nicht tot, sondern der Welt nur entrückt und soll in einer Schlucht beim Berg Radwa in der Nähe von Medina im Verborgenen leben. Dieser Glaube hat einen ausgesprochenen messianischen Charakter und entspringt der Sehnsucht der Schiiten nach einem von Allah entsandten weltlichen und geistlichen Herrscher, der die Gerechtigkeit der verklärten islamischen Frühzeit wiederherstellen wird. Der im Westen wohl bekannteste Muslim, der sich als Mahdi ausgab, war jener Mohammed Ahmad, der im 19. Jahrhundert den „Mahdi-Aufstand" im Sudan anführte. Er wurde berühmt durch die Eroberung Khartums im Januar 1885, bei der der britische General Charles George Gordon den Tod fand.

44. Sure   „Der Rauch"[499]   *Mekka*

Der Koran wurde in einer gesegneten Nacht[500] herabgesandt 4. Es gibt keinen Gott außer Allah 8. Am Jüngsten Tag wird ein Rauch die Menschen verhüllen und jene Ungläubigen, die vom Propheten behauptet haben, er sei besessen und das von ihm Verkündete stamme nicht von Allah, wird Allah mit Gewalt packen und Vergeltung an ihnen üben 10 ff. Allah prüfte das sündhafte Volk der Ägypter, indem er Moses mit der Aufforderung zum Pharao sandte, er möge die Diener Allahs [das Volk der Juden] ziehen lassen. Der Pharao drohte Moses daraufhin, ihn töten zu lassen. Allah gab Moses den Befehl, die Juden des Nachts aus Ägypten, dem Land der Gärten, Quellen und Kornfelder, herauszuführen. Auf der Flucht zum [Roten] Meer wurden die Juden vom ägyptischen Heer verfolgt; doch Allah rettete das jüdische Volk und ließ das ägyptische Heer im [Roten] Meer ertrinken 17 ff. Die Kinder Israel wurden von Allah aus allen Völkern auserwählt 32. Die Ungläubigen [Mekkaner] glauben nicht an die Auferstehung. Sie fordern [als Beweis für die Wahrhaftigkeit des von Mohammed verkündeten Glaubens], dass man ihre verstorbenen Väter wieder zum Leben erweckt 34 ff. Das Volk der Tubba[501] war verbrecherisch und wurde

[499] Dieser Titel bezieht sich auf Vers 10 dieser Sure, in dem von einem „verhüllenden Rauch" am Tag des Jüngsten Gerichts berichtet wird.

[500] Dieser Nacht (von den Muslimen *lailat al-qadr* genannt) wird jedes Jahr in der Nacht vom 23. auf den 24. Tag des Fastenmonats Ramadan gedacht. Siehe auch Sure 97, die ihr gewidmet ist.

[501] Die Tubba (auch „Volk der Himjaren" genannt) waren ein semitisches Volk im Gebiet des heutigen Jemen. Es wurde von christlichen und zeitweise auch von jüdischen Königen regiert. In den vorislamischen Jahrhunderten dominierte wirtschaftlich und politisch der am Golf von Aden und am südlichen Roten Meer gelegene Küstenstreifen auf der Arabischen Halbinsel, der in etwa dem Staatsgebiet des heutigen Jemen entsprach. Aufgrund seines gemäßigten Klimas, seines Weihrauchmonopols und seiner günstigen geografischen Lage für den Fernhandel, der sich zwischen Indien und den Mittelmeeranrainern und Mesopotamien abspielte, wurde das Gebiet von den Römern *arabia felix*, das „glückliche Arabien", genannt. In dieser Epoche waren Mekka und Medina lediglich provinzielle Marktflecken, die als Karawanenstützpunkte

von Allah vernichtet 35 f. Allah hat die Welt, die von ihm gerecht gestaltet wurde, nicht zum eigenen Zeitvertreib geschaffen 38 f. Die Ungläubigen müssen sich in der Hölle von den Früchten des Baumes Sakkum ernähren, deren Saft in ihren Bäuchen wie flüssig erhitztes Kupfer brodelt. Über ihren Häuptern wird man außerdem siedendes Wasser ausgießen 43 ff. Die Gottesfürchtigen werden im Paradies, in dem Bäche fließen, mit dunkeläugigen Jungfrauen[502] vermählt. Man wird die Gläubigen mit Brokat und Seide einkleiden und ihnen alle Früchte reichen, nach denen sie verlangen. Sie kennen dort, außer der Erinnerung an ihren irdischen Tod, keinen anderen Tod mehr 51 ff. Um den Arabern das Verständnis des Korans zu erleichtern, wurde er in ihrer Sprache verfasst 58.

45. Sure „Das Beugen des Knies"[503] *Mekka*

Die Erschaffung der Menschen und aller übrigen Lebewesen, der Wechsel von Tag und Nacht, der Regen und das Drehen des Windes sind für jene, die über Verstand verfügen, ein Zeichen der Allmacht Allahs 4 f. In den Versen des Korans verkündet Allah die Wahrheit 6. Wehe dem hochmütigen Sünder, dem der Koran vorgelesen wird und der danach dennoch im Unglauben verharrt;

an der Weihrauchstraße dienten, wobei der Stadt Mekka bereits eine gewisse Bedeutung als polytheistisches Pilgerzentrum zukam. Im Jahr 628 schloss sich der Jemen der Lehre des Propheten Mohammed an. Während das Land anfangs unter der Ägide der Kalifen zu einer vernachlässigten Randzone wurde, kam es im 10. Jahrhundert zu einem erneuten wirtschaftlichen Aufschwung, als sich die Haupthandelsroute zwischen Indien und dem Mittelmeer vom Persischen Golf und vom Gebiet des heutigen Irak wieder zum Roten Meer und nach Ägypten verlagerte.

[502] Der deutsche Arabist und Philologe Christoph Luxenberg (Pseudonym) behauptet in seiner Studie „Die syro-aramäische Lesart des Koran. Ein Beitrag zur Entschlüsselung der Koransprache", dass es sich bei den „Paradiesjungfrauen" (*hurayn*; auch in Sure 52,17 ff.) um eine falsche arabische Auslegung des aramäischen Wortes *hur*, „weiße, kristallklare Traube", handle. Der Verzehr von Trauben galt in der Antike als ein Symbol für das Wohlleben im Paradies.

[503] In dieser Sure wird die „Prozessordnung" des Jüngsten Gerichts beschrieben (siehe Vers 28 f.).

er wird in der Hölle schmerzhaft bestraft 7 f. Allah hat das Meer und alles, was auf Erden und im Himmel ist, den Menschen dienstbar gemacht und er erwartet, dass man sich ihm dafür dankbar zeigt 12 f. Die Gläubigen sollen den Ungläubigen verzeihen, dass sie nicht an das Jüngste Gericht glauben, denn es ist Allahs Sache, dass er sie für ihren Unglauben bestraft 14. Rechtschaffenheit nützt dem eigenen Heil; wer Unrecht begeht, schadet vor allem sich selbst 15. Allah gab den Kindern Israel die Schrift, die Herrschaft [über das Gelobte Land], die Gabe der Prophetie und er machte sie zu seinem auserwählten Volk. Aber unter den Kindern Israel brach selbstsüchtiger Neid aus und sie wurden [in theologischen Fragen] untereinander uneinig. Am Tag der Auferstehung wird Allah über das richten, worüber sie gestritten haben 16 f. Allah brachte Mohammed auf einen klaren Kurs in Sachen des Glaubens und gebot ihm, diesem Kurs und nicht den Neigungen der Unwissenden [Ungläubigen] zu folgen 18. Der Koran dient zur Aufklärung der gesamten Menschheit 20. Die Ungläubigen meinen, es gäbe nur das zeitlich begrenzte diesseitige Leben. Sie fordern von den Gläubigen, sie sollten, als Beweis für ihre These von der Auferstehung, die [verstorbenen] Väter wieder ins Diesseits zurückholen 24 f. Beim Jüngsten Gericht werden alle Völker vor Allah auf die Knie gehen und man wird ihnen aus dem Buch, in dem all ihre Taten vermerkt sind, vorlesen 28 f. In der Hölle kann man, um aus ihr wieder herauszukommen, begangenes Unrecht nicht wiedergutmachen 35.

46. Sure   „Die Sanddünen"[504]   *Mekka*

Himmel und Erde wurden von Allah nur für eine endliche Zeit erschaffen 3. Die Götzen können die an sie gerichteten Gebete weder hören noch auf sie eingehen. Wenn die Götzenanbeter vor dem Jüngsten Gericht versammelt sind, werden die Götzen sich ihnen gegenüber feindlich verhalten und abstreiten, dass sie Gebete von den Götzenanbetern empfangen haben 5f.[505] Die Ungläubigen halten den Koran für das Werk eines Zauberers oder sie behaupten, er sei von Mohammed erdichtet worden 7f. Mohammed fügt dem, was frühere von Allah beauftragte Propheten offenbart haben, nichts Neues hinzu 9. Der Koran wurde [sogar] von einem jüdischen Zeugen[506] als Offenbarung Allahs bestätigt 10. Der Koran bestätigt das von Allah offenbarte Buch Mose [die Tora] in arabischer Sprache 12. Allah hat den Menschen befohlen, ihre Eltern gütig zu behandeln. Jede Mutter trug ihr Kind mit Schmerzen unter ihrem Herzen und brachte es mit Schmerzen zur Welt. Bis ein Kind geboren und entwöhnt wird, vergehen dreißig Monate. [Spätestens] mit vierzig Jahren, wenn ein Mann seine Vollkraft erreicht hat, soll er sich an Allah wenden und ihm versichern, dass er ein Gottergebener sei. Den Gottergebenen übersieht Allah manch üble Tat und lässt sie gemäß seiner Verheißung ins Paradies eingehen. Wer nicht an die Auferstehung glaubt und von dem Glauben seiner muslimischen Eltern behauptet, es seien nur die Legenden der Alten, der wird zu jenen Menschen und Geistern ge-

[504] Diese Überschrift bezieht sich auf das in Vers 21 ff. dieser Sure erwähnte Volk ʿAd, das im Gebiet westlich des heutigen Oman in einer von Sanddünen durchzogenen Wüstengegend (der Rubʾ al-Khali-Wüste) siedelte.

[505] In diesem Vers werden Götzen als real existierende, lebendige Wesen dargestellt.

[506] Es waren vor allem Juden aus Medina, die Mohammed in der schwierigen Anfangsphase seines prophetischen Wirkens unterstützt haben. Inmitten einer polytheistischen Mehrheitsgesellschaft lebend, sahen die Juden Medinas in Mohammed, der eine monotheistische Religion verkündete, ihren natürlichen Verbündeten. Sie unterschätzten dabei den absoluten Führungsanspruch dieses neuen Propheten, was ihnen später zum Verhängnis wurde.

zählt, die [mit der Hölle] bestraft werden 15f. Im Jenseits entspricht das Ausmaß der Bestrafung der Schwere der Taten im Diesseits 19. Allahs Gesandter [der Prophet Hud], der das Volk 'Ad, das bei den Sanddünen siedelte, aufsuchte, rief das Volk vergeblich dazu auf, sich von seinen althergebrachten Göttern zu trennen und allein Allah zu dienen. Ein todbringender Sturm fegte über das [ungläubige] Volk hinweg und am darauf folgenden Morgen fand man bei den Sanddünen nur noch die menschenleeren Wohnungen 21ff. Eine Gruppe von Geistern, die Mohammed beim Verkünden des Korans belauscht hatte, kehrte zu ihrem Volk zurück und predigte den Islam. Sie verkündeten ihrem Volk, dass der Koran, der die älteren Offenbarungen Allahs bestätige, auf den rechten Weg zur Wahrheit führe und dass Allah allen zum Islam bekehrten Geistern die Sünden vergeben werde 29ff. Allah, der die ganze Welt erschuf, kann natürlich auch Tote wieder lebendig machen 33. Am Tag des Jüngsten Gerichts werden die Auferstandenen meinen, dass sie nur eine Stunde tot im Grab gelegen hätten 35.

47. Sure   „Mohammed"[507]   *Medina*

Die Werke derjenigen, die ungläubig sind und die andere von dem Wege, den Allah geboten hat, abhalten, macht Allah zunichte 1. Denjenigen werden die Sünden vergeben, die an jene Wahrheit glauben, die Mohammed von Allah offenbart worden ist 2. Wenn die Gläubigen auf [bewaffnete] Ungläubige stoßen, sollen sie die Ungläubigen niederkämpfen und sie [die Überlebenden] in Fesseln legen. Nach Beendigung des Krieges können die Gefangenen mit oder ohne Zahlung eines Lösegeldes wieder freigelassen werden. Allah hat die Ungläubigen auf der Welt nicht eigenhändig vernichtet, weil er durch sie den Glauben der Muslime auf die Probe stellen will. Wer im Kampf für Allah fällt, dem

---

[507] Die Überschrift bezieht sich auf Vers 2 dieser Sure, in dem Mohammed namentlich erwähnt wird.

wird Allah seine Werke niemals zunichte machen. Allah wird ihm außerdem seinen Status [unter den Gläubigen] erhöhen und ihn ins Paradies führen 4 ff.[508] Die Gläubigen sollen die Ungläubigen, die Allahs Offenbarung hassen, niederkämpfen 8 f. Die Gläubigen werden in paradiesische Gärten eingehen, durch die Bäche fließen, und die Ungläubigen, die sich wie das Vieh der Völlerei hingeben, kommen ins Höllenfeuer 12. Mekka, die Stadt, aus der der Prophet vertrieben wurde, sei gewarnt, denn Allah hat schon viel mächtigere Städte vernichtet 13. Im Paradies warten auf die Gottesfürchtigen Bäche, gefüllt mit frischem Wasser, mit Milch, die nicht sauer wird, mit flüssigem Honig und mit anderen wohlschmeckenden Getränken. Die Ungläubigen müssen dagegen im ewigen Höllenfeuer siedend heißes Wasser trinken, bis ihnen die Eingeweide platzen 15. Die Ungläubigen sind Sklaven ihrer Begierden 16. Der Prophet [Mohammed] soll um die Vergebung seiner Sünden bitten 19.[509] Die Gläubigen [von Medina] fordern von Allah eine eindeutige Sure, die zum Krieg [gegen Mekka] auffordert. Doch eine solche Sure würde bei den innerlich Schwachen unter den Gläubigen wegen der damit verbundenen Todesgefahr nur zum Verzagen führen 20. Diejenigen Araber, die sich vom Glauben abwenden, verderben das Land und zerreißen die Bande mit ihren Blutsverwandten. Allah wird sie verfluchen und mit Blindheit

[508] Dieses koranische Versprechen eines garantierten Einlasses ins Paradies beflügelt militante Islamisten, mit Selbstmordattentaten gegen die „Ungläubigen" vorzugehen. Es gibt jedoch keine Stelle im Koran, die beim Aufruf zum Dschihad zum Töten von „Ungläubigen" in Verbindung mit einem Selbstmord auffordert. Der Koran ruft zum Kampf gegen „ungläubige" Krieger auf (siehe Sure 60,1 und 8 f.; Sure 61,4 und 10 f.), die sich feindlich gebärden, aber verlangt in keinem Vers das Töten von unbewaffneten Zivilisten durch Selbstmordanschläge. Die heutigen Selbstmordattentate werden zwar von militanten Muslimen religiös begründet, sind aber lediglich Verzweiflungstaten aus einer Position der Schwäche heraus und können nicht aus dem Koran abgeleitet werden. Sie entsprechen auch in keiner Weise der Tradition arabischer Krieger, für die es Ehrensache war, sich dem bewaffneten Gegner im offenen Kampf zu stellen.

[509] Dieser Vers weist klar darauf hin, dass der Prophet Mohammed als ein Mensch anzusehen ist, der durch begangene Sünden Schuld auf sich geladen hat (siehe auch Sure 48,1 f.).

und Taubheit schlagen 22. Wem der Islam gelehrt wurde und wer sich danach wieder vom wahren Glauben abwendet, der folgt den Einflüsterungen des Satans. Engel werden die Abtrünnigen [nach ihrem Tod] abführen und ihnen ins Gesicht und auf den Rücken schlagen 25 ff. Beim Kämpfen prüft Allah die Standhaftigkeit der Gläubigen 31. Wer sich dem Propheten widersetzt, dessen Absichten werden von Allah zunichte gemacht 32. Wer als Ungläubiger stirbt, dem wird von Allah ganz gewiss nicht mehr verziehen 34. Im Kampf sollen die Muslime den Ungläubigen keinen Waffenstillstand anbieten, weil Allah auf ihrer Seite steht [und ihnen zum Sieg verhelfen wird] 35. Das diesseitige Leben ist nur ein billiger Zeitvertreib und die Gläubigen sollen es nutzen, um sich den Lohn Allahs im Jenseits zu verdienen 36. Obwohl Allah die Gläubigen aufgefordert hat, Almosen zu spenden, gibt es einige Araber, die geizig sind. Wer jedoch geizig ist, der geizt nur gegen sich selbst. Wenn die Araber [geizig sind und] Allah [dadurch] den Rücken zuwenden, dann wird er an ihrer Stelle ein anderes [gläubigeres] Volk einsetzen 38.

48. Sure   „Die Eroberung"[510]   *Medina*

Allah hat Mohammed [in Hudaibiya bei Mekka] zu einem eindeutigen Sieg[511] verholfen 1. Gläubige Männer und Frauen kommen ins Paradies und ihre Missetaten werden ihnen vergeben. Heuchler, die ihren Glauben nur geheuchelt haben, und Götzendiener hat Allah verflucht und für die Hölle bestimmt 5 f. Allah hat Mohammed als Warner [vor den Strafen des Jüngsten Ge-

---

[510] Dieser Surentitel bezieht sich auf ein Waffenstillstandsabkommen („Vertrag von Hudaibiya"; der Text ist überliefert. Siehe auch die folgenden Anmerkungen), das von Mohammed im Jahr 628 mit den Koreischiten ausgehandelt wurde. Wie aus dem 1. Vers dieser Sure hervorgeht, betrachteten die Muslime dieses Waffenstillstandsabkommen bereits als einen „Sieg" bzw. als eine „Eroberung". Der eigentliche Sieg über die „ungläubigen" Koreischiten fand jedoch erst zwei Jahre später statt, als die Muslime Mekka fast kampflos einnehmen konnten.

[511] Der „Sieg", der durch den Vertrag von al-Hudaibiya zustande kam, bedeutete

richts] zu den Menschen geschickt. Die Gläubigen sollen Mohammed unterstützen und ihn ehren. Diejenigen, die Mohammed huldigen, huldigen in Wahrheit Allah 8 ff. Bei dem Feldzug Mohammeds [gegen die Mekkaner in Hudaibiya] blieben einige Araber, die aus der Wüste stammten, zurück und argumentierten, sie müssten sich um ihre Tierherden und Familien kümmern. Sie baten Mohammed, er möge für sie bei Allah [wegen ihres Zurückbleibens] um Vergebung bitten. Doch Allah hat sie durchschaut, weil sie mit ihrer Zunge sagen, was nicht in ihrem Herzen ist und in Wirklichkeit nur Angst haben, dass sie von dem [vermeintlich gefährlichen] Feldzug nicht mehr [lebendig] heimkehren würden. Stattdessen wollen sie sich an einem [anderen] Feldzug [gegen die Juden in der Oase Khaybar] beteiligen, bei dem [nur schwache Gegenwehr und] reiche Beute zu erwarten ist.[512] Allah lässt ihnen von Mohammed ausrichten, dass man es ihnen erst wieder erlauben würde, an einem Feldzug teilzunehmen, wenn er gegen einen

für die Muslime aus Medina, dass sie eine Wallfahrt nach Mekka unternehmen konnten. Dem Vertragsabschluss ging voraus, dass der Prophet im Jahr 628 mit seinen Anhängern von Medina aus aufgebrochen war, um in Mekka die Kleine Wallfahrt *(umra)* zu unternehmen. Nachdem sich herausgestellt hatte, dass die Koreischiten den Muslimen den Zugang zum heiligen Bezirk bei der Kaaba verweigerten, kam es in al-Hudaibiya bei Mekka zu folgenden vertraglichen Vereinbarungen zwischen den Muslimen und den Mekkanern: Ein Waffenstillstand, der sich über zehn Jahre erstrecken sollte; die Einstellung der von Muslimen durchgeführten Raubüberfälle auf Karawanen der Koreischiten; der Verzicht der Muslime auf die Wallfahrt im Jahr des Vertragsabschlusses; freies Geleit ab dem Jahr 629 für muslimische Pilger in Mekka. Seine allgemeine Aner-

kennung als Prophet konnte Mohammed in diesem Vertrag noch nicht durchsetzen, was man aus der Tatsache schließt, dass der Vertragstext keine islamischen Formulierungen enthält. Das Waffenstillstandsabkommen, das für die muslimischen Krieger den Verzicht auf Kriegsbeute bedeutete, und der Abbruch der Wallfahrt im Jahr 628 fanden nicht die volle Zustimmung aller Anhänger des Propheten. Es wird vermutet, dass Mohammed in der Absicht, die Moral seiner Krieger wieder anzuheben, noch im gleichen Jahr den Feldzug gegen die Juden vom Stamm Nadir in der Oase Khaybar organisiert hat, um dort das Eintreiben von Kriegsbeute nachzuholen.

[512] Nach dem Waffenstillstandsabkommen mit den Mekkanern bei Hudaibiya versprach Mohammed jenen Kriegern, die mit ihm ausgezogen waren, reichliche

starken Feind geführt werde. Bei einem solchen Feldzug könnten sie sich beim Niederkämpfen des Feindes wieder bewähren, es sei denn, die feindlichen Krieger würden vor der Schlacht zum Islam übertreten. Denjenigen Wüstenarabern, die sich jedoch auch von diesem Feldzug wieder fernhielten, stellt Allah qualvolle Strafen in Aussicht 11 ff. Kein Tadel trifft die Blinden, Lahmen und Kranken, wenn sie bei einem Feldzug zu Hause bleiben 17. Nachdem die gläubigen Krieger Mohammed an einer Stätte, wo ein Baum steht, ihren Treueid geschworen hatten, flößte ihnen Allah Zuversicht und Seelenruhe[513] ein und versprach ihnen einen Sieg und reiche Beute 18 ff.[514] Bei dem Treffen der Heere im Tal bei Mekka sorgte Allah für den Sieg[515] der Muslime über jene Ungläubigen, die Mohammed daran gehindert hatten, die heilige Moschee in Mekka zu betreten. Da sich unter den Mekkanern auch gläubige Männer

Beute bei der bevorstehenden Eroberung der von Juden bewohnten Oase Khaybar. Die Vertreibung der Juden aus Khaybar im Jahr 628 läutete das Ende der friedlichen Koexistenz jüdischer und arabischer Stämme auf der Arabischen Halbinsel ein. Die Arabische Halbinsel hatte als Exil für die Juden nach der Zerstörung des Herodianischen Tempels im Jahr 70 und nach ihrer Verbannung aus Jerusalem im Jahr 135 durch die Römer große Bedeutung erlangt. Insbesondere im wirtschaftlich gedeihenden Süden der Arabischen Halbinsel, der mehrheitlich von Christen besiedelt war, hatte sich das Judentum stark verbreitet. Ein König des semitischen Stammes der Himjariten, der auf dem Gebiet des heutigen Jemen siedelte, konvertierte im 6. Jahrhundert zum Judentum und begann mit der Verfolgung der in seinem Reich lebenden Christen. Die beherrschende Stellung der Juden in Südarabien endete jedoch bereits wieder im Jahr 525 mit der Eroberung Süd-

arabiens durch ein (christliches) äthiopisch-byzantinisches Expeditionsheer. Die endgültige Vertreibung der Juden von der Arabischen Halbinsel erfolgte dann unter dem zweiten Kalif Omar (Kalifat von 634–644).

[513] Die Araber nennen die von Allah auf den gläubigen Menschen übertragene Seelenruhe *sakina*.

[514] Bei der Eroberung der Oase von Khaybar im Jahr 628 fiel den muslimischen Eroberern tatsächlich erhebliche Beute in die Hände, die unter den seit dem Waffenstillstand von Hudaibiya unzufriedenen muslimischen Kriegern verteilt werden konnte. In der Oase siedelte der jüdische Stamm Banu Nadir, dem man vorwarf, er habe sich beim Grabenkrieg vor den Toren Medinas mit den Mekkanern verbündet.

[515] Auch der hier erwähnte „Sieg" meint das Zusammentreffen der feindlichen Heere bei Hudaibiya.

und Frauen befanden, ließ Allah es nicht zu einem blutigen Kampf kommen 24 f. Mit Allahs Hilfe konnten Mohammed und seine gläubigen Anhänger [bei den Verhandlungen mit den Mekkanern in Hudaibiya] die innere Ruhe bewahren 26.[516] Allah ließ für Mohammed das von ihm einst Erträumte wahr werden, dass er dereinst mit geschorenem Haupt[517] und ohne Furcht [vor den ungläubigen Mekkanern] die heilige Kaaba in Mekka besuchen würde 27.[518] Mohammed wurde von Allah beauftragt, den Islam über alle anderen Religionen siegen zu lassen 28. Mohammed ist der Gesandte Allahs. Seine Anhänger gehen barmherzig miteinander und hart mit den Ungläubigen um.[519] Die Niederwerfung vor Allah hinterlässt bei den Gläubigen Spuren im Gesicht.[520] In der Tora und in den Evangelien werden die Muslime mit Ährensamen verglichen, die sich zu starken Halmen entwickeln, an welchen der Sämann seine Freude hat 29.[521]

[516] Als bei den Waffenstillstandsverhandlungen von Hudaibiya der koreischitische Abgesandte darauf bestand, dass Mohammed im Vertrag nicht als „der Gesandte Allahs" sondern als „der Sohn des Abdallah" bezeichnet werden sollte, akzeptierte Mohammed diese Forderung, obwohl sie eigentlich aus religiöser Sicht für ihn unannehmbar war.

[517] Es gehört zum Ritual eines muslimischen Pilgers, sich am Ende der Großen Wallfahrt den Kopf scheren zu lassen.

[518] Der von Mohammed ersehnte Besuch der Kaaba fand im Jahr 629 statt. Dieser Besuch war in dem Vertrag von Hudaibiya ausgehandelt worden.

[519] Dieser Vers erteilt einem Zusammenleben von „Gläubigen" und „Ungläubigen" (auch die Juden und die Christen werden von den Muslimen zu den „Ungläubigen" gezählt), bei dem man mit gegenseitigem Respekt und Toleranz miteinander umgeht, eine deutliche Absage. Das Entstehen von muslimischen Parallelgesellschaften in Europa mag in Versen dieser Art seinen Ursprung haben.

[520] Manche strenggläubigen Muslime haben auch heute noch auf ihrer Stirn eine dunkel gefärbte Druckstelle. Sie entsteht während des Betens durch intensives Berühren des Bodens mit der Stirn.

[521] Entsprechende Textstellen gibt es in Jesaja 27,12 und bei Matthäus 13,3 ff. („Das Gleichnis vom Sämann").

49. Sure   „Die Wohnungen"[522]   *Medina*

Vor jeder [wichtigen] Handlung soll der Gläubige [in Medina] die Stellungnahme des Propheten einholen 1. Mit dem Propheten soll man nicht so reden wie mit jedem anderen, und in seiner Gegenwart hat man die Stimme zu dämpfen 2 f. Es ist unschicklich, den Propheten, wenn er sich in seiner Wohnung aufhält, zu sich nach draußen [auf die Straße] zu rufen [um dann sein Anliegen vorzutragen]. Man hat sich zu gedulden, bis der Prophet von selbst herauskommt 4 f. Eine überbrachte Nachricht [über das Fehlverhalten einer anderen Person] ist stets zu überprüfen, damit man niemanden voreilig verurteilt 6. Der Prophet kann nicht alle Wünsche seiner Anhänger erfüllen. Ein unerfüllter Wusch gibt dem Bittsteller nicht das Recht, sich dem Propheten zu widersetzen oder ungehorsam ihm gegenüber zu sein 7. Streit unter den Gläubigen ist zu schlichten, da sie alle Brüder sind. Gegen eine Gruppe, die einer anderen bereits ein Unrecht zugefügt hat, soll man jedoch vorgehen 9 f. Niemand soll einen anderen Gläubigen verspotten oder ihm einen Spottnamen geben 11.[523] Man soll anderen Gläubigen nicht hinterherspionieren oder ihnen übel nachreden 12. Allah hat die Menschen aus einem Mann und einem Weib erschaffen und sie anschließend zu Stämmen und Völkern werden lassen, damit sie [miteinander verkehren und] sich gegenseitig kennenlernen.[524] Für Allah sind jedoch die besten Menschen [nicht bestimmte Stämme, sondern] die Gläubigen 13. Die Araber der Wüste [Beduinen] haben zwar [äußerlich] den Islam angenommen, doch der Glaube ist noch nicht wirklich in ihre Herzen eingedrungen 14.[525] Die wahren Gläubigen riskieren für die Sache Allahs ihr

[522] Die Überschrift bezieht sich auf eine Verhaltensvorschrift für Gläubige, die den Propheten in seiner Wohnung in Medina aufsuchen wollen (siehe Vers 4 f. in dieser Sure).

[523] Eine von Mohammeds Ehefrauen soll von einer anderen Haremsdame als „Judenkind" verspottet worden sein.

[524] Dieser Vers kann als koranische Aufforderung zu gegenseitiger Toleranz unter den Völkern verstanden werden.

[525] Jene Araber (Beduinen), die in der Wüste wohnten, waren immer schon sehr eigenwillig und, was ihre Treue zum Islam betrifft, stets unsichere Kantonisten. So hatten sie sich z. B. gewei-

Gut und ihr Leben 15. Es ist keine Gnade, die man vergibt, wenn man den Islam annimmt, sondern es ist eine Gnade Allahs, wenn er einen zum Islam hinführt 17.[526]

Deutschlands älteste erhaltene Moschee steht seit 1924 in der Brienner Straße in Berlin-Wilmersdorf.[527]

Muslimisches Grab auf dem 1866 eingeweihten türkischen Friedhof in Berlin-Kreuzberg

gert, bei dem Feldzug Mohammeds gegen die Mekkaner, der im Jahr 628 mit dem Vertrag von Hudaibiya endete, mitzuziehen. Nach dem Ableben des Propheten haben viele Wüstenstämme versucht, sich vom Islam und der mit ihm verbundenen Sozialabgabe zu befreien. In den „Ridda-Kriegen", die in den Jahren 632 bis 634 geführt wurden, haben muslimische Krieger die abtrünnigen Wüstenstämme mit Waffengewalt zur Rückkehr in die muslimische Gemeinde *(umma)* gezwungen. In diesen Kriegen wurden die vom Glauben abgefallenen Araber mit Razzien aufgespürt. Nach ihrer Ergreifung konnten die Abtrünnigen zwischen dem Tod der und Rückkehr zum Islam wählen.

[526] Um Muslim zu werden, genügen das dreifache Sprechen des islamischen Glaubensbekenntnisses (*schahada*; siehe Sure 2,255) vor zwei muslimischen Zeugen und ein anschließendes gemeinsames Gebet. Bei jüngeren Konvertiten wird oft die Beschneidung nachgeholt.

[527] Als erste Moschee auf deutschem Boden galt eine im Ersten Weltkrieg im Gefangenenlager Wünsdorf bei Berlin errichtete Holzmoschee; sie musste wegen Baufälligkeit nach Kriegsende ab-

50. Sure   „Qaf"[528]   *Mekka*

Die Ungläubigen leugnen die Auferstehung der Toten. Ihr Unglaube wird in einem himmlischen Buch aufgezeichnet 2 ff. Die Auferstehung nach dem Tod ist vergleichbar mit dem Erblühen des [vertrockneten] Landes nach einem Regen 9 ff. Auch das Volk des Noah, das „Volk des Brunnens", die Stämme der Thamud und 'Ad, der Pharao, die Brüder Lots, die „Waldbewohner"[529] und das Volk der Tubba[530] haben [nicht an die Auferstehung geglaubt und] die Gesandten Allahs der Lüge bezichtigt; an ihnen allen hat Allah seine Drohungen wahr gemacht [und sie vernichtet] 12 ff. Die Ungläubigen zweifeln an der „zweiten Schöpfung" [der Auferstehung], weil sie meinen, Allah sei nach der ersten Schöpfung viel zu erschöpft, um danach noch eine zweite vollbringen zu können 15. Allah ist dem Menschen näher als dessen eigene Halsschlagader 16.[531] Zwei Engel, von denen [im Grabe] einer zur Rechten und einer zur Linken des Toten sitzt, befragen den Toten und schreiben seine [im Diesseits verübten] Taten in einem Buch nieder 18 f.[532] Am Tag der Auf-

gerissen werden. Im Jahr 2007 gab es in Deutschland ca. 2600 als Moscheen genutzte Gebäude, von denen etwa 150 von der architektonischen Konzeption her richtige Moscheen waren.

[528] Nach einigen Koranauslegern soll der Buchstabe *qaf* für „Die Sache ist beschlossen" stehen. Hierbei könnte gemeint sein, dass der Richterspruch Allahs am Tage des Jüngsten Gerichts unabänderlich ist (siehe Vers 20 ff. dieser Sure).

[529] Gemeint ist hier das Volk der Midianiter.

[530] Mit dem Volk der Tubba ist das semitische Volk der Himjaren gemeint, die auf dem Gebiet des heutigen Jemen siedelten (siehe auch Sure 44,35 f.).

[531] Dieser Vers weist darauf hin, dass es zwischen dem Menschen und Allah grundsätzlich keines Mittlers bedarf. Anders als im Christentum gibt es im Islam keinen streng hierarchisch organisierten Klerus. Die Funktion eines Vorbeters *(imam)* in einer Moschee kann deshalb grundsätzlich jeder Gläubige übernehmen, der nachweisen kann, dass er ein tieferes Wissen über den Koran und die Hadithe hat. Im Christentum hat Martin Luther darauf hingewiesen, dass es bei der Suche des Menschen nach Anleitung zu einem gottgerechten Leben vor allem auf das selbstständige Bibelstudium *(sola scriptura)* ankommt.

[532] Das erste „Verhör" des Verstorbenen erfolgt nach muslimischer Auffas-

Terminus *Euro-Islam*

Nach der Besetzung Indiens durch die „ungläubigen" Briten im 19. Jahrhundert entstand im Islam die (unter Muslimen umstrittene) Wortschöpfung des *dar al-aman* (Gebiet mit Sicherheitsgarantie), das ein Gebiet bezeichnet, das zwar unter der Verwaltung der „Ungläubigen" steht, in dem aber Muslime ungehindert ihre Religion ausüben dürfen. Es wurde seinerzeit festgelegt, dass die Pflicht zum Dschihad in einem solchen Gebiet oder die Auswanderung aus dem Gebiet der „Ungläubigen" für die Muslime nicht mehr zwingend sei. Insbesondere seit der Teilung des indischen Subkontinents im Jahr 1947 gilt den Muslimen Indien als *dar al-aman*. Dadurch ist ein nicht unerheblicher muslimischer Bevölkerungsanteil (der heute immer noch 13,4 Prozent Anteil an der Gesamtbevölkerung Indiens ausmacht) in Indien sesshaft geblieben. Die Einschätzung Europas als *dar al-aman* ermöglicht Muslimen ein dauerhaftes Leben auch in Europa.

Im heutigen Europa existieren zwei Konzepte des Euro-Islam. Bei dem einen Konzept, das unter anderem der aus Syrien stammende Göttinger Professor Bassam Tibi vertritt, bekennen sich die Muslime ohne Vorbehalt zu den westlichen Vorstellungen von Demokratie und Menschenrechten und definieren sich als eine muslimische Minderheit, die versucht, sich harmonisch in ein pluralistisches Europa einzufügen. Bei dem anderen Konzept begreifen sich die Muslime lediglich als den europäischen Teil der weltweiten islamischen Gemeinschaft *(umma)* und lehnen tief greifende Konzessionen in Bezug auf eine weniger orthodoxe Auslegung des Islam ab. Dieses Konzept geht nach wie vor von einer Aufteilung der Welt in das *dar al-islam* (Haus der Unterwerfung unter Allah) und das *dar al-harb* (Haus des Krieges) aus und man ist lediglich berelt, den Islam durch äußere Kosmetik an die Moderne anzupassen. Hauptvertreter dieses Euro-Islam ist der in der Schweiz lebende Islamwissenschaftler und Publizist ägyptischer Herkunft Tariq Ramadan.

Ein grundsätzliches Problem haben strenggläubige Muslime mit dem System der Demokratie in Europa. Für sie kann nur Allah und nicht das Volk der Souverän in einem Staat sein. Demokratische Mehrheitsentscheidungen bergen für sie das Risiko, dass sie nicht mit den Geboten des Korans übereinstimmen, und man betrachtet sie deshalb eher mit Skepsis. Ein demokratischer Staat ist für sie nur vorübergehend akzeptabel als eine Zwischenstation auf dem Weg zu einer islamischen Theokratie. Von den Menschenrechten können strenggläubige Muslime nur jene akzeptieren, die vollständig konform mit der Scharia sind. Dieser Scharia-Vorbehalt zwingt strenggläubige Muslime dazu, Menschenrechte wie die Religionsfreiheit oder die Gleichberechtigung der Frau für sich selbst und ihre nächsten Angehörigen nicht gelten zu lassen. Säkularisierte Muslime, die sich in den europäischen Mehrheitsgesellschaften gut integriert haben, werden von Islamisten oft als „Kulturmuslime" abqualifiziert. Solche Islamisten polemisieren gegen die integrierten Muslime mit dem Argument, sie hätten die Religion zu einer Privatsache degradiert, die sie ohne besondere Verve (ohne den *Großen Dschihad*, das heißt ohne große Anstrengung) praktizieren würden.

Zur Entwicklung des Euro-Islam leisten die folgenden europäischen Universitäten einen wichtigen Beitrag: In Rotterdam wurde 1997 auf Initiative der muslimischen Gemeinde Hollands eine private islamische Hochschule gegründet. An der Universität für Humanistik in Utrecht hat seit 2004 der im holländischen Exil lebende ägyptische Literaturwissenschaftler und islamische Theologe Nasr Hamid Abu Zayd den „Ibn-Rushd-Lehrstuhl für Humanismus und Islam" inne. An der Universität Münster werden seit dem Wintersemester 2004 Lehrer für Islamunterricht in dem Fach „Religion des Islam" ausgebildet.

Die Autoren Hayrettin Aydın, Dirk Halm und Faruk Şen äußerten sich in ihrer Studie „Euro-Islam – Das neue Islamverständnis der Muslime in der Migration", die von der Stiftung „Zentrum für Türkeistudien" an der Universität Duisburg-Essen im Mai 2003 veröffentlicht wurde, wie folgt zum Thema der Integration von Muslimen in Europa:

> „Die in Deutschland lebenden Muslime haben sich nicht vordergründig deutsche Organisationsstrukturen angeeignet, innerhalb derer die von ihnen ausgeübte Religion statisch bleibt und schlimmstenfalls auf einen Kulturkonflikt zusteuert. Vielmehr unterliegt der Islam in der Migration einem dynamischen Wandel, dessen ‚Endprodukt' ein Islamverständnis sein könnte, das sich von nicht-pluralistischen Traditionslinien der Religionsentwicklung deutlich emanzipiert. Dieser Befund ist umso bemerkenswerter, als diese Entwicklung seitens der deutschen Aufnahmegesellschaft bisher kaum aktiv gefördert wurde. Es muss betont werden, dass die quasi zwanghafte Modernisierung der muslimischen Bevölkerung in Deutschland ebenso wenig in einer Verfestigung eines traditionellen Religionsverständnisses wie in einer Abkehr vom Islam resultierte – die Modernisierung und das Leben in der Migration haben vielmehr zu religiös-kulturellem Wandel geführt ... Dies be-

deutet, dass eine aktive Förderung eines europäischen, pluralistischen Islam bei den muslimischen Migranten in Deutschland auf fruchtbaren Boden fallen würde und damit aus integrationspolitischer Sicht mehr als lohnend erscheint. Bestimmte normative Forderungen wären an einen solchen ‚Euro-Islam' zu stellen. Er müsste auf fünf Säulen fußen: der Ablehnung der Scharia, dem Prinzip des Laizismus, der Kompatibilität islamischer Lebensweisen mit den Normen der Industriegesellschaft, Treue zur verfassungsmäßigen Ordnung der Aufnahmeländer und Zustimmung zu Demokratie und Pluralität. Obwohl entsprechende vergleichende Studien bisher fehlen, ist plausiblerweise davon auszugehen, dass eine Entwicklung zu einem authentischen Islamverständnis in der Migration auch in den anderen europäischen Ländern mit nennenswerter muslimischer Bevölkerung nachzuweisen sein dürfte. Dennoch: Der Islam in Europa weist in den unterschiedlichen Aufnahmeländern sehr unterschiedliche, herkunftsspezifische Ausprägungen auf. Ob die sich in der Zukunft in der Migration herausbildenden, authentischen und neuen Formen des Islam tatsächlich auch eine Annäherung der Muslime in Europa an einen gemeinsamen Euro-Islam bedeuten werden oder ob dieser zunächst eine normative Setzung bleibt, ist noch offen. Aber eines ist sicher: Es gibt Bewegung, und diese Bewegung deutet für die absolute Mehrheit der Muslime nicht in Richtung der Einigung unter dem Dach von Fundamentalismus oder Islamismus.“

Nur wenn der im Entstehen begriffene Euro-Islam, der es den Muslimen ermöglicht, sich in den säkularen europäischen Mehrheitsgesellschaften im ausreichenden Maße zu integrieren, von der Mehrheit der in Europa lebenden Muslime angenommen und praktiziert wird, kann es zu einer Rückbildung der muslimischen Parallelgesellschaften in Europa kommen. Für eine erfolgreiche Integration der in Europa lebenden Muslime in die christliche (und zum Teil auch agnostische und atheistische) europäische Mehrheitsgesellschaft scheinen neben dem Entstehen eines aufgeklärten Euro-Islam folgende Maßnahmen unabdingbar zu sein:

1. Es muss von der Mehrheitsgesellschaft und von den muslimischen Minderheiten alles dafür getan werden, dass die in Europa lebenden Muslime die jeweilige Landessprache lernen. Die perfekte Beherrschung der Landessprache ist eine notwendige Voraussetzung dafür, dass junge Muslime erfolgreich das europäische Bildungssystem durchlaufen können.
2. Die in den europäischen Moscheen predigenden Imame sollten in Europa

---

aufgewachsen sein und ihre theologische Ausbildung an europäischen Bildungsinstitutionen erhalten haben. Die Sprache, mit der in den europäischen Moscheen gepredigt wird, sollte die jeweilige Landessprache sein.

3. Die Aufnahme der Türkei in die Europäische Union sollte davon abhängig gemacht werden, ob es vorher gelingt, die bereits in Europa lebenden Muslime gesellschaftlich voll zu integrieren.

---

erstehung ertönt die Posaune und zwei Engel, einer, der ihn zum Gericht treibt, und einer, der von seinen Taten Zeugnis ablegt, treten an den Auferstandenen heran. Wird der Auferstandene vor dem Gericht als Ungläubiger entlarvt, befiehlt Allah den beiden Engeln, dass sie den Delinquenten in die Hölle werfen, wo eine schreckliche Pein auf ihn wartet. Keine vom Verurteilten vorgetragene Argumentation kann den Richterspruch Allahs dann noch abändern 20 ff. Wer reuig ist und Allah fürchtet, geht ins Paradies ein, wo er alles vorfindet, was er begehrt 33 ff. Wen Allah beschlossen hat zu vernichten, für den gibt es nirgendwo einen Zufluchtsort 36. Allah hat Himmel und Erde in sechs Tagen erschaffen, ohne dabei zu ermüden 38. Allah ist vor Sonnenaufgang und nach Sonnenuntergang[533] zu preisen 39 f. Am Tag der Auferstehung ertönt der Ruf zur Versammlung vor dem Jüngsten Gericht. Alle Menschen müssen sterben und danach auferstehen, weil Allah sie zu sich zurückholen will 41 ff. Mohammed hat von Allah kein Mandat erhalten, die Ungläubigen mit Gewalt zum Glauben zu zwingen.[534] Er soll nur den Koran predigen und die Menschen ermahnen, sich vor dem Strafgericht Allahs zu fürchten 45.

---

sung bereits im Grab des Toten, noch vor seiner Auferstehung. Es wird von den beiden Todesengeln Munkar und Nakir durchgeführt. Der Engel zur Rechten des Toten schreibt die guten, der Engel zur Linken die schlechten Taten des Verstorbenen auf.

[533] Ein Muslim betet nicht während des Sonnenaufgangs oder Sonnenunter-gangs, sondern jeweils davor und danach, womit er zum Ausdruck bringt, dass er Allah und nicht die Sonne anbetet.

[534] Dieser Vers fordert, wie auch schon Sure 2,256 und Sure 10,99 f., ein klares Verbot von Zwangsbekehrungen zum Islam.

51. Sure „Die aufwirbelnden Winde"[535] *Mekka*

So wie [auf Erden] ganz sicher Staub aufwirbelnde Winde, Wolken, Schiffe und Engel existieren, genauso sicher wird sich auch das von Allah angedrohte Jüngste Gericht ereignen 5 f. Die Ungläubigen fragen [spöttisch], wann denn nun der Tag des Gerichts sein würde. Dieser Tag wird jener sein, an dem sie in das Höllenfeuer eingehen 12 f. Die Gottesfürchtigen schlafen nur einen Teil der Nacht, denn vor Sonnenaufgang bitten sie [im Gebet] um die Vergebung ihrer Sünden. Einen Teil ihres Vermögens überlassen sie den Bedürftigen 17 ff. Gläubige finden überall auf Erden Hinweise auf die Allmacht Allahs 20. Von Allah gesandte Boten suchten Abraham auf und ließen sich von ihm als Gäste bewirten. Sie verkündeten ihm die Geburt eines klugen Sohnes und dass sie den Auftrag hätten, ein schuldiges Volk [die Bewohner der Städte Sodom und Gomorra] zu bestrafen. Sie prophezeiten, es würden zur Strafe der Bewohner Steine vom Himmel regnen und nur die Gläubigen eines einzigen Hauses würden überleben, und sie sagten, das Schicksal dieses Volkes sei ein

Modell einer arabischen Dau und einer spanischen Karavelle aus dem 15. Jahrhundert[536]

[535] Von den in der Überschrift erwähnten Winden wird gleich zu Beginn der Sure berichtet.

[536] Die spanische Karavelle, die auf der von Muslimen und Christen bewohnten Iberischen Halbinsel entwickelt wurde, hatte sehr wahrscheinlich die arabische Dau zum Vorbild. Die Karavelle war der Vorläufer der später in Europa gebauten hochseefähigen Segelschiffe.

Zeichen für jene, die Allahs Strafen fürchten 24 ff. Weil der Pharao Moses, den Gesandten Allahs, in hochmütiger Weise als Zauberer und Wahnsinnigen verleumdet hat, wurden er und sein Heer vom Meer umschlungen 38 ff. Das [ungläubige] Volk der 'Ad wurde von einem verheerenden Sturm heimgesucht, sodass nichts mehr von ihm übrig blieb 41 f. Blitzschläge haben das Volk der Thamudäer, das sich einem Befehl Allahs verweigert hatte, niedergestreckt 43 f. Auch das Volk des Noah war frevelhaft und wurde von Allah vernichtet 46. Allah hat Mohammed mit der deutlichen Warnung zu den Menschen gesandt, neben ihm keine anderen Götter anzubeten 51. Die Geister und Menschen wurden von Allah nur deshalb erschaffen, damit sie ihm dienen können 56. Wehe den Ungläubigen, denn am Tag des Jüngsten Gerichts wird sie ihre Strafe ereilen 60.

52. Sure   „Der Berg"[537]   *Mekka*

Die Berge, der hohe Himmel und die [heilige] Schrift, die auf feinem Pergament niedergeschrieben wurde, legen Zeugnis darüber ab, dass am Jüngsten Tag die Strafe Allahs eintrifft. Niemand kann an dem Tag, an dem der Himmel und die Berge einstürzen, die Strafe Allahs abwenden 1 ff. Wehe den Ungläubigen, die das Höllenfeuer mit eitler Rede verleugnet haben, sie werden dereinst darin brennen 11 ff. Die Gläubigen werden sich im Paradies in Gärten der Wonne aufhalten, wo man sie mit Jungfrauen von blendender Schönheit vermählt. Man wird sie dort mit ihren Nachkommen vereinen und Jünglinge, die edlen Perlen gleichen, werden sie mit Früchten, Fleisch und [weinhaltigen] Getränken, die nicht betrunken machen, versorgen 17 ff. Jedermann ist [auf Erden] für sein Tun selbst verantwortlich 21. Mohammed ist weder ein Wahrsager oder ein Besessener noch ist er ein Dichter, der sich den Koran ausgedacht hat 29 ff. Allah hat keine Töchter 39. Allah

[537] So betitelt nach den am Anfang der Sure erwähnten Bergen, die als „Zeugen" für das Kommen des Jüngsten Gerichts benannt werden.

ist erhaben über jene Götter, die man ihm zugesellt 43. Mohammed soll die Ungläubigen ihrem Schicksal überlassen. Allah sorgt für ihre Bestrafung am Tag des Jüngsten Gerichts 45.

53. Sure[538]   „Der Stern"[539]   *Medina*

So sicher, wie es Sternschnuppen am Himmel gibt, so sicher ist es, dass Mohammed weder verwirrt ist oder etwas Unrechtes tut noch aus eigenem Antrieb [ohne den Auftrag Allahs] die Offenbarung verkündet, die Allah ihm mitteilen ließ 1 ff.[540] Der Bote Allahs [der Engel Gabriel] ist, als er die Suren des Korans überbracht hat, bis auf zwei „Bogenlängen"[541] oder sogar noch näher an Mohammed heran gekommen 9. Mohammed traf den Boten Allahs [unter anderem] auch beim Zizyphusbaum,[542] der am äußersten Rande eines Gartens[543] steht 13. Was haltet ihr nun von [den heidnischen Göttinnen] Al-Lat und Al-Uzza und Manah der dritten der anderen 19 f. Wie? Sollten euch die Knaben zustehen und ihm [als Kinder nur] Mädchen? 21. Das wäre wahrhaftig eine unbillige Verteilung 22. Es sind nur Namen, die ohne Ermächtigung Allahs von den Menschen erdacht worden sind. Sie [die Koreischiten] folgen

[538] In dieser Sure befanden sich der Überlieferung nach die berüchtigten „Satanischen Verse", von denen Mohammed später erklärt haben soll, sie seien durch Einflüsterungen des Satans entstanden.

[539] So betitelt, weil in Vers 49 dieser Sure der Stern Sirius erwähnt wird.

[540] Diese Verse, in denen der Prophet Mohammed als ein „von Allah inspirierter Mensch" bezeichnet wird, werden gern von muslimischen Traditionalisten zitiert, für die die Sunna (die Aufzeichnung der Worte und Taten des Propheten Mohammed, siehe auch „Termini *Koran* und *Hadithe*" auf Seite 18) eine dem Koran fast ebenbürtige Bedeutung hat.

[541] Es ist unklar, ob hier die Länge eines Ellenbogens oder eines Bogens (zum Schießen von Pfeilen) gemeint ist.

[542] Der Zizyphusbaum, auch „Jujube" oder „Chinesische Dattel" genannt, ist ein dorniger Strauch, der eine Höhe von bis zu 10 Metern erreichen kann.

[543] Es ist nicht klar, ob hiermit ein Garten in der Nähe von Mekka oder am Rand des Paradieses gemeint ist.

[mit der Erfindung dieser Gottheiten] nur einem bloßen Wahn und ihren persönlichen Neigungen, und das, obwohl Allah sie eines Besseren belehrt hat 23. Ungläubige, die nicht an das Jenseits glauben, halten die Engel in fälschlicher Weise für weibliche Wesen 27. Der Gläubige soll sich von demjenigen abwenden, der nur das diesseitige Leben begehrt [und das Jenseits leugnet] 29. Allah kann vergeben, wenn es sich um kleine Vergehen handelt, aber er vergibt nicht die schweren Sünden[544] und Schändlichkeiten 32. Wer nur wenig an die Bedürftigen abgibt, ist geizig und wendet sich dadurch von Allah ab 33f. In den Schriften von Abraham und Moses steht geschrieben, dass kein Mensch die Sünde eines anderen Menschen auf sich laden kann und dass der Sündige nur für das bestraft wird, was er mit Vorbedacht verbrochen hat. Auch steht dort geschrieben, dass alle Menschen zu Allah zurückkehren werden 36ff. Allah allein macht die Menschen reich oder arm, denn er ist der Herr über den Stern Sirius 49.[545] Allah hat die Völker 'Ad und Thamud und das Volk Noahs ohne Schonung vernichtet und die verdorbenen Städte [Sodom und Gomorra] einstürzen lassen 50ff. Mohammed war nur ein Warner [vor dem Jüngsten Gericht], so wie die Propheten vor ihm 56. Bei der Anbetung Allahs soll man sich vor ihm niederwerfen 62.[546]

[544] Der Unglaube *(kufr)* gilt im Islam als die größte Sünde, die Allah nicht verzeiht. Zum „Unglauben" werden im Islam Polytheismus, Götzendienst und Apostasie gezählt. Anhänger der Vielgötterei und des Götzendienstes, die im Mittelalter in den Machtbereich der Muslime gerieten, mussten sich entweder zum Islam bekehren lassen oder sie wurden getötet. Apostasie wird in muslimischen Ländern, die sich streng an die Scharia halten, noch heute mit dem Tod bestraft. Die Mehrheit der Juden und der Christen gilt den Muslimen ebenfalls als „ungläubig", weil sie die ihnen verkündeten göttlichen Offenbarungen angeblich verfälscht haben.

[545] Der Stern Sirius wurde von den vorislamischen Arabern als Glücksbringer verehrt.

[546] Die Niederwerfung (Proskynese) war auch Teil des Hofrituals an den orientalischen Königspalästen der Antike. Da die Juden die Niederwerfung bei ihren Gebeten nicht praktizierten, ist das christliche Abendland von der Nachahmung einer solchen Unterwerfungsgeste weitgehend verschont geblieben. In der Katholischen Kirche, die viele Elemente des spätantiken Hofzeremoniells übernahm, hat sich die Proskynese in der Karfreitagsliturgie und in der Liturgie der Priesterweihe erhalten.

Terminus *Satanische Verse*

In den Versen 21 und 22 der Sure 53 wurde laut einem höchst umstrittenen Hadith ursprünglich auf die Existenz von drei altarabischen Göttinnen hingewiesen, um deren Fürsprache sich die Gläubigen bemühen sollten. Die Göttin al-Lat wurde in vorislamischer Zeit in einem weißen Granitblock verehrt, die Göttinnen al-Uzza und al-Manat verehrte man in Steinen, wobei der Stein der Göttin al-Manat wie jener, der heute noch in der Außenwand der Kaaba eingemauert ist, ein schwarzer Stein war. Auf die Verse 19f.: „Was haltet ihr nun von al-Lat und al-Uzza und al-Manat, der dritten der anderen?", folgten in der Urfassung des Korans die („satanischen") Verse: „Es sind die erhabenen Vögel [Vers 21], und ihre Fürsprache ist gewiss erwünscht [Vers 22]". Man nimmt an, dass Mohammed diese Kompromissformel ursprünglich ausgesprochen hatte, um von den polytheistischen Koreischiten, die in Mekka noch das Sagen hatten, die Anerkennung seiner Prophetenwürde zu erlangen. Mohammed soll diese, nachdem ihm die in den Urversen 21 und 22 enthaltene Blasphemie bewusst geworden sei, im Nachhinein durch neue Verse ersetzt haben. Eine eventuelle kurzzeitige Existenz der Satanischen Verse bringt orthodoxe Muslime in größte Verlegenheit, da für sie der Korantext „unerschaffen" ist und somit göttliche Qualität hat und vom Menschen unter keinen Umständen verändert werden darf. Die Tatsache, dass Mohammed den Korantext in Bezug auf die Satanischen Verse im Nachhinein modifiziert haben soll, ist deshalb für die muslimische Orthodoxie hochgradig problematisch. Aus dieser theologischen Unsicherheit heraus erklärt sich der Tötungsaufruf eines Rechtsgutachtens *(fatwa)* vom Februar 1989, den die iranische Geistlichkeit gegen den Schriftsteller Salman Rushdie, den Autor des islamkritischen Buches *Satanische Verse*, verkündet hat. Neben der Bekanntgabe der Fatwa wurde seinerzeit außerdem ein Kopfgeld von drei Millionen US-Dollar für die Ermordung Salman Rushdies ausgesetzt. Auf zwei Übersetzer des Buches wurden Mordanschläge verübt: Der japanische Übersetzer Hitoshi Igarashi kam dabei ums Leben, der italienische Übersetzer Ettore Capriolo wurde schwer verletzt. Bei einem Brandanschlag radikaler Muslime gegen den türkischen Übersetzer Aziz Nesin verbrannten im Sommer 1993 in einem Hotel in der zentralanatolischen Stadt Sivas fünfunddreißig Menschen. Im Juni 2007, nachdem man den Schriftsteller in Großbritannien zum Ritter geschlagen hatte, waren aus Pakistan erneute Todesdrohungen zu hören. Der Anspruch, dass am Korantext keinerlei Veränderungen durchgeführt werden dürfen, hat bis ins 20. Jahrhundert dafür gesorgt, dass der Koran nur in arabischer Sprache von islamischen Verlagen publiziert werden durfte.

54. Sure   „Der Mond"[547]   *Mekka*

Die Stunde des Jüngsten Gerichts, in der sich der Mond spalten wird, ist nah 1.[548] Die Menschen wurden immer wieder durch das Schicksal der von Allah bestraften Völker gewarnt, aber sie wenden sich [vom Glauben an Allah] ab und folgen nur ihren persönlichen Neigungen 4 f. Am Tag der Auferstehung, wenn die Ungläubigen wie zerstreute Heuschrecken aus ihren Gräbern steigen, ruft ein Engel sie zum schrecklichen Gericht 6 f. Das Volk des Propheten Noah verleumdete ihn als einen Besessenen und schüchterte ihn ein; es wurde von Allah ertränkt. Noah aber wurde zur Belohnung für den Undank, den er durch seinen Einsatz für den

Islamische Darstellung des von einer Kanzel in Medina predigenden Propheten Mohammed[549]

[547] Dieser Titel bezieht sich auf den Mond, der in Vers 1 dieser Sure erwähnt wird.

[548] Ähnlich wie die Urchristen glaubten die Muslime zu Lebzeiten des Propheten Mohammed und insbesondere kurz nach seinem Tod an den nahen Weltuntergang.

[549] Muslime gehen davon aus, dass der Prophet Mohammed einen Bart getragen hat. Da fromme Muslime versuchen, in ihrer Lebensführung so weit wie möglich ihrem Vorbild Mohammed nachzueifern, tragen auch sie einen Bart. Um sich mit ihrer Barttracht von bärtigen Christen zu unterscheiden, halten Muslime ihren Oberlippenbart kurz (er darf nicht die Oberlippe verdecken).

wahren Glauben geerntet hatte, von Allah auf einem Schiff gerettet 9 ff. Der Koran dient der Ermahnung der Menschen und wurde deshalb leicht verständlich [in arabischer Sprache] offenbart 17. Das Volk der 'Ad verleugnete die von Allah gesandten Propheten. Ein eiskalter Sturm hat das Volk der 'Ad wie entwurzelte Palmen umgemäht 18 f. Auch die Thamudäer verleugneten den Gesandten Allahs, weil sie nicht glauben wollten, dass ein gewöhnlicher Mensch aus ihrer Mitte zum Propheten auserwählt worden sei. Sie schnitten der von Allah zur Prüfung ihres Glaubens bestimmten Kamelstute die Sehnen durch. Allah hat sie zur Strafe vernichtet, sodass von ihnen nur noch dürre, zertretene Stoppeln übrig geblieben sind 23 ff. Lot wurde von seinem Volk bedroht, indem es ihn zwingen wollte, seine Gäste auszuliefern. Des Nachts brachte Allah Lot und die Seinen in Sicherheit und im Morgengrauen des folgenden Tages ließ er einen tödlichen Steinregen über das sündige Volk niederprasseln 33 ff. Das Volk des Pharao verwarf die von Moses demonstrierten Zeichen der Allmacht Allahs. Daraufhin packte Allah die Ägypter [mit den Wogen des Roten Meeres] und bestrafte sie 41 f. Die ungläubigen Araber sind den von Allah bestraften Völkern gleich. Nur weil sie Araber sind, haben sie von Allah keinen Freibrief [an ihrem Unglauben festzuhalten] 43. Am Tag des Jüngsten Gerichts werden die Ungläubigen auf ihren Gesichtern ins Höllenfeuer geschleift 48. Alles, was die Menschen tun, sei es bedeutend oder unbedeutend, wird in einem [himmlischen] Buch aufgezeichnet [und beim Jüngsten Gericht vorgetragen] 52.

55. Sure   „Der Allerbarmer"[550]   *Mekka*

Allah, der Allerbarmer, hat den Menschen erschaffen und ihm den Koran offenbart 1 ff. Sonne und Mond wurden von Allah erschaffen, damit sie den Menschen zur Berechnung der Zeit dienen 5. Den Himmel hat Allah emporgehoben und in ein exaktes

---

[550] So benannt, da diese Eigenschaft in Vers 1 Allah zugeschrieben wird.

Gleichgewicht[551] gebracht. Der Mensch soll dem nachstreben und das Wiegen mit der Waage ebenfalls sehr akkurat handhaben 7 f. Allah schuf die Menschen wie Töpferware aus Ton und die Geister schuf er aus den Flammen des Feuers 14 f. Alles auf Erden ist vergänglich; nur Allah ist ewig 26 f. Wenn die Menschen und die Geister die Grenzen des Himmels und der Erde überwinden wollen, können sie es nur mit der Hilfe Allahs schaffen 33. Allah greift täglich in das Weltgeschehen ein 29. Die Ungläubigen wird man [am Jüngsten Tag] an ihrem Schopf und an ihren Füßen packen [und in die Hölle schleifen]. In der Hölle müssen sie in siedend heißem Wasser ihre Runden drehen 41 ff. Auf die Gläubigen warten im Paradies insgesamt vier Gärten,[552] die von Bächen durchflossen sind und in denen Bäume mit vielerlei Arten von Früchten wachsen. Die Gläubigen ruhen dort auf Brokatkissen und in ihrer Gesellschaft halten sich von Menschen und Geistern bisher unberührte Mädchen mit züchtigem Blick auf. Ihr Anblick ist so schön, weil sie Rubinen und Korallen gleichen. Die Menschen sollten diese Wohltaten Allahs nicht leugnen 46 ff.

56. Sure   „Das unvermeidliche Ereignis"[553]   *Mekka*

Wenn das Ereignis [des Jüngsten Gerichts] eintrifft, wird ein Erdbeben die Berge zum Einsturz bringen und die Gläubigen werden erhöht und die Ungläubigen erniedrigt werden 1 ff. Vor dem Jüngsten Gericht werden die Menschen in drei Gruppen eingeteilt: In eine Gruppe [der Gläubigen] auf der rechten Seite, in eine Gruppe [der Ungläubigen] auf der linken Seite und in eine Gruppe [der Propheten], die ganz vorn aufgestellt wird 7 ff. Dieje-

[551] Ein Gleichgewicht, das verhindert, dass der Himmel auf die Erde stürzt.

[552] Vermutlich ist hier mit den vier Gärten gemeint, dass es im „Jenseits" getrennte Gärten für Menschen und Geister *(dschinn)* gibt, wobei diese sich noch einmal aufteilen in jene für „Normalgläubige" und jene für Propheten und Märtyrer.

[553] Mit dem „unvermeidlichen Ereignis" ist das Jüngste Gericht gemeint, von dem fast durchgehend in dieser Sure die Rede ist.

nigen aus der vorderen Gruppe werden im Paradies Plätze ganz in der Nähe von Allah zugewiesen bekommen, wo sie sich auf mit Gold durchwirkten Polstern niederlassen können. Jünglinge, die nie altern, bedienen sie dort mit Bechern und Krügen voller frischer Getränke, die weder einen Rausch noch Kopfschmerzen verursachen. Es werden ihnen Früchte und Geflügelfleisch gereicht, so viel sie nur begehren. Keusche Jungfrauen,[554] die makellosen Perlen gleichen, werden ihnen Gesellschaft leisten 11 ff. Jene aus der rechten Gruppe werden [im Paradies] Schatten spendende Lotosbäume und Bananenstauden und außerdem reichlich Früchte und frisches Wasser vorfinden. Sie können dort auf Ruhekissen lagern und werden von liebevollen Jungfrauen umsorgt 27 ff. Die Ungläubigen aus der linken Gruppe, die [bereits auf Erden] ihr Wohlleben genossen haben und nicht an die Auferstehung glauben wollten, werden in der Hölle glühenden Feuerstürmen, siedendem Wasser und schwarzem Rauch ausgesetzt. Sie müssen sich von der Frucht des Höllenbaumes Sakkum ernähren und siedend heißes Wasser wie halb verdurstete Kamele saufen 41 ff. Die Spermien, die die Männer ausstoßen, sind eine Schöpfung Allahs und nicht des Menschen 58 f. Allah hat allen Menschen den Tod [und die Auferstehung] verordnet 60. Der Mensch sät aus, aber Allah lässt es wachsen 63. Allah schuf das Wasser und das Feuer, damit die Menschen es nutzen. Das irdische Feuer soll die Menschen stets an das Feuer in der Hölle erinnern 68 ff. Es gilt der Schwur [Mohammeds], dass der Koran, dessen Urschrift bei Allah aufbewahrt wird, eine göttliche Offenbarung sei. Die Sterne sind Zeugen dieses Schwurs. Keiner, außer den [im Herzen] Reinen, darf den Koran berühren 75 ff. Wenn ein Auferstandener zu jenen zählt, die Allah nahestehen, dann werden ihm die Annehmlichkeiten im Garten der Wonne zuteil 88 f. Wenn er dann zu jenen Auf-

---

[554] Diese begehrenswerten paradiesischen Jungfrauen nennen die Araber *hurayn* (ein Wort, das nichts mit dem althochdeutschen Begriff *huora* zu tun hat, auf dem das Wort „Hure" basiert). Die *hurayn* haben gemäß der muslimischen Tradition den „Vorteil", dass sie weder altern oder gebären noch ihre Jungfräulichkeit verlieren, da sich diese stets über Nacht regeneriert. (Siehe auch Anmerkung 500 auf Seite 289.)

erstandenen geführt wird, die [vor dem Jüngsten Gericht] in der rechten Gruppe stehen, wird man ihm aus der Gruppe zurufen „Friede sei mit dir" 90 f. Gehörte er aber zu den Leugnern der Auferstehung [die sich am Jüngsten Tag links vor dem Gericht aufstellen müssen], dann wird er in der Hölle brennen und dort nur siedend heißes Wasser zu trinken bekommen 92 ff.

57. Sure   „Das Eisen"[555]   *Mekka oder Medina*

Allah ist der Erste und der Letzte, der Sichtbare[556] und Unsichtbare, und er weiß alle Dinge 3. In sechs Tagen hat Allah Himmel und Erde erschaffen. Er ist den Menschen nah, wo immer sie auch sein mögen 4. Allah kennt die Gedanken der Menschen und das, was sie zu tun beabsichtigen 6. Diejenigen, die glauben und von dem abgeben, was Allah ihnen geschenkt hat, erhalten von Allah großen Lohn 7. Der Prophet führt die Gläubigen aus der Finsternis zum Licht [Allahs] 9. Gläubige, die vor der Schlacht für die Sache Allahs von ihrem Vermögen spenden und bereit sind, in den Kampf zu ziehen, stehen [bei Allah] höher im Rang als jene Gläubige, die erst nach dem Eintreten des [militärischen] Erfolges dazu bereit sind. Allen, die Allah ein Darlehen geben [bzw. für die Sache Allahs von ihrem Vermögen spenden], wird es vervielfältigt zurückgegeben 10 f. Am Tag des Jüngsten Gerichts wird von der Gruppe der Gläubigen ein strahlendes Licht ausgehen. Die Ungläubigen werden versuchen, sich diesem Licht zu nähern, doch eine Mauer wird sie daran hindern. Auf der einen Seite der Mauer wird Allahs Barmherzigkeit walten, auf der anderen Seite sein Zorn. Die Ungläubigen werden den Gläubigen zurufen, sie wollten, wie einst im Diesseits, wieder mit

[555] In Vers 25 dieser Sure wird Eisen erwähnt, das Allah u.a. als Material für die Kriegsführung der Gläubigen erschaffen haben soll.

[556] Die hier gemachte Aussage, dass Allah der „Sichtbare" sei, kann sich nur darauf beziehen, dass die Auferstandenen ihm beim Jüngsten Gericht gegenüberstehen werden. Sowohl in der Bibel als auch im Koran (siehe Sure 7,138 ff.) wird darauf hingewiesen, dass es dem Menschen auf Erden verwehrt sei, Gott bzw. Allah zu schauen.

ihnen zusammenleben. Doch die Gläubigen werden ihnen antworten, dass sie sich die Erfüllung dieses Wunsches durch ihre [einstigen] Zweifel [an der Auferstehung] selbst verwehrt hätten 13. Allahs Diener sollen demütig sein und sich nicht wie jene [Schriftbesitzer] gebärden, denen die Schrift zuvor offenbart worden ist, aber deren Herzen verstockt blieben und von denen viele zu Übeltätern wurden 16. Mildtätigen Männern und Frauen und jenen, die für die Sache Allahs [den Sieg des Islam] spenden, wird das Vielfache zurückerstattet 18. Das irdische Leben ist nur ein kurzes Spiel, in dem von den Menschen ein Wettrennen um Reichtum und um Kindersegen veranstaltet wird. Doch es gleicht im Grunde nur dem Pflanzenwuchs, der nach einem Regenguss hochsprießt und kurz danach [unter der sengenden Sonne] wieder verdorrt 20f. Die Gläubigen sollen untereinander um die Vergebung Allahs und um die Aufnahme ins Paradies wetteifern 21. Alles irdische Unheil ist, bevor es sich ereignet, bereits in einem [himmlischen] Buch aufgezeichnet 22.[557] Allah liebt keine Menschen, die prahlen und geizig sind 23f. Allah hat das Buch [der Offenbarung] und die Maßeinheiten der Waage herabgesandt, damit die Menschen auf Erden Gerechtigkeit ausüben. Er schuf das Eisen für den Kriegsdienst und für allerlei anderen Nutzen, damit er prüfen kann, ob die Menschen es für die Sache Allahs einsetzen 25. Noah und Abraham waren Gesandte Allahs und ihre Nachkommen [die Juden] erhielten die Schrift und die Gabe der Prophetie. Aber nur wenige von ihnen ließen sich von Allah leiten; die meisten waren Übeltäter 26. Jesus, der Sohn der Maria, verkündete das Evangelium, das ihm Allah offenbart hatte. Die Anhänger Jesu waren im Herzen mitleidig und barmherzig. Sie schufen sich jedoch ein Mönchstum, das nicht Allahs Wohlgefallen findet. Einige Christen wurden von Allah [für ihren Glauben] belohnt, doch viele von ihnen sind Übeltäter 27. Wenn die Muslime Allah fürchten und dem Propheten glauben, wird sie das Licht Allahs umfangen. Die Schriftbesitzer [Juden und Christen] sollten erkennen, dass ihnen Allahs Vergebung nicht sicher ist. Allah gewährt Vergebung nur, wem er will 29.

[557] Dieser Vers deutet auf die Prädestination des Menschenschicksals hin.

Terminus *Moschee*

Eine Moschee *(masdschid)* ist für den Muslim ein „Ort der Niederwerfung" vor Allah und zusätzlich eine Art Gemeindezentrum, in dem neben religiösen auch gesellschaftliche und politische Themen erörtert werden. Vorbild vieler Moscheebauten war das häusliche Anwesen des Propheten, vor dem sich ein mit Lehmmauern umgebener quadratischer Hof befand. Moscheen bestehen aus einem Hof oder Betsaal, die an jenem Ende, das in Richtung der Kaaba in Mekka zeigt, von einer Gebetsnische *(mihrab)* abgeschlossen werden. In einer Moschee gibt es weder Altäre noch erklingen in ihr geistliche Musik oder gemeinschaftliche Gesänge. Die Stelle, an der gebetet wird, muss kultisch rein sein; deshalb sind für das Beten das vorherige Ausziehen der Straßenschuhe und das Vorhandensein eines Gebetsteppichs notwendig. Außerdem muss jeder Gläubige vor dem Beten eine rituelle Waschung seines Kopfes, seiner Hände und Unterarme und seiner Füße bis zu den Knöcheln durchführen. In den „Freitagsmoscheen" gibt es außerdem noch eine Kanzel *(minbar)*, von der aus die Freitagspredigt gehalten wird. Vor dem Betsaal erstreckt sich meist ein weiterer Hof, der von Säulenhallen umgeben ist. In diesem Hof findet der Gläubige einen Brunnen oder Wasserhähne für die rituelle Waschung. Der Gebetsruf, mit dem die Gläubigen zum Gebet in der Moschee aufgerufen werden, erfolgt von schlanken Minaretten aus *(manara)*. Leider ertönt dieser Ruf heute meist über Lautsprecher in einer sehr schlechten Klangqualität. Vor dem Eintreten in die Moschee, die der Gläubige stets mit dem rechten Fuß betreten sollte, müssen die Schuhe ausgezogen werden. Die Gläubigen stellen sich im Betsaal in Reihen hinter dem Imam auf und führen das rituelle Gebet durch, bei dem der Imam Koranverse rezitiert und die Betenden mehrmals niederknien und mit der Stirn leicht den Boden berühren (durch diese Praxis haben manche strenggläubige Muslime eine dunkle Druckstelle auf der Stirn). Frauen – deren Gegenwart die Männer nicht vom Gebet ablenken soll – beten in separaten Räumen oder auf einer Empore. Künstlerische Darstellungen von Allah, Menschen und Tieren sind, obwohl dies im Koran nicht ausdrücklich verlangt wird, in einer Moschee verboten. Solche Bildnisse empfinden Muslime als menschliche Anmaßung, die Schöpfung Allahs nachahmen zu wollen. Bunte Mosaiken mit der kalligrafischen Darstellung von Koranversen sorgen jedoch zusammen mit den ausgelegten Teppichen oft für eine überaus farbenprächtige Innendekoration der Moscheen. Nichtmuslimen wird in der Regel der Eintritt in eine Moschee gestattet. Bei der Besichtigung einer Moschee sollte der Nichtmuslim durch das Ausziehen der Schuhe und den Verzicht auf allzu leichte Sommerbekleidung zum Ausdruck bringen, dass er die religiösen Gefühle der Muslime an diesem Ort besonders respektiert.

In Deutschland wurde der Tag der deutschen Einheit am 3. Oktober auch als „Tag der offenen Moschee" etabliert. An diesem Tag sind alle Nichtmuslime in Deutschland eingeladen, sich die Moscheen an ihrem Heimatort von innen anzuschauen.

58. Sure „Der Streit"[558] *Medina*

Ein gläubiger Araber soll sich von seiner Frau nicht nach altarabischem Brauch scheiden lassen.[559] Wer seine geschiedene Frau erneut ehelichen möchte, muss [wegen der voreilig durchgeführten Scheidung] Buße tun, indem er, bevor es zum erneuten Beischlaf mit ihr kommt, einen seiner Sklaven befreit oder zwei Monate fastet oder sechzig Bettler mit Speisen versorgt 2 ff. Am Jüngsten Tag wird Allah den Auferstandenen verkünden, welche guten und welche schlechten Taten sie vollbracht haben 6. Es findet unter den Menschen keine geheime Unterredung statt, bei der Allah nicht zuhört. Am Tag der Auferstehung wird Allah verbotene Handlungen, die durch solche Unterredungen ausgelöst wurden, zur Anklage bringen 7. Diejenigen, die sich zur geheimen Verschwörung gegen den Propheten versammelt haben, werden in der Hölle brennen 8. Hinter einer Verschwörung gegen den Propheten steht die Absicht des Satans, den Gläubigen zu schaden 10. Bevor man zum Propheten geht, um sich seinen Rat einzuholen, sollte man Almosen spenden. Wer zum Spenden dieser Almosen [aus Gründen des Geldmangels] nicht in der Lage ist, dem wird

[558] Eine arabische Frau hatte sich bei Mohammed beschwert, nachdem ihr Mann sich von ihr nach altarabischem Brauch und im Widerspruch zu geltenden islamischen Regeln hatten schei-den lassen. Die ersten Verse dieser Sure nehmen Stellung zu der von der Frau aufgeworfenen Streitfrage.

[559] Zur Erläuterung dieses Verses siehe Anmerkung 430 auf Seite 246.

Allah vergeben. Er soll aber das Gebet verrichten und regelmäßig die Armensteuer bezahlen 12 f. Wer sich aus einem [ungläubigen] Volk, dem Allah zürnt, jemanden zum Freund nimmt, der wird von Allah streng bestraft 14 f.[560] Beim Jüngsten Gericht kann den Angeklagten weder sein Vermögen noch können ihn seine Kinder vor der Bestrafung durch das Höllenfeuer retten 17. Es ist Allahs Wille, dass er und seine Gesandten den Sieg davontragen 21. Die Gläubigen sollen keine Liebe für diejenigen empfinden, die sich Allah und dem Propheten widersetzen; auch dann nicht, wenn jene ihre Väter, Söhne, Brüder oder sonstigen Verwandten sind 22.

59. Sure   „Die Versammlung"[561]   *Medina*

Allah hat die ungläubigen Juden aus ihrer Heimat [in Medina und den umliegenden Oasen] hinausgetrieben. Im Jenseits erwartet sie die Strafe des Höllenfeuers, weil sie sich Allah und seinem Propheten widersetzt haben 2 ff. Wenn die Muslime bei ihrem Feldzug [gegen den jüdischen Stamm der Banu Nadir] Palmen abgeholzt haben, dann geschah das mit Allahs Zustimmung.[562] Die Kriegsbeute hat Allah [zu großen Teilen] für den Propheten und seine Verwandten und für die Waisen, Armen, Pilger und Flüchtlinge [aus Mekka] bestimmt. Durch diese Verteilung sollen die Reichen nicht noch reicher werden 5 ff.[563] Die alteingesessenen

[560] Ein solcher Vers kann, da die überwiegende Mehrheit der Christen aus der Sicht der Muslime „Ungläubige" sind, tendenziell zur Förderung von muslimischen Parallelgesellschaften in Europa beitragen.

[561] Diese Überschrift bezieht sich auf die Vertreibung der in und um Medina lebenden Juden.

[562] Es war in Arabien ein ungeschriebenes Gesetz, dass die Palmen des Feindes unangetastet bleiben.

[563] Mohammed konnte nach diesem Feldzug einen Großteil der Beute für sich behalten und an seine Verwandtschaft und an Bedürftige verteilen, da der Sieg über den jüdischen Stamm der Banu Nadir ohne die muslimische Reiterei, die von den wohlhabenden Arabern gestellt wurde, errungen worden war. Die Kämpfer der Reiterei gingen nach Beendigung des Feldzugs, bei dem sie nicht zum Einsatz gekommen waren, beim Verteilen der Beute leer aus.

Die Juden von Medina

In Medina lebten ursprünglich überwiegend Juden, die sich nach ihrer Vertreibung aus Palästina durch die Römer im Jahr 135 n. Chr. dort niedergelassen hatten. Erst ab dem 5. Jahrhundert überwog in Medina die Anzahl der Araber jene der Juden. Als Mohammed im Jahr 622 in Medina Zuflucht suchte, lebten dort Juden und Araber mehr oder weniger in Parallelgesellschaften nebeneinander.

Man geht heute davon aus, dass es in der Stadt vor Ankunft des Propheten Mohammed zu schweren Auseinandersetzungen zwischen den dort lebenden Juden und den Arabern, aber auch zwischen den Arabern untereinander[*] gekommen war. Da diese generationenlangen Fehden wohl zu einer allgemeinen Erschöpfung geführt hatten, luden Delegierte aus Medina Mohammed nach Medina ein, damit er den Auseinandersetzungen durch einen Schiedsspruch ein Ende setzen würde. Tatsächlich kam es dann auch im Jahr 623 durch die Vermittlung Mohammeds zu einer von Arabern und Juden anerkannten neuen Gemeindeordnung (sie ist heute das älteste erhaltene islamische Dokument). Es ist durchaus denkbar, dass es vor allem die Juden Medinas waren, die dafür gesorgt haben, dass Mohammed nach Medina kam, da sie in ihm, dem Propheten einer monotheistischen Religion, einen natürlichen Verbündeten sahen. Sie mussten jedoch bald einsehen, dass sie sich einer Illusion hingegeben hatten. Einer Eingebung folgend, soll Mohammed eines Tages festgestellt haben, dass ihm der jüdische Stamm der Banu Nadir feindlich gesinnt sei. Zu dieser Einstufung der Juden Medinas als Feinde der Muslime mag beigetragen haben, dass sie mehrheitlich nicht bereit waren, ihren jüdischen Glauben zugunsten des neuen Glaubens aufzugeben.[**] Der Prophet zwang daraufhin die Juden dieses Stammes, die Stadt zu verlassen, woraufhin ein Teil von ihnen sich ins byzantinische Syrien absetzte und ein anderer Teil in die etwa 150 Kilometer nörd-

---

[*] In Medina waren zu Lebzeiten Mohammeds die arabischen Stämme Banu Aus und Banu Khazradsch ansässig.

[**] In verblüffend ähnlicher Weise hat sich im 16. Jahrhundert das Verhältnis zwischen den Protestanten und den in Deutschland lebenden Juden eingetrübt. Während Martin Luther anfangs die Juden als natürliche Verbündete seiner reformatorischen Bewegung einschätzte, schlug seine Sympathie in bittere Feindschaft um, als er feststellen musste, dass die Juden nicht bereit waren, ihren alten Glauben für den Protestantismus aufzugeben. Im Jahr 1543 rief er in einem antijudaistischen Pamphlet mit dem Titel „Von den Jüden und iren Lügen" zu folgenden Maßnahmen auf:

lich von Medina gelegene Oase Khaybar zog. Im Jahr 628 wurde jedoch die Mehrheit der Juden auch aus der Oase Khaybar vertrieben. Dabei soll Mohammed Safiya, die Tochter eines Juden, als Beute in seinen Harem aufgenommen haben, nachdem er vorher ihren jüdischen Mann hatte umbringen lassen. Einige Juden in der Oase Khaybar baten Mohammed, auf ihren Landbesitzungen bleiben zu dürfen und versprachen ihm die jährliche Abgabe der Hälfte ihrer Erträge. Da sich die Muslime zu jener Zeit nur wenig in der Landwirtschaft auskannten, ging Mohammed auf diese Bitte der verbliebenen Juden ein. Die endgültige Vertreibung aller Juden von der Arabischen Halbinsel fand dann unter dem Kalifen Omar (Kalifat von 634–644) statt. In einem im Jahr 2005 in pakistanischen Hotels ausliegenden Koran, der von Marmaduke Pickthall ins Englische übersetzt worden ist, konnte man in der Einführung folgende Textstellen lesen, die das Verhältnis der Muslime zu den Juden von Medina aus muslimischer Sicht beschreiben: „In Yathrib [Medina] lebten jüdische Stämme, unter denen es gelehrte Rabbiner gab, die den Arabern immer wieder von einem Propheten berichteten, der bald zu ihnen kommen würde, um zusammen mit den Juden die Heiden auszurotten, so wie einst die heidnischen Stämme 'Ad und Thamud wegen ihres Götzendienstes ausgerottet worden seien. Als Männer aus Yathrib, die sich in Mekka aufhielten, Mohammed sahen, erkannten sie in ihm den Propheten, den die jüdischen Rabbiner beschrieben hatten ... Nachdem sie tagelang auf unbekannten Wegen (aus Mekka) geflüchtet waren, erreichten Mohammed und seine Gefährten die Vororte von Yathrib ... Es war ein Jude, der den in Yathrib lebenden Arabern die Ankunft jenes Propheten verkündete, den sie so lange erwartet hatten ... Im ersten Jahr seiner Regentschaft in Yathrib schloss der Prophet mit den jüdischen Stämmen einen Vertrag ab, der ihnen gleiche Bürgerrechte und freie Religionsausübung garantierte. Im Gegenzug verpflichteten sich die Juden, den Stadtstaat zu unterstützen. Die Juden hatten die Vorstellung, dass der Prophet ihnen die Vorherrschaft in der Stadt zurückgeben würde und nicht, dass er von ihnen religiöse Gefolgschaft wie von den Arabern verlangen würde. Als sie feststellten, dass sie den Propheten nicht für ihre Ziele nutzen konnten, versuchten sie, seinen Glauben an seine Mission zu erschüttern und ihm seine Gefolgschaft abspenstig zu machen. Bei diesem Vorhaben wurden sie insgeheim von einigen Muslimen unterstützt, die das Erscheinen des Propheten übel-

„... das man ire Synagoga oder Schule mit feur anstecke und, was nicht verbrennen will, mit erden überheufe und beschütte, das kein Mensch ein stein oder schlacke davon sehe ewiglich. Und solches sol man thun, unserm Herrn und der Christenheit zu ehren damit Gott sehe, das wir Christen seien."

nahmen, weil sie dadurch ihren politischen Einfluss in Yathrib verloren hatten. Im Koran werden diese Juden und muslimischen Heuchler häufig erwähnt ... Nachdem sieben Jahre seit der Flucht Mohammeds aus Medina vergangen waren, führte der Prophet einen Feldzug gegen die Oase Khaybar in Nordarabien, die die Juden zu einer Festung ausgebaut hatten und die zu einem Hornissennest der Feinde der Muslime geworden war. Die jüdischen Festungen von Khaybar wurden eine nach der anderen geschleift und die dort ansässigen Juden wurden zu Pächtern der Muslime degradiert, bis sie unter der Regierung des Kalifen Omar aus Arabien vertrieben wurden." (Übers. a. d. Engl. Michael Celler)

Die mit den Juden von Khaybar geschlossene Vereinbarung hatte Auswirkungen auf den im Mittelalter üblichen Umgang mit Juden und Christen in den von Muslimen eroberten Gebieten. Die dort angetroffenen jüdischen und christlichen Bewohner wurden nicht grundsätzlich vertrieben oder getötet und es wurde ihnen größtenteils sogar gestattet, weiterhin ihre Berufe auszuüben. Als Gegenleistung mussten sie eine Kopfsteuer *(dschizya)* an die Muslime zahlen, die sehr viel höher war als die von den Muslimen gezahlte Armensteuer. Juden und Christen wurden so zu Schutzbefohlenen *(dhimmi)* degradiert, deren Rechtsstatus nicht an den der Muslime heranreichte. Sie durften zwar weiterhin ihrem eigenen Glauben anhängen, aber nicht missionieren; für Bekehrungen von Muslimen zum Juden- oder Christentum wurden sie mit dem Tode bestraft. Man garantierte ihnen weitestgehend Besitz, Niederlassungsfreiheit und auch ein autonomes Gemeindeleben. Sie durften jedoch keine muslimischen Sklaven halten, keine Waffen tragen und keine Pferde reiten. Auch gab es für Juden eine besondere Kleiderordnung, die sie unter anderem dazu verpflichtete, gelbe Turbane zu tragen. Trotz dieser rechtlichen Degradierung waren die Juden im Mittelalter unter den Muslimen weitaus seltener mit Zwangsbekehrungen, Vertreibungen und Pogromen konfrontiert als unter Christen. Ein genereller Judenhass blieb im Islam eher die Ausnahme. Erst durch den Nahostkonflikt, der seit der Staatsgründung Israels im Jahr 1948 ungelöst ist, sind fast in der gesamten islamischen Welt Ressentiments gegenüber jenen jüdischen Israelis entstanden, die im Nahen Osten das biblische Groß-Israel *(Eretz Israel)* zu Lasten der arabischen Palästinenser wiederauferstehen lassen wollen.

Wie der Koran ist auch das Neue Testament nicht frei von problematischen Äußerungen über Juden. Im ersten Paulusbrief an die Thessalonicher, 2, 15, heißt es über die Juden: „Die haben den Herrn Jesus getötet und die Propheten und haben uns verfolgt und gefallen Gott nicht und sind allen Menschen feind."

Araber [von Medina] dürfen nicht jene Glaubensflüchtlinge [aus Mekka] beneiden, die beim Verteilen der Beute vom Propheten bevorzugt werden 9. Einige [arabische] Heuchler [aus Medina] haben den ungläubigen Schriftbesitzern [den Juden des Stammes Banu Nadir] versprochen, ihnen beim Kampf [gegen die Muslime] beizustehen oder bei ihrer Vertreibung [aus Medina] mit ihnen zu ziehen. Allah ist Zeuge ihrer Lügen 11. Die Juden fürchten sich mehr vor den Muslimen als vor Allah.[564] Sie verhalten sich so, weil sie ein Volk sind, das nichts begreift. Beim Kampf gegen die Muslime bilden sie keine vereinte Streitmacht [im Felde], sondern verschanzen sich lieber hinter den Mauern ihrer befestigten Siedlungen. Ihre Kampfkraft ist [eigentlich] groß, aber sie sind untereinander uneinig. Sie sind ein Volk ohne Verstand und sie gleichen jenen Juden, die von den Muslimen schon vor ihnen vertrieben worden sind.[565] Sie werden [von Allah] zusammen mit dem Satan ins ewige Höllenfeuer verbannt 13 ff.[566] Der Koran wurde nicht [wie die jüdischen Gesetzestafeln] zum Gipfel eines Berges herabgesandt, weil sich der Berg sonst aus Furcht vor Allah gespalten hätte 21. Nur Allah kennt die verborgene Zukunft 22. Außer Allah gibt es keinen Gott. Er ist der Allmächtige und er weiß alles 24.

[564] Dieser Vorwurf wurde insbesondere den Juden vom Stamm der Banu Nadir gemacht.

[565] Gemeint ist hier der Stamm der Banu Qainuqa, der neben den Banu Nadir und den Banu Quraiza einer der drei jüdischen Stämme war, die das vorislamische Yathrib (Medina) bewohnten. Die Banu Qainuqa hatten sich früh einem Übertritt zum Islam widersetzt und waren der erste jüdische Stamm, der mit den Muslimen von Medina in Konflikt geriet. Bereits im Jahr 624, nach der Schlacht von Badr, wurden sie von den Muslimen aus Medina vertrieben.

[566] Der Koran beschreibt die Juden, die zur Zeit Mohammeds auf der Arabischen Halbinsel lebten, mit Herablassung und Verachtung. Dieses vom Koran induzierte Überlegenheitsgefühl der Muslime gegenüber den Juden wurde durch die Gründung des Staates Israel im Jahr 1948 und durch die militärische Überlegenheit Israels in den sich anschließenden Nahostkriegen schwer erschüttert. Der Teilungsplan der Vereinten Nationen für Palästina vom November 1947, bei dem das Selbstbestimmungsrecht der Muslime, die seinerzeit die überwiegende Mehrheit der Bevölkerung in Palästina ausmachten, unberücksichtigt blieb, war gegen den ausdrücklichen Willen der

Zwei sunnitische Heerführer, Granada/Spanien[567], 15. Jahrhundert

im Nahen und Mittleren Osten lebenden Muslime erfolgt. Folgende muslimische Saaten votierten damals gegen den Teilungsplan: Afghanistan, Ägypten, Iran, Irak, Jemen, Libanon, Pakistan, Saudi-Arabien, Syrien und die Türkei. Erst der Jom-Kippur-Krieg im Oktober 1973, in dem es den ägyptischen Streitkräften anfangs gelungen war, die israelischen Verteidigungsstellungen am Suezkanal (die sogenannte „Bar-Lev-Linie") zu überrennen, und der Libanonkrieg im Juli und August 2006, der den Israelis nicht die erhoffte abschreckende Wirkung auf die schiitischen Libanesen einbrachte, hat die Muslime im Nahen und Mittleren Osten wieder etwas aus ihrer tiefen Frustration herausgeholt.

[567] Mit dem Ende des Umayyaden-Kalifats (661–750) endete die arabische Reichseinheit. Das Emirat von Córdoba in Spanien, das im Jahr 756 von dem aus dem Orient vertriebenen Umayyaden Ab dar-Rahman I. gegründet wurde, war das erste islamische Reich, das sich vom Kalifat in Bagdad unabhängig machte. Das Bild von al-Andalus wird heute im Abendland weitgehend von einem Mythos geprägt, der im 18. und 19. Jahrhundert entstanden ist. Nach diesem Mythos war al-Andalus ein Hort der Toleranz, in dem Muslime, Juden und Christen gleichberechtigt nebeneinander gelebt haben sollen. Die Wirklichkeit sah allerdings anders aus: Zwar wurde das Leben der Christen und der Juden in der Regel geschont, aber Nichtmuslime wurden von der muslimischen Mehrheitsgesellschaft eindeutig als Menschen zweiter Klasse behandelt. Auch waren sie nie sicher vor Versklavung und Deportation. Dennoch waren die Muslime in Spanien, vergleicht man sie mit den Christen jener Zeit, tatsächlich sehr viel toleranter im Umgang mit den „Ungläubigen". Außerdem waren Kultur und Lebensqualität im muslimischen Spanien des 10. Jahrhunderts auf einem Niveau, an das im christlichen Abendland kaum etwas Vergleichbares heranreichte.

60. Sure   „Die zu untersuchende Frau"[568]   *Medina*

Für die Feinde Allahs und der Gläubigen soll man keine Zuneigung empfinden, weil sie die im Koran verkündete Wahrheit leugnen. Wer auszieht, für die Religion Allahs zu kämpfen, soll sich nicht insgeheim mit den Feinden [des Islam] verbrüdern, denn Allah sieht auch das, was im Verborgenen geschieht 1. Wenn die Feinde siegen, werden sie die Gläubigen feindselig behandeln und versuchen, die Muslime von ihrem Glauben an Allah abzubringen 2. Beim Jüngsten Gericht können weder Blutsverwandte noch die eigenen Kinder den Auferstandenen vor der Strafe Allahs schützen. Selbst Abraham, der Allah um die Vergebung der Sünden seines Vaters bat, konnte nichts ausrichten 3 f. Allah kann, wenn er es will, zwischen den Gläubigen und ihren Feinden Freundschaft herstellen 7.[569] Allah gestattet den Muslimen, mit jenen Ungläubigen, die weder gegen die Gläubigen gekämpft noch sie vertrieben haben, gütig und gerecht umzugehen. Jedoch mit Ungläubigen, die gegen Muslime gekämpft und sie vertrieben haben, darf es keine Verbrüderung geben. Jene Muslime, die gegen den Willen Allahs mit den Feinden Freundschaft schließen, sind Missetäter 8 f. Wenn Frauen der Ungläubigen zu den Muslimen überlaufen und sich zum islamischen Glauben bekennen, dann ist ihre Glaubwürdigkeit zu prüfen. Bestätigt die Überprüfung ihren Glauben an Allah, darf man sie nicht mehr zu den Ungläubigen zurückschicken. Die ungläubigen Ehemänner dürfen die Ehe mit diesen gläubigen Frauen nicht mehr weiterführen. Die den Ungläubigen entstanden Kosten [für die Brautgabe] sind jedoch von den Muslimen zu erstatten. Eine gläubige Flüchtlingsfrau darf von einem Muslim geehelicht werden, nachdem er ihr die Brautgabe überreicht hat. Die Ehe mit einer ungläubigen Frau, die das Land der Ungläubigen nicht verlassen will, soll vom Gläubigen nicht fortgesetzt werden 10. Wenn die Ehefrau

---

[568] Der Vers 10 dieser Sure regelt den Umgang mit Frauen, die zum Islam übergetreten sind.

[569] Eine solche Verbrüderung mit den ehemaligen Feinden der Muslime fand im Jahr 630 statt, nachdem sich die „ungläubigen" Koreischiten der Stadt Mekka den Muslimen ergeben hatten.

eines Muslims zu den Ungläubigen überläuft, so sind ihm, falls man danach bei den Ungläubigen Beute macht, seine Ausgaben für die Brautgabe der entlaufenen Ehefrau zurückzuerstatten 11. Wenn eine [vormals ungläubige] Frau gelobt, außer Allah keinen anderen Gott anzubeten, weder einen Diebstahl noch Unrecht zu begehen, sich nicht der Unzucht hinzugeben, ihre Kinder [aus wirtschaftlicher Not heraus] nicht zu töten und ihrem Manne stets gehorsam zu sein, dann ist ihr Gelöbnis zu akzeptieren 12. Mit einem ungläubigen Volk, das weder an die Auferstehung noch an ein Jenseits glaubt, dürfen Muslime keine Freundschaft schließen 13.

61. Sure   „Die Schlachtreihen"[570]   *Medina*

Allah hasst es, wenn man ihm Versprechungen macht, die man hernach nicht einhält 2 f. Allah liebt jene, die auf dem Schlachtfeld wie eine Mauer zusammenstehen und für die Sache Allahs kämpfen 4. Moses wurde von seinem Volk, das sich vom Glauben abwandte [indem es ein Kalb anbetete], enttäuscht 5. Jesus, der Sohn der Maria, sprach zu den Kindern Israel, dass er ein Gesandter Allahs sei, der bestätigen solle, was vor seiner Zeit in der Tora offenbart worden sei. Außerdem verkündete er die frohe Botschaft, dass nach ihm ein Gesandter namens „Ahmed"[571] kommen würde. Obwohl Jesus mit klaren Beweisen zu den Kindern Israel kam, hielten sie ihn für einen Zauberer [bzw. Lügner]. Es gibt nichts Schlimmeres als über Allah Lügen zu verbreiten 6 f. Allah hat seinen Gesandten [Mohammed] mit der wahren Religion zu den Menschen geschickt, damit der Islam über jede andere Religion den Sieg davontrage 9. Wer mit seinem Gut und Blut für die Religion Allahs kämpft, dem wird Allah die Sünden vergeben und

---

[570] Der Titel bezieht sich auf Vers 4 dieser Sure, in dem der Kampf gegen die Feinde Allahs verherrlicht wird.

[571] Der Name „Ahmed" kann auch als „Mohammed" gedeutet werden, weil sich beide Namen von der Wortwurzel *hmd* ableiten. Mit der Erwähnung des Namens „Ahmed" ist deshalb hier nach Auffassung der Muslime der Prophet Mohammed gemeint.

ihn ins Paradies führen 11 f.[572] Allah stellt den Gläubigen einen baldigen Sieg [über die Ungläubigen] in Aussicht 13. Die Gläubigen sollen Allah folgen, so wie einst die Jünger von Jesus Allah gefolgt sind. Ein Teil der Kinder Israel glaubte [zu Lebzeiten von Jesus] an Allah, ein anderer Teil blieb ungläubig. [Auch] zu jener Zeit verhalf Allah den Gläubigen zum Sieg 14.

62. Sure   „Die Freitagsversammlung"[573]   *Medina*

Allah hat unter den Analphabeten[574] einen Propheten [Mohammed] auserwählt, damit dieser die Araber die Verse des Korans lehre 2. Allah sandte den Juden die Tora, die jedoch die in ihr enthaltenen göttlichen Gebote nicht einhalten. Die Juden gleichen daher einem Esel, dem man Bücher [zum Lesen] aushändigt 5. Die Juden glauben irrtümlich, dass sie das einzige auserwählte Volk Allahs seien. Ob dieses Frevels sollten sie sich lieber den Tod wünschen. Aber sie wünschen sich nicht den Tod, weil sie wegen ihrer [schlechten] Taten im Diesseits mit keiner Belohnung im Jenseits rechnen können. Der Tod, dem die Juden zu entfliehen suchen, wird sie mit Sicherheit ereilen und dann wird Allah über das richten, was sie auf Erden verbrochen haben 6 f. Wenn am Freitag[575] die Gläubigen zum Gebet gerufen werden, sollen sie alle Ge-

[572] Mit diesem Vers animiert der Koran die „Gläubigen" zum Führen des „heiligen" Krieges (*dschihad*, was eigentlich „Anstrengung" bedeutet).

[573] Vers 9 ff. dieser Sure handelt vom Freitagsgebet.

[574] Der Koran betont hier, wie an mehreren anderen Stellen auch (siehe Sure 7,158 und Sure 29,48), dass Mohammed des Lesens und Schreibens nicht mächtig war, um damit Spekulationen, er habe die Verse des Korans aus einer anderen (jüdischen oder christlichen) Quelle abgeschrieben oder selbst erdichtet, im Keim zu ersticken. Mohammed stand bei seinen Zeitgenossen immer wieder im Verdacht, dass die von ihm verkündeten Koranverse keinen unmittelbar göttlichen Ursprung hätten. Mit einer ganz ähnlichen Problematik war auch Jesus konfrontiert, dem die jüdischen Hohepriester seine Berufung zum Messias nicht glauben wollten (siehe Matthäus 26,63 ff.; Markus 14,61 ff. und Lukas 22,66 ff.).

[575] Die Religionspraxis im Islam tendiert mehr zur Öffentlichkeit als zum Rückzug

schäfte ruhen lassen und während des Gebets ihre Gedanken nicht auf die ihnen angebotene Handelsware oder auf Spiele konzentrieren. Nach dem [Freitags-]Gebet soll die Gemeinde der Gläubigen sich zerstreuen und häufiger [als an anderen Tagen] an Allah denken 9 ff.

63. Sure   „Die Heuchler"[576]   *Medina*

Jene Heuchler [in Medina][577], die insgeheim vom Glauben abgefallen sind, aber vorgeben, an Allah zu glauben, sind die Feinde der Gläubigen und man soll sich vor ihnen in Acht nehmen. Allahs Fluch ist ihnen sicher 1 ff. Die Heuchler meinen, sie, die voller Würde seien, könnten die Gläubigen aus Medina wieder vertreiben.[578] Sie wissen nicht, dass über Würde nur Allah, seine Propheten und die Gläubigen verfügen 8. Man soll seine Gedanken an Allah weder vom eigenen Vermögen noch von den eigenen

in die Innerlichkeit und wird stärker als im Christentum in der Gruppe vollzogen. Das Besondere am muslimischen Freitag ist, dass er der einzige Wochentag (und damit kein Feiertag, wie z. B. der Sonntag bei den Christen) ist, an dem ein Predigtgottesdienst stattfindet, bei dem vor dem gemeinsamen Gebet ein Vorbeter *(imam)* eine Predigt *(khutba)* hält. Diese Predigt kann in islamisch-fundamentalistischen Gemeinden jederzeit eine brisante politische Bedeutung bekommen, weshalb dort die Moscheen am Freitag oft zu einem Ort der Agitation gegen die „Ungläubigen" werden. Die Präsenz beim Freitagsgebet ist für muslimische Männer bzw. Jungen ab der Pubertät obligatorisch, für muslimische Frauen ist sie fakultativ. Während die Juden am Sabbat und die Christen am Sonntag ganztägig die Ar-

beit ruhen lassen, gilt das für die Muslime nur für die Zeit während des Freitagsgebets am frühen Nachmittag.

[576] Der Titel bezieht sich auf die vom islamischen Glauben abgefallenen Bewohner Medinas, die in Vers 1 ff. erwähnt werden. Immer, wenn es zu militärisch bedrohlichen Situationen für die Muslime in Medina kam, haben sich einzelne Gruppen insgeheim wieder vom Islam losgesagt.

[577] Der Anführer der arabischen „Heuchler" in Medina soll ein gewisser Abdallah Ibn Ubai gewesen sein, der wohl auch mit jenen jüdischen Stämmen paktierte, die dem Propheten ihre Gefolgschaft versagt hatten.

[578] Diese Einstellung sollen einige arabische Widersacher des Propheten geäußert haben, als sich die Muslime im

Kindern ablenken lassen 9 f. Was Allah einem [an Reichtum] schenkt, von dem soll man an die Armen abgeben, bevor es durch den Tod, der einen plötzlich ereilen kann, zu spät ist. Den von den Toten Auferstandenen räumt Allah keine Gelegenheit mehr ein, sich durch das Spenden von Almosen als Rechtschaffene zu erweisen 11 f.

64. Sure   „Die Gewährung des Vorteils"[579]   *Mekka*

Allah erschuf Himmel und Erde in gerechter Weise und gab den Menschen eine schöne Gestalt.[580] Zu ihm werden [am Jüngsten Tag] alle Menschen wieder zurückkehren 3. Allah weiß alles; er kennt auch das, was die Menschen geheim zu halten versuchen 4. Viele fanden nicht zum rechten Glauben, weil sie nicht verstehen konnten, dass Allah als Gesandte nur normale Menschen und keine Engel auserwählt hat 6. Die Ungläubigen behaupten, niemand würde sie [nach dem Tod] auferwecken, doch die Auferstehung ist gewiss. Am Tag der Versammlung [vor dem Jüngsten Gericht] wird man die Gläubigen von ihren Sünden reinigen und sie in das von Bächen durchflossene Paradies eintreten lassen. Die Ungläubigen aber werden ewiglich im Feuer der Hölle wohnen 7 ff. Es ereignet sich kein menschliches Unglück, ohne dass es Allah vorherbestimmt hat 11. Der Gläubige soll Allah und seinem Gesandten [Mohammed] gehorchen. Dem Gesandten [Mohammed] obliegt nur die öffentliche Verkündigung der Offenbarung; er ist von Allah nicht beauftragt worden, sich um jene zu kümmern, die vom Glauben wieder abfallen 12. Ob man es glaubt oder nicht,

Jahr 627 auf einem Feldzug gegen den Stamm der Banu l-Mustaliq befanden.

[579] Der Surentitel bezieht sich darauf, dass am Jüngsten Tag die „Gläubigen" gegenüber den „Ungläubigen" einen Vorteil haben, weil man ihnen den Einlass ins Paradies gewährt (siehe Vers 7 ff. dieser Sure).

[580] Im Alten Testament erhält der Mensch im Vergleich zu der Koranaussage in diesem Vers noch einen etwas höheren Stellenwert. Dort heißt es in 1. Mose 1,27: „Und Gott schuf den Menschen ihm zum Bilde, zum Bilde Gottes schuf er ihn."

aber unter den Frauen und Kindern der Muslime gibt es solche, die den Gläubigen feindlich gesinnt sind. Der Gläubige soll sich vor ihnen hüten, aber ihnen auch verzeihen, denn Allah ist auch barmherzig. Reichtum und Kinder bringen den Gläubigen stets in Versuchung [weil sie vom Glauben ablenken]. Wirklichen Reichtum findet man nur bei Allah 14 f. Man soll Allah, so viel man nur kann, fürchten und außerdem Almosen spenden, denn Habsucht schadet dem Gläubigen 16. Wer Allah ein Darlehen gibt, dem werden Sünden vergeben und der erhält das Vielfache von seinem Darlehen zurück 17.

Unterricht in einer Madrasa, 13. Jahrhundert

Terminus *Madrasa*

madrasa ist das arabische Wort für „Ort des Unterrichts". Eine Madrasa ist die an eine Moschee angegliederte Schule, in der der Koran bzw. islamisches Recht gelehrt werden. Diese Einrichtungen (islamische Bildungsstätten), die in der Regel von wohlhabenden Muslimen aus der Region gestiftet wurden, verbreiteten sich seit Anfang des 11. Jahrhunderts vom Iran aus in der gesamten islamischen Welt. Die Madrasa verbindet die Funktionen einer Moschee mit denen einer Rechtsschule und eines theologischen Seminars. Sie beherbergt Lehrer und Lernende in enger Gemeinschaft unter einem Dach. Die Lernenden erhalten in der Madrasa gratis Unterricht, Kost und Logis und oft auch eine medizinische Betreuung. Gelehrt werden vor allem die „islamischen Wissenschaften": Recht (einer oder mehrerer islamischer Rechtsschulen), Theologie, Geschichte und Hilfswissenschaften wie Grammatik, Lexikologie und Rhetorik. Nicht gelehrt werden dort die „nichtislamischen Wissenschaften", womit die modernen Naturwissenschaften gemeint sind. Der muslimische Student erhält später ein Zertifikat in den Bereichen, die er dann als Lehrer fortan auch unterrichten darf. Die weltweit wichtigsten Madrasen sind die *al-Azhar* in Kairo/Ägypten, die *Dar ul-Ulum* in Deoband/Indien, die *Ez-Zitouna* in Tunis/Tunesien und die *al-Qarawiyin* in Fés/Marokko. Ein Bericht der UN-Entwicklungsorganisation UNDP vom Oktober 2003 („Arab Human Development Report 2003") über die Entwicklung der Menschen in Nordafrika und im sunnitischen Nahen Osten, der im Auftrag der UNO und der Arabischen Liga erstellt worden ist, kommt in Bezug auf den Bildungsstand und den Wissensaustausch in der von ihr untersuchten Region zu einer dramatisch negativen Einschätzung. Der Bericht konstatiert eine enorme Wissenskluft zur westlichen und fernöstlichen Welt und eine äußerst mangelhafte allgemeine Wissensvermittlung in der untersuchten Region.

65. Sure „Die Scheidung"[581] *Medina*

Wer sich von seiner Frau scheiden lassen will, muss vorher eine festgelegte Bedenkzeit[582] einhalten. Eine Ehefrau darf nur dann ohne die Einhaltung einer Frist [Bedenkzeit] aus dem Haus des Mannes verstoßen werden, wenn sie eine offenkundige Schändlichkeit begangen hat. Wenn die Frist abgelaufen ist, kann der Mann [falls er sich doch nicht scheiden lassen will] die Frau zurückbehalten, oder er muss sich endgültig von ihr, im Beisein von seriösen Zeugen, scheiden lassen 1 f. Will man sich von Ehefrauen trennen, bei denen keine Menstruationen mehr erfolgen oder die [so jung sind, dass sie] ihre Menstruationsphase noch vor sich haben, dann braucht man [vor der Scheidung] nur eine Bedenkzeit von insgesamt drei Monaten einzuhalten. Ist die Ehefrau, von der man sich scheiden lassen will, schwanger, dann dauert die Bedenkzeit so lange, bis sie ihr Kind zur Welt gebracht hat 4. Frauen, von denen man sich scheiden lassen will, soll man [während der Bedenkzeit] im eigenen Haus wohnen lassen und ihnen dabei kein Leid zufügen. Sind sie schwanger, so sind sie bis zur Geburt des Kindes mit allem zu versorgen. In der Phase, wo sie das Kind noch stillen, soll man gütig mit ihnen umgehen und ihnen eine Entlohnung bezahlen. Kommt es jedoch zu Auseinandersetzungen mit der Frau, dann soll der Mann das Kind [der Frau wegnehmen und] einer Amme übergeben 6. Allah erwartet vom Gläubigen, dass er [Bedürftigen] von seinem Vermögen so viel abgibt, wie er es sich gut leisten kann 7. Allah hat den Koran herabgesandt, damit der Prophet [Mohammed] die Menschen aus der Finsternis zum Licht führt 10 f. Allah hat sieben Himmel und sieben Himmelskörper[583] erschaffen 12.

[581] Gemeint ist das islamische Scheidungsrecht, mit dem sich diese Sure fast ausschließlich beschäftigt.

[582] Die Frist für diese Bedenkzeit, während der sich die Ehefrau weiterhin im Haus des Mannes aufhalten darf, beträgt vier Monate (siehe auch Sure 2,229).

[583] Im 7. Jahrhundert n. Chr. kannte man als Himmelkörper, die sich im Gegensatz zu den Fixsternen autonom am Himmel bewegen, nur Sonne, Merkur, Venus, Mond, Mars, Jupiter und Saturn.

66. Sure   „Das Verbot"[583]   *Medina*

Der Prophet soll [Allah] nicht geloben, seinen Ehefrauen den Beischlaf zu verweigern, weil das den Geboten Allahs nicht entspräche 1.[585] Allah hat dem Propheten [Mohammed] davon berichtet, dass eine seiner Ehefrauen [Hafza, die Tochter von Omar] ihr Versprechen [über eine Peinlichkeit des Propheten Stillschweigen zu bewahren] nicht gehalten hat 3. Wenn die Ehefrauen Mohammeds sich untereinander gegen den Propheten verbünden, werden Allah, der Engel Gabriel und die Anhänger des Propheten ihm beistehen. Die Ehefrauen Mohammeds sollten dabei bedenken, dass Allah ihm, wenn er sich von ihnen scheiden lässt, bessere Frauen geben könnte, die gläubiger, gehorsamer, reuiger und jungfräulicher sind 4 f. Brennstoff der Hölle sind Menschen und Steine. In der Hölle herrschen hartherzige Engel, die alles ausführen, was Allah ihnen befiehlt 6. Wer sich in aufrichtiger Reue Allah zuwendet, der hat gute Chancen, dass Allah verzeiht und ihm die Pforte des Paradieses öffnet 8. Der Prophet soll die Ungläubigen und die Apostaten, die alle im Feuer der Hölle enden werden, be-

[584] Dieser Titel bezieht sich auf eine vorübergehende sexuelle Verweigerungshaltung Mohammeds gegenüber den Frauen seines Harems, die in dieser Sure nicht gebilligt wird (siehe Vers 1 dieser Sure).

[585] Nach islamischer Überlieferung hatte Mohammed vom Statthalter Ägyptens eine Sklavin namens Maryam (Maria) als Geschenk erhalten, die eine Koptin (d. h. eine ägyptische Christin) war. Mohammed schlief mit ihr in einer Nacht, die eigentlich für seine Frau Aischa, die Tochter Abu Bakrs, vorgesehen war und vollzog außerdem den Beischlaf in jenen Gemächern, die ausschließlich seiner Frau Hafza, der Tochter Omars, zugesprochen waren. Als Hafza dies erfuhr und Mohammed zur Rede stellte, versprach Mohammed ihr, die Sklavin Maryam in Zukunft nicht mehr zu berühren, wenn sie (Hafza) das peinliche Geschehen geheim halten würde. Außerdem soll er ihr bei dieser Gelegenheit versprochen haben, dereinst seine Schwiegerväter Abu Bakr und Omar zu seinen Nachfolgern zu bestimmen. Hafza erzählte den Vorfall dennoch Aischa, worauf Mohammed zur Bestrafung seines gesamten Harems einen Monat lang von seinen Ehefrauen getrennt nur mit Maryam zugebracht haben soll. Nach seinem Tod folgten ihm tatsächlich Abu Bakr als erster Kalif (632–634) und Omar als zweiter Kalif (634–644). Maryam starb fünf Jahre nach ihm und liegt in Medina begraben.

kämpfen 9. Das Schicksal der Frauen von Noah und Lot, die gegenüber ihren Männern unaufrichtig waren,[586] endete im Höllenfeuer und dient den Ungläubigen zur Warnung 10. Allah nennt als Beispiele für vorbildliche Frauen die Ehefrau des Pharao, die ausgerufen hat, man solle sie von ihrem [ungläubigen] Ehemann und Volk befreien,[587] und Maria, die Tochter Imrans,[588] die ihre Keuschheit bewahrte und Allah gehorsam war 11 f.

67. Sure   „Die Herrschaft"[589]   *Mekka*

Allah herrscht über seine Schöpfung. Er hat das Leben und den Tod in die Welt gebracht, um zu prüfen, wer gläubig ist und wer nicht 1 f. Die Schöpfung Allahs ist ohne Fehl und ohne irgendeinen Mangel 3.[590] Den untersten Himmel hat Allah mit Leuchten

[586] In der Bibel gibt es keinen Hinweis darauf, dass Noahs und Lots Ehefrauen ihren Männern gegenüber unaufrichtig oder untreu gewesen waren. Die Verfehlung von Lots Frau ist im Alten Testament eine andere: Sie hat bei ihrer Flucht aus Sodom und Gomorra gegen die göttliche Vorschrift, sich nicht mehr umzublicken, verstoßen (siehe 1. Mose 19,26).

[587] Auch auf diese Begebenheit gibt es in der Bibel keinen Hinweis. Die Ehefrau jenes Pharaos, der die Israeliten nicht ziehen lassen wollte, findet in der Bibel keinerlei Erwähnung (siehe 2. Mose 5–14).

[588] In der Bibel ist der Namensvetter des koranischen Imran ein ganz anderer. Der Imran (bzw. Amran) der Bibel war mit Jochebed verheiratet und hatte mit ihr die Kinder Aaron, Miriam und Moses (siehe 4. Mose 26,59).

[589] In Vers 1 dieser Sure wird Allah als der Herrscher über die Schöpfung gepriesen.

[590] Irreversible Eingriffe des Menschen in die Schöpfung Allahs müssen nach islamischer Auffassung vermieden werden. So ist eine Sterilisation zur Empfängnisverhütung oder die Abtreibung eines „beseelten" Fötus verboten. Verhütungsmaßnahmen beim Geschlechtsakt, wie der *Coitus interruptus*, oder ein Schwangerschaftsabbruch im Rahmen einer medizinischen Indikation sind wiederum erlaubt. Die Beschneidung von Knaben, die im Grunde auch einen Eingriff in die gottgegebene Schöpfung darstellt, wird in der islamischen Tradition damit begründet, dass auch Mohammed dieser Prozedur zugestimmt haben soll. Die äußerst schmerzhafte Beschneidung der weiblichen Klitoris, die bei den Betroffenen zu schweren psychologischen und physischen Langzeitproblemen füh-

[Kometen und Sternschnuppen] geschmückt. Sie dienen zur Bekämpfung [bzw. Beschießung] der Satane 5. Auch wenn die Verdammten in der Hölle ihre Sünden bekennen [und sie bereuen], haben die Wächter kein Erbarmen mit ihnen und lassen sie im Höllenfeuer ausharren 8 ff. Auch die verborgenen Gedanken der Menschen nimmt Allah zur Kenntnis 13. Allah hat dem Menschen die Erde untertan gemacht 15.[591] Die Ungläubigen vergangener Zeiten glaubten den zu ihnen gesandten Propheten nicht und wurden von Allah bestraft. Noch viel härter trifft die Strafe jene, die dem Propheten Mohammed auch nicht glauben 18. Es ist Allah, der die Menschen ins Dasein holt 23. Die Ungläubigen fragen den Propheten [Mohammed] nach dem Datum des Jüngsten Tages. Aber der Prophet ist nur ein Warner [und kein Wahrsager]. Die Kenntnis darüber ist bei Allah allein 25. Am Tag des Jüngsten Gerichts wird den Ungläubigen ihr großer Irrtum bewusst.

68. Sure   „Die Schreibfeder"[592]   *Mekka*

Mohammed ist kein Besessener, auch wenn es manche [mit ihrer Schreibfeder] niederschreiben 1 f. Die Ungläubigen [Mekkaner] wollen dem Propheten [Mohammed] einen [theologischen] Kompromiss anbieten, doch auf Geheiß Allahs soll er darauf nicht eingehen 9 f. Insbesondere die Reichen [Araber in Mekka], die viele Kinder haben, lehnen die Verse des Korans als Legenden aus vergangenen Zeiten ab 14 f. Diese Mekkaner wird Allah genauso bestrafen, wie er einst jene Eigentümer eines Palmenhaines bestraft hat, die aus Geiz alle Früchte [Datteln] des Haines nur für sich abernten wollten, ohne dabei den Armen etwas abzugeben.

ren kann, ist hingegen keine auf dem Islam beruhende Praxis, sondern ein in Afrika praktizierter archaischer Brauch, der noch aus vorislamischer Zeit stammt. Obwohl der Koran die Beschneidung in keinem seiner Verse erwähnt, wird sie z. B. in Ägypten noch heute bei etwa 90 Prozent der Frauen und Mädchen vorgenommen.

[591] Eine ganz ähnliche Aussage findet man im Alten Testament in 1. Mose 1,28.

[592] Der Titel bezieht sich auf Vers 1 dieser Sure, wo es heißt, dass es Gegner

Als sie am Morgen den Palmenhain zur Ernte aufsuchen wollten, stellten sie voller Bestürzung fest, dass Allah ihn über Nacht verwüstet hatte 17 ff. Am Jüngsten Tag wird es für die Ungläubigen zu spät sein, wenn sie sich vor Allah anbetend niederwerfen. Allah wird sie in die Hölle verweisen 42. Allah gewährt den Ungläubigen ein langes [sündhaftes] Leben [um sie dann im Jenseits umso härter zu bestrafen] 45. Mohammed soll geduldig auf die Befehle [Offenbarungen] Allahs warten[593] und sich nicht so verhalten wie einst Jona, der im Bauch des Walfisches voller Verzweiflung nach Allah geschrien hat 48 ff.[594] Mit dem Koran ermahnt Allah die ganze Menschheit 52.

Mohammeds gab, die Verleumdungen gegen den Propheten (mit einem Schreibrohr) niedergeschrieben haben.

[593] Mohammed soll eine Phase der Selbstzweifel erlebt haben, nachdem er über einen längeren Zeitraum keine Offenbarungen mehr empfangen hatte.

[594] Siehe das Buch Jona, Kapitel 2

[595] Ibn an-Nafis, ein muslimischer Arzt aus Syrien (1213–1288), beschrieb als erster den „kleinen Blutkreislauf" (Lungenkreis). Er kommentierte die Schriften des Hippokrates und erkannte als erster Mediziner die Versorgung des Herzens durch die Koronargefäße. Weitere herausragende Gelehrte auf dem Feld der Medizin waren: Hunayn Ibn Ishaq (808–873), er übersetzte in Bagdad die medizinischen Schriften des Aristoteles, Hippokrates und Galen ins Arabische; der persische Arzt al-Razi (864–925), der den Unterschied zwischen Masern und Pocken erkannte und Gipsverbände bei Knochenbrüchen empfahl; der persische Arzt, Philosoph und Wissenschaftler Ibn Sina (alias Avicenna; 980–1037), der im 11. Jahr-

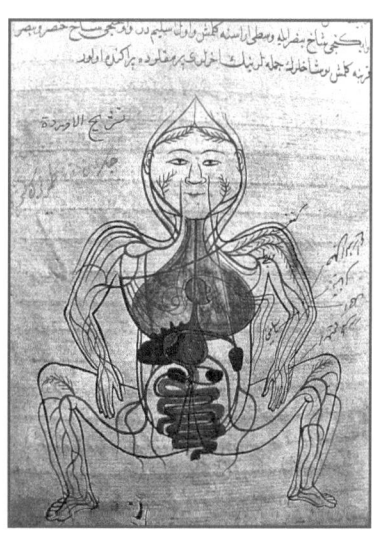

Muslimische Darstellung menschlicher Organe und des Blutkreislaufs aus dem 15. Jahrhundert [595]

hundert nach dem Studium der Schriften von Aristoteles, Hippokrates und Galen einen Kanon der Medizin verfasste, der im Abendland bis ins 17. Jahrhundert hinein als wichtigstes Buch der Heilkunde galt. (Siehe auch „Islamische Wissenschaften" auf Seite 196.)

69. Sure „Das unabänderlich Eintretende"[596] *Mekka*

Die Stämme 'Ad und Thamud leugneten den Jüngsten Tag; sie wurden von Allah mit einem tödlichen Schall und durch einen eiskalten Sturm vernichtet 4 f. Der Pharao, sein Gefolge und die Einwohner der zusammengestürzten Städte [Sodom und Gomorra] sündigten und waren gegenüber den Gesandten Allahs ungehorsam; Allah hat sie vernichtet 9 f. Durch ihr Gedenken an die Sintflut und die Arche sollen die Menschen sich ermahnen lassen [und sich des Zorns und der Allmacht Allahs bewusst werden] 11 f. Am Jüngsten Tag erbebt nach dem ersten Posaunenschall die Erde, der Himmel spaltet sich und die Auferstandenen werden vor dem Thron Allahs, den acht Engel stemmen, versammelt. Den Gerechten überreicht man das Buch, in dem ihre Taten niedergeschrieben sind, in die rechte Hand und nachdem sie daraus vorgelesen haben, wird man ihnen den Einlass ins Paradies gewähren. Die Ungläubigen erhalten das Buch ihrer Taten, die sie verwünschen werden, in ihre linke Hand. Gefesselt wird man sie in das Feuer der Hölle werfen. Dort werden sie darüber jammern, dass der Tod sie nicht von ihren Leiden erlösen kann 13 ff. Wer auf Erden nicht an Allah geglaubt und den Armen keine Speisen gespendet hat, verfügt im Jenseits über keinen Fürsprecher und muss sich in der Hölle mit aus Wunden geflossenem Eiter ernähren 33 ff. Der Prophet [Mohammed] schwört, dass die Offenbarung [die Verse des Korans] weder das Werk eines Dichters noch die Prophezeiung eines Wahrsagers ist, sondern das Wort Allahs, das von ihm [lediglich] öffentlich verkündet wird 40 ff. Hätte Mohammed auch nur einen Teil der Koranverse ersonnen, so wäre ihm von Allah die Halsschlagader durchschnitten worden 44 ff.

---

[596] Gemeint ist der Tag des Jüngsten Gerichts, der in Vers 1 dieser Sure erwähnt wird.

70. Sure   „Die Himmelsleiter"[597]   *Mekka*

Die Strafe des Jüngsten Gerichts ist für die Ungläubigen unabwendbar 1 f. Engel, unter denen sich auch der Bote Gabriel befindet, steigen auf einer Himmelsleiter zu Allah auf. Sie benötigen dafür einen Tag, was bei den Menschen fünfzigtausend Jahren entsprechen würde 3 f.[598] Die Ungläubigen meinen, der Tag des Jüngsten Gerichts sei fern, aber Allah weiß, wie nah er ist 6.[599] Am Tag des Jüngsten Gerichts, wenn der Himmel geschmolzenem Metall gleicht und die Berge sich in Wollflocken zu verwandeln scheinen und es keine Freundschaft mehr unter den Menschen gibt, werden die Schuldigen sich von ihrer Strafe loskaufen wollen. Aber sie kommen alle ins Höllenfeuer, wo ihre Kopfhaut vollständig abbrennt 8 ff. Die Ungläubigen haben einen kleinmütigen Charakter. Wenn sie Reichtümer horten können, bleiben sie geizig, und wenn sie ein Unheil trifft, geraten sie in Panik 17 ff. Die Gläubigen verhalten sich ganz anders als die Ungläubigen. Sie verrichten ihre Gebete, sie schenken den Bettlern und Bedürftigen einen Teil ihres Vermögens, sie glauben an das Jüngste Gericht, sie benehmen sich außer in Gegenwart ihrer Ehefrauen und Sklavinnen[600] schamhaft, sie machen nur ehrliche Zeugenaussagen und sie behandeln ihnen anvertrautes Gut in korrekter Weise. Außerdem leben sie in ständiger Sorge vor der Strafe Allahs, denn niemand [auch der Gläubige nicht] kann vor Allahs Bestrafung sicher sein 22 ff. Im Diesseits vergnügen sich die Ungläubigen, jedoch am Tag des Jüngsten Gerichts, wenn sie aus ihren Gräbern hervorkommen, werden sie [nach Verkündung ihrer Strafe] demütig ihre Augen niederschlagen 42 ff.

---

[597] So genannt nach der in Vers 3 f. dieser Sure erwähnten Himmelsleiter

[598] Der Koran übernimmt hier aus der Bibel die Darstellung jener Himmelsleiter, die Jakob auf seiner Flucht vor seinem Bruder Esau im Traum erblickt haben soll (siehe 1. Mose 28,12).

[599] Ähnlich wie die Urchristen (siehe Matthäus 24,3 und 33 und den 1. Petrusbrief 4,7) gingen auch die Muslime anfangs von einem unmittelbar bevorstehenden Weltuntergang aus.

[600] Außerehelicher Geschlechtsverkehr ist dem Muslim nicht gestattet. Allerdings sind den Männern neben ihren maximal vier Ehefrauen beliebig viele Konkubinen aus den Reihen ihrer Sklavinnen erlaubt.

Grabmoschee in Kerbela[601]

[599] In der Grabmoschee der Stadt Kerbela im Irak findet man den Sarg des Märtyrers und dritten schiitischen Imam Husain, der im Jahr 680 in der Schlacht von Kerbela durch den Schwerthieb eines Umayyaden gefallen ist. Kerbela liegt etwa 80 Kilometer südlich von Bagdad und ist einer der wichtigsten Wallfahrtsorte der schiitischen Muslime. Bei dem jährlich in Kerbela im Monat Muharram stattfindenden Aschura-Fest beklagen die Schiiten durch Fasten und ekstatische Selbstgeißelungen die mangelnde Unterstützung, die Husain seinerzeit von seinen Anhängern vor der Schlacht erfahren hatte und die letztendlich die Ursache für seine vernichtende militärische Niederlage war. (Für die Sunniten hat das Aschura-Fest eine andere Bedeutung: Sie gedenken an diesem Tag der Erschaffung von Himmel und Hölle, von Adam und Eva und der Errettung Noahs mit den Seinen auf der Arche.) Die zur Schau getragene Verehrung Husains gilt den Schiiten als eine wichtige Voraussetzung, um am Jüngsten Tag Eintritt ins Paradies zu erhalten. Mit dem Tod Husains, der ein Sohn des „rechtmäßigen" Kalifen Ali war, endete seinerzeit die Hoffnung der Schiiten, einen Nachkommen aus der Familie des Propheten als Kalifen etablieren zu können und es begann die Ägide der sunnitischen Kalifendynastien unter den Umayyaden und Abbasiden, die erst im Jahr 1258 durch den Mongolensturm ihr Ende finden sollte.

71. Sure   „Noah" [602]   *Mekka*

Noah warnte sein Volk vor der Strafe Allahs am Jüngsten Tag; doch es blieb hochmütig und verharrte im Unglauben 1ff. Das Volk versäumte es, Allah zu ehren, obwohl Noah ihm predigte, dass Allah den Regen, die sieben Himmel, den Mond, die Sonne und die Pflanzen erschaffen und die Erde vor den Menschen wie einen Teppich ausgebreitet habe 8. Noah beklagte sich bei Allah, dass sein Volk gegen ihn Ränke schmieden und weiterhin an seinen [heidnischen] Göttern Wadd, Suwa, Yaghuth, Ya'uq und Nasr festhalten würde. Er bat Allah, keinen einzigen Ungläubigen seines Volkes übrig zu lassen, damit sie nicht in der Lage seien, sich durch Nachkommen zu vermehren. Für seine Eltern bat Noah bei Allah um Vergebung, aber den Rest des Volkes, mit Ausnahme der [wenigen] Gläubigen, sollte Allah auf Bitten Noahs ins Verderben stürzen. Seiner Sünden wegen wurde das Volk des Noah von Allah ertränkt 22 ff.

72. Sure   „Die Geister" [603]   *Mekka*

Bei einem Treffen [von Mohammed mit dem Boten Gabriel] war eine Schar von Geistern anwesend und hat zugehört, als dem Propheten [Mohammed] Koransuren mitgeteilt wurden. Diese Geister wurden gläubig und haben neben Allah nie wieder einen an-

[602] Diese Sure berichtet fast ausschließlich von Noahs Versuch, das Volk, in dessen Mitte er lebte, zum Glauben zu bekehren, und davon, wie er sich schließlich von ihm distanzierte.

[603] Diese Sure ist den Dschinnen (Geistern) gewidmet. Die Dschinnen sind Wesen, die menschliche Eigenschaften haben, aber eine für die Menschen unsichtbare Parallelgesellschaft auf Erden führen. Unter den Dschinnen soll es, wie unter den Menschen, „Gläubige" geben, die sich fürs Paradies qualifizieren, und „Ungläubige", die im Höllenfeuer enden. So wie die Menschen unterliegen auch die Dschinnen den Gesetzen des Korans. Da viele „ungläubige" Dschinnen den „gläubigen" Menschen nicht wohlgesinnt sind, empfiehlt der orientalische Volksglaube zur Abwehr ihrer bösen Einflüsse das Tragen eines ledernen Amuletts, in dem Koranverse und Gebete aufgezeichnet sind. Außerdem kann man sie durch das Aussprechen der *basmala* („Im Na-

deren Gott angebetet 1 f. Die gläubigen Geister bekennen, dass sich bei Allah weder eine Gattin noch ein Sohn aufhält, dass er unter den Menschen Propheten auserwählt hat, dass der Himmel von Wächtern [Engeln], die mit Sternschnuppen bewaffnet sind, bewacht wird, dass man der Strafe Allahs nicht entfliehen kann und dass es unter den Geistern [wie unter den Menschen] Rechtschaffene und Ungläubige gibt 3 ff. Wer vom Glauben an Allah abweicht, wird zum Brennstoff der Hölle 15. In den Moscheen darf einzig und allein Allah angebetet werden 18. Der Prophet selbst hat keine Macht über die Menschen [und kann den Glauben an Allah nicht erzwingen]; er ist lediglich der Überbringer von Allahs Botschaft 21 f. Auch der Prophet [Mohammed] weiß nicht, wann das Jüngste Gericht stattfindet, denn Allah teilt niemandem das Verborgene mit 25 ff.

73. Sure „Der Gekleidete"[604] *Mekka*

Da die Beschäftigungen des Tages ablenkend wirken, ist die Nacht besser geeignet, um zu beten und den Koran zu lesen. Deshalb sollte der Gläubige, auch als Übung zur Selbstzucht, einen Teil der Nacht [bekleidet und] stehend im Gebet zubringen 1 ff. Der Gläubige soll die Reden der Ungläubigen [in Mekka] mit Geduld ertragen und den Ungläubigen möglichst aus dem Wege gehen.[605] Allah wird sich der Ungläubigen, die die Wahrheit leugnen und sich im Diesseits des Wohllebens erfreuen, annehmen und sie am Jüngsten Tag, wenn die Erde erbebt und die Berge sich in Sanddünen verwandeln, hart bestrafen 10 ff. Mohammed ist ein Ge-

men des barmherzigen und gnädigen Gottes") verscheuchen. In vorislamischer Zeit hielt man die Geister für Wüsten-Dämonen. In der Märchensammlung „Tausendundeine Nacht" kommen die Dschinnen als Flaschengeister vor.

[604] Beim Nachtgebet soll man Kleidung anlegen (siehe Vers 1 ff. dieser Sure).

[605] Hier wird wieder einmal vom Koran propagiert, dass der muslimische Gläubige die Gesellschaft der „Ungläubigen" zu meiden habe, was zur Entstehung muslimischer Parallelgesellschaften in Europa beitragen kann.

sandter Allahs, so wie Moses es war, der zum Pharao geschickt wurde. Da der Pharao sich Moses widersetzt hat, wurde er von einem schrecklichen Strafgericht heimgesucht 15f. Am Jüngsten Tag wird der Himmel sich spalten und alle Kinder werden sich in Greise verwandeln 17f. Der Prophet [Mohammed] hat oft mit einem Teil seiner Getreuen fast zwei Drittel der Nacht im Stehen betend und aus dem Koran vorlesend[606] zugebracht. Allah ermahnte ihn, es des Nachts mit dem Koranlesen nicht zu übertreiben; außerdem solle er [dessen Verhalten für die Gläubigen vorbildlich sei] berücksichtigen, dass es ja auch Kranke, Reisende und Glaubenskrieger gebe [die den größten Teil der Nacht bräuchten, um sich im Schlaf zu regenerieren] 20.

74. Sure   „Der Verhüllte"[607]   *Mekka*

Der Prophet [Mohammed] soll [die Menschen vor dem Jüngsten Gericht und der Strafe Allahs] warnen und dabei nicht nach persönlichen Vorteilen schielen 2 ff. Derjenige,[608] dem Allah Wohlstand und Söhne in Fülle verliehen hat und der trotzdem voll des Hochmuts bleibt und die Warnungen des Propheten als Zauberei und Menschenwort [das nicht von Allah stammt] abtut, wird in der Hölle brennen 11 ff. Das Höllenfeuer versengt die Haut und schont nichts. Die Hölle wird von Engeln überwacht, die die Feuersbrunst in Gang halten. Allah belässt im Irrtum [Unglauben] oder leitet recht, wen er will 27 ff. Jeder haftet vor dem Jüngsten Gericht für

[606] Der Koran soll in erster Linie laut rezitiert werden. Das arabische Wort *al-qur'an* heißt übersetzt: „die Lesung, die Rezitation, der Vortrag", was ebenfalls darauf hindeutet, dass der Koran weniger als ein Buch zum Lesen in der stillen Kammer gedacht ist.

[607] Die Offenbarung dieser Sure soll Mohammed bekleidet bzw. verhüllt während des nächtlichen Gebets empfangen haben. Sure 74 gilt als die zweitälteste von den insgesamt 114 Suren (als älteste wird Sure 96 angenommen).

[608] Der hier Erwähnte soll ein wohlhabender Koreischit namens Walid al-Mughira gewesen sein, der als einer der Anführer der „Ungläubigen" in Mekka gegen den Propheten agitiert haben soll.

das, womit er sich auf Erden versündigt hat. Ausgenommen davon sind die Gläubigen [denen Allah ihre Sünden vergibt] 38 f. Diejenigen, die man [am Jüngsten Tag aus der Gruppe der Auferstandenen] nach rechts aussondert und die anschließend Einlass in die Gärten des Paradieses erhalten, werden die in der Hölle befragen, warum sie schuldig geworden sind. Die in der Hölle werden antworten, dass sie es versäumt hätten, zu beten und Speisen an die Armen zu verteilen, dass sie dem Geschwätz der Ungläubigen nicht aus dem Weg gegangen seien und dass sie, bis zu dem Zeitpunkt, als der Tod sie ereilt habe, nicht an den Tag des Jüngsten Gerichts geglaubt hätten 40 ff. Die Ungläubigen [im Diesseits] fordern, dass jedem von ihnen [wie seinerzeit dem Moses] Tafeln der Offenbarung ausgehändigt werden. Diesen Wunsch erfüllt Allah ihnen jedoch nicht und er lässt sie stattdessen in ihrem Unglauben verharren 52 f.

75. Sure   „Die Auferstehung"[609]   *Mekka*

Allah schwört, dass er am Tag der Auferstehung die Gebeine der Menschen wieder zusammenfügen [und sie zu neuem Leben erwecken] wird 1 ff. Der Jüngste Tag wird dann stattfinden, wenn sich Sonne und Mond miteinander vereinigen und ein grelles Licht die Augen der Menschen blenden wird 6 ff. An jenem Tag werden die Auferstandenen dem Jüngsten Gericht nicht entfliehen können. Alle werden sich vor Allah aufstellen müssen und man wird ihnen verkünden, welche Sünden sie auf Erden verübt haben 10 ff. Der Mensch wird [vor dem Jüngsten Gericht] seine eigenen Sünden selbst bezeugen müssen und vergeblich versuchen, sich für sie zu entschuldigen 14 f. Allah allein obliegt die Zusammenstellung und Offenbarung des Korans. Bei der Verkündigung des Korans [durch den Engel Gabriel] soll Mohammed genau zuhören [und keine Fragen stellen] und es ausschließlich Allah überlassen, die Suren zu erklären 17 ff.[610] Die Un-

[609] Diese Sure beschäftigt sich fast ausschließlich mit der Auferstehung der Toten und dem Jüngsten Gericht.

[610] Dieser Vers richtet sich tendenziell gegen das Hinterfragen der Koransuren durch die Gläubigen. Nach diesem Vers ist es allein Sache Allahs, dem Menschen

Reformbewegungen im Islam

Durch die theologische Festlegung, der Koran sei unerschaffen* und als ein Bestandteil des Göttlichen vollkommen, begann früh im Islam eine orthodoxe Erstarrung der Koranexegese, von Recht und Theologie, die bis heute anhält. Jede Korankritik gilt im Islam seither als Blasphemie. Widersprüche im Koran und in den Hadithen der Sunna werden mit der Unergründlichkeit von Allahs Offenbarung erklärt.

Erste Ansätze einer Erneuerung des Islam wurden Ende des 19. Jahrhunderts von dem schiitischen Gelehrten **al-Afghani** (1838–1897) entwickelt. Al-Afghani, der sich unter anderem auf Luthers Reformation berief, gilt auch als Vater des Panislamismus. Eine seiner Hauptthesen war, dass man den Koran nur dann richtig interpretieren könne, wenn man ihn im Zusammenhang mit den historischen Begebenheiten begreife, die zur Zeit seiner Entstehung geherrscht haben. Er vertrat die These, man könne durch einen hermeneutischen Ansatz** bei der Koranexegese den Koran mit menschlicher Vernunft in Übereinstimmung bringen.

Auch der pakistanische Reformtheologe **Fazlur Rahman** (1919–1980) propagierte eine Neuinterpretation des Korans unter Berücksichtigung eines hermeneutischen Ansatzes. Er setzte sich außerdem für eine unterschiedliche Bewertung der nach seiner Auffassung ewig geltenden islamischen „Werte" und der in spezifischen historischen Situationen entstandenen islamischen „Gesetze" ein. Nachdem er aufgrund schwerwiegender Differenzen mit der islamischen Orthodoxie in Pakistan als Leiter des pakistanischen *Central Institute of Islamic Research* zurücktreten musste, setzte er sich in die USA ab, wo er auch verstarb.

Der liberale ägyptische Reformtheologe **Nasr Abu Zayd** (1943 im ägyptischen Quhafa geboren) musste sein Land nach Morddrohungen und Vorwürfen, er sei

---

* Zur muslimischen Auffassung von der „Unerschaffenheit" des Korans gibt es im Christentum eine gewisse Parallele in Bezug auf die Person von Jesus: Auf dem Konzil von Nicäa im Jahr 325 wurde durch Mehrheitsbeschluss festgelegt, dass Jesus Christus „gezeugt, nicht geschaffen, aus der Substanz des Vaters" sei.
** Der Begriff „Hermeneutik" steht für die Auslegung eines historischen Textes unter besonderer Berücksichtigung der Epochengebundenheit menschlichen Denkens und Verstehens.

ein Apostat, verlassen. Auch er hatte den Koran unter Anwendung hermeneutischer Gesichtspunkte interpretiert (Zitat von Nasr Abu Zayd: „Die Unfähigkeit, den religiösen Text als einen historischen Text zu sehen, ist das Kernproblem der Koranwissenschaften in der heutigen islamischen Welt.") und sich außerdem für eine Renaissance der Denkrichtung der Mu'tazila-Schule eingesetzt. Darüber hinaus hatte er kritisiert, dass die Autorität des Korans in unzulässiger Weise über den Bereich des Glaubens hinausgreife und alle Bereiche der Gesellschaft und des Wissens vereinnahme. Der Ägypter lebt heute im niederländischen Exil und leitet an der Universität von Utrecht den Ibn-Rushd-Lehrstuhl für Humanismus und Islam.

Ein weiteres ermutigendes Zeichen für ein modernes Koranverständnis in der islamischen Welt sind die Bemühungen der **„Schule von Ankara"** an der Theologischen Fakultät der Universität Ankara, in der sich seit Mitte der 1990er-Jahre eine Gruppe von Hochschullehrern für ein historisches Verständnis des Korans einsetzt. Sie interpretieren den Koran vor allem als Worte Allahs an die Menschen im 7. Jahrhundert. Die koranische Offenbarung könne deshalb nach ihrer Auffassung nicht in allen Punkten Ewigkeitswert haben.

Der türkische Jurist, Religionsphilosoph und Politiker Professor Dr. **Yaşar Nuri Öztürk** (1951 in Bayburt/Türkei geboren) versucht in seinen zahlreichen Büchern,[*] die in der Türkei die Millionenauflage überschritten haben, die islamische Religion von allen aus seiner Sicht unislamischen Ergänzungen und Verfälschungen zu befreien, mit denen im Laufe der Jahrhunderte der Islam über die Offenbarungen im Koran hinaus angereichert worden ist. Ähnlich wie Martin Luther, der propagierte, allein die Heilige Schrift *(sola scriptura)* sei die Quelle allen Glaubens und des Wissens von Gott, stellt Öztürk die Rückbesinnung auf die Suren des Korans in den Mittelpunkt seiner Theologie. Öztürk sieht sich selbst in der Nachfolge des oben erwähnten muslimischen Reformators al-Afghani und ist heute Dekan der Theologischen Fakultät an der Universität in Istanbul.

Der aus Syrien stammende deutsche Professor **Bassam Tibi** (1944 in Damaskus geboren) fordert die Ausarbeitung eines Euro-Islam, der die europäische

---

[*]   In deutscher Sprache sind von Yaşar Nuri Öztürk erschienen: *Der verfälschte Islam*, Grupello-Verlag, Düsseldorf 2007; Rumi und die islamische Mystik, Grupello-Verlag, Düsseldorf 2002; *400 Fragen zum Islam, 400 Antworten*, Grupello-Verlag, Düsseldorf 2000

Rechts- und Verfassungsordnung ohne religiöse Vorbehalte anerkennt und somit verhindert, dass in Europa muslimische Parallelgesellschaften entstehen.

Ein starker Reformdruck geht heute vor allem auch von muslimischen Frauen aus, die gegen die ihnen von orthodoxen Muslimen zugedachte Rolle als Menschen zweiter Klasse rebellieren. Zu ihnen gehören unter anderen die 1940 in Marokko geborene Soziologin **Fatima Mernissi**, die 1957 in Istanbul geborene deutsche Rechtsanwältin **Seyran Ateş** und die 1969 in Somalia geborene niederländische Politikerin **Ayaan Hirsi Ali**. Fatima Mernissi, die an der Universität von Rabat lehrt, versucht nachzuweisen, dass man die Unterordnung der Frau unter den Mann aus dem Koran nicht eindeutig ableiten könne. Seyran Ateş, die 1984 in Berlin-Kreuzberg beinahe einem Attentat zum Opfer gefallen wäre, kämpft durch Aufklärungskampagnen bei muslimischen Frauen gegen die männliche Gewaltanwendung in der Ehe und gegen die religiös begründeten Zwangsehen und Ehrenmorde. Ayaan Hirsi Ali, die in Somalia als junges Mädchen ohne ihre Einwilligung beschnitten wurde und später einen ihr unbekannten Mann heiraten sollte, hat in den Niederlanden Asyl erhalten, wo sie sich gegen die Zwangsehe und Misshandlungen von muslimischen Frauen in der Ehe einsetzt. Ihre Kritik am Verhalten des Propheten Mohammed, dem sie unter anderem vorwirft, er habe mit seiner neunjährigen Ehefrau Aischa den Beischlaf vollzogen, brachte ihr Morddrohungen ein. Als sie im Jahr 2004 an der Produktion des islamkritischen Films *Submission* mitarbeitete, wurde ihr Partner, der Regisseur Theo van Gogh, ermordet, wobei der Mörder auf dem Leichnam ein Schreiben hinterließ, auf dem erneute Todesdrohungen gegen Ayaan Hirsi Ali zu lesen waren. Auch im schiitischen Iran gibt es Kräfte, die sich für eine moderne Interpretation des Korans einsetzen. Die Menschenrechtlerin **Shirin Ebadi**, die im Jahr 2003 den Friedensnobelpreis erhalten hat, kämpft als Rechtsanwältin für die Rechte der iranischen Frauen.

gläubigen lieben [ausschließlich] das Diesseits und denken nicht an das Jenseits. Deshalb wird es am Tag des Jüngsten Gerichts bei ihnen gramvolle Gesichter geben 20 ff. Wenn der Tod eintritt und der Mensch glaubt, seine Existenz würde nun enden, wird er stattdessen feststellen müssen, dass er [als Auferstandener] vor das Jüngste Gericht getrieben wird 28 ff. Der Mensch glaubt, durch den Tod könne er seiner Bestrafung [im Jenseits] entgehen [weil er meint, dass nach seinem Ableben seine Existenz tatsächlich endet]. Doch Allah, der den Menschen aus verspritztem Sperma zum Menschen formt, hat auch die Fähigkeit, Tote aufzuerwecken 36 f.

76. Sure „Der Mensch"[611] *Mekka*

Allah lässt den Menschen aus einem Samentropfen entstehen, um ihn anschließend [hinsichtlich seines Glaubens] zu prüfen 2. Den Menschen wurde von Allah der rechte Weg gewiesen; es obliegt den Menschen, ob sie sich dafür dankbar oder undankbar erweisen 3.[612] In der Hölle werden die Ungläubigen in Ketten gelegt und in die Feuersbrunst geworfen 4. Die Gläubigen fürchten sich

bzw. dem Propheten einen unverständlichen Vers zu erläutern. Trotz dieser vom Koran gesetzten Hürde kam es in der Frühphase des Islam zu kontroversen theologischen Diskussionen um die Auslegung der Koranverse. In der Zeit der Abbasiden-Kalifen (750–1258) rangen in Bagdad orthodoxe Islamgelehrte mit den Anhängern einer rationalen Theologie. Die islamische Orthodoxie vertrat eine buchstabengetreue Interpretation des Korans und der Sunna und verwarf die Anwendung logischer Methoden bei der Behandlung juristischer und theologischer Fragen. Für sie war die menschliche Vernunft bei der Beantwortung theologischer Fragen nicht maßgebend. Auf der anderen Seite stand die Schule der Mu'tazila, die eine rationale Theologie *(kalam)* vertrat und eine theologische Führungsrolle in der Epoche der Abbasiden einnahm. Sie wollte den Koran und die Sunna mithilfe der Vernunft verstehen. Die Schule der Mu'tazila deutete den Koran im Sinne der Entscheidungsfreiheit des Menschen und kritisierte an den Hadithen, dass sie die vollständige Prädestination des Menschenschicksals zu sehr betonten.

[611] Diese Sure handelt vom Menschen, der aus Sperma entsteht.

[612] Nach diesem Vers hat der Mensch eine gewisse Freiheit, sich autonom für das Gute oder Böse zu entscheiden.

vor dem Tag des Jüngsten Gerichts, sie speisen die Armen, Waisen und Gefangenen, um dadurch dem Willen Allahs zu entsprechen,[613] und verlangen für ihre Gaben weder Lohn noch Dank. Beim Jüngsten Gericht wird Allah sie vor einer Bestrafung bewahren und mit dem Paradies belohnen. Im Paradies werden sie Gewänder aus feiner grüner Seide tragen, weder Sonnenhitze noch Eiseskälte verspüren, überall zum Greifen nahe Früchte und mit Ingwer-Getränken gefüllte Becher aus Silber vorfinden und sie werden dort von jungen Knaben, die Perlen gleichen, bedient 7 ff. Allah hat Mohammed den Koran herabgesandt 23. Der Prophet [Mohammed] soll auf die Befehle Allahs warten und keinem Sünder oder Ungläubigen gehorchen 24.[614] Am Morgen und am Abend soll der Prophet [Mohammed] seine Gedanken auf Allah konzentrieren und sich einen Teil der Nacht anbetend vor ihm niederwerfen 25 f. Die Ungläubigen konzentrieren sich auf das diesseitige Leben und vernachlässigen in ihren Gedanken das jenseitige, das unausweichlich dem diesseitigen Leben folgen wird 27. Man kann von der Barmherzigkeit Allahs nur erfasst werden, wenn Allah es will 29 f.[615]

[613] Ein unmittelbares Gefühl des Mitleids ist dem Muslim eher fremd, denn nach seiner Auffassung kann die menschliche Misere nur jene treffen, deren Glaubensstärke Allah prüft oder jene, die nicht auf dem von Allah vorgezeichneten Weg wandeln (siehe Sure 16,30). Wenn ein Muslim Wohltaten verteilt, tut er es in erster Linie, um durch das Sammeln von Pluspunkten seine Chancen für die Aufnahme ins Paradies zu erhöhen. Ein weiterer Grund, warum die menschliche Misere den Muslim nicht unbedingt zum Handeln aus Mitleid auffordert, ist seine Auffassung, dass das von Allah dem Menschen zugeteilte Schicksal prädestiniert sei.

[614] Die strikte Befolgung dieses Koranverses muss die in Europa lebenden strenggläubigen Muslime tendenziell in Konflikt mit den von der „ungläubigen" Mehrheitsgesellschaft festgelegten Gesetzen und Normen bringen.

[615] Selbst wenn ein Muslim alle Gebote Allahs peinlich genau befolgt, kann er nach diesem Vers nicht absolut sicher sein, dass Allah ihn nach der Auferstehung ins Paradies einlässt. So muss auch der strenggläubige Muslim stets mit einem gewissen Restrisiko leben und leidet deshalb sein ganzes Leben unter einer panischen Angst vor dem Jüngsten Gericht.

77. Sure   „Die Verstoßenen"[616]   *Mekka*

Am Tag des Jüngsten Gerichts, von dem kein Mensch weiß, wann er stattfindet, werden die Sterne erlöschen, der Himmel wird einstürzen und die Berge werden hinweggeblasen. Wehe den Ungläubigen an jenem Tag, den sie stets verleugnet haben 8ff. Allah hat Generationen von Ungläubigen vernichtet und sie durch neue Generationen ersetzt 16 f. Der Mensch wurde von Allah aus

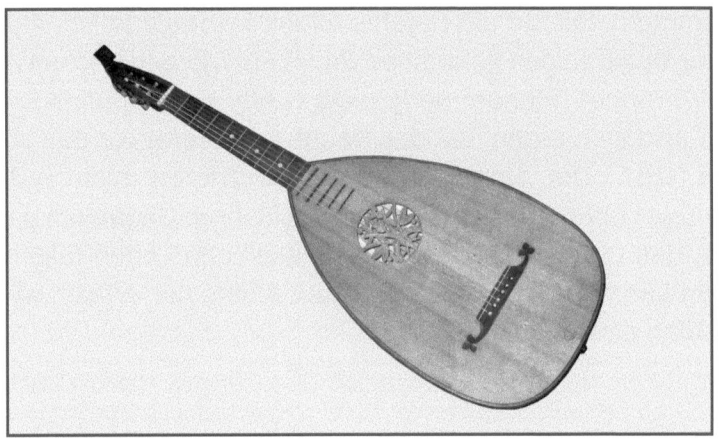

Europäische Laute aus dem 20. Jahrhundert, deren Vorgänger die muslimische *al-ud* war[617]

[616] Der Titel dieser Sure weist auf das Jüngste Gericht hin, das bald stattfinden soll.

[617] Der muslimische Philosoph al-Farabi (870–950), der in Bagdad lebte, gilt als der größte Theoretiker der islamischen Musik. Eine seiner bahnbrechenden Schriften war das Buch *kitab al-musiqa al-kabir* („Das große Buch der Musik"). Neben seinen musiktheoretischen Studien befasste sich al-Farabi auch mit Logik, Ethik, Politik, Mathematik und mit (der von den Griechen inspirierten) Philosophie, wobei er enge Kontakte zu einer in Bagdad ansässigen Schule christlicher Aristoteliker pflegte. Während geistliche Musik bei orthodoxen Muslimen als zu weltlich verpönt war, spielte sie bei den islamischen Mystikern, den Sufis, eine wichtige Rolle. Wenn die Sufis sich ins Gebet versenkten *(dhikr)*, um die unmittelbare Nähe Allahs zu spüren, ließen sie sich gern durch musikalische Rhythmen in einen tranceartigen Zustand der Liebe (zu Allah) versetzen. Das Sufi-Konzept von der Liebe und frommen Ritterlichkeit hat im Mittelalter (vorwiegend auf der Iberischen Halbinsel) auf die höfische Kultur der abendländischen Aristokratie eingewirkt.

einer minderwertigen Flüssigkeit [Sperma] erschaffen 20. Allah schuf die Erde zur Aufnahme der lebenden und der toten Menschen 25 f. Die Ungläubigen werden von Allah in die Hölle verstoßen, wo es keinen [Kühle spendenden] Schatten gibt und wo die Funken turmhoch sprühen 30 ff. Vor dem Jüngsten Gericht versagt den Ungläubigen die Sprache, denn man wird es nicht zulassen, dass sie dort Entschuldigungen für ihren früheren Unglauben vorbringen 35 f. Die Gläubigen genießen im Paradies die Belohnung für ihre guten Taten im Diesseits 41 ff. Die Ungläubigen können sich am Diesseits eine Weile ergötzen. Doch wehe ihnen am Tag des Jüngsten Gerichts 46 f.

78. Sure   „Das Ereignis"[618]   *Mekka*

Der Tag der Auferstehung wird ganz plötzlich über die Menschen hereinbrechen 1 ff. Allah hat die Erde mit ihren Bergen als festen Grund für die Menschen erschaffen, ebenso die Menschen als Paare [die sich fortpflanzen können], die Nacht zum Ausruhen, den Tag zum Erarbeiten des Lebensunterhaltes, die Sonne als Leuchte, den Regen zur Bewässerung der Pflanzen und die blühenden Gärten 6 ff. Der Termin des Jüngsten Gerichts steht [bei Allah] fest; er findet statt, wenn die Posaune erschallt, der Himmel zusammenstürzt und die Berge erbeben 17 f. Die Hölle wird die ewige Heimstätte der Ungläubigen sein, in der sie statt eines kühlen Trunks nur siedendes Wasser und Eiter zu trinken bekommen 21 ff. Die Hölle ist der Lohn für jene, die im Diesseits die Zeichen der Allmacht Allahs und das Eintreten des Jüngsten Gerichts nach der Auferstehung verleugnet haben. All ihre Untaten werden in einem [himmlischen] Buch festgehalten 26 ff. Auf die Gläubigen warten in den Gärten des Paradieses Mädchen mit schwellenden Brüsten 31 ff. Am Tag des Jüngsten Gerichts stehen der Engel Gabriel und andere Engel [den Auferstandenen] Spalier. Sie werden

---

[618] Gemeint ist das Ereignis des Jüngsten Tages, mit dem sich diese Sure beschäftigt.

[für die Auferstandenen] nur Fürsprache leisten können, wenn ihnen Allah hierzu die Erlaubnis erteilt 38. Der Jüngste Tag, an dem die Auferstandenen abgeurteilt werden, steht kurz bevor 40.

79. Sure „Die Ausreißer"[619] *Mekka*

Engel, die zwischen Himmel und Erde umherschweben, reißen [am Tag der Auferstehung] die verstorbenen Ungläubigen aus ihrem Grab, während sie die verstorbenen Gläubigen sanft emporheben, um sie [nach dem Jüngsten Gericht] ins Paradies zu führen 1ff. Wenn die Posaune am Tag der Auferstehung erschallt, werden die Toten, auch wenn sie schon verwest sind, in einen le-

Garten im Palast des Generalife[620] im spanischen Granada

[619] Der Titel nimmt Bezug auf jene Engel, die am Tag der Auferstehung die Toten aus ihren Gräbern abholen (siehe Vers 1 dieser Sure).

[620] Der Ursprung des Wortes „Generalife" geht auf das arabische *gannat al-'arif* zurück, was „Garten des Architekten" heißt.

bendigen Zustand zurückgeführt 8ff. Im heiligen Wadi Tuwa[621] rief Allah nach Moses und schickte ihn zum Pharao. Trotz der von Moses demonstrierten Zeichen der Allmacht Allahs fuhr der Pharao mit seinem Ungehorsam gegenüber Allah fort und ließ sich weiterhin als höchsten Gott der Ägypter ausrufen. Er wurde von Allah erfasst und bestraft. Die Geschichte von Moses und dem Pharao soll die Gläubigen ermahnen, Allah zu fürchten 15ff. Allah erschuf die finstere Nacht und den hellen Tag, die Erde, das Wasser, das Weideland und die Tiere und es war ihm ein Leichtes, auch den Menschen zu erschaffen 27ff. Wer [gegenüber Allah und dem Propheten] aufsässig ist und das irdische Leben dem jenseitigen Leben vorzieht, dessen Herberge wird die Hölle sein. Wer sich aber vor dem Jüngsten Gericht fürchtet und sich von niederen Gelüsten fernhält, dem wird das Paradies sicher sein 37ff. Die Menschen fragen den Propheten, wann der Tag des Jüngsten Gerichts eintreffen werde. Doch das Wissen darum liegt allein bei Allah. Der Prophet kann nur vor dem Jüngsten Tag warnen, vor dem er sich selbst fürchtet 42ff. Wenn die Toten aus ihren Gräbern steigen, werden sie meinen, nur eine Nacht im Grab verbracht zu haben 46.

80. Sure „Der die Stirn runzelt"[622] *Mekka*

Der Prophet soll sich um die Gottesfürchtigen kümmern, die voller Eifer zu ihm kommen, und nicht um jene [wohlhabenden Mekkaner], die es nicht für nötig halten, sich von ihrem Unglauben zu reinigen 1ff. Der Mensch, er sei verflucht, neigt dazu, gegenüber Allah undankbar zu sein 17. Allah hat den Menschen aus Sperma erschaffen. Er versorgt den Menschen auf Erden mit

---

[621] Siehe auch Sure 20,9ff.

[622] Nach islamischer Überlieferung war Mohammed gerade in eine Diskussion mit einem wohlhabenden Koreischiten verwickelt, als ihn ein armer, blinder Mann unterbrach und um Belehrung bat. Mohammed soll den armen Mann mürrisch und mit Stirnrunzeln abgewiesen haben, was dann die in Vers 1ff. dieser Sure aufgezeichnete Zurechtweisung des Propheten durch Allah zur Folge hatte.

Nahrung, Wasser und Vieh und lässt ihn am Ende sterben und ins Grab[623] bringen. An jenem [Jüngsten] Tag, an dem ein ohrenbetäubendes Getöse beginnt, werden die Toten auferweckt und keiner wird sich mehr um seinen Bruder, seine Mutter, seinen Vater, seine Frau oder seine Söhne kümmern. Dann werden jene, die zu ihren Lebzeiten den Geboten Allahs gefolgt sind, strahlende Gesichter machen und jene Unverschämten, die im Unglauben verharrt sind, werden trübsinnig dreinschauen 18 ff.

81. Sure   „Die Zusammenfallende"[624]   *Mekka*

Am Tag der Auferstehung, wenn die Sonne sich verdunkelt, die Sterne sich eintrüben, die Berge erzittern und die Meere sich in ein Flammenmeer verwandeln, wenn das [nach seiner Geburt] lebendig verscharrte Mädchen [vor dem Jüngsten Gericht] befragt wird, für welches Verbrechen[625] es die Todesstrafe erhalten habe, und wenn das Feuer in der Hölle angefacht wird, dann wird jedem Auferstandenen gegenwärtig sein, welche [guten und schlechten] Taten er [auf Erden] vollbracht hat. Die [himmlischen] Bücher, in denen die Taten der Menschen aufgezeichnet sind, werden offengelegt und das Feuer der Hölle und die Gärten des Paradieses werden den Auferstandenen nah sein. Allah schwört bei den

---

[623] Bei der Grablegung wird im Islam das folgende Brauchtum gepflegt: Der Tote wird nur mit einem Leichentuch und nicht in einem Sarg bestattet. Das Gesicht des Toten wird nach Mekka ausgerichtet und es wird aus Achtung vor der Totenruhe auf jegliche Form der Schmückung des Grabes (und der damit verbundenen Grabpflege) verzichtet.

[624] Hiermit ist die Sonne gemeint, die am Jüngsten Tag in sich zusammenfallen soll (siehe Vers 1 ff. in dieser Sure).

[625] Kam es in vorislamischer Zeit zu einem „Überschuss" an neugeborenen Mädchen, war es Brauch, diese kurzerhand zu töten, indem man sie verscharrte. Der Koran wendet sich gegen diese vorislamische Unsitte, indem er verkündet, dass es als ein Verbrechen beim Jüngsten Gericht geahndet werde.

„rückläufigen Sternen",[626] dass diese Prophezeiung seines treuen Boten [Gabriel], der bei ihm in hohem Ansehen steht, die reine Wahrheit ist 1 ff. Allah fordert die Menschen auf, den Gesandten [Mohammed], dem der Bote [Gabriel] klar am Horizont erschienen ist, nicht als [von Geistern] Besessenen[627] abzutun, oder zu meinen, die aus dem Koran vorgetragenen Verse seien Worte des verstoßenen Satans 21 ff. Dies ist eine Ermahnung an alle aufrichtigen Menschen auf Erden 27 f. Es wird niemand ein Gläubiger, wenn Allah es nicht will 29.

82. Sure   „Die Spaltung"[628]   *Mekka*

Wenn der Himmel sich spaltet und die Sterne vom Himmel verschwinden,[629] wenn die Meere über die Ufer treten und die Toten aus ihren Gräbern steigen, dann werden die Auferstandenen sich ihrer Sünden bewusst sein 1 ff. Obwohl Allah die Menschen ebenmäßig und mit einer geraden Gestalt, die ihm selbst gefiel, erschaffen hat,[630] leugnen die Menschen den Tag des Jüngsten Gerichts 6 ff. Allah hat Wächter über die Menschen gesetzt, die alles, was die Menschen tun, auskundschaften und niederschreiben 10 ff. Am Tag des Jüngsten Gerichts werden die Rechtschaffenen in das wonnevolle Paradies eingehen und die

---

[626] Gemeint sind die oberen Planeten (Mars, Jupiter und Saturn), die sich, von der Erde aus betrachtet, vor dem Firmament in Epizyklen (bzw. zeitweise scheinbar in Gegenrichtung ihrer eigentlichen Bahn) bewegen.

[627] Die Bewohner von Mekka haben Mohammed immer wieder vorgeworfen, er sei von einem bösen Geist besessen. Der Existenz von Geistern wird vom Koran nicht widersprochen.

[628] Gemeint ist die Spaltung des Himmels am Jüngsten Tag (siehe Vers 1 ff. dieser Sure).

[629] Ähnliche Endzeitszenarien werden im Alten Testament (Prophet Joel 2,10) und im Neuen Testament (Matthäus 24,29) prophezeit.

[630] Juden und Christen gehen, was die herausgehobene Bedeutung des Menschen innerhalb der göttlichen Schöpfung betrifft, noch etwas weiter und glauben, dass der Mensch „zum Bilde Gottes" erschaffen wurde (siehe 1. Mose 1,26 f).

Unverschämten [Ungläubigen] in das Höllenfeuer, aus dem es kein Entrinnen gibt 13 ff. Kein Mensch weiß, wann der Tag des Jüngsten Gerichts anbricht 17 f. Am Jüngsten Tag kann kein Auferstandener dem anderen beistehen. Es ist allein Allah, der an diesem Tag die Befehle erteilt [und entscheidet, wer ins Paradies und wer in die Hölle geführt wird] 19.

83. Sure   „Betrügerische Handlungen"[631]   *Medina*

Wehe denjenigen, die falsches Maß und Gewicht verwenden! Sie vergessen, dass sie sich am Jüngsten Tag vor dem Herrn der Welten verantworten müssen und dass im Buch von Sidschin[632] all ihre Missetaten aufgeschrieben werden 1 ff. Wehe denjenigen, die den Tag des Jüngsten Gerichts leugnen und die Verse des Korans als Legenden der Alten abtun. Sie werden in der Hölle brennen, wo man ihnen zurufen wird, sie seien an dem Ort, den sie zu leugnen pflegten 10 ff. Das Buch [mit den Taten] der Rechtschaffenen wird in Illiyun[633] aufbewahrt 18 ff. Im wonnevollen Paradies finden die Rechtschaffenen Ruhekissen und mit Moschusgeschmack veredelte Weine vor 22 ff. Im Diesseits verlachen die Ungläubigen die Gläubigen, die sie für Irrende halten. Im Jenseits werden die Gläubigen die Ungläubigen verlachen, wenn sie auf Ruhekissen liegend dem Schauspiel in der Hölle zuschauen 29 ff.[634]

[631] Mit „betrügerischen Handlungen" ist das Verwenden falscher Maße und Gewichte gemeint, was am Anfang dieser Sure thematisiert wird.

[632] Sidschin ist der himmlische Ort, an dem jenes Verzeichnis lagern soll, in dem die Taten der „Ungläubigen" protokolliert werden.

[633] Illiyun, wo das Buch mit den registrierten Taten der Gläubigen aufbewahrt wird, soll ein himmlischer Ort in unmittelbarer Nähe von Allahs göttlichem Thron sein.

[634] Der Koran ist hier, wie an anderen Stellen auch, nicht ganz frei von Schadenfreude.

84. Sure „Der Zerbrechende"[635] *Mekka oder Medina*

An jenem Tag, an dem der Himmel in sich zusammenfällt und die Erde wieder ausspuckt, was man in ihr begraben hat, wird der Mensch vor Allah stehen 1ff. Wer sein Buch [mit den aufgeschriebenen Taten] in die rechte Hand erhält, wird nur einer leichten Befragung unterzogen und kann sich frohen Muts mit den Seinen [im Paradies] vereinen. Was aber den anbelangt, dem man sein Buch [in die gefesselte linke Hand] hinter dem Rücken gibt, der wird, obwohl er sich lieber den Tod herbeiwünscht, in der Hölle brennen. Das ist die Strafe dafür, dass er meinte, nie zu Allah zurückkehren zu müssen 7ff. So gewiss, wie es die Abenddämmerung, die dunkle Nacht und den Vollmond gibt, so gewiss wird es den Tod und die Auferstehung geben 16ff. Die Ungläubigen werfen sich, wenn aus dem Koran vorgelesen wird, nicht zur Anbetung Allahs nieder und sie erklären die Suren des Korans zu Lügengeschichten. Es wird sie eine schmerzliche Strafe treffen, während jene, die glauben und gute Werke tun, ewigen Lohn erhalten 20ff.

Betsaal in der Großen Moschee von Córdoba/Spanien

[635] Gemeint ist der Himmel, der am Tag der Auferstehung in sich zusammenfällt (siehe Vers 1ff. dieser Sure).

85. Sure   „Das Himmelsgewölbe"[636]   *Mekka*

So gewiss wie sich der Himmel über der Erde auftürmt und dereinst der Tag der Auferstehung kommen wird, so gewiss sind die Ungläubigen verflucht, die in den brennenden Graben geschaut haben, als man dort jene, die an Allah glaubten, töten wollte.[637] Wer gläubige Männer und Frauen verfolgt und misshandelt und es hernach nicht bereut, der wird zur Strafe in der Hölle brennen 4 ff. Die Rache Allahs ist fürchterlich 12. Allah erschafft den Menschen und lässt ihn [nach seinem Tod] wieder auferstehen 13 ff. Man soll sich, bevor man die von Allah offenbarte Wahrheit leugnet, vergegenwärtigen, wie Allah einst mit den Heerscharen des Pharaos und den Thamudäern umgegangen ist 17 f. Die Urschrift des Korans wird als Tafel im Himmel aufbewahrt 21 f.

86. Sure   „Der Stern" [at-Tariq][638]   *Mekka*

At-Tariq ist ein heller Stern am nächtlichen Himmel. Er versinnbildlicht, dass jeder Mensch über sich einen [himmlischen] Wächter hat [der seine guten und schlechten Taten notiert] 1 ff. Allah hat den Menschen aus einer Samenflüssigkeit erschaffen, die zwischen den [männlichen] Lenden hervorschießt. Er hat deshalb auch die Macht, den Menschen am Tag der Aufstehung wieder zu sich zu rufen, um ihn wegen seiner Taten abzuurteilen. Vor dem Jüngsten Gericht werden alle Untaten, die im Verborgenen verübt wurden, aufgedeckt und es gibt niemanden, der dem Angeklagten beistehen kann. Dies ist wahrlich eine schwerwiegende

[636] In dieser Sure wird in Vers 4 ff. die Tatsache, dass Allah seinen Fluch wahr macht, als genauso sicher bezeichnet wie die Existenz des Himmelsgewölbes.

[637] Man vermutet, dass der Koran hier auf eine Erzählung aus dem Buch Daniel 3,8 ff. Bezug nimmt, in der von drei gläubigen Juden berichtet wird, die der babylonische König Nebukadnezar in einen Feuerofen werfen ließ, nachdem sie sich geweigert hatten, ein goldenes Bildnis anzubeten.

[638] Es ist umstritten, auf welchen Stern am nächtlichen Himmel sich der Name „at-Tariq" bezieht.

Ermahnung und kein Scherz 5 ff. Die Ungläubigen sind voller List und Tücke. Doch wenn Allah den Ungläubigen eine Aufenthaltsfrist im Diesseits gewährt, dann ist das auch nur eine List [um über sie, da sie während dieser Frist weiter sündigen, im Jenseits eine noch härtere Strafe verhängen zu können] 15 ff.

87. Sure   „Der Allerhöchste"[639]   *Mekka*

Allah, der allerhöchste Herr, hat die Welt erschaffen und steuert ihr Schicksal. Er sorgt dafür, dass die [grünen] Weiden entstehen und verwandelt sie danach wieder zu trockener Spreu 1 ff. Allah lässt den Propheten die Verse des Korans vorlesen und sorgt dafür, dass der Prophet [bei der Weitergabe der Koranverse an seine Mitstreiter] nichts von dem ihm Vorgelesenen vergisst.[640] Das [vom Propheten] Vorgelesene dient zur Ermahnung jener Menschen, die ein offenes Ohr für die Worte Allahs haben 6 ff. Die Gottesfürchtigen lassen sich [durch den Koran] ermahnen, die Unseligen jedoch nicht. Letztere werden deshalb im größten aller Feuer brennen, wo sie der Tod von ihren Qualen nicht mehr erlösen kann 10 ff. Die Ungläubigen ziehen das Diesseits dem Jenseits vor, obwohl doch das Jenseits viel erstrebenswerter und dauerhafter ist. Schon die Abraham und Moses offenbarten Schriften haben davon berichtet 16 ff.

88. Sure   „Das kommende Ereignis"[641]   *Mekka*

An jenem Tag [des Jüngsten Gerichts] wird ein Teil der Auferstandenen sehr niedergeschlagen sein, weil die brennende Hölle auf sie wartet, in der sie kochend heißes Wasser trinken

---

[639] Dies ist einer der 99 Namen Allahs.

[640] Mit diesem Vers schließt der Koran die Möglichkeit aus, dass dem Propheten Mohammed, der ansonsten als Mensch fehlbar ist, beim Diktieren der Koranverse ein Fehler unterlaufen könnte. Für den Muslim ist es deshalb undenkbar, dass der „göttliche" Koran etwas anderes als die authentischen Worte Allahs enthält.

[641] Gemeint ist hier das prophezeite Ereignis des Jüngsten Gerichts.

müssen und als Nahrung Dornensträucher erhalten, die den Hunger nicht stillen 1ff. Der andere Teil der Auferstandenen wird sich auf die Paradiesgärten freuen, in denen Bäche fließen und Ruhekissen auf ausgebreiteten Teppichen für sie bereit liegen 8ff. Mohammed hat von Allah lediglich den Auftrag erhalten, die Menschen [vor dem Jüngsten Gericht] zu warnen. Allah hat ihn nicht mit einer Vollmacht ausgestattet [die Menschen zum Glauben zu zwingen] 21f. Alle Ungläubigen müssen [am Tag der Auferstehung] zu Allah zurückkehren, wo er mit ihnen abrechnet 23ff.

89. Sure   „Die Morgenröte"[642]   *Mekka oder Medina*

Die Nacht und die Morgenröte sind dem klugen Menschen ein Nachweis für das Walten Allahs 1ff. Der Gläubige möge sich stets an den Stamm 'Ad, der in der säulenreichen Stadt Iram[643] lebte, an die Thamudäer, die [zum Bau ihrer Wohnungen] die Felsen aushöhlten,[644] und an den Pharao, der fest gefügte Gebäude errichten ließ, erinnern. Sie alle verhielten sich gewalttätig [gegenüber die von Allah gesandten Propheten] und wurden deshalb von Allah hart bestraft 6ff. Allah prüft das Verhalten des Menschen, indem er die Reaktion des Menschen beobachtet, nachdem er ihm zum Wohlstand verholfen oder ihn in die Armut getrieben hat 14ff. Die Menschen achten die Gebote Allahs nicht, weil sie die Waisen nicht versorgen, die Armen nicht speisen, das Erbe ihrer Nachkommen verzehren und sich dem Wohlleben hingeben. Am Tag des Jüngsten Gerichts, wenn die auferstandenen Sünder am Rande der Hölle stehen, werden sie ihr gottloses Verhalten auf Erden bereuen. Doch dann ist es zu spät. Allah wird sie in Ketten legen und schwer bestrafen 17ff.

[642] Die „Tatsache", dass es das Walten Allahs in der Welt gibt, wird in Vers 1ff. als genauso sicher eingestuft wie die Existenz der Morgenröte.

[643] Im Südwesten des Oman, in der Wüste Rub' al-Khali existieren Ruinen, von denen man annimmt, dass sie Überbleibsel der Stadt Iram sind.

[644] Siehe Anmerkung 182 auf Seite 112

90. Sure   „Die Stadt"[643]   *Mekka*

So sicher, wie die Stadt [Mekka] existiert, in welcher der Prophet wohnt, so sicher ist es, dass Allah den Menschen auf Erden [um sie zu prüfen] ein Leben voller harter Schicksalsschläge bereitet 1 ff. Allah hat dem Menschen offenbart, was der rechte und was der falsche Weg ist. Um das Rechte zu tun, kauft man [zum Beispiel] einen Gefangenen frei, man speist das Waisenkind, das mit einem selbst verwandt ist, oder den Armen, der im Schmutz dahinvegetiert, und schlägt sich auf die Seite jener, die glauben und geduldig ihr von Allah auferlegtes Schicksal ertragen 10 ff. Wer aber nicht den Geboten Allahs folgt, der wird sich vor dem Jüngsten Gericht auf der linken Seite aufstellen müssen, wo diejenigen warten, die [nach ihrer Verurteilung] vom Höllenfeuer umschlossen werden 19 f.

91. Sure   „Die Sonne"   *Mekka*

So sicher es ist, dass die Sonne, der Mond, Tag und Nacht, der Himmel, die Erde, die Auferstehung und der Schöpfer existieren und Allah den Menschen den Sinn für Sündhaftigkeit und Gottesfurcht eingeschärft hat, so sicher ist auch der Erfolg derjenigen, die ihren Glauben rein halten, und der Misserfolg jener, die ihren Glauben verkommen lassen 1 ff. So musste auch das Volk der Thamudäer, das den Gesandten Allahs der Lüge bezichtigt und trotz eines von Allah erlassenen Verbots einer Kamelstute die Sehnen durchgeschnitten hat, ein schlimmes Schicksal erleiden.[646] Zur Vergeltung hat Allah das Reich der Thamudäer dem Erdboden gleichgemacht 11 ff.

[645] In Vers 1 ff. dieser Sure wird die Tatsache, dass Allah in der Welt waltet, als genauso sicher bezeichnet wie die Existenz der Stadt Mekka. Nach ähnlichem Muster werden „Evidenznachweise" in einigen der nachfolgenden Suren erbracht.

[646] Siehe auch Sure 54,23 ff.

92. Sure   „Die Nacht"   *Mekka*

So wahr, wie der Tag und die Nacht und jener Schöpfer [Allah], der Mann und Frau erschaffen hat, existieren, so wahr ist es, dass die Menschen mit unterschiedlichem Eifer an Allah glauben 1 ff. Allah ebnet jenen, die Almosen spenden und gottesfürchtig sind, den Weg zum Heil [ins Paradies] 5 ff. Den Geizigen, denen der Glaube an Allah gleichgültig ist, ebnet Allah den Weg in die Hölle, wo ihnen ihr Vermögen nichts mehr nützen wird 8 ff. Allah ist der absolute Herrscher im Diesseits und im Jenseits. Er bestimmt, wer von den Menschen im lodernden Feuer brennen wird und wer davon verschont bleibt. Verschont bleiben jene, die gottesfürchtig sind, die von ihrem Vermögen hergeben, um sich von ihren Sünden zu reinigen, und die sich für eine ihnen erwiesene Gunst stets revanchieren 13 ff.

Sultan Saladin und der Jude Nathan aus Lessings dramatischer Dichtung *Nathan der Weise* [647]

[647] In seinem im Jahr 1783 in Berlin uraufgeführten dramatischen Gedicht *Nathan der Weise* weist Gotthold Ephraim Lessing auf die enge Verwandtschaft der drei abrahamischen Religionen hin. Mit diesem Werk, in dem das Humanitätsideal vorgelebt wird, schuf Lessing ein Fundament der deutschen klassischen Dichtung.

93. Sure   „Der Tag"[648]   *Mekka*

So sicher, wie es den Tag und die Nacht gibt, so sicher ist es, dass Allah seinen Propheten [Mohammed] nicht im Stich gelassen hat 1 ff.[649] Allah hat den Propheten [Mohammed] als Waisen vorgefunden und für ihn gesorgt.[650] Er hat ihn, als er noch herumirrte, auf den rechten Weg geführt und ihn, der einst in ärmlichen Verhältnissen lebte, reich gemacht 5 ff. Eingedenk seiner eigenen Vergangenheit [als armer Waise] soll der Prophet [Mohammed] sich insbesondere um die Waisen und Armen kümmern und ihnen von der Gnade Allahs predigen 9 ff.

94. Sure   „Die Erweiterung"   *Mekka*

Allah hat dem Propheten [Mohammed durch die Offenbarung] das Wissen erweitert, er hat ihn aus seinen Nöten herausgeführt und ihm [in einem Teil der mekkanischen Gesellschaft][651] Anerkennung verschafft 1 ff. Für den Gläubigen folgen auf die schweren Zeiten [auf Erden] stets die guten Zeiten [im Paradies] 5 f.

95. Sure   „Die Feige"   *Mekka*

So wie es wahr ist, dass Feigenbäume, Ölbäume, der Berg Sinai und der heilige Bezirk [von Mekka] existieren, genauso wahr ist es, dass Allah den Menschen als schönes Wesen erschaffen hat, um ihn dann [durch seinen Unglauben und seine Sünden] zu erniedrigen. Nur den Gläubigen, die Gutes tun, bleibt diese Erniedrigung erspart 1 ff. Allah ist der gerechteste Richter 8.

---

[648] Diese Sure gilt als die drittälteste.

[649] Mohammed soll nach einer längeren Phase, in der ihn keine Offenbarungen erreichten, völlig verzweifelt gewesen sein, weil er sich von Allah verlassen fühlte.

[650] Als Mohammed geboren wurde, lag sein Vater bereits im Grab; seine Mutter starb, als er sechs Jahre alt war.

[651] In seiner Geburtsstadt Mekka hatte Mohammed bis zu ihrer Eroberung durch die Muslime im Jahr 630 nur wenig Rückhalt.

96. Sure[652]   „Der Blutklumpen"   *Mekka*

Der Prophet [Mohammed] wurde [vom Engel Gabriel] zweimal aufgefordert, [aus dem Koran] jene Stelle vorzutragen, an der berichtet wird, dass Allah den Menschen aus einem Blutklumpen erschaffen hat und dass er es dem Menschen ermöglicht, sich anhand der schriftlich verfassten Offenbarung Wissen [darüber, wie ein rechtschaffenes Leben zu führen sei] anzueignen 1 ff. Reichtum verführt zur Überheblichkeit, doch auch die Reichen werden [am Tag der Auferstehung voller Demut] zu Allah zurückkehren 6 f. Allah entdeckt jeden, der ungläubig ist und andere am Beten hindert. Er wird sie [am Jüngsten Tag] an den Haaren ergreifen lassen und den Wächtern der Hölle überantworten 9 ff.

97. Sure   „Die bedeutungsvolle Nacht"[653]   *Mekka*

In jener „Nacht der Herabsendung" hat Allah ihn [den Koran][654] zur Erde herniedergesandt 1. Die „Nacht der Herabsendung" ist wertvoller als tausend Monate 3. In ihr steigen die Engel und [der Bote] Gabriel [in jedem Jahr] mit Allahs Erlaubnis [zur Erde] herab. In dieser Nacht waltete der Friede bis zur Morgenröte 4 f.

[652] Die 96. Sure gilt als die erste (bzw. älteste) Sure, die Mohammed in der Höhle Hira bei Mekka empfangen hat. Aus den Versen dieser Sure geht hervor, dass der Engel Gabriel den Propheten Mohammed nach dem Empfang der Offenbarung mehrmals aufgefordert haben soll, eine bestimmte Sure vorzulesen. Der frommen Überlieferung nach hat sich der Prophet daraufhin dazu bekannt, ein Analphabet zu sein, woraufhin er durch göttliche Eingebung die Gabe des Lesens und Schreibens erhalten habe. Dieses Offenbarungsereignis soll sich im Jahr 611 in der Höhle Hira am Berg Dschabal al-Nur östlich von Mekka am 17. Tag des Monats Ramadan ereignet haben.

[653] Diese Sure wird auch „Sure von der Herabsendung des Korans" genannt. Es soll jene Nacht gewesen sein, in der Mohammed im Alter von 40 Jahren zum ersten Mal eine göttliche Offenbarung (die 96. Sure) durch den Engel Gabriel übermittelt worden ist. Die Nacht der Herabsendung *(lailat al-qadr)* wird von den Muslimen jedes Jahr am Ende des Fastenmonats Ramadan gefeiert.

[654] Hier ist nicht der gesamte Koran, sondern nur die erste Offenbarung gemeint.

98. Sure „Der Beweis"[655] *Mekka*

Die Schriftbesitzer und Götzenanbeter werden erst dann ihren Irrtum einsehen und sich dem wahren Glauben zuwenden, nachdem Allah zu ihnen einen Gesandten geschickt hat, der ihnen zum deutlichen Beweis [von Allahs Allmacht und dem Eintreffen des Jüngsten Gerichts] aus dem Koran vorliest 1ff. Obwohl den Schriftbesitzern die unmissverständliche Schrift Allahs [die Tora, Psalmen und die Evangelien] offenbart wurde, in der sie aufgefordert werden, Allah treu zu dienen, das Gebet zu verrichten und die Sozialabgabe zu zahlen, sind sie untereinander uneinig und in religiöse Gruppierungen zerfallen 4f. Die Ungläubigen unter den Schriftbesitzern und die Götzenanbeter sind die schlechtesten unter allen Geschöpfen und werden im Feuer der Hölle[656] enden. Jene, die an Allah glauben, sind von allen Geschöpfen die besten; ihr Lohn wird der ewige Aufenthalt in den von Bächen durchflossenen Gärten Edens sein 7f.

[655] Gemäß Vers 1ff. dieser Sure sollen Koransuren zur Beweisführung eingesetzt werden, um die Schriftbesitzer und Götzenanbeter vom rechten Glauben zu überzeugen.

[656] In verblüffender Übereinstimmung mit diesem Vers existiert eine Erklärung des Kirchenkonzils von Florenz aus dem Jahr 1442. In ihr heißt es: „Die heilige römische Kirche ... glaubt fest, bekennt und verkündet, dass niemand außerhalb der katholischen Kirche, weder Heide noch Jude noch Ungläubiger oder ein von der Kirche Getrennter, des ewigen Lebens teilhaftig wird, vielmehr dem ewigen Feuer verfällt, das dem Teufel und seinen Engeln bereitet ist, wenn er sich nicht vor dem Tod ihr [der katholischen Kirche] anschließt." Erst das Zweite Vatikanischen Konzil im Jahr 1964 schlug tolerantere Töne an: „Der Heilswille umfasst aber auch jene, die den Schöpfer anerkennen, unter ihnen besonders die Muslime, die sich zum Glauben Abrahams bekennen und mit uns den einen Gott anbeten, den Barmherzigen, der die Menschen am Jüngsten Tag richten wird."

99. Sure „Das Erdbeben"[657] *Mekka oder Medina*

Wenn die Erde erbebt und alles in ihr Begrabene herausspuckt, werden die Menschen in Gruppen aus ihren Gräbern emporsteigen und man wird ihnen [vor dem Jüngsten Gericht] ihre irdischen Taten vorhalten 1ff. Bei wem die guten Taten auch nur um das Gewicht eines Stäubchens überwiegen, der wird es erleben [wie er mit dem Paradies belohnt wird], bei wem die bösen Taten um das Gewicht eines Stäubchens überwiegen, der wird es auch erleben [wie er mit der Hölle bestraft wird] 7 f.

Louis Lejeune, *Schlacht Napoleons I. bei den Pyramiden*, **19. Jahrhundert**[658]

[657] Gemeint ist das weltweite Erdbeben, das mit dem Jüngsten Gericht einhergehen soll.

[658] Die Expedition Napoleon Bonapartes nach Ägypten (1798/99) mündete für die Franzosen militärisch und finanziell in eine Katastrophe. Dadurch aber, dass Napoleon auf seinem Ägyptenfeldzug Wissenschaftler und Künstler mitführte und in einem Vorort von Kairo das „Ägyptische Institut der Wissenschaften und Künste" gründete, trat die Kultur des islamischen Orients verstärkt in den Blickpunkt der Europäer. Für die arabische Welt wurde der kurze Aufenthalt der Franzosen, bei dem durch die Präsenz der Europäer schlagartig die moderne Zivilisation in den Orient eindrang, zum Ausgangspunkt eines politischen Emanzipationsprozesses, der schließlich zur einer Loslösung zuerst vom Osmanischen Reich und später von der europäischen Bevormundung führte.

100. Sure   „Die schnellen Rosse"   *Mekka oder Medina*

So sicher, wie es die schnellen [arabischen] Rosse gibt, die beim Galoppieren Funken schlagen und Staub aufwirbeln, so sicher ist es, dass die Menschen gegenüber Allah undankbar sind und zu sehr an ihren irdischen Gütern hängen.[659] Sie sollten wissen, dass sie eines Tages aus ihren Gräbern herausgeholt werden und vor Allah Rechenschaft ablegen müssen 1 ff.

101. Sure   „Der Tag des Aufschreis"[660]   *Mekka*

Am Tag des Aufschreis werden sich die Auferstandenen wie verstreute Motten [vor dem Jüngsten Gericht] sammeln. Diejenigen, bei denen die Waage sich [wegen der überwiegend guten Taten] zu ihren Gunsten neigt, werden ein schönes Leben im Paradies genießen und diejenigen, bei denen die Waage sich [wegen der überwiegend schlechten Taten] zu ihrem Nachteil neigt, enden im glühenden Feuer 4 ff.

102. Sure   „Das Streben nach Reichtum"[661]
Mekka oder Medina

Viele Menschen werden bis zu ihrem plötzlichen Tod von einem maßlosen Streben nach Reichtum beherrscht. Am Jüngsten Tag, wenn man sie für ihr gottloses Streben verurteilt, wird ihnen ihr Schicksal, das sie in der Hölle erwartet, erst richtig bewusst 1 ff.

---

[659] Mohammed predigte nicht gegen den Reichtum an sich, sondern warnte lediglich davor, dass die Menschen sich vom irdischen Reichtum blenden lassen und darüber ihr zukünftiges Schicksal im Jenseits vergessen.

[660] Gemeint ist der Aufschrei, der den Auferstandenen entfährt, wenn sie beim Jüngsten Gericht von der Angst vor der Höllenstrafe erfasst werden.

[661] Diese Sure prangert das Streben nach weltlichen Gütern an.

103. Sure   „Der Nachmittag"   *Mekka oder Medina*

So sicher, wie ein jeder Vormittag in den Nachmittag übergeht, so sicher ist das Verderbnis der Menschen. Dies gilt jedoch nicht für die Gläubigen, die gute Werke tun und sich gegenseitig zur Geduld [beim Warten auf Allahs Lohn] anspornen 1 ff.

104. Sure   „Der Verleumder"[662]   *Mekka oder Medina*

Wehe dem Verleumder [des Propheten] und Lästerer, der Reichtümer anhäuft, sie zählt und für sich behält und meint, sein Vermögen mache ihn unsterblich. Man wird ihn in das Höllenfeuer schleudern, wo die Flammen über ihm zusammenschlagen 1 ff.

105. Sure   „Der Elefant"[663]   *Mekka*

Die Gläubigen sollen sich daran erinnern, wie Allah mit einem [christlichen] Heer umging, das sich mit Elefanten zum Angriff [auf die Stadt Mekka] aufgestellt hatte. Allah sandte einen Schwarm Vögel, die über den Angreifern glühend heiße Steine abwarfen 1 ff.[664]

[662] Der Koran stellt immer wieder die These auf, dass die Verleumder des Propheten vor allem in der reichen Bevölkerungsschicht zu finden seien. Ganz ähnliche, gegen das Anhäufen von Reichtum gerichtete Textstellen sind im Neuen Testament zu finden; so z. B. in Matthäus 6,19 ff., wo Jesus die Gläubigen auffordert, auf das Sammeln weltlicher Schätze zu verzichten.

[663] Die Überschrift bezieht sich auf Kriegselefanten, die ein aus dem Gebiet des heutigen Jemen stammendes christliches Invasionsheer bei seinem Marsch auf Mekka mitgeführt hatte.

[664] Gemäß einer frommen Überlieferung ließ der jemenitische König Abraha in der Stadt Sana einst eine prächtige christliche Kirche bauen mit der Absicht, dadurch die Araber anzulocken, um sie vom Besuch der vorislamischen Kultstätte in Mekka abzuhalten. Als nun die Koreischiten in Mekka bemerkten, dass die Wallfahrten zu der vorislamischen

Die *al-Aqsa*-Moschee in Jerusalem[665]

Kaaba merklich abnahmen, schickten sie einen Mann mit Namen Nofail zu der neu erbauten Kirche in Sana mit dem Auftrag, des Nachts den Altar der Kirche mit Kot zu entweihen. Der Anschlag gelang und darüber sehr aufgebracht, zog der jemenitische König daraufhin mit seinem Heer und dreizehn Elefanten gen Mekka. Bei dem Vormarsch sollen sich jedoch die Elefanten plötzlich geweigert haben, weiter zu traben und gleichzeitig erschien von der Seeküste her ein großer Schwarm von Vögeln, die glühende Steine auf die Marschkolonnen herabwarfen. Historisch belegt ist ein Feldzug des jemenitischen Königs Abraha, der sein Heer, das tatsächlich über Kriegselefanten verfügte, um das Jahr 570 bis vor die Tore von Mekka geführt hat. Der Feldzug schlug fehl, weil während der Belagerung von Mekka im Heer der Belagerer eine Seuche ausbrach. Dieses „Jahr des Elefanten" wird von den Muslimen auch zur Datierung von Mohammeds Geburt herangezogen, der nach ihrer Auffassung in jenem Jahr in Mekka zur Welt gekommen ist.

[665] Die *al-Aksa*-Moschee steht auf dem Tempelberg in der Jerusalemer Altstadt. Sie gilt im Islam als die drittwichtigste Moschee nach der *al-Haram*-Moschee in Mekka und der Moschee des Propheten in Medina. Der Tempelberg hat für Muslime eine herausragende Bedeutung, weil Mohammed in einer Vision vom Tempelberg aus für eine Nacht zum Himmel aufgestiegen ist (siehe Sure 17,1). An der Stelle der *al-Aksa*-Moschee (und des Felsendomes) stand bis zu seiner Zerstörung durch die Römer im Jahr 70 n. Chr. der von Herodes erbaute jüdische Tempel, von dem heute nur noch die westliche Stützmauer, die sogenannte „Klagemauer", erhalten ist. Fundamentalistische Juden fordern seit der israelischen Rückeroberung des Tempelberges im Sechstagekrieg (1967), dass der jüdische Tempel neu errichtet werden soll, auch wenn dies den Abriss der *al-Aksa*-Moschee und des Felsendomes bedeuten würde. Die im Jahr 1969 in Rabat/Marokko gegründete *Organisation der Islamischen Konferenz*, der 57 islamische Staaten angehören und die für

106. Sure   „Die Koreischiten"[666]   *Mekka*

Die [wohlhabenden] Koreischiten [in Mekka], die Karawanen besitzen, die sie im Winter und Sommer auf die Reise schicken, sollen Allah dienen und sich daran erinnern, wie Allah sie einst geschützt[667] und vor dem Hunger bewahrt hat 1ff.

107. Sure „Hilfe für die Notleidenden"[668] *Mekka oder Medina*

Wehe denjenigen, die das Jüngste Gericht leugnen, die Waisenkinder wegjagen, die den Bedürftigen Speisen oder sonstige Hilfeleistungen vorenthalten und die nur beten, um dabei von anderen beobachtet zu werden 1ff.

sich in Anspruch nimmt, die islamische Welt zu repräsentieren, gab bei ihrer Gründung als wichtigstes Ziel die Befreiung der *al-Aksa*-Moschee und Jerusalems aus den Händen der jüdischen Israelis an. Die Hafenstadt Dschidda in Saudi-Arabien wurde bis zu der geplanten „Befreiung" Jerusalems zum Sitz dieser Organisation bestimmt.

[666] Diese Sure wendet sich an die Koreischiten in Mekka. Der Stamm der Koreischiten, der in und um Mekka ansässig war, führt seine Abstammung auf Abraham zurück. Der Clan der Haschimiten, dem Mohammed entstammte, gehört zum Stammesverband der Koreischiten. Die Haschimiten hatten seit dem 10. Jahrhundert als „Scherifen" die Kontrolle über die Heiligen Stätten in Mekka und Medina. In Saudi-Arabien verloren sie 1925 ihre Macht an den Clan der Saudis. Haschimitische Familienclans regieren heute noch in Marokko (König Mohammed VI.) und in Jordanien (König Abdullah II.). Die Abstammung vom Stamm der Koreischiten war im Mittelalter eine Voraussetzung dafür, das Amt des Kalifen bekleiden zu dürfen. Bis heute gilt unter den Muslimen der Nachweis, dass man von den Koreischiten abstammt, als ein Zeichen von Prestige.

[667] Manche Koranausleger sind der Ansicht, dass dieser Vers sich auf die in der Sure 105 erwähnte Rettung der in Mekka verschanzten Koreischiten vor der Vernichtung durch ein (christliches) Invasionsheer bezieht.

[668] Diese Sure widmet sich den Armen und Waisen.

108. Sure „Das Übermaß"[669] *Mekka oder Medina*

Allah hat den Propheten [Mohammed] im Übermaß beschenkt, deshalb soll er zu seinem Herren beten und ihm Opfertiere schlachten 1 f. Wer den Propheten hasst, dem wird Allah keine Nachkommenschaft gönnen 3.[670]

109. Sure „Die Ungläubigen"[671] *Mekka*

Die Ungläubigen [Polytheisten in Mekka] verehren Götter, die nicht mit Allah identisch sind. Die Ungläubigen lehnen es ab, Allah zu verehren, und der Prophet verabscheut es, die Götter der Ungläubigen zu verehren. Die Ungläubigen haben ihre Religion und der Prophet hat die seine 1 ff.[672]

[669] Diese Sure weist auf einen gewissen Wohlstand hin, dessen sich der Prophet zu seinen Lebzeiten erfreuen durfte. Strenggläubige Muslime behaupten jedoch, der Prophet habe aufgrund seiner Selbstlosigkeit in bitterer Armut gelebt. Diese Armutsthese wird von zahlreichen Hadithen bestätigt. Dass diese fromme These jedoch auf die Lebensverhältnisse von Mohammed, der nicht nur religiöser, sondern auch politischer Führer der Muslime war, tatsächlich zutrifft, ist nur wenig wahrscheinlich. Der Umstand, dass Mohammed über Sklaven und einen relativ großen Harem verfügte, deutet ebenfalls darauf hin, dass der Prophet in wohlhabenden Verhältnissen gelebt hat.

[670] Dieser Vers soll As Ibn Wayel gegolten haben, der Mohammed, dessen Söhne alle früh verstorben waren, als „Kinderlosen" verspottet hat.

[671] Mit den hier erwähnten „Ungläubigen" sind ursprünglich jene Araber aus Mekka gemeint, die vor ihrem Übertritt zum Islam (im Jahr 630) eine Vielzahl von altarabischen Stammesgöttern verehrten. Der Begriff „Ungläubige" bezieht sich im Koran an keiner Stelle auf Atheisten. Das Phänomen des Atheismus, das es seit der Antike gibt, wird im Koran nicht thematisiert.

[672] Die Verse dieser Sure könnten auf eine Begebenheit Bezug nehmen, derzufolge Mohammed, als er noch in Mekka weilte, von den „ungläubigen" Arabern ein Angebot für einen Kompromiss erhalten hatte. Die Kompromissformel sah vor, dass man Allah in Mekka als herausragenden Gott anerkennen würde, wenn Mohammed im Gegenzug das Gleiche mit den altarabischen Göttern täte. Mohammed soll anfangs in seiner Haltung schwankend gewesen sein, diesen religiösen Han-

110. Sure[673]   „Die Hilfe"[674]   *Medina*

Wenn Allah den Gläubigen zum Sieg[675] verhilft und die Ungläubigen nach ihrer Niederlage in Scharen zum Islam übertreten, soll man Allah lobpreisen und um Vergebung bitten. Allah vergibt jenen [Ungläubigen], die Reue zeigen 1 ff.

111. Sure   „Die Palmenfasern"[676]   *Mekka*

Abu Lahab [Mohammeds Onkel] soll mit seinem Vermögen zugrunde gehen und in der Hölle brennen! Seine Frau wird man [in der Hölle] zwingen, mit einem Strick aus Palmenfasern um den Hals das Brennholz [für das Feuer, das ihren Mann umlodert] herbeizuschaffen 1 ff.[677]

del dann aber strikt abgelehnt haben (siehe die Anmerkung zu Sure 28,87 f.).

[671] Diese Sure soll die vorletzte Offenbarung gewesen sein, die dem Propheten bei der so genannten Abschiedswallfahrt im Jahr 632 zuteil wurde.

[674] Der Titel dieser Sure bezieht sich auf Allahs Eingreifen zugunsten der muslimischen Streitkräfte. Ein militärischer Sieg ohne Allahs Beistand und Hilfe ist für den gläubigen Muslim undenkbar.

[675] Mit dem hier erwähnten Sieg ist sehr wahrscheinlich die Eroberung der mit Medina rivalisierenden Stadt Mekka im Jahr 630 durch das von Mohammed angeführte muslimische Heer gemeint.

[676] In Arabien wurden zu Lebzeiten Mohammeds Stricke aus Palmenfasern gefertigt.

[677] Abu Lahab war ein vermögender Onkel des Propheten, der innerhalb des Familienclans zu einem erbitterten Gegner Mohammeds wurde, weil er nicht glauben wollte, dass Mohammed ein von Allah auserwählter Prophet sei. Abu Lahab starb nach der Schlacht von Badr im Jahr 624 angeblich aus Gram über die Niederlage der Mekkaner. Seine Frau, Umm Dschamil, lehnte – wie ihr Mann – Mohammed als Gesandten Allahs ab. Insbesondere in dieser Sure begibt sich der Koran in die Niederungen menschlicher Ressentiments.

112. Sure „Das Bekenntnis“[678] *Mekka*

Der Gläubige soll das Folgende nachsprechen: „Er [Allah] ist der einzige[679] Gott 1. Allah ist der absolute [von allem unabhängige] Gott 2. Er zeugt keine Kinder und wurde nicht gezeugt 3. Kein Wesen ist ihm gleich" 4.[680]

113. Sure „Das Licht der Morgendämmerung“[681]

Mekka oder Medina

Der Gläubige soll allein bei Allah, dem Herrn des Lichts, Zuflucht vor der Dunkelheit und vor den von Allah erschaffenen Übeln der Welt suchen. Ein solches Übel sind jene Frauen, die [magische] Knoten binden[682] und die [bösen Blicke[683] der] Neider 1ff.

[678] Bei dieser Sure (arabischer Titel: *al-Ikhlas*) handelt es sich um das islamische Glaubensbekenntnis in prägnanter Kurzform. Die Sure wird von Muslimen meist beim täglichen Ritualgebet im Anschluss an die erste Sure *al-Fatiha* rezitiert.

[679] Den Glauben, dass es neben Allah keine anderen Götter gibt, nennen die Muslime *tauhid*.

[680] Während in Vers 1 dieser Sure das monotheistische Prinzip des Islam unterstrichen wird, ist Vers 2 eine klare Absage an die christliche Auffassung vom göttlichen Status Jesu.

[681] In dieser Sure wird Allah als „Herr des Lichts" bezeichnet. Auch im Alten Testament wird der Gott der Juden als Licht gepriesen (z. B. in Psalm 27,1). Noch ausgeprägter wurde in der antiken Offenbarungsreligion der Manichäer das Göttliche mit dem Licht gleichgesetzt, das in einem ewig währenden Ringen das Dunkle bzw. Böse in der Welt bekämpft.

[682] Eine zur Zeit des Propheten Mohammed verbreitete Form der Zauberei war das von „Hexen" praktizierte „Blasen über den Knoten".

[683] Muslime fürchten den „bösen Blick" insbesondere von Menschen, die auf sie neidisch sind. Um sich vor den bösen Blicken zu schützen, tragen manche Muslime mit Koranversen bestickte Kleider oder Amulette in der Form eines Auges. Solche Amulette werden das „Auge der Fatima" genannt. Auch im christlichen Abendland gab es die Furcht vor dem „bösen Blick". Reste dieses Aberglaubens sind der Brautschleier, der ursprünglich den bösen Blick abwehren sollte, und die Sitte, dass man seine Braut über die Türschwelle trägt, wodurch eine durch den

114. Sure „Die Menschheit"[684] *Mekka oder Medina*

Der Gläubige soll das Folgende nachsprechen: „Vor dem Satan, der die Menschen immer wieder mit seinen Einflüsterungen heimsucht, nehme ich Zuflucht zu Allah, dem Gott der Menschen und Geister" 1 ff.

bösen Blick bewirkte Unfruchtbarkeit der Braut verhindert werden soll.

[684] In dieser Sure wird Allah als Gott der gesamten Menschheit und nicht nur der Araber betrachtet. Damit unterscheidet er sich um einige Nuancen vom jüdischen Gott, der gemäß des Alten Testaments ein exklusives Bündnis mit den Kindern Israel geschmiedet hat (siehe 1. Mose 17,7 f.).

*

Christ und Muslim beim Schachspiel

Zusammenfassung der wesentlichen Unterscheidungsmerkmale von Islam und Christentum

Im Zentrum des Islam steht der „göttliche Koran", im Christentum ist es Jesus Christus, der „göttliche Sohn" Gottes.

Der Islam ist streng monotheistisch ausgerichtet, während man im Christentum vom strengen Monotheismus durch Einflüsse aus der griechisch-römischen Kultur abgewichen ist. Im Jahr 381 beschloss das Zweite Ökumenische Konzil in Konstantinopel auf der Basis des „Bekenntnisses von Nicäa" (aus dem Jahr 325) das „Trinitätsdogma", nach dem die göttliche Wesenseinheit sich aufteilt in Gottvater, Jesus Christus und den Heiligen Geist. Mohammed gilt dagegen den Muslimen lediglich als ein Mensch, der das Privileg hatte, dass ihm die letzte göttliche Offenbarung zuteil wurde. Als Mensch war Mohammed (zumindest theoretisch) fehlbar. Jesus gilt seit dem Konzilsbeschluss im 4. Jahrhundert den Christen jedoch als unfehlbar.

Mohammed war nicht nur ein Prophet, sondern auch ein Staatsmann; er gehörte in Medina zum politischen Establishment. Seine Religion, die sich anfangs in Mekka insbesondere in den unteren Schichten ausbreitete, fordert zwar von den Gläubigen ein soziales Engagement für die ärmere Bevölkerung, wendet sich aber andererseits nicht gegen die Herrschenden. Das Streben nach Macht und Wohlstand wird von Mohammed nur insofern kritisiert, wenn es von dem Bewusstsein ablenkt, dass es weniger auf das Leben im Diesseits und sehr viel mehr auf das Leben im Jenseits ankomme. Jesus von Nazareth wuchs im Haus eines einfachen Tischlers auf und wurde vom jüdischen Establishment als Religionsführer strikt abgelehnt. Seine Religion spricht deutlicher als der Koran die unteren gesellschaftlichen Schichten an und birgt dadurch mehr revolutionären Sprengstoff.

Der Islam kennt keine saubere Trennung zwischen Politik und Religion, so wie sie sich in den christlichen Staaten herausgebildet hat.

Da es im Koran und in der Sunna sehr viel mehr detaillierte Verhaltensnormen gibt als im Neuen Testament, sind die individuellen Freiräume in der islamischen Gesellschaft stärker eingeengt als das im Christentum der Fall ist.

Muslime vertreten die Auffassung, dass der Text des Korans, so wie er überliefert wurde, das vom Engel Gabriel verkündete Wort Gottes sei. Er hat dadurch Ewigkeitswert und nichts an ihm darf modifiziert oder in Zweifel gezogen werden. Jedes Wort der Koranverse gilt für den Muslim im engeren Sinne. Die christliche Bibel enthält nur in sehr geringem Maße die wörtliche Wiedergabe göttlicher Aussagen und kann, da der Text von fehlbaren Menschen niedergeschrieben wurde, Widersprüche und Fehler enthalten. Für Christen ist es deshalb sehr viel leichter, Bibelstellen im modernen Sinne zu interpretieren.

Die Christen haben in ihrer Anfangszeit das Studium der Schriften der alten Griechen verboten. Im Hochmittelalter begannen sie damit, sich ernsthaft mit den Werken des Aristoteles und später mit denen von Platon auseinanderzusetzen. Erst seit der Renaissance gibt es bei den Christen eine intensive Beschäftigung mlt der griechischen Philosophie, die bis heute anhält. Bei den Muslimen war die Entwicklung eher umgekehrt. Vom 9. bis 12. Jahrhundert gab es eine intensive Auseinandersetzung mit Aristoteles und dem Neoplatonismus, die dann jedoch – vor allem durch den islamischen Theologen al-Ghazali (1058–1111) – beendet wurde. Einer der Gründe der Ablehnung der griechischen Philosophie durch den Islam war, dass die griechische Philosophie von den Göttern unabhängige Bereiche definiert hatte, in denen der Mensch autonome Entscheidungen treffen konnte. Für die islamische Orthodoxie gibt es diese Freiräume nicht; der Gedanke einer Emanation der (weitestgehend autonomen) Welt aus dem göttlichen Ursprung wird vom Islam abgelehnt. Das Christentum hat durch die griechische Philosophie und später durch die protestantische Reformation, die Aufklärung und durch die modernen Wissenschaften immer wieder neue geistige Impulse erhalten und sich dadurch zeitgemäß regeneriert. Der Islam, als er noch unter dem Einfluss des Hellenismus stand, war lebendig und offen für Diskussionen; seit dem 12. Jahrhundert ist er dann aber zuerst im Osten und etwa 100 Jahre später auch im Westen (auf der Iberischen Halbinsel) zur Orthodoxie erstarrt. Nur bei den Schiiten konnten sich Reste griechischen Denkens erhalten. So ist für die Schiiten der Koran lediglich ein herausragendes Teilstück der von Allah „erschaffenen" Schöpfung (und nicht wie Allah „unerschaffen", was die Sunniten glauben), wodurch er für sie offener für zeitgemäße Interpretationen ist.

Während die Christen dem Alten Testament faktisch nur eine eingeschränkte Gültigkeit zuerkennen, da nach ihrer Auffassung das Gott-Mensch-Bündnis durch das Erscheinen von Jesus Christus reformiert worden ist, hat das Alte Testament, so wie es im Koran teilweise nacherzählt wird, für die Muslime eine uneingeschränkte Bedeutung. Abraham wird von ihnen als Muslim vereinnahmt und als ihr Urvater verehrt. Den Juden wird von den Muslimen vorgeworfen, dass sie ihre Offenbarungsschriften verfälscht (das arabische Wort hierfür ist „tahrif") bzw. die falschen Schlüsse aus ihnen gezogen hätten. Dozenten der al-Azhar-Universität behaupten dies noch heute, wobei sie den Christen immerhin zugestehen, dass sie das Gleiche eher aus Unwissenheit getan hätten. Des Weiteren wird von den Muslimen die These aufgestellt, dass nur sie die „Wahrheit" über die heiligen Schriften der Juden und Christen kennen würden, weil man die letzte „Wahrheit" über die jüdische und christliche Religion (die lediglich Vorstufen des Islam gewesen seien) nur aus dem Koran herauslesen könne.

Für die Muslime offenbart sich Allah im Koran mit seinem eigenen gesprochenen Wort in arabischer Sprache. Die Reaktion der Muslime auf die göttliche Offenbarung ist die peinliche Einhaltung der Gebote Allahs, die sie dem Koran und der Sunna entnehmen. Mit ihrer akkuraten Gesetzestreue ähneln sie den orthodoxen Juden. Für die Christen offenbart sich Gott durch Jesus Christus; er ist der (aus dem Griechentum entlehnte) „logos", das göttliche Wort, das in die Welt gekommen ist. Die Antwort der Christen auf den Kreuzestod von Jesus Christus ist ihr Glaube.

Das Neue Testament berichtet über das Leben und Wirken des Jesus von Nazareth und ist somit nicht die göttliche Offenbarung selbst (wie bei den Muslimen der Koran), sondern lediglich die Schrift über die von Jesus übermittelte Offenbarung. Die Kodifizierung fast jeden Aspekts des menschlichen Lebens, wie sie im Koran (und in der Sunna) betrieben wird, macht eine Weiterentwicklung des Islam schwierig, wenn nicht unmöglich, denn Allahs Offenbarung deckt nach orthodoxer muslimischer Auffassung alle Lebensbereiche des Menschen ab. Für die Muslime ist alles, was den Menschen angeht, im Koran und in der Sunna festgelegt; der Gläubige muss nur die entsprechende Textstelle finden. Wenn strenggläubige Muslime eine wichtige Entscheidung treffen wollen, sollten sie nach islamischer Auffassung den Gelehrten konsultieren, der sich im Koran und in der Sunna auskennt. Deshalb wird vom strenggläubigen Muslim im Grunde auch die parlamentarische Debatte verworfen, da es eigentlich nichts zu diskutieren gibt, denn nach seiner Auffassung ist alles im Koran und in der Sunna bereits vorentschieden. Außerdem birgt für ihn eine parlamentarische Mehrheitsentscheidung die schwerwiegende Gefahr, dass sie nicht im Einklang mit den Geboten des Korans und der Sunna stehen könnte. Traditionell ausgerichtete Muslime meinen, die islamische Gesellschaft solle sich nicht fort-, sondern zurückentwickeln zu jenem Zustand, wie sie zur Zeit des Propheten organisiert war, was einer „rückwärtsgerichteten Utopie" entspricht.

Während in der Christenheit der Papst bzw. die Landeskirchen gemäß den Anweisungen des Apostels Paulus* mit den staatlichen Machthabern in der Regel eng kooperieren, ist unter den geistlichen Führern des Islam die Zusammenarbeit mit staatlichen Autoritäten stets weniger ausgeprägt. Dies gilt heute insbesondere für jene muslimischen Staaten, in denen die geistlichen Führer ihren Regierungen eine zu enge Kooperation mit dem aus ihrer Sicht islamfeindlichen Westen vorwerfen.

Das vielleicht wesentlichste Unterscheidungsmerkmal zwischen den Muslimen und den in Europa und Nordamerika lebenden Christen ist die Tatsache, dass die Christen das Zeitalter der Aufklärung durchlebt haben. Die Aufklärung und die sich ihr anschließende Epoche der intensiven naturwissenschaftlichen Forschung haben den Christen die Einsicht beschert, dass die menschliche Vernunft sich ganz unabhängig von den Aussagen der Bibel Erkenntnisse über die Welt erarbeiten kann und dass das Religiöse eine Glaubensangelegenheit ist, die im Grunde jeder Einzelne für sich selbst entscheiden muss. So kann man vielleicht vereinfacht sagen, dass Muslime, was das Religiöse betrifft, ein Verhalten an den Tag legen, wie es Christen noch in ganz ähnlicher Weise kurz vor dem Zeitalter der Aufklärung getan haben. Da heute jedoch viele Muslime in der westlichen Welt leben, wo sie den Einflüssen westlicher Denkweise ausgesetzt sind, kann es im Islam zu Reformbewegungen kommen, mit denen die erstarrte islamische Orthodoxie überwunden wird. Darüber hinaus kommen auch die Muslime im Orient über Fernsehen und Internet mit der abendländischen Gedankenwelt in Berührung, sodass damit zu rechnen ist, dass auch dort eines Tages das Gedankengut der Aufklärung auf fruchtbaren Boden fallen und aufgehen wird.

---

* Siehe Römer 13,1f.: „Jedermann sei untertan der Obrigkeit, die Gewalt über ihn hat. Denn es ist keine Obrigkeit ohne von Gott; wo aber Obrigkeit ist, die ist von Gott verordnet. Wer sich nun der Obrigkeit widersetzt, der widerstrebt Gottes Ordnung; die aber widerstreben, werden über sich ein Urteil empfangen."

Stichwortregister

Kinderreichtum 3,14 f.; 8,28;
9,55,64,81 ff.; 23,55 f.; 34,34 ff.;
38,41 ff.; 57,20 f.; 63,9 f.; 64,14 f.;
68,14 f.

Kindstötung 6,137 ff.,151 ff.; 17,31;
81,1 ff.

Kismet 6,125,149; 7,178 ff.; 9,51;
10,99 f.; 13,31,38; 16,9,93; 64,11;
76,29 f.

Lichtvers 24,35

Lot 6,83 ff.; 7,80 ff.; 11,77 ff.; 15,51 ff.;
21,51 ff.; 22,42 ff.; 26,160 ff.;
27,54 ff.; 29,28 ff.; 37,133 ff.;
54,33 ff.; 66,10

Maria (Mutter Jesu) 2,87 f.,253;
3,33 ff.; 4,153 ff.,171;
5,17,46,72 ff.,110,116 f.; 9,30 ff.;
19,16 ff.; 21,91; 23,50; 33,7 f.;
43,57 ff.; 57,27; 61,6 f.; 66,11 f.

Messen und Wiegen 6,151 f.; 7,85 ff.;
11,84 ff.; 17,22 ff.; 57,25; 83,1 ff.

Michael (Engel) 2,97 f.

Mondjahr 2,189; 6,95; 10,5; 55,5

Muslima 2,223,226 ff.,282;
4,3,7 ff.,34; 17,40; 30,20 f.;
33,32 ff.; 37,149 f.; 43,16; 53,21 f.

Noah (Prophet) 3,33; 4,163; 6,83 ff.;
7,59 ff.; 9,64 ff.; 10,71 ff.;
11,25 ff.,84 ff.; 17,3; 19,58 ff.;
21,76 f.; 23,23 ff.; 26,105 ff.;
29,14 f.; 33,7 f.; 36,37 ff.; 37,75 ff.;
42,13; 54,9 ff.; 57,26; 66,10;
71,1 ff.

Privilegien des Propheten 8,41;
33,36 ff.,50 ff.; 49,1 ff.; 59,6 ff.;
108,1 f.

Ramadan 2,183 ff.

Saba (Volk von) 27,15 ff.; 34,15 ff.

Sabäer (Täufergemeinde) 2,62; 5,69;
22,17

Salomon (König) 2,102; 4,163 f.;
6,83 ff.; 21,78 ff.; 27,15 ff.; 34,12 f.;
38,30 ff.

Schleier 7,26; 24,31,60; 33,59

Schöpfung 7,54; 17,70; 21,30 ff.;
25,58 f.; 67,15; 82,6 ff.

Schwertvers 9,3 ff.

Sektierertum 6,159; 23,52 ff.; 30,32

Sozialabgabe 2,3 ff.,83 ff.,219,262 ff.;
5,55; 8,2 f.;
9,3 ff.,9 ff.,60,71 f.,97 ff.; 19,16 ff.;
21,72 f.; 23,5 ff.; 27,2 f.; 30,38;
31,2 ff.; 33,32 ff.; 35,29; 36,47 ff.;
41,6 f.; 98,4 f.

Speisevorschriften 2,173; 5,5;
6,118 ff.,137 ff.,146; 7,31; 10,59;
16,5 ff.,115 ff.; 40,79 f.

Sündenfall 2,35; 7,19 ff.; 20,115 ff.

Theodizee-Problematik 7,11 ff.;
15,29 ff.; 17,61 ff.; 30,41; 38,71 ff.;
64,11

Thronvers 2,255

Vergeltungsprinzip 2,178; 5,44 f.; 9,75;
14,47 f.; 16,126; 17,22 ff.; 22,60;
33,26 f.; 42,40; 43,46 ff.; 44,10 ff.;
85,12; 91,11 ff.

Wallfahrt 2,158,196 f.; 5,95 f.; 9,1 ff.
22,25 ff.

Zinsverbot 2,275 ff.; 3,130; 4,160 f.;
30,39

Zusammenleben mit „Ungläubigen"
3,20,61,118,149,196; 4,97 ff.,141;
5,51; 7,199; 11,113; 27,69 f.;
29,46; 31,23 f.; 42,14 f.f.; 45,14;
48,29; 58,14 f.; 60,1 f.,13; 73,10

Zwangsbekehrung 2,256; 10,99 f.;
50,45; 72,21 f.; 88,21 f.

Geschichtsdaten des 6. und 7. Jahrhunderts

520   Nach einer längeren Friedenszeit an den orientalischen Grenzen des Byzantinischen Reiches dringt eine Streitmacht der persischen Sassaniden auf römisches Gebiet (in die heutige Osttürkei und Armenien) vor. Nachdem die Byzantiner eine hohe Geldsumme bezahlt haben, wird ein „Ewiger Friede" zwischen den Kontrahenten vereinbart.

523   Dhu Nawas, der jüdische König des südwestarabischen Reiches der Himjariten (auf dem Gebiet des heutigen Jemen), tötet in einem Massaker alle dort lebenden Christen.

524   Das Reich der arabischen Lachmiden, das sich vom heutigen Irak bis zum Oman erstreckt, schließt mit dem Byzantinischen Reich einen Friedensvertrag. Der politische Einfluss der Lachmiden, die auch mit den Persern verbündet sind, reicht bis nach Yathrib (dem späteren Medina).

525   Ein christliches Heer der mit Byzanz verbündeten Aksumiten (die auf dem Gebiet des heutigen Äthiopien siedeln) erobert das Reich der semitischen Himjariten in Südarabien (auf dem Gebiet des heutigen Jemen).

Erstmals wird im Abendland das Jahr der Geburt Christi kalendarisch zum Mittelpunkt der Zeit.

526   Der König der Ostgoten, Theoderich der Große, stirbt in Ravenna.

527   Kaiser Justinian besteigt den byzantinischen Thron.

529   Der christliche Kaiser Ostroms, Justinian I., verbietet den Lehrbetrieb an der aus seiner Sicht „heidnischen" Platonischen Akademie in Athen.

Auf der Synode von Orange (im heutigen Südfrankreich) wird die Lehre des Kirchenvaters Augustinus, nach der der mit der Erbsünde behaftete Mensch aus eigenem Antrieb nicht fähig sei, das Gute zu tun, zu einem Dogma erhoben. Gemäß dieses Dogmas können allein von Gott „Prädestinierte" ein gottgefälliges Leben führen. Das Dogma impliziert, dass der Mensch keinen freien Willen hat.

Der Mönch Benedikt von Nursia gründet in Italien das Kloster Monte Cassino, von dem bis zum Ende des Frühmittelalters das Mönchtum des gesamten Abendlandes geprägt wird. Nach der „Benediktischen Regel" wird neben der Armenpflege zum ersten Mal auch die Bildungsarbeit als klösterliche Kernaufgabe eingeführt.

533   Auf der Synode von Orleans wird beschlossen, dass Frauen von der kirchlichen Hierarchie völlig auszuschließen seien.

535   Der byzantinische Feldherr Belisar erobert das Vandalenreich in Nordafrika.

| 537 | Im Beisein von Kaiser Justinian I. wird in Konstantinopel die Hagia Sophia eingeweiht. |

537 Im Beisein von Kaiser Justinian I. wird in Konstantinopel die Hagia Sophia eingeweiht.

540 Nachdem es zu Spannungen zwischen den Chassaniden (arabische Vasallen der Byzantiner im Gebiet des heutigen Jordanien) und den mit den Persern verbündeten Lachmiden gekommen ist, überschreitet das persische Heer die Grenze zur oströmischen Provinz Syrien und erobert die Stadt Antiochia. Die überlebende christliche Bevölkerung der Stadt wird nach Persien deportiert.

Das im Jahr 476 von den Ostgoten besetzte Oberitalien mit der Hauptstadt Ravenna wird von den Byzantinern erobert.

543 Ausgehend von Marseille verbreitet sich die Pest in ganz Europa. Sie wurde vermutlich aus Ägypten eingeschleppt.

553 Der byzantinische Feldherr Belisar schlägt die Ostgoten in Italien. Italien wird dem Byzantinischen Reich eingegliedert.

Zweites Konzil von Konstantinopel. Der Beschluss des Konzils von Chalcedon aus dem Jahr 451, nach dem Jesus Christus sowohl als vollkommener Gott als auch als vollkommener Mensch definiert wurde, wird erneut bestätigt. Die hauptsächlich in Syrien und Ägypten ansässigen Monophysiten sagen sich von der byzantinischen Reichskirche los. Die vor allem in Mesopotamien lebenden Nestorianer lösen sich ebenfalls von der Reichskirche. Sowohl die Monophysiten als auch die Nestorianer heißen später die Eroberungsheere der muslimischen Araber als ihre Befreier vom Joch der byzantinischen Reichskirche willkommen.

562 Nach der erfolglosen Belagerung der byzantinischen Stadt Edessa (im Südosten der heutigen Türkei) durch die Perser wird erneut ein römisch-persischer Friedensvertrag abgeschlossen. In dem Vertrag verpflichten sich die Byzantiner zu jährlichen Tributzahlungen an die Perser.

568 Die Langobarden fallen in Oberitalien ein und gründen in der Po-Ebene ein Reich. Die Invasion der Langobarden in Italien markiert das Ende der Völkerwanderung.

um 570 Geburt Mohammeds in Mekka. Er gehört zum Clan der Haschimiten. Sein Vater „Abdallah" soll vor seiner Geburt verstorben sein. In Mekka herrscht der Stamm der Koreischiten, zu dem auch die Haschimiten gehören.

Feldzug des jemenitischen Königs Abraha, der ein Förderer des Christentums und ein Verbündeter von Byzanz ist, gegen Mekka. Der Feldzug wird zu einem Fehlschlag.

572 Nachdem Byzanz seine Tributzahlungen an die Perser ausgesetzt hat, beginnen erneut Kampfhandlungen zwischen den Kontrahenten.

Bruch des Staudamms bei der Stadt Marib im heutigen Jemen.

574 Der Jemen befreit sich von der Oberhoheit des äthiopischen Reiches von Aksum.

575 Den Byzantinern gelingt bei Melitene (im Nordosten der heutigen Türkei) ein überwältigender Sieg über das persische Heer. Kriegsentscheidend ist der Ausgang dieser Schlacht jedoch nicht; der Sieg der Byzantiner ändert nichts an der militärischen Pattsituation zwischen den verfeindeten Imperien.

576 Tod von Amina bint Wahb, der Mutter des Propheten Mohammed. Mohammed kommt in die Obhut seines Großvaters Abd al-Muttalib.

578 Tod von Mohammeds Großvater. Mohammed wird von seinem Onkel Abu Talib (aus der väterlichen Linie) großgezogen. Abu Talib ist zu jener Zeit das Oberhaupt des Haschimiten-Clans. Mit Abu Talib unternimmt Mohammed seine ersten Karawanenreisen.

581 Niederlage der Perser gegen ein byzantinisches Heer, das von dem Feldherrn Maurikios befehligt wird.

582 Mohammed begleitet als Zwölfjähriger seinen Onkel Abu Talib auf einer Handelsreise in die byzantinische Stadt Bosra (im heutigen Syrien). Dort soll er dem nestorianischen Mönch Segius Bahira begegnet sein, der ihm gemäß der Bahira-Legende seine prophetische Berufung vorhergesagt hat. Darüber hinaus soll der Mönch dem wißbegierigen Knaben die Glaubensinhalte der christlichen Religion vermittelt haben.

585 Auf der Synode von Mâcon/Südfrankreich legen fränkische Bischöfe fest, dass Frauen als vollwertige Menschen anzusehen seien. Geistliche Ämter bleiben ihnen jedoch weiterhin verwehrt, da sie weiterhin als „unreine" Menschen gelten.[*]

586 Die Byzantiner schlagen die Perser bei Dara (in der heutigen Osttürkei).

589 Der byzantinische Feldherr Herakleios der Ältere, Vater des späteren Kaisers Herakleios, besiegt ein persisches Heer in der Nähe von Nisibis (im Südosten der heutigen Türkei).

590 Gregor I. (der Große) wird in Rom zum Papst der römisch-katholischen Kirche gewählt. Die Furcht der Menschen vor dem Fegefeuer, die Heiligenverehrung und der Reliquienkult entwickeln sich unter Gregor I. zur Grundlage der kirchlichen Frömmigkeit.

---

[*] Dieser weltanschauliche „Durchbruch" in Mâcon verdeutlicht, wie weit man zu Lebzeiten des Propheten Mohammed auch im Abendland noch im archaischen Denken verhaftet war.

595	Mohammed heiratet in Mekka die ca. fünfzehn Jahre ältere Kaufmannswitwe Khadidscha, die über ein großes Vermögen verfügt.
	In seiner Eigenschaft als Geschäftpartner seiner Ehefrau Khadidscha begleitet Mohammed eine ihrer Handelskarawanen in die südlichen Provinzen des byzantinischen Reiches. In der Stadt Bosra trifft er sich erneut mit nestorianischen Mönchen, die ihn über die diversen Schismen innerhalb der Christenheit aufklären.*
596	Beginn der Christianisierung Englands durch vierzig von Papst Gregor dem Großen ausgesandte Missionare.
597	Der Jemen wird ein persisches Protektorat.
599	Friedensschluss der in Oberitalien siedelnden Langobarden mit dem Byzantinischen Reich.
602	Eine Meuterei seiner an der Donau stationierten Truppen schwächt das Byzantinische Reich.
603	Die Perser fallen erneut in die römische Provinz Syrien und in Armenien ein. Die syrischen Monophysiten, die in einen theologischen Streit mit der römischen Reichskirche um das Wesen Jesu geraten sind, begrüßen die Perser als Befreier.
604	Tod des Papstes und Kirchenlehrers Gregor des Großen. Während seiner Amtszeit übernahm die römische Kirche die Führung in der abendländischen Christenheit.
606	Geburt von Fatima, der Tochter des Propheten. Mohammed beginnt damit, hin und wieder ein Eremitendasein in den Bergen um Mekka zu führen.
609	Die Perser erobern die byzantinische Stadt Edessa (Südtürkei).
610	Mohammed verkündet zum ersten Mal, dass er durch den Erzengel Gabriel Offenbarungen erhalten habe.
	Kaiser Herakleios (610–641) besteigt den byzantinischen Thron. Er gilt neben Kaiser Justinian (527–565) als einer der herausragendsten byzantinischen Kaiser. Er führt im Byzantinischen Reich Griechisch als Amtssprache ein.
611	Die Perser erobern erneut die byzantinische Stadt Antiochia (Südtürkei).
	Das Reich der Lakhmiden wird dem Perserreich einverleibt.

---

* Dieser erneute Kontakt mit christlichen Mönchen im Byzantinischen Reich hat unter Historikern zu Spekulationen geführt, dass Mohammed sich ursprünglich lediglich als ein Prophet und Reformator der jüdisch-christlichen Religion gesehen habe und dass er erst dann, als er feststellen musste, dass weder die Juden noch die Christen ihn als Prophet anerkannten, den Weg zu einer eigenständigen Religion beschritten hat.

613	Mohammed beginnt damit, öffentlich den Islam zu predigen, und verkündet das nahende Weltende[*].
613	Die Perser erobern die byzantinische Stadt Damaskus (Syrien).
614	Die Perser erobern mit heimlicher Unterstützung der in der belagerten Stadt lebenden Juden das byzantinische Jerusalem und verschleppen das angebliche Kreuz Christi in ihre Hauptstadt Ktesiphon (im heutigen Irak). Unter den Christen Jerusalems wird ein Blutbad angerichtet und die Grabeskirche zerstört.
	Der irische Mönch Gallus gründet am Bodensee das Kloster Sankt Gallen.
615	Eine erste Gruppe von den Anhängern Mohammeds (rund 110 muslimische Männer und Frauen) verlässt aufgrund zunehmender Feindseligkeiten der Mekkaner das Stammesgebiet der Koreischiten (in und um Mekka) und wandert in das Reich von Aksum (im heutigen Äthiopien) aus, wo das dem Islam verwandte Christentum vorherrscht.
616	Mohammed gelingt in Mekka die Bekehrung des politisch einflussreichen Omar ibn al-Khattab, der nach dem Ableben des Propheten zu seinem zweiten Nachfolger gewählt wird (Kalifat 634–644).
617	Schlacht bei Buath (in der Nähe von Yathrib, dem späteren Medina), in der sich zwei arabische Stämme aus Yathrib bekämpfen. Nach der Schlacht kommt es zu einem brüchigen Frieden zwischen beiden Stämmen.
618	In Mekka kommt es zu schweren Auseinandersetzungen zwischen den Anhängern Mohammeds und ihren polytheistischen Gegnern.
619	Ägypten, die Kornkammer des Byzantinischen Reiches, geht an die Perser verloren. In Konstantinopel gibt es Überlegungen, wegen der persischen Bedrohung die Reichshauptstadt nach Karthago zu verlegen.
	Nach dem Tod von Mohammeds Onkel Abu Talib, der Mohammed in Mekka vor seinen Gegnern geschützt hatte, ist Mohammed massiven Angriffen seiner Gegner ausgesetzt.
	Tod von Khadidscha, der ersten Frau des Religionsstifters Mohammed.
	Mohammed heiratet seine zweite Ehefrau Sauda bin Zama.
620	Mohammed versucht erfolglos, in der südöstlich von Mekka gelegenen Stadt Ta'if Gefolgsleute zu finden. Zur gleichen Zeit beginnt er damit, Kon-

---

[*] Auch Jesus prophezeite das kurz bevorstehende Weltende: „Wahrlich, ich sage euch: Es stehen etliche hier, die werden den Tod nicht schmecken, bis dass sie sehen das Reich Gottes kommen mit Kraft" (Markus 9,1). Der „Naherwartung" des Jüngsten Gerichts durch die christliche Urgemeinde wurde erst durch Paulus mit dem Argument der „Parusieverzögerung" widersprochen.

takte zu den Bewohnern von Medina zu knüpfen. In Medina sind die arabischen Stämme der Aus und Khazradsch und die jüdischen Stämme der Nadir, Qainuqa und Quraiza ansässig.

621 Während der vorislamischen Wallfahrt in Mekka verhandelt Mohammed mit Delegierten aus Medina über seine Auswanderung („Pakt von Akaba"). Musab ibn Umair, ein Gefolgsmann Mohammeds, beginnt mit der islamischen Missionierung unter den arabischen Bewohnern von Medina.

622 Der byzantinische Kaiser Herakleios beginnt bei Issos (Südtürkei) eine Gegenoffensive gegen die bis dahin siegreichen Perser in Syrien und Ägypten. Der erfolgreiche Feldzug wird zum „Kreuzzug" der Christen gegen die persischen „Feueranbeter" deklariert; in den Feldlagern der Byzantiner werden Christusbilder aufgestellt.

Mohammed trifft sich heimlich vor den Toren der Stadt Mekka auf dem Hügel Al Akaba mit Muslimen aus Jathrib (dem späteren Medina) und schließt mit ihnen ein Schutzabkommen („Zweiter Pakt von Akaba").

Emigration Mohammeds (zusammen mit rund 70 Anhängern) von Mekka nach Medina[*]. In Medina übernimmt Mohammed das Amt eines Schiedsrichters. Er beginnt damit, sich öffentlich als ein Prophet Allahs zu bezeichnen.

Der Vetter Mohammeds und spätere Kalif, Ali ibn Abi Talib, heiratet Mohammeds Tochter Fatima.

Beginn der islamischen Zeitrechnung (am 16. Juli 622).

In Anlehnung an den jüdischen Sabbat wird unter den in Medina lebenden Muslimen der islamische Freitagsgottesdienst eingeführt.

623 In der zum persischen Reich gehörenden Stadt Dvin (im heutigen Aserbaidschan) zerstören die Byzantiner einen bedeutenden zoroastrischen Feuertempel.

Niederschrift einer von Mohammed veranlassten neuen Gemeindeordnung[**] für Medina. Medina wird zur ersten muslimischen Stadt.

Mohammed führt für verbündete muslimische Stämme die Pflicht zur Zahlung der Armensteuer *(zakat)* ein, für die sie im Gegenzug militärischen Schutz erhalten.

Die Juden Medinas verweigern ihre vollständige Integration in die muslimische Gemeinde *(umma)*, indem sie die Anerkennung Mohammeds

---

[*] Der Name „Medina" ist die Kurzform von Madinat an-Nabi, „Stadt des Propheten". Vor der Ankunft Mohammeds in Medina hieß die Stadt „Yathrib".

[**] Eine Niederschrift dieser Gemeindeordnung ist bis heute erhalten geblieben. Hierbei handelt es sich um das älteste islamische Dokument.

als Propheten und ihre Unterwerfung unter den Islam verweigern. Auf Veranlassung Mohammeds wird daraufhin das Gebet der Muslime nicht mehr wie ursprünglich nach Jerusalem, sondern in Richtung des Kaaba-Heiligtums in Mekka ausgerichtet.

Mohammed heiratet die noch minderjährige Aischa bint Abi-Bakr.

624   Raubüberfall der Muslime auf eine Karawane der Mekkaner bei Nahla in der Nähe von Mekka. Der Überfall bricht mit einem altarabischen Gewohnheitsrecht, weil er im heiligen Monat „Radschab" stattfindet.

Den Muslimen gelingt ihr erster großer militärischer Sieg gegen die Mekkaner in der Schlacht von Badr (südwestlich von Medina). Im Anschluss an den Sieg bei Badr erfolgt die Vertreibung des jüdischen Stammes der Banu Qainuqa aus Medina, der nach Syrien auswandert.

Der Monat Ramadan wird zum islamischen Fastenmonat erklärt.

Das byzantinische Andalusien wird von den Westgoten erobert.

625   Rachefeldzug der Mekkaner gegen Medina, bei dem es zur Schlacht am Berg Uhud (nördlich von Medina) kommt. Die Schlacht wird knapp von den Mekkanern gewonnen, die dabei jedoch so stark geschwächt werden, dass sie auf eine Belagerung Medinas verzichten.

Mohammed heiratet seine vierte Ehefrau, Hafsa.

Vertreibung des in Medina ansässigen jüdischen Stammes der Banu Nadir zur Oase Khaybar (nördlich von Medina).

626   Mohammed heiratet seine fünfte Ehefrau, Zainab bint Gahs.

627   Feldzug der Muslime gegen den arabischen Stamm der Al Mustaliq.

Die Muslime in Medina gewinnen die „Grabenschlacht" gegen ein zahlenmäßig überlegenes Belagerungsheer der Mekkaner. Während der Grabenschlacht kommt es in Medina zu einem Pogrom gegen den jüdischen Stamm der Banu Quraiza, dem man ein heimliches Bündnis mit den Mekkanern vorwirft. Bci dcm Pogrom werden ca. 600 jüdische Männer hingerichtet und die jüdischen Frauen und Kinder versklavt.

Feldzug der Muslime gegen den in der Nähe der heutigen Stadt Jeddah lagernden Stamm der Al Mustaliq. Auf diesem Feldzug, bei dem Aischa ihren Gatten Mohammed begleitete, ereignete sich die sogenannte Halsbandaffäre, bei der Gerüchte über ihre angebliche eheliche Untreue entstanden.

Mohammed heiratet seine sechste Ehefrau, Umm Salama.

Überwältigender Sieg der Byzantiner gegen die Perser in einer Schlacht bei Ninive (Irak). Beginn des Zerfalls des persischen Sassanidenreiches.

| 628 | Die Byzantiner erobern die persische Sommerresidenz Dastaegard des von ihnen geschlagenen persischen Königs Chosrau II. Der byzantinische Kaiser Herakleios kehrt im Triumphzug von seinem siegreichen Feldzug gegen die Perser nach Konstantinopel zurück. |

Mohammed schließt mit den Mekkanern den Waffenstillstand von al-Hudaibiya (bei Mekka) ab. Im Vertrag wird außerdem vereinbart, dass die Muslime während der Wallfahrt im darauffolgenden Jahr freien Zugang zur Kaaba erhalten. Nicht alle Muslime sind jedoch mit den Bedingungen des Waffenstillstands (die keine Aussicht auf Kriegsbeute versprachen) einverstanden.

Mohammed unternimmt einen Beutefeldzug gegen die von Juden bewohnte Oase Khaybar.

Der Jemen schließt sich dem Islam an.

Mohammed heiratet seine siebte und seine achte Ehefrau, Umm Habiba und Safiya bin Huyai.

| 629 | Friedensschluss zwischen dem Byzantinischen Reich und dem persischen Sassanidenreich. Die Perser müssen alle von ihnen eroberten Gebiete an Byzanz zurückgeben. Jerusalem gehört wieder zum Byzantinischen Reich. |

Erste Wallfahrt Mohammeds und seiner Anhänger von Medina nach Mekka.

Mohammed heiratet seine neunte Ehefrau, Maimuna.

Mohammed heiratet seine zehnte Ehefrau, Maria al-Qibtiyya, eine Koptin aus Ägypten.

Erster Einfall eines muslimischen Eroberungsheeres ins Byzantinische Reich, das aber vom byzantinischen Heer bei Mu'ta (im heutigen Jordanien) zurückgeschlagen wird.

| 630 | Die Perser geben den Byzantinern das im Jahr 614 von ihnen in Jerusalem erbeutete Heilige Kreuz zurück. |

Unter Verletzung des Waffenstillstandsabkommens von al-Hudaibiya kommt es zur Belagerung Mekkas durch die Muslime. Mekka ergibt sich kampflos den Kriegern Mohammeds. Im Anschluss an die Eroberung Mekkas führen die Muslime einen Beutefeldzug gegen die arabischen Stämme der Hawazin und der Thaqif und erobern dabei die Oase Hunain in der Nähe der Stadt Ta'if. Einen Großteil der Beute überlässt Mohammed den zum Islam übergetretenen Mekkanern. Die Kaaba in Mekka wird zum zentralen Heiligtum des Islam.

Die koptische Ehefrau des Propheten bringt den Sohn Ibrahim zur Welt. Der Sohn stirbt bereits im Kindesalter.

Die Muslime belagern die südöstlich von Mekka gelegene Stadt Ta'if.

Die Muslime unternehmen einen Feldzug nach Tabuk (im Norden des heutigen Saudi-Arabien). Zahlreiche jüdische und christliche Gruppen im Nordwesten Saudi-Arabiens unterwerfen sich gegen Tributzahlungen.

631   Zweiter Feldzug Mohammeds gegen die Byzantiner.[*] Auf dem Weg zur byzantinischen Grenze schließen die Muslime in der Stadt Tabuk (im heutigen Nordwesten Saudi-Arabiens) einen Friedensvertrag mit dem christlichen Statthalter von Aila. Die jüdischen und christlichen Bewohner der Stadt Aila werden verpflichtet, den Muslimen eine Kopfsteuer zu zahlen. Da sich den Muslimen nach Überschreitung der Grenze kein byzantinisches Heer entgegenstellt, kehrt das muslimische Heer wieder zurück nach Medina.

632   Abschiedswallfahrt des Propheten Mohammed.

Tod des Propheten Mohammed (am 8. Juni 632), ohne dass er seine Nachfolge geregelt hatte.

Tod der Prophetentochter Fatima.

632–634   Kalifat von Abdallah Abu Bakr. Unter seiner Herrschaft werden die „Ridda-Kriege" gegen aufständische Beduinen geführt.

633   Das an Arabien angrenzende Reich der Lakhmiden wird von den Muslimen erobert.

Das 4. Kirchenkonzil von Toledo (im heutigen Spanien) verurteilt die Zwangstaufe von Juden.

634–644   Kalifat des Omar ibn al-Khattab vom Stamme der Koreisch.

634   Das arabische Reich der Ghassaniden, das sich mit Byzanz verbündet hatte und dessen Einwohner größtenteils zum (monophysitischen) Christentum übergetreten waren, bricht unter dem Ansturm der Muslime zusammen.

635   Die Muslime erobern das byzantinische Damaskus.

636   Am Jarmuk-Fluss (im heutigen Jordanien) wird das byzantinische Heer von den Muslimen vernichtend geschlagen.

638   Die Muslime erobern das byzantinische Jerusalem.

641   Antiochia, eine der bedeutendsten Städte der frühen Christenheit, fällt an die Muslime.

642   Bei Nehawend (im heutigen Iran) wird das persische Heer von den Muslimen vernichtend geschlagen.

643   Die Araber erobern Tripolitanien (das heutige Libyen).

---

[*] Der erste muslimische Feldzug gegen Byzanz fand im Jahr 627 statt (siehe oben).

644–656   Kalifat von Othman ibn Affan. Bedeutung erlangt dieser Kalif vor allem dadurch, dass er eine standardisierte Version des Korans anfertigen ließ, die heute noch Gültigkeit hat.

646   Die Muslime erobern das byzantinische Alexandria, ein antikes Zentrum des Hellenismus und des Juden- und Christentums. Die ägyptischen Getreidelieferungen gehen dem Byzantinischen Reich dadurch verloren.

653   Standardisierung des Korantextes unter Kalif Othman ibn Affan

656–661   Kalifat von Ali ibn Abi Talib, des Schwiegersohns des Propheten Mohammed. Er verlegt die Residenz des Kalifen nach Kufa (im heutigen Irak). Im Jahr 661 fällt er in Kufa einem Attentat zum Opfer,* was im islamischen Machtbereich einen langjährigen Bürgerkrieg und den Beginn des sunnitisch-schiitischen Schismas auslöst.

656   „Kamelschlacht" bei Basra (im heutigen Irak), bei der ein mekkanisches Heer (angeführt von Aischa, der Witwe des Propheten Mohammed) vom Heer des Kalifen Ali ibn Abi Talib geschlagen wird

661–680   Kalifat des Umayyaden Mu'awiya.** Hauptstadt des islamischen Reiches wird unter Mu'awiya Damaskus. Medina versinkt seitdem in die politische Bedeutungslosigkeit.

674–678   Die Muslime belagern Konstantinopel, ohne jedoch die byzantinische Hauptstadt erobern zu können (dieses gelingt erst den Osmanen im Jahr 1453).

680–683   Kalifat des Umayyaden Yazid I. Von seinen aus Damaskus anrückenden Truppen werden die Städte Medina und Mekka belagert und teilweise geplündert. In Mekka wird dabei die Kaaba schwer beschädigt.

680   Der Prophetenenkel Husain, Sohn des ermordeten Kalifen Ali, zieht von Mekka aus gegen den Usurpator Yazid I., den er nicht als Kalifen anerkennt. In der Schlacht von Kerbela (im heutigen Irak gelegen) stirbt Husain den Heldentod. Sein Märtyrergrab liegt im irakischen Kerbela.

681   Das 3. Konzil von Konstantinopel verwirft die Lehre des Monotheletismus, der zufolge Jesus von Nazareth zwei Naturen – eine göttliche und eine menschliche – aber nur einen von Gottvater inspirierten Willen besitzt, als Häresie.

    Auf dem 11. Kirchenkonzil von Toledo wird dazu aufgerufen, die „jüdische

---

* Ali ibn Abi Talibs Grabmoschee, die Imam-Ali-Moschee, steht im irakischen Nadschaf. Manche Muslime behaupten jedoch, dass sich sein Grab in Masar-e Scharif in Afghanistan befinde.

** Mu'awiya, der große Teile des Maghreb eroberte und Konstantinopel belagerte, gilt den Arabern als einer ihrer bedeutendsten Herrscher.

Pest" in Spanien zu vernichten. Alle jüdischen Feste werden verboten und konvertierte Juden einer besonderen Aufsicht unterstellt.

683–684   Kalifat des Omayyaden Mu'awiya II.

684–685   Kalifat des Omayyaden Marwan I.

685–705   Kalifat des Umayyaden Abd al-Malik. Abd al-Malik beendet den Bürgerkrieg im islamischen Reich und lässt ab 692 den Felsendom in Jerusalem erbauen.

698   Das byzantinische Karthago fällt an die Muslime.

Bibliografie

as-Samit, Abdullah/Bubenheim, Frank/Elyas, Nadeem, *Der edle Qur'an*, König-Fahd-Komplex, Saudi-Arabien 2002

Birnstein, Uwe et al., *Das Christentum – Eine Chronik*, Tosa Verlagsgesellschaft, Wien 2005

Bobzin, Hartmut, *Der Koran – Eine Einführung*, C. H. Beck, München 2004

Bor, Jan/Petersma, Errit, *Illustrierte Geschichte der Philosophie*, Scherz, Bern/München/Wien 1997

Desai, Shabbir Ahmed, *Ta'Leemul Haq – An authentic Compilation on the five Fundamentals of Islam*, Islamic Book Service, Neudelhi 2003

Errico, Rocco A., *Das aramäische Vaterunser*, Verlag H.-J. Mauer, Freiburg 2006

Hofmann, Murad, *Koran*, Heinrich/Hugendubel, Kreuzlingen/München 2002

Jona, Sergio, *Mohammed und seine Zeit*, Neuer Kaiser Verlag, Klagenfurt 1989

Khoury, Adel Theodor, *Der Islam – Sein Glaube, seine Lebensordnung, sein Anspruch*, Herder, Freiburg 1988

Khoury, Adel Theodor/Abdullah, Mohammad Salim, *Der Koran*, Gütersloher Verlagshaus, Gütersloh 2001

Konzelmann, Gerhard, *Der schwarze Turban – Glaube und Macht der Schiiten*, Herbig, München 2004

Küng, Hans, *Das Christentum*, Piper, München 2005

Küng, Hans, *Der Islam – Geschichte, Gegenwart, Zukunft*, Piper, München 2004

Küng, Hans, *Das Judentum – Wesen und Geschichte*, Piper, München 2007

Lüders, Michael, *Wir hungern nach dem Tod – Woher kommt die Gewalt im Dschihad-Islam*, Arche, Zürich/Hamburg 2001

Maher, Moustafa, *Al-Muntakhab – Auswahl aus den Interpretationen des Heiligen Koran*, al-Azhar, Kairo 1999

Mann, Golo/Nitschke, August, *Propyläen Weltgeschichte*, Propyläen, Berlin/Frankfurt 1991

Orthbandt, Eberhard/Teuffen, Dietrich Hans, *Ein Kreuz und tausend Wege*, Friedrich Bahn, Konstanz 1962

Öztürk, Yasar Nuri, *Der verfälschte Islam*, Grupello, Düsseldorf 2007

Paret, Rudi, *Der Koran – Gesamtausgabe*, Kohlhammer, Stuttgart 1994

Paret, Rudi, *Mohammed und der Koran*, Kohlhammer, Stuttgart 2005

Spuler-Stegemann, Ursula, *Islam*, C. H. Beck, München 2007

Teuffen, Dietrich Hans, *Die östliche Welt*, Hermann Pfahl, Baden-Baden 1962

Winter, Leo/Ullmann, Ludwig, *Der Koran – Das heilige Buch des Islam*, Wilhelm Goldmann, München 1959

Zehetmair, Hans, *Der Islam im Spannungsfeld von Konflikt und Dialog*, VS Verlag für Sozialwissenschaften, Wiesbaden 2005

Die Arabische Halbinsel und angrenzende Reiche im 7. Jahrhundert

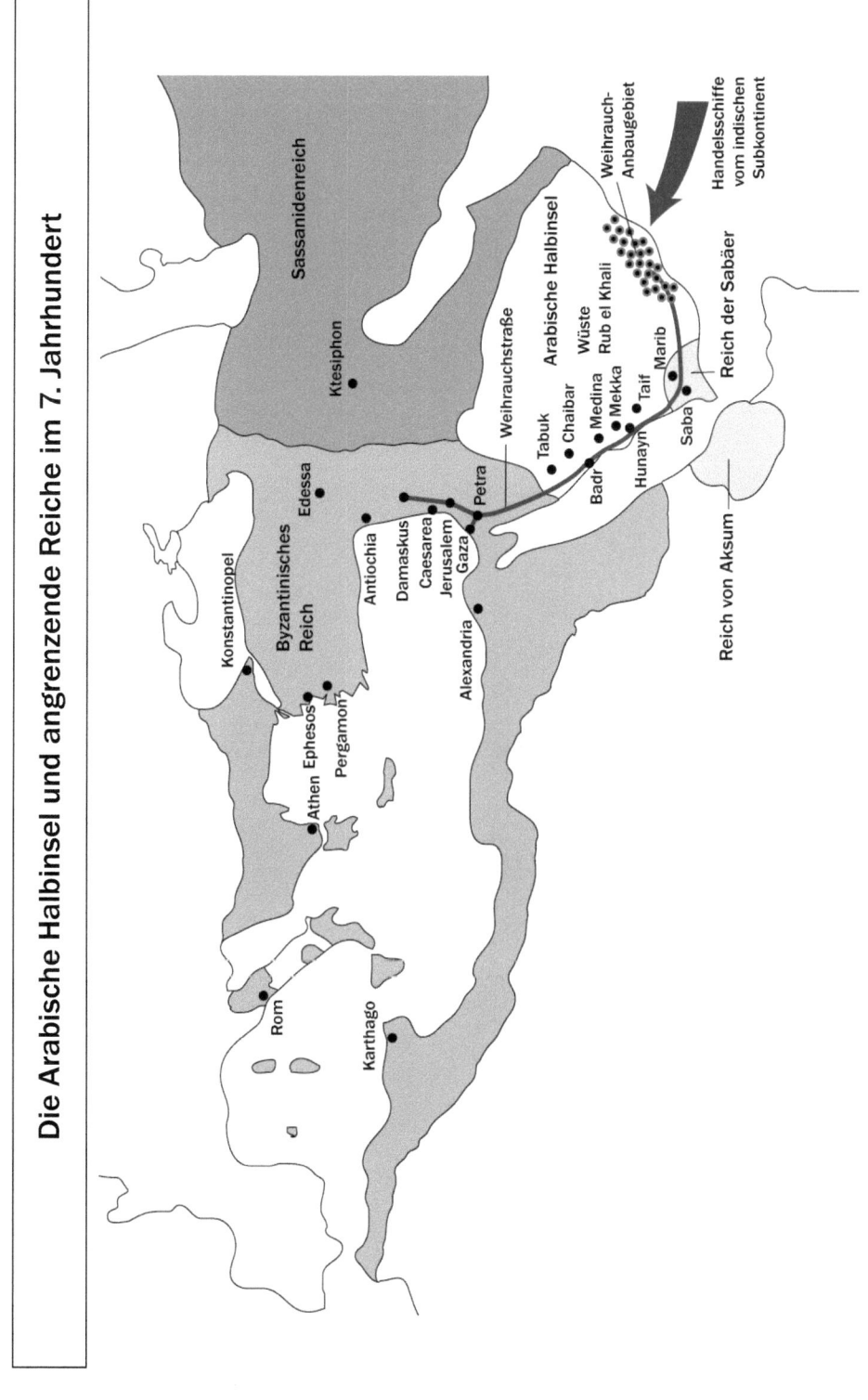